아시아 코칭심리협회 추천도서

세계의 지혜를 담은 행복 레시피
100가지 행복 실천 워크북

Happiness Recipes With World Wisdom
100 Happiness Practice Workbooks

신 홍 규 저

교육과학사

서문: 행복의 글로벌 여정에 오신 것을 환영합니다

고대 철학자 아리스토텔레스는 'Eudemonia'라는 개념을 통해 우리에게 행복이 무엇인지 질문했습니다. 그는 행복을 단순한 감정이나 순간적인 즐거움으로 보지 않았습니다. 행복은 인생의 궁극적 목적이자, 자신을 완성하는 길이라고 보았습니다. 우리가 진정한 행복을 찾는 여정에서 중요한 것은 우리 삶의 깊이와 인간으로서의 번영을 추구하는 것에 있습니다.

이 책 "세계의 지혜를 담은 행복 레시피: 100가지 행복 실천 워크북"은 그 철학적 기반을 바탕으로, 세계 곳곳의 지혜를 통해 더 완전한 행복을 찾는 여정을 안내합니다. 여기서 말하는 행복은 단순한 기분이나 순간적인 만족이 아니라, 인간으로서 진정으로 번영할 수 있는 상태를 의미합니다. 아리스토텔레스가 말한 'Eudemonia'를 현대의 일상 속에서 실천할 수 있는 방법들로 풀어낸 것입니다.

행복은 우리 모두가 원하지만, 그 길은 각기 다를 수 있습니다. 그리고 그 길은, 때로는 우리가 태어난 문화에서 멀리 떨어진 곳에 있을 수도 있습니다. 저는 이 책에서 세계 각국의 문화와 철학에서 발견한 100가지 방법을 통해, 어떻게 우리가 각자의 삶에서 더 나은 존재로 발전하고 행복을 누릴 수 있는지에 대한 실질적인 해답을 드리고자 합니다.

여러분은 일본의 '이키가이'에서 인생의 목적을 찾고, 북유럽의 '휘게'에서 소박한 일상의 기쁨을 배울 것이며, 아프리카의 '우분투' 정신을 통해 공동체와의 관계에서 번영을 경험하게 될 것입니다. 그리고 인도의 '아힘사'를 통해 비폭력과 내면의 평화를, 한국의 '정'에서 따뜻한 인간관계를 느낄 것입니다. 이 모든 것들이 바로 인간으로서 우리의 내면을 더 충만하게 하고, 삶을 완성시키는 열쇠들입니다.

그러나 이 책은 단순한 철학적 사유로 끝나는 것이 아닙니다. 여기서 제시하는 100가지의 방법들은 여러분이 실질적으로 삶에서 실천할 수 있는 것들입니다. 매일 아침 명상으로 내면을 다스리고, 감사하는 마음을 통해 관계를 풍요롭게 만들며, 자연과 연결되어 삶의 균형을 찾는 방법들이 바로 그 예입니다. 이러한 실천들이 여러분의 삶에 작은 변화를 가져오고, 그 작은 변화들이 모여 여러분의 존재 전체를 풍요롭게 만들 것입니다.

책에서 소개하는 각각의 실천 방안들은 명상, 감사, 사회적 봉사, 예술적 활동, 그리고 자연과의 교감을 포함하여 다양한 분야에 걸쳐 있으며, 이를 통해 다양한 차원의 행복을 균형 있게 추구할 수 있습니다. 이처럼 하나하나의 작은 실천들이 모여 거대한 변화를 이루며, 궁극적으로 여러분의 삶을 보다 충만하고 의미 있는 것으로 만들어줄 것입니다.

이 책은 아리스토텔레스가 제시한 Eudemonia, 즉 자기 완성의 행복을 현실적으로 실천할 수 있는 방법들을 모았습니다. 인생의 궁극적인 목적을 이루기 위한 길은 멀고 때로는 복잡하게 느껴질 수 있지만, 작은 실천 하나하나가 그 길을 밝히는 등불이 될 것입니다.

이제 전 세계의 지혜와 함께, 여러분만의 행복 여정을 시작할 시간입니다. 삶의 궁극적인 행복을 찾기 위한 이 여정에 동참해 주셔서 감사합니다. 저는 이 책이 여러분의 삶에 작은 영감과, 큰 변화를 가져다줄 수 있기를 바랍니다. 여러분의 삶이 더 깊어지고, 더 충만한 행복을 누리기를 진심으로 기원합니다.

저자: 신홍규, 행복코칭 전도사이자 멘탈트레이너 지구촌추장 코치

목차

이 책에 사용된 관련 용어의 설명을 교육과학사 홈페이지 자료실에서 다운받아 볼 수 있습니다.

제1부 세계의 지혜: 문화적 관점에서 본 행복

행복이란 무엇일까요? 이 질문은 시대와 지역, 문화에 따라 다양한 답을 만들어 냈습니다. 전 세계의 각 문화는 그들만의 고유한 방식으로 행복을 정의하고, 이를 추구하는 독특한 지혜를 발전시켜 왔습니다. 행복은 보편적인 인간의 욕구이지만, 그 의미와 방식은 각 문화의 역사, 종교, 철학적 배경에 따라 다르게 해석되고 실천됩니다.

행복의 문화적 다양성을 이해하는 것은 단순히 이론적인 호기심을 충족시키는 것을 넘어, 우리에게 더 넓은 시각과 더 깊은 성찰을 제공합니다. 한 문화에서 강조하는 가치가 다른 문화에서는 다를 수 있으며, 이를 이해하는 것은 서로의 차이를 존중하고 새로운 관점에서 자신의 삶을 바라보는 기회를 줍니다. **세계의 지혜**(Wisdom of the World)는 각 나라와 문화가 제시하는 행복의 다양한 얼굴을 보여주며, 그 속에서 공통된 인간적 본성과 각 문화의 고유한 가치 체계를 함께 탐구할 수 있습니다.

이 첫 번째 1부에서는 다양한 문화적 관점에서 본 행복의 개념을 살펴보며, 각 문화가 어떻게 행복을 정의하고, 어떤 방법으로 행복을 추구하는지 구체적으로 탐구합니다. 이를 통해 우리는 한 가지의 고정된 방식이 아닌, 다차원적인 행복의 지혜를 발견하게 될 것입니다.

1) 동양의 행복: 내면의 평화와 균형

동양 철학과 종교에서는 행복을 주로 내면의 평화와 균형으로 정의합니다. 불교, 유교, 도교와 같은 철학적 전통은 외부의 성공보다는 내면의 조화와 마음의 평정에 더 큰 가치를 둡니다. 특히, **불교**(Buddhism)에서는 고통의 끝에 도달하는 **해**

탈(Nirvana)이 궁극적인 행복이라고 강조하며, 이를 위해 **명상**(Meditation)**과 마음챙김**(Mindfulness)을 통해 자신의 감정과 욕망을 조절하는 방법을 실천합니다.

또한 **유교**(Confucianism)에서는 가족과 사회적 관계에서의 조화와 덕(德)을 중시하며, 인간관계에서의 도덕적 책임과 서로에 대한 배려를 통해 행복을 추구합니다. 이와 함께 **도교**(Taoism)는 자연과의 조화를 강조하며, **무위**(無爲)라는 개념을 통해 자연의 흐름에 자신을 맡기는 것이 진정한 행복의 길이라고 가르칩니다.

실천적 교훈

- 명상을 통해 내면을 들여다보고, 감정의 변화를 관찰하며 마음의 평화를 찾는다.
- 가족과 친구, 공동체와의 관계에서 상호 배려와 존중을 실천하며, 이러한 관계의 조화 속에서 행복을 발견한다.
- 자연과 더 가까워지기 위한 시간을 마련하고, 자연의 흐름을 받아들이며 스트레스와 욕망을 내려놓는 연습을 한다.

2) 서양의 행복(자아실현과 사회적 가치)

서양에서는 주로 자아실현(Self-Actualization)과 개인의 자유를 행복의 중요한 요소로 여겨왔습니다. 고대 그리스 철학에서부터 시작된 이러한 전통은 아리스토텔레스(Aristotle)의 유데모니아(Eudaimonia) 개념에서 잘 드러납니다. 유데모니아는 단순한 쾌락이 아니라, 덕을 실천하며 자신의 잠재력을 최대한 발휘하는 삶을 의미합니다. 아리스토텔레스는 우리가 이성을 사용하고 사회적으로 유용한 활동을 통해 자신을 실현할 때 진정한 행복에 도달할 수 있다고 믿었습니다.

근대에 들어와서는 자유와 개인주의를 바탕으로 한 행복관이 발전했습니다. 존 스튜어트 밀(John Stuart Mill)과 같은 철학자는 쾌락주의(Hedonism)를 통해 개인의 쾌락을 추구하는 것이 곧 행복이라고 주장했으며, 자유주의 철학(Liberalism)은 개인이 자신의 자유로운 선택을 통해 행복을 추구할 권리를 강조합니다.

실천적 교훈

- 자신의 목표와 꿈을 구체적으로 설정하고, 이를 위해 노력하며 성취하는 과정에서 자아실현의 기쁨을 경험한다.

- 자신의 선택을 존중하고, 자유롭게 선택한 삶을 살아가는 것을 통해 만족감을 느낀다.
- 사회적 기여와 봉사 활동을 통해 자신의 가치를 확인하고, 타인과 함께 성장하는 행복을 경험한다.

3) 북유럽의 행복: 단순함과 공동체 중심의 삶

최근 몇 년간 북유럽 국가들은 전 세계에서 가장 행복한 나라로 꼽히고 있습니다. 덴마크(Denmark), 노르웨이(Norway), 스웨덴(Sweden) 등의 북유럽 국가들은 행복의 중요한 요소로 단순함(Simplicity)과 공동체의 가치를 강조합니다. 휘게(Hygge)와 라곰(Lagom)이라는 개념은 그들의 행복관을 잘 보여줍니다.

휘게(Hygge)는 덴마크에서 시작된 개념으로, 일상 속의 편안함과 따뜻함을 의미합니다. 소박한 것에서 행복을 찾고, 집에서 가족과 함께하는 조용하고 편안한 시간을 소중히 여깁니다. 한편, 라곰(Lagom)은 스웨덴의 개념으로, 적당함의 미학을 중시하며 과하지 않고 적절하게 균형을 맞추는 삶을 추구합니다. 이러한 개념들은 단순함과 균형을 중시하는 북유럽의 행복 철학을 반영하며, 과도한 소비나 경쟁 대신 안정적이고 지속 가능한 삶을 제안합니다.

실천적 교훈

- 물질적 욕망을 줄이고, 단순한 생활 속에서 편안함과 기쁨을 찾는다.
- 공동체와 함께하는 시간을 늘리고, 이웃이나 친구들과 소박한 행복을 나누며 연결감을 느낀다.
- 적당한 수준에서 만족할 줄 알고, 과도한 목표 설정 대신 균형 잡힌 삶을 살아간다.

4) 아프리카의 행복: 공동체 의식과 상호 의존성

아프리카 문화에서 행복은 공동체 의식과 상호 의존성에서 비롯됩니다. 아프리카의 많은 전통사회에서는 개인의 성공보다 공동체의 번영이 더 중요한 가치로 여겨지며, 이 속에서 개인의 행복도 자연스럽게 성장합니다. 우분투(Ubuntu)라는 개념은 그들의 삶의 철학을 잘 나타냅니다. 우분투는 “나는 우리가 있기에 존재한다"는 의미로, 인간은 서로 연결되어 있으며, 타인과의 관계를 통해 행복을 누릴 수 있다는 철학입니다.

이러한 관점에서 행복은 혼자 성취하는 것이 아니라, 함께 나누는 것으로 여겨집니다. 타인의 성공과 행복을 기뻐하며, 상호 의존적 관계 속에서 서로를 돕고 살아가는 방식이 아프리카 전통사회에서 중요한 행복의 요소입니다.

실천적 교훈

- 이웃이나 친구, 공동체 구성원들과 긴밀한 관계를 형성하고, 그들의 기쁨을 함께 나누며 서로 의지한다.
- 개인의 성취보다 공동의 번영을 위해 노력하고, 봉사와 나눔을 실천하며 행복을 찾는다.
- 타인과의 관계에서 협력과 상호 의존성을 중시하며, 서로에게 긍정적인 영향을 미치는 관계를 형성한다.

5) 행복의 문화적 다양성과 통찰

세계 각국의 문화는 행복을 바라보는 다양한 관점을 제공합니다. **동양은 내면의 평화와 균형을, 서양은 자아실현과 자유를, 북유럽은 단순함과 공동체를, 그리고 아프리카는 상호 의존성성을 통해 행복을 추구합니다.** 이 모든 문화적 지혜는 우리에게 중요한 교훈을 전해줍니다.

행복은 단일한 정의로 규정되지 않으며, 각 문화가 제시하는 행복의 방법들은 서로 다른 환경과 조건 속에서 탄생했습니다. 우리는 이러한 지혜를 통해 우리의 삶을 재조명하고, 자신에게 맞는 행복의 길을 찾아 나갈 수 있습니다. 행복은 다양한 얼굴을 가지고 있으며, 우리는 그 다차원적인 지혜를 통해 더 넓은 시야로 행복을 추구할 수 있게 됩니다.

제1부에서는 세계의 지혜를 통해 우리가 배울 수 있는 행복의 다양한 방법을 제시하며, 각자의 삶에 이를 적용하는 실천적 방법도 함께 살펴볼 것입니다.

1. 북유럽의 '휘게' 철학: 소박한 일상의 행복

1) 개념과 배경: 휘게(Hygge)란 무엇인가?

'휘게(Hygge)'는 덴마크에서 시작된 개념으로, 소박하고 편안한 일상 속에서 행복을 찾는 철학입니다. 휘게는 단순히 외적인 환경이나 활동을 의미하는 것이 아니라, 감정적 경험과 삶의 태도를 담고 있습니다. 이는 따뜻함과 아늑함, 그리고 소소한 일상에서 느끼는 기쁨을 의미하며, 우리가 현대 사회에서 종종 잊고 사는 여유와 안락함을 되찾는 방식입니다.

휘게는 덴마크에서 오랫동안 중요한 생활 철학으로 자리 잡아왔으며, 북유럽의 기후적·문화적 배경과 깊이 연결되어 있습니다. 덴마크는 긴 겨울과 어두운 날씨로 인해 집 안에서 많은 시간을 보내게 되는데, 이러한 환경 속에서 소박한 일상과 내면의 평온을 추구하는 휘게가 자연스럽게 발전하게 되었습니다. 특히, 휘게는 가족이나 친구들과 함께하는 소박한 시간, 양초의 은은한 불빛, 따뜻한 차 한 잔에서 오는 작은 기쁨을 의미하며, 사람 사이의 연결과 따뜻한 감정을 중시합니다.

휘게는 물질적인 풍요나 성공보다 감정적 안정과 편안함을 중시하며, 외부의 자극보다 내면의 평화를 추구하는 철학입니다. 이러한 가치관은 과도한 경쟁과 스트레스가 많은 현대 사회에서 우리가 다시 배워야 할 단순한 삶의 방식을 제시합니다.

2) 휘게를 실천하는 방법

휘게는 실천이 어렵지 않으며, 일상 속에서 누구나 쉽게 적용할 수 있습니다. 작은 변화와 태도를 통해 소박한 행복을 누릴 수 있는 몇 가지 방법을 소개합니다.

(1) 휘게 공간 만들기

아늑하고 편안한 분위기 조성

휘게 철학은 아늑한 환경에서 시작됩니다. 집 안의 작은 공간이라도 따뜻하고 편안하게 꾸미면 휘게를 실천할 수 있습니다. 은은한 조명, 양초, 부드러운 담요,

그리고 차분한 음악은 휘게 분위기를 만드는 데 큰 도움이 됩니다. 특히, 자연적인 요소나 목재 가구, 식물 등을 사용하여 자연스러운 느낌을 더하면 더욱 아늑한 공간을 연출할 수 있습니다.

(2) 일상 속 작은 기쁨 찾기

휘게는 특별한 일이 아니라 일상 속 작은 순간에서 행복을 발견하는 철학입니다. 예를 들어, 차 한 잔을 마시며 따뜻함을 느끼는 순간, 좋아하는 책을 읽는 시간, 친구들과 간단한 대화를 나누는 시간 등이 휘게의 본질을 담고 있습니다. 바쁘게 달려가기보다는, 지금 이 순간에 집중하고 소소한 기쁨을 찾아보세요.

(3) 가족 · 친구와 함께하는 소박한 시간

휘게는 사람 사이의 연결을 중요하게 생각합니다. 친구나 가족과 함께 따뜻한 음식을 나누고, 편안한 대화를 나누며 서로에게 관심을 가지는 시간이 휘게의 핵심입니다. 대규모의 화려한 이벤트가 아니라, 소박하게 집에서 함께 시간을 보내는 것이 휘게의 본질입니다. 양초 불빛 아래에서 편안한 대화를 나누며, 서로의 감정을 나누는 시간이 소중한 휘게 경험이 될 수 있습니다.

(4) 디지털 디톡스 실천하기

휘게는 디지털 기기에서 잠시 벗어나, 아날로그적 경험을 중시합니다. 스마트폰, 컴퓨터, TV 등에서 멀어져 현실의 감각을 되찾는 것이 휘게의 중요한 요소입니다. 잠시 디지털 기기를 꺼두고, 책을 읽거나 가족과 함께 보드게임을 하며 오롯이 그 시간에 집중해보세요. 이를 통해 더 깊은 연결과 마음의 평온을 찾을 수 있습니다.

(5) 휘게 음식 즐기기

소박하지만 따뜻한 음식도 휘게를 실천하는 좋은 방법입니다. 친구나 가족과 함께 따뜻한 스프나 베이킹을 해보세요. 휘게 음식은 고급 요리나 화려한 식사가 아니라, 정성 가득한 소박한 음식을 의미합니다. 함께 요리하는 과정과 그 음식을 나누는 시간이 휘게의 중요한 요소입니다.

3) 휘게 실천 아이디어

(1) 양초 켜기

집 안에 양초를 켜서 은은한 조명으로 편안한 분위기를 만듭니다. 양초 불빛은 따뜻함과 안정감을 주며, 긴장을 풀어주는 효과가 있습니다.

(2) 차 한 잔의 여유

아침이나 저녁 시간에 따뜻한 차 한 잔을 마시며, 그 순간의 여유와 따뜻함을 느껴보세요. 특히 창가에 앉아 차를 마시는 것은 휘게에서 권장하는 실천 방법입니다.

(3) 독서의 시간

좋아하는 책을 읽으며, 온전히 그 시간에 몰입해보세요. 독서는 우리의 생각을 깊게 만들어 주고, 소소한 기쁨을 느낄 수 있는 휘게의 좋은 실천입니다.

(4) 자연 속에서 산책

공원이나 자연 속에서 천천히 걷는 산책도 휘게의 한 형태입니다. 주변 자연을 느끼며 조용히 걷는 시간은 심리적 안정감을 가져다줍니다.

(5) 따뜻한 저녁 식사 준비

가족과 함께 손수 만든 저녁을 준비하고, 조용한 음악과 함께 나누는 식사 시간은 휘게의 가장 전형적인 예입니다. 함께 요리하고, 서로의 이야기를 나누며 따뜻한 저녁을 즐기는 것만으로도 마음이 충만해집니다.

4) 휘게 사례: 일상의 행복 찾기

사례 1: 겨울 밤의 휘게

덴마크의 겨울 밤은 길고 어둡지만, 이 시간은 휘게를 실천하기에 최적의 환경입니다. 카렌은 매일 저녁 퇴근 후 집에 돌아와 양초를 켜고, 따뜻한 차 한 잔을 준비합니다. 그녀는 부드러운 담요를 덮고 소파에 앉아 좋아하는 책을 읽으며 하루의 스트레스를 풀어냅니다. 이 소박한 일상의 시간이 카렌에게는 가장 행복한 순간입니다.

사례 2: 친구와의 휘게 시간

토마스는 주말에 친구들을 집으로 초대해 저녁을 함께 나누기로 했습니다. 그들은 각자 좋아하는 간단한 음식을 준비해와 함께 나누었고, 저녁 식사 후에는 양초 불빛 아래에서 조용한 대화를 나누며 서로의 근황을 공유했습니다. 화려한 외출이나 큰 이벤트는 아니었지만, 친구들과 함께하는 소박한 시간이 그들에게는 휘게의 진정한 의미를 깨닫게 해주었습니다.

사례 3: 디지털 디톡스 휘게

안나는 일주일에 하루는 디지털 디톡스를 실천하기로 결심했습니다. 그날은 스마트폰을 꺼두고, 가족과 함께 퍼즐을 맞추며 저녁 시간을 보냈습니다. 그들은 함께 이야기를 나누며 즐거운 시간을 보냈고, 안나는 그날 밤 평소보다 훨씬 깊고 편안한 수면을 취할 수 있었습니다.

5) 휘게로 행복한 일상 만들기

휘게(Hygge)는 화려하거나 거창한 것이 아닙니다. 그것은 일상에서 느낄 수 있는 작은 기쁨, 따뜻한 순간, 그리고 소박한 삶에서 오는 내면의 평온을 의미합니다. 휘게 철학을 통해 우리는 현대의 복잡하고 빠른 삶에서 잠시 벗어나 현재 순간에 더 집중하고, 사람들과의 따뜻한 연결을 소중히 여길 수 있습니다. 휘게는 누구나 쉽게 실천할 수 있는 행복의 방법이며, 이를 통해 우리는 더 균형 잡힌 삶과 더 큰 행복을 경험할 수 있습니다.

휘게는 행복으로 가는 길이며, 이 철학을 통해 우리는 더 풍요로운 삶을 누릴 수 있습니다.

2. 일본의 '이키가이': 삶의 의미 찾기

1) 개념과 배경: '이키가이(Ikigai)'란 무엇인가?

'이키가이(Ikigai)'는 일본어로 '삶의 의미' 또는 '살아가는 이유'를 뜻하는 개념으로, 개인이 매일의 일상에서 행복과 만족을 느끼는 데 중요한 역할을 합니다. 이키가이는 '이키(生き)'는 '삶'을 의미하고, '가이(甲斐)'는 '보람'이나 '가치'를 뜻하는 단어에서 비롯되었습니다. 이 개념은 우리가 삶에서 의미와 목적을 찾고, 그 과정에서 자아 실현과 내면의 평온을 느끼게 하는 철학입니다.

이키가이는 단순히 큰 성공이나 성취에만 국한된 것이 아닙니다. 일상의 소소한 행동, 예를 들어 아침에 일어나 차를 마시거나, 가족과 대화를 나누는 순간 등에서 의미와 보람을 느끼는 것이 바로 이키가이입니다. 일본의 오키나와(Okinawa) 지방은 특히 세계적으로 유명한 장수 지역이며, 그곳 사람들의 삶의 방식은 이키가이와 밀접하게 연결되어 있습니다. 이들은 일상 속에서 작은 기쁨과 목적을 찾으며, 삶의 지속적인 행복을 추구합니다.

이키가이는 단순한 즐거움을 넘어 사회적 기여와 자신의 내면적 성취를 중요하게 여깁니다. 자신이 잘하는 것, 좋아하는 것, 사회에 기여할 수 있는 것, 그리고 경제적 가치를 제공할 수 있는 것 이 네 가지가 교차하는 지점에서 이키가이가 존재한다고 합니다. 이는 개인이 삶에서 추구하는 방향성과 목표를 설정하는 데 중요한 기준이 됩니다.

2) 이키가이를 실천하는 방법

이키가이는 복잡하거나 거창한 계획이 필요하지 않습니다. 중요한 것은 자신의 내면과 삶의 목적을 재발견하고, 이를 일상 속에서 실천하는 것입니다. 이키가이를 실천하기 위한 몇 가지 구체적인 방법을 소개합니다.

(1) 내면 탐구: 내가 좋아하고 잘하는 것을 찾기

이키가이의 첫걸음은 자신이 무엇을 좋아하고 잘하는지 찾는 것입니다. 이는 자신의 열정을 발견하고, 이를 통해 삶에서 기쁨과 보람을 느끼는 과정입니다. 이 단계에서는 어린 시절부터 지금까지 무엇을 좋아해왔는지, 어떤 활동을 할 때 시간이 금방 지나가는지를 돌아보는 것이 중요합니다.

(2) 타인에게 기여할 수 있는 것을 찾기

이키가이는 개인적인 만족뿐 아니라 사회적 기여와도 밀접한 관련이 있습니다. 자신의 열정과 능력을 활용해 타인에게 어떻게 기여할 수 있는지 고민해보세요. 이는 단순히 큰 공헌을 의미하는 것이 아니라, 가까운 사람이나 사회에 작은 도움을 주는 것도 포함됩니다. 자신의 가치가 사회에서 어떻게 연결되고 도움이 되는지를 생각해보는 것이 핵심입니다.

(3) 일상에서의 의미 찾기

이키가이는 거창한 목표가 아니라, 일상의 작은 행동에서 보람을 찾는 철학입니다. 아침에 일어나 정성스럽게 차를 준비하고, 가족과 대화를 나누는 등의 소소한 일상 활동에서도 의미를 찾을 수 있습니다. 이러한 작은 행동들이 쌓이면서 삶 전체의 의미를 더 크게 느낄 수 있습니다.

(4) 경제적 보람과 균형 맞추기

이키가이를 찾는 과정에서 자신의 경제적 필요도 중요한 요소입니다. 좋아하고 잘하는 일, 타인에게 기여할 수 있는 일, 그리고 경제적 가치를 얻을 수 있는 일을 균형 있게 맞추는 것이 필요합니다. 이는 반드시 큰 수익을 창출하는 것이 아니라, 자신의 생활을 안정적으로 유지할 수 있는 활동을 찾는 것이 중요합니다.

3) 이키가이 실천 아이디어

(1) 이키가이 다이어리 작성하기

자신이 좋아하는 활동, 잘하는 것, 사회에 기여할 수 있는 것, 경제적 가치를 제공할 수 있는 것을 매일 기록해보세요. 작은 성취와 기쁨을 기록하는 것만으로도 삶에서 더 많은 의미를 발견할 수 있습니다.

(2) 아침 의식 만들기

아침에 일어나 자신이 좋아하는 활동으로 하루를 시작하세요. 예를 들어, 차를 마시며 그 순간에 집중하거나, 10분간의 명상으로 마음을 가다듬는 것이 이키가이를 실천하는 한 방법입니다.

(3) 사회적 기여 활동하기

자원봉사나 지역 사회에서 작은 도움을 제공하는 활동을 통해 타인에게 기여할 수 있는 기회를 찾아보세요. 작은 도움이라도 타인에게 긍정적인 영향을 미치며, 자신이 사회에 기여하고 있다는 감정을 가질 수 있습니다.

(4) 소박한 취미 찾기

돈이나 성취와 상관없이 자신이 순수하게 좋아하는 취미를 찾아보세요. 예술, 음악, 글쓰기 등 취미 활동을 통해 내면의 성취감을 느끼고, 그 순간에 몰입하는 경험을 할 수 있습니다.

(5) 직업과 삶의 균형 맞추기

일을 하면서 자신이 보람을 느끼고, 즐겁게 할 수 있는 부분을 찾아보세요. 단순히 돈을 버는 것이 아니라, 그 일을 통해 자신이 성장하고 있음을 느끼는 것이 중요합니다.

4) 이키가이 사례: 삶의 의미와 기쁨 찾기

사례 1: 오키나와 장수 마을의 이키가이

일본의 오키나와는 세계적으로 유명한 장수 지역으로, 이곳 사람들은 긴 수명을 자랑합니다. 그들의 비결 중 하나가 바로 이키가이를 찾고 이를 실천하는 것입니다. 오키나와 사람들은 일상 속에서 소소한 활동, 예를 들어 마을 공동체를 돌보거나 가족과 함께 시간을 보내는 것에서 삶의 의미를 찾습니다. 그들은 자신의 역할을 중요하게 생각하며, 이를 통해 삶의 보람을 느낍니다.

사례 2: 퇴직 후에도 이키가이를 찾은 마사오

마사오는 일본에서 평생 교사로 일하다 퇴직한 후, 자신이 삶에서 무엇을 할 수 있을지 고민하기 시작했습니다. 그는 자신이 오랫동안 꿈꿔왔던 도예를 배우기로 결심하고, 매일 아침 일찍 일어나 도예 작업을 시작했습니다. 그의 작품은 크고 화려하지 않지만, 매일 손으로 도자기를 빚는 시간이 그에게는 큰 기쁨을 줍니다. 그는 자신의 작품을 지역 사회에서 나누고, 작은 수익을 얻으며 삶의 의미와 보람을 다시금 발견했습니다.

사례 3: 이키가이를 통해 새로운 목표를 찾은 주영

주영은 외국인으로 일본에 거주하며 이키가이에 대해 알게 되었습니다. 그녀는 그동안 직장 생활에서 스트레스를 많이 받았지만, 이키가이를 통해 자신이 정말로 좋아하는 것이 글쓰기라는 사실을 깨달았습니다. 그녀는 직장에서 스트레스를 해소하기 위해 매일 밤 30분씩 글을 쓰기로 결심했고, 점차 이 글쓰기가 그녀에게 중요한 의미를 주기 시작했습니다. 주영은 자신이 좋아하는 글쓰기를 통해 삶에서 새로운 의미를 찾았고, 이것이 그녀의 일상에서 기쁨의 원천이 되었습니다.

5) 이키가이를 통한 삶의 의미와 기쁨

이키가이는 삶에서 큰 성공이나 성취보다는 내면의 기쁨과 타인에게 기여하는 삶에서 오는 행복을 강조합니다. 이는 우리의 일상 속에서 의미를 찾고, 자신이 잘하고 좋아하는 일을 통해 사회에 긍정적인 영향을 미치는 것으로 연결됩니다. 이키가이는 단순한 철학이 아니라, 우리가 더 행복하고 충만한 삶을 살기 위해 실천할 수 있는 구체적인 방법을 제시합니다.

이키가이를 실천하기 위해 우리는 작은 일에서 보람을 찾고, 사회적 기여와 개인적 성취를 균형 있게 맞추며 살아가는 방법을 배워야 합니다. 이를 통해 우리는 삶에서 더 많은 의미와 기쁨을 발견하고, 진정한 행복을 느낄 수 있습니다.

이키가이는 행복을 찾는 강력한 도구이며, 이를 통해 여러분은 더 충만하고 의미 있는 삶을 살아갈 수 있습니다.

3. 인도의 '아힘사': 비폭력과 평화

1) 개념과 배경: '아힘사(Ahimsa)'란 무엇인가?

'아힘사(Ahimsa)'는 산스크리트어로 '비폭력'을 의미하며, 인도의 철학적·종교적 전통에서 중요한 개념입니다. 아힘사는 단순히 물리적인 폭력을 피하는 것을 넘어서, 생명에 해를 가하지 않으려는 정신적 태도와 모든 존재에 대한 존중을 의미합니다. 이 개념은 특히 힌두교, 불교, 자이나교에서 강조되며, 인간뿐만 아니라 모든 생명체에 대한 자비와 연민을 포함합니다.

아힘사의 핵심은 다른 존재를 해치지 않음으로써 내면의 평화와 외부 세계와의 조화를 이루는 것입니다. 이는 말과 행동뿐만 아니라, 생각에도 적용됩니다. 부정적인 감정이나 폭력적인 생각을 제거하고, 대신 사랑과 연민을 통해 세상을 바라보는 것이 아힘사의 실천입니다. 아힘사는 또한 카르마(Karma), 즉 행동의 결과를 중요하게 생각하는 인도 철학의 일환으로, 폭력적인 행위는 결국 자신의 내면에도 부정적인 영향을 미친다고 봅니다.

마하트마 간디(Mahatma Gandhi)는 아힘사를 자신의 삶의 중심 철학으로 삼았고, 비폭력 저항 운동을 통해 인도의 독립을 이끌었습니다. 그의 철학은 단순히 폭력을 피하는 것이 아니라, 정의와 평화를 추구하는 과정에서 비폭력을 적극적으로 실천하는 것이었습니다. 이는 현대 사회에서도 여전히 중요한 교훈으로 남아 있으며, 개인의 삶에서뿐만 아니라 사회적·정치적 갈등 해결에도 적용될 수 있습니다.

2) 아힘사를 실천하는 방법

아힘사는 물리적 폭력을 피하는 것에서 시작해, 점차 정신적·감정적 차원의 비폭력으로 확장될 수 있습니다. 이는 일상에서 비폭력적 소통을 실천하고, 타인과의 관계에서 평화와 조화를 이루는 것을 목표로 합니다.

(1) 생각과 말에서의 비폭력 실천

아힘사는 단순히 신체적인 폭력뿐만 아니라, 생각과 말에서도 폭력적인 요소를 제거하는 것을 강조합니다. 비판적이거나 공격적인 말 대신, 따뜻한 말과 배려를 통해 타인과 소통하는 것이 아힘사의 기본입니다. 이는 가족, 친구, 동료들과의 관계에서 긍정적 대화를 실천하고, 부정적인 감정이 생겼을 때 이를 감정적으로 폭발하지 않고 평화롭게 해결하는 연습이 필요합니다.

(2) 동물과 환경에 대한 비폭력 실천

아힘사는 모든 생명체에 대한 존중을 포함하므로, 동물과 환경에도 적용됩니다. 이는 채식주의를 실천하거나, 환경을 해치지 않는 방식으로 생활하는 것을 의미할 수 있습니다. 생명에 대한 존중은 작은 동물부터 자연 환경에 이르기까지, 모든 존재를 해치지 않으려는 의식적 노력을 포함합니다.

(3) 갈등 상황에서 평화적인 해결 방법 찾기

아힘사는 갈등 상황에서 폭력적인 해결을 피하고, 평화적인 방법으로 문제를 해결하려는 태도를 강조합니다. 분노나 적대적인 감정이 생겼을 때 이를 즉시 표현하기보다는, 차분하게 대화를 시도하고 상대방의 입장을 이해하려고 노력하는 것이 아힘사의 중요한 실천입니다. 타인과의 갈등을 해결할 때, 이해와 공감을 바탕으로 서로의 감정을 존중하는 대화법을 실천할 수 있습니다.

(4) 나 자신에게 비폭력적 태도 실천

아힘사는 타인뿐만 아니라 자기 자신에게도 비폭력적인 태도를 가지는 것을 포함합니다. 우리는 종종 자신을 비난하거나 자책하면서 내면적으로 폭력적인 태도를 취할 때가 있습니다. 아힘사는 자기 연민과 자기 돌봄을 통해 스스로에게도 따뜻함과 자비를 베풀어야 한다는 것을 강조합니다. 자기 자신을 돌보고, 스트레스를 해소하며, 스스로에게 친절한 태도를 유지하는 것이 아힘사의 중요한 부분입니다.

3) 아힘사 실천 아이디어

(1) 긍정적인 언어 사용하기

평소 대화를 할 때 부정적이거나 공격적인 말을 피하고, 상대방을 격려하는 긍정적인 언어를 사용하세요. 비판 대신 칭찬과 감사의 말을 더 많이 하도록 연습해 보세요.

(2) 비폭력적 대화법 연습

갈등 상황에서 상대방을 비난하거나 공격하기보다는, 자신의 감정과 생각을 평화롭게 전달하는 비폭력 대화법을 실천해보세요. 이는 "당신은 왜 그랬어?"가 아니라 "나는 그 상황에서 상처받았어."와 같은 방식으로 자신의 감정을 표현하는 것입니다.

(3) 채식주의 또는 환경 보호 실천하기

아힘사의 철학을 일상에 적용하기 위해, 가끔씩 채식을 실천하거나, 환경 보호를 위한 작은 실천을 시작해보세요. 일회용품 사용을 줄이거나, 동물성 제품 소비를 줄이는 것도 비폭력적인 삶을 위한 중요한 실천입니다.

(4) 자기 돌봄 실천

아힘사는 자신에게도 비폭력적인 태도를 유지하는 것을 포함합니다. 스스로를 비난하지 않고, 실패나 실수를 했을 때 자기 자신을 용서하며, 스트레스를 해소하기 위한 명상, 자기 연민 연습 등을 통해 자신을 돌보세요.

(5) 비판적 사고 피하기

타인에 대해 부정적이거나 비판적인 생각이 들 때, 이를 즉시 표현하지 않고 차분히 생각을 다듬어보세요. 상대방을 비난하기보다는 그 사람의 입장을 이해하려고 노력하고, 해결책을 찾아가는 대화를 나누는 연습을 해보세요.

4) 아힘사 사례: 비폭력의 실천을 통한 평화

사례 1: 마하트마 간디의 비폭력 저항 운동

마하트마 간디는 아힘사의 철학을 바탕으로 비폭력 저항 운동을 이끌었습니다. 그는 영국의 식민지 지배에 저항하면서도, 폭력적인 방법 대신 비폭력과 평화를 통해 독립을 쟁취하고자 했습니다. 간디는 단순히 신체적 폭력을 피하는 것이 아니라, 정의와 평등을 이루기 위한 비폭력적인 수단을 통해 세상을 변화시킬 수 있다고 믿었습니다. 그의 철학은 오늘날까지도 많은 사회적・정치적 운동에서 영향을 미치고 있습니다.

사례 2: 평화로운 갈등 해결을 실천한 라케시
라케시는 회사에서 동료와의 갈등으로 스트레스를 받았습니다. 그 동료가 프로젝트에서 부당하게 자신을 비난한 상황이었고, 처음에는 화가 나서 공격적인 방식으로 대응하고 싶었습니다. 하지만 그는 아힘사 철학을 떠올리고, 화를 참으며 차분하게 대화를 시도했습니다.

라케시는 자신의 감정을 솔직하게 표현하면서도 상대방을 비난하지 않고, 갈등을 평화롭게 해결할 수 있었습니다. 그 결과, 두 사람은 서로의 입장을 이해하고 관계를 개선할 수 있었습니다.

사례 3: 아힘사와 채식주의 실천을 통해 내면의 평화를 찾은 미나
미나는 몇 년 전부터 아힘사 철학에 관심을 갖고, 채식주의를 실천하기로 결심했습니다. 그녀는 동물에게 해를 가하지 않는 방식으로 살아가는 것이 자신에게 더 큰 내면의 평화를 준다고 느꼈습니다. 미나는 자연과 더 조화롭게 살아가며, 환경을 보호하고 다른 생명체에 대한 자비심을 키우는 삶을 살기로 했습니다. 이러한 실천을 통해 미나는 더 큰 만족과 행복을 느끼게 되었습니다.

5) 아힘사를 통한 평화로운 삶 만들기

아힘사(Ahimsa)는 단순히 폭력을 피하는 것이 아니라, 평화와 자비를 중심으로 한 삶을 살아가는 철학입니다. 아힘사는 모든 생명체에 대한 존중과 배려, 그리고 갈등 상황에서 평화롭게 문제를 해결하려는 노력을 강조합니다. 이를 통해 우리는 내면의 평화를 찾고, 타인과의 관계에서도 더 깊은 연결을 경험할 수 있습니다.

아힘사는 우리의 생각, 말, 행동에서부터 시작해 일상에서 실천할 수 있는 다양한 방법을 제공합니다. 부정적인 감정과 폭력적인 태도를 내려놓고, 대신 사랑과 연민을 바탕으로 살아가려는 노력은 결국 우리 자신과 주변 세계를 더 평화롭고 행복하게 만듭니다.

아힘사는 행복으로 가는 길이며, 이를 실천함으로써 우리는 더 큰 조화와 평화를 누릴 수 있습니다.

4. 한국의 '정': 따뜻한 인간관계

1) 개념과 배경: '정(情)'이란 무엇인가?

'정(情)'은 한국 사회에서 매우 중요한 문화적 개념으로, 단순한 애정이나 감정을 넘어 사람들 사이의 따뜻한 유대와 관계를 의미합니다. 이는 한국인의 독특한 정서와 사회적 관계를 설명하는 중요한 개념으로, 가족, 친구, 이웃, 동료 간의 깊은 유대감, 친밀함, 배려, 그리고 상호 의존성을 나타냅니다. '정'은 시간이 흐르면서 자연스럽게 쌓이는 감정으로, 물리적 거리가 있어도 오랫동안 유지되는 관계에서 나타나기도 합니다.

한국의 공동체 의식과 유교적 전통 속에서 발전된 '정'은 단순한 우정이나 사랑과는 다릅니다. 이 감정은 상호 간의 배려, 이해, 도움을 바탕으로 자연스럽게 형성되며, 때로는 말로 표현되지 않더라도 상대방에게 진심이 전달되는 특별한 관계입니다. '정'은 따뜻한 마음과 의무감을 수반하며, 때로는 애정과 책임이 섞여 복잡한 감정으로 나타나기도 합니다. 이는 한국 문화에서 서로를 돕고 배려하는 사회적 행동을 촉진하는 중요한 원동력입니다.

정은 종종 보은(報恩)의 개념과도 연결됩니다. 누군가가 나에게 해준 호의나 배려에 대한 감사와 그에 대한 답례로서 정이 형성될 수 있습니다. 이는 개인적인 이익을 넘어서 타인에게 기여하고자 하는 마음으로 발전하며, 이는 관계를 더욱 깊고 의미 있게 만듭니다. 상호 의존과 배려가 중심인 이 개념은 현대 한국 사회에서도 여전히 강하게 남아 있으며, 인간관계를 풍요롭게 만드는 중요한 요소입니다.

2) '정'을 실천하는 방법

정(情)은 사람들 사이의 깊은 연결을 바탕으로 형성되므로, 일상 속에서 타인에게 배려와 따뜻함을 실천하는 방법으로 쉽게 적용할 수 있습니다. 작은 행동에서부터 시작하여 관계를 깊게 만드는 실천 방법을 소개합니다.

(1) 작은 친절을 실천하기

정은 작은 친절에서 시작됩니다. 누군가에게 작은 도움을 주거나, 배려를 실천하는 행동이 쌓이면서 자연스럽게 정이 형성됩니다. 예를 들어, 동료에게 커피를 사주거나, 어려움에 처한 친구에게 따뜻한 말을 건네는 것이 정을 표현하는 방법입니다.

(2) 시간과 관심을 나누기

정은 함께 시간을 보내는 것에서 자라납니다. 가족이나 친구들과 함께 시간을 보내며 그들의 이야기에 귀 기울이고, 그들의 삶에 관심을 가지는 것이 정을 키우는 중요한 방법입니다. 단순히 물리적으로 함께하는 것을 넘어, 서로의 감정과 생각을 나누는 정서적 연결이 필요합니다.

(3) 상호 배려와 도움 주기

정은 서로가 서로를 돕고 배려하는 과정에서 깊어집니다. 일상에서 이웃이나 친구에게 도움의 손길을 내밀 때, 상대방과의 관계에서 정이 형성됩니다. 이는 보상을 기대하지 않고, 자발적인 배려와 도움을 통해 상호 의존적인 관계를 만들어 가는 것입니다.

(4) 함께하는 식사 시간을 중요하게 여기기

한국 문화에서 함께 식사하는 시간은 정을 쌓는 중요한 기회입니다. 함께 밥을 먹으며 이야기를 나누고 서로의 안부를 묻는 것은 정서적으로 깊은 관계를 형성하는 데 큰 역할을 합니다. 친구나 가족과 함께하는 식사 자리를 자주 가지며 그 순간을 소중히 여기는 것이 정을 쌓는 중요한 방법입니다.

(5) 말로 표현하지 않아도 행동으로 보여주기

한국의 '정'은 때로는 말로 표현되지 않는 감정으로, 행동을 통해 보여지는 경우가 많습니다. 상대방에게 작은 선물을 하거나, 그들의 필요를 먼저 생각해주는 것이 정을 실천하는 방법입니다. 이는 말보다 행동으로 더 잘 전달될 수 있으며, 상대방이 자신이 중요하게 여겨진다는 감정을 느끼게 합니다.

3) '정' 실천 아이디어

(1) 따뜻한 문자 보내기

오랫동안 연락하지 않았던 친구나 가족에게 간단한 안부 인사 메시지를 보내보세요. 그들의 하루를 어떻게 보냈는지 물어보고, 작은 대화를 시작하는 것만으로도 관계에서 정이 형성될 수 있습니다.

(2) 이웃과 소소한 선물 나누기

이웃에게 직접 만든 음식이나 작은 간식을 선물해보세요. 이 작은 행동이 이웃과의 관계를 더 가깝게 만들고, 따뜻한 유대를 형성하는 데 도움이 됩니다.

(3) 정기적인 만남 가지기

바쁜 일상 속에서도 가족이나 친구와 정기적으로 만나는 시간을 가져보세요. 함께 식사하거나 커피를 마시며 서로의 근황을 나누는 시간이 정을 쌓는 데 매우 중요합니다.

(4) 도움을 요청하거나 베풀기

누군가에게 도움을 받았을 때 감사의 마음을 전하고, 스스로도 그들에게 도움이 되는 작은 행동을 해보세요. 보은을 실천하는 과정에서 관계는 더 깊어지고, 정이 쌓입니다.

(5) 함께하는 취미 활동 찾기

친구나 가족과 함께할 수 있는 취미 활동을 찾아보세요. 함께 운동을 하거나, 여행을 계획하는 등의 활동을 통해 자연스럽게 정이 형성될 수 있습니다.

4) '정' 사례: 따뜻한 인간관계의 힘

사례 1: 할머니와의 정을 쌓아가는 혜진

혜진은 어릴 때부터 할머니와 함께 살았습니다. 할머니는 항상 혜진을 위해 따뜻한 밥을 차려주시고, 손주를 위해 필요한 물건을 사주셨습니다. 혜진은 그동안 할머니의 따뜻함을 당연하게 생각했지만, 어느 날 할머니가 아프시면서 혜진은 할머니가 얼마나 자신에게 많은 것을 해주셨는지 깨닫게 되었습니다. 그 이후로 혜진은 할머니에게 자주 안부를 묻고, 할머니가 좋아하는 음식을 사드리며 시간을 함께 보내기로 결심했습니다. 혜진은 할머니와 함께 시간을 보내며 정이 더 깊어졌고, 할머니의 건강을 돌보며 자신도 따뜻함을 느꼈습니다.

사례 2: 직장 동료들과의 '정'

김 대리는 회사에서 오랜 기간 근무하면서 동료들과 깊은 정을 쌓았습니다. 그는 새로 입사한 후배가 어려움을 겪을 때마다 도와주었고, 동료들이 힘들 때는 따뜻한 조언을 아끼지 않았습니다. 김 대리의 이런 배려와 따뜻한 태도 덕분에 동료들은 자연스럽게 그와 깊은 유대감을 형성하게 되었고, 서로에게 더 큰 신뢰를 가지게 되었습니다. 김 대리는 그들의 정서적 지지를 받으며, 자신도 회사 생활에서 큰 심리적 안정감을 느끼게 되었습니다.

사례 3: 이웃과의 따뜻한 나눔

미선 씨는 아파트 이웃과 소소한 정을 나누며 살아왔습니다. 그녀는 명절 때마다 이웃들에게 작은 떡이나 과일을 나눠주었고, 그들과 친밀한 관계를 유지해왔습니다. 어느 날 그녀가 갑자기 몸이 아파서 몇 주 동안 일을 할 수 없게 되었을 때, 이웃들은 미선 씨를 위해 음식을 준비하고, 필요한 물품을 챙겨주는 등 큰 도움을 주었습니다. 이 과정에서 미선 씨는 이웃들과 쌓아온 '정'이 자신에게 얼마나 큰 의미였는지를 실감하게 되었습니다.

5) '정'을 통한 행복한 삶 만들기

정(情)은 한국 문화에서 가장 따뜻하고 깊은 인간관계를 나타내는 중요한 개념입니다. 이는 단순한 우정이나 사랑을 넘어서, 오랜 시간 동안 쌓인 신뢰와 배려를 기반으로 형성된 감정입니다. 한국 사회에서 정은 가족, 친구, 이웃 간의 긴밀한 연결을 통해 나타나며, 이를 통해 우리는 심리적 안정과 행복을 느낄 수 있습니다.

'정'을 실천하는 것은 복잡한 일이 아닙니다. 일상 속에서 작은 친절과 배려를 나누고, 함께 시간을 보내며 서로의 감정을 존중하는 것만으로도 우리는 더 깊고 의미 있는 관계를 형성할 수 있습니다. 말보다는 행동으로, 상대방의 필요를 먼저 생각하고 도와주는 것이 '정'의 핵심입니다.

정은 행복으로 가는 길이며, 이를 통해 우리는 따뜻한 인간관계를 만들어 갈 수 있습니다.

5. 중국의 '타오': 자연과의 조화

1) 개념과 배경: '타오(道)'란 무엇인가?

'타오(道, Tao)'는 중국의 고대 철학에서 중심적인 개념으로, '길' 또는 '자연의 도(道)'라는 뜻을 가지고 있습니다. 타오는 우주와 인간을 포함한 모든 존재가 따르는 자연스러운 흐름을 의미하며, 이는 인간이 자연과 조화를 이루며 살아가는 방식을 제안하는 철학입니다. 도교(Taoism)에서 타오는 만물의 본질적 원리로, 세상 만물이 자연스럽게 존재하며 흘러가는 우주의 법칙을 나타냅니다.

타오 철학은 자연의 질서에 순응하고, 억지로 무언가를 조작하거나 통제하려 하지 않는 삶의 태도를 강조합니다. 이 철학에서 중요한 개념 중 하나는 '무위(無爲)', 즉 인위적이지 않고 자연스러운 상태로 존재하는 것을 의미합니다. 인간이 자연의 흐름에 저항하지 않고 순응할 때, 비로소 진정한 평화와 행복을 얻을 수 있다는 것이 타오의 핵심입니다.

노자(Laozi)의 '도덕경(道德經)'은 타오 철학의 중심 텍스트로, 여기에서 인간은 자연과 하나가 되어 무리하지 않고 자연스럽게 살아가는 것이 최고의 덕(德)임을 배웁니다. 타오는 단순히 철학적 개념에 머무르지 않고, 삶의 방식과 행동의 지침이 됩니다. 자연을 억지로 조종하거나 그 질서를 거스르지 않고, 그대로 받아들이며 살아갈 때, 우리는 더 큰 행복과 안정을 느낄 수 있습니다.

2) 타오를 실천하는 방법

타오 철학을 실천하는 것은 자연의 질서와 흐름에 순응하고, 인위적인 힘을 가하지 않으며 삶을 자연스럽게 살아가는 것입니다. 이를 통해 평화와 내면의 고요를 찾고, 더 조화로운 삶을 실현할 수 있습니다.

(1) 무위(無爲) 실천하기: 자연스럽게 흘러가기

무위(無爲)란 인위적인 행동을 하지 않고, 자연의 흐름에 맡기는 것을 의미합니다. 이는 모든 일에 있어서 억지로 통제하거나 힘을 가하지 않고, 자연스럽게 일어나는 대로 상황을 받아들이는 태도를 말합니다. 무위는 삶에서 스트레스를 줄이고, 순리대로 흘러가는 법을 배우는 것입니다.

(2) 자연과 함께하는 시간 갖기

타오 철학은 인간이 자연의 일부로서 살아가는 것을 강조합니다. 자연 속에서 시간을 보내며 자연의 리듬을 체험하고, 그 속에서 심리적 안정감을 찾는 것이 중요합니다. 산책, 등산, 정원 가꾸기 등 자연 속에서의 활동을 통해 자연과 조화롭게 살아가는 방법을 실천할 수 있습니다.

(3) 소박하고 단순한 삶 추구하기

타오 철학은 물질적 욕심이나 복잡한 삶을 피하고, 소박하고 단순한 삶을 추구합니다. 이는 욕망을 줄이고, 최소한의 필요만을 충족시키며 자연의 흐름에 맞추어 살아가는 것을 의미합니다. 너무 많은 것을 바라지 않고, 현재에 만족하며 사는 태도가 타오 철학의 중요한 실천 중 하나입니다.

(4) 감정의 흐름에 순응하기

타오는 감정 또한 자연의 흐름처럼 자연스럽게 흘러가도록 놔두는 것을 강조합니다. 억지로 감정을 억누르거나, 통제하려는 것이 아니라, 있는 그대로 받아들이고 감정이 지나가도록 내버려 두는 것이 중요합니다. 감정의 흐름을 인정하고 이를 억제하지 않는 것이 타오의 정신입니다.

(5) 균형과 조화를 유지하기

타오 철학에서 조화와 균형은 매우 중요한 요소입니다. 인간은 자연의 일부이기 때문에, 자신과 자연, 또는 자신과 타인 간의 조화를 이루는 것이 타오의 핵심입니다. 이는 관계나 일상 속에서도 균형을 유지하며 과하지 않게 살아가는 방식입니다. 균형을 유지함으로써 과도한 스트레스나 불안에서 벗어나 더 평온한 상태를 유지할 수 있습니다.

3) 타오 실천 아이디어

(1) 자연 속에서 명상하기

자연에서 명상을 실천하며 자연의 소리와 기운을 느껴보세요. 산이나 공원, 바닷가에서 시간을 보내며 자연의 리듬에 몸과 마음을 맡기는 경험은 타오 실천에 매우 유익합니다.

(2) 일상에서 '무위' 실천하기

억지로 모든 일을 통제하려 하지 말고, 상황이 자연스럽게 해결될 수 있도록 기다리는 태도를 연습해보세요. 때로는 아무것도 하지 않고 기다리는 것이 더 나은 결과를 가져올 수 있습니다.

(3) 단순한 생활 실천하기

불필요한 물건을 정리하고, 단순한 삶을 지향하세요. 너무 많은 물질적 욕망을 추구하기보다는, 최소한의 필요만을 충족시키는 생활을 실천해보세요.

(4) 감정 흘려보내기

화가 나거나 슬플 때 감정을 억누르지 않고, 그 감정이 자연스럽게 흘러가도록 놔두세요. 감정에 저항하지 않고 그 순간을 인식하고 흘려보내는 연습을 통해 내면의 평화를 찾을 수 있습니다.

(5) 자연과의 조화로운 활동 찾기

정원 가꾸기, 나무 심기, 산책 등 자연과 더 가까워질 수 있는 활동을 정기적으로 해보세요. 자연 속에서의 활동을 통해 타오 철학을 일상에서 실천할 수 있습니다.

4) 타오 사례: 자연과 조화롭게 사는 법

사례 1: 자연 속에서 무위를 실천한 샤오진

샤오진은 바쁜 도시 생활에 지쳐, 주말마다 산으로 등산을 하러 다니기 시작했습니다. 그는 산 정상에 도착할 때마다 자연의 웅장함과 고요함을 느끼며 자신이 얼마나 작은 존재인지를 깨달았습니다. 이를 통해 샤오진은 삶의 많은 문제들이 결국 자연 속에서 보면 작은 일일 뿐이라는 깨달음을 얻었고, 더 이상 모든 것을 억지로 통제하려는 태도를 버리게 되었습니다. 그는 이제 작은 일에도 덜 스트레스를 받으며, 자연의 리듬에 맞춰 살아가기로 했습니다.

사례 2: 정원 가꾸기를 통해 자연과 연결된 미아

미아는 직장에서의 스트레스가 많았지만, 주말에는 자신의 작은 정원을 가꾸는 데 집중했습니다. 그녀는 정원에서 시간을 보내며 꽃과 나무가 자라는 모습을 보며 자연의 흐름을 배우게 되었습니다. 정원을 가꾸는 동안 그녀는 인내와 순리를 깨달았고, 이를 통해 내면의 평화를 찾을 수 있었습니다. 미아는 정원에서 배운 자연의 리듬을 일상에도 적용해, 더 차분하고 느긋한 태도로 일을 처리하게 되었습니다.

사례 3: 무위를 실천하며 스트레스를 줄인 장

장 씨는 항상 모든 것을 계획하고 통제하려는 습관이 있었지만, 타오 철학을 공부하면서 무위의 중요성을 깨닫게 되었습니다. 그는 이제 더 이상 모든 일을 자기 뜻대로 하려고 애쓰지 않고, 자연스럽게 상황이 해결되도록 놔두는 법을 배웠습니다. 장 씨는 무위 실천을 통해 스트레스를 덜 받게 되었고, 때로는 기다림과 포기가 더 나은 결과를 가져온다는 것을 경험하게 되었습니다.

5) 타오를 통한 자연과의 조화로운 삶 만들기

타오(道) 철학은 우리에게 자연의 흐름에 따르는 삶을 제안합니다. 이는 우리가 억지로 상황을 통제하려 하지 않고, 자연스럽게 흘러가는 법을 배우는 것입니다. 타오는 단순히 철학적 개념이 아니라, 우리가 더 조화롭고 평온한 삶을 살 수 있도록 돕는 실천적인 지침을 제공합니다.

타오를 실천함으로써 우리는 스트레스와 불안을 줄이고, 자연의 질서 속에서 내면의 평화를 찾을 수 있습니다. 타오 철학은 물질적 욕망과 과도한 통제에서 벗어나, 자연과 함께하는 소박한 삶을 추구합니다. 이를 통해 우리는 더 균형 잡힌 삶을 살 수 있고, 나 자신뿐 아니라 자연과도 깊은 연결감을 느낄 수 있습니다.

타오는 행복의 길이며, 이를 통해 우리는 더 조화롭고 평화로운 삶을 살아갈 수 있습니다.

6. 아프리카의 '우분투': 공동체 정신

1) 개념과 배경: '우분투(Ubuntu)'란 무엇인가?

'우분투(Ubuntu)'는 아프리카의 전통적 철학 중 하나로, '나는 우리가 있기에 존재한다'라는 의미를 담고 있습니다. 이는 개인의 존재가 공동체의 일원으로서 완성된다는 깊은 인간관계를 강조하는 개념입니다. 우분투 철학은 남아프리카를 중심으로 여러 아프리카 국가들에서 강력한 영향력을 미치며, 인간의 상호 연결성과 공동체 의식을 강조합니다.

우분투는 자비심, 이해, 배려, 공감을 바탕으로 사람들 간의 관계가 어떻게 형성되는지를 설명하며, 개인의 행복이 공동체 전체의 행복과 불가분하게 연결되어 있음을 의미합니다. 이 철학은 인간의 본질을 서로 연결된 존재로 보며, 타인을 존중하고 돕는 것이 자신을 돌보는 것과 같다는 메시지를 담고 있습니다.

남아프리카의 지도자 넬슨 만델라(Nelson Mandela)와 데스몬드 투투(Desmond Tutu)가 우분투의 철학을 국제 무대에서 알렸으며, 이들은 우분투를 바탕으로 화해와 용서, 그리고 인종 간 화합을 강조했습니다. 특히 아파르트헤이트(인종 차별 정책)이후 남아프리카 사회가 화합할 수 있었던 중요한 배경 중 하나가 바로 우분투 정신이었습니다. 이 철학은 서로의 고통을 이해하고 용서하는 힘을 통해 사회가 더 나은 방향으로 나아갈 수 있다는 메시지를 전파합니다.

2) 우분투를 실천하는 방법

우분투는 공동체 속에서 자신을 찾는 것을 의미하기 때문에, 개인이 어떻게 공동체에 기여하고, 다른 사람들과 연결될 수 있는지를 중심으로 실천할 수 있습니다. 이를 통해 우리는 자신의 삶뿐만 아니라 주변 사람들의 삶에도 긍정적인 영향을 미칠 수 있습니다.

(1) 공동체의 일원으로 기여하기

우분투는 개인의 이익보다 공동체의 이익을 먼저 생각하는 철학입니다. 자신이 속한 가족, 직장, 지역사회에서 작은 일이라도 다른 사람에게 기여할 수 있는 방법을 찾아보세요. 예를 들어, 이웃의 어려움을 돕거나, 직장에서 동료를 지원하는 등 공동의 이익을 추구하는 활동을 통해 우분투 정신을 실천할 수 있습니다.

(2) 타인의 고통에 공감하고 함께 해결하기

우분투는 타인의 고통을 자신의 고통으로 여기고, 그 고통을 함께 나누는 것을 강조합니다. 타인의 어려움을 외면하지 않고 공감하며, 그들이 도움을 받을 수 있도록 함께 해결해 나가는 것이 우분투의 중요한 실천 방법입니다. 이는 단순한 공감에 머무는 것이 아니라, 행동으로 이어져야 합니다.

(3) 자비와 용서 실천하기

우분투는 인간 관계에서 자비와 용서를 강조합니다. 다른 사람의 잘못을 받아들이고, 그들과 화해하는 것이 우분투 철학의 중요한 부분입니다. 자신이 받은 상처를 극복하고, 타인을 용서함으로써 관계를 회복하고 공동체의 화합을 이루는 것이 핵심입니다.

(4) '우리'의 가치를 소중히 여기기

우분투는 '나'보다는 '우리'를 더 중요하게 생각합니다. 모든 선택과 행동에서 개인의 이익보다 공동체의 이익을 우선시하는 태도를 가지는 것이 중요합니다. 이것은 내가 잘 되기 위해서만이 아니라, 모두가 잘 되기 위해 함께 고민하고 행동하는 방식을 실천하는 것입니다.

(5) 나눔과 연대 실천하기

우분투는 나눔과 연대를 중요한 가치로 봅니다. 내가 가진 자원을 나누고, 다른 사람들과 서로 돕고 의지하는 관계를 형성하는 것이 우분투 정신의 실천입니다. 이는 물질적인 나눔뿐만 아니라, 지식, 감정, 시간을 나누는 것까지 포함합니다.

3) 우분투 실천 아이디어

(1) 지역 사회 봉사 활동 참여

지역 사회에서 봉사 활동을 통해 타인을 도울 수 있는 기회를 찾아보세요. 예를 들어, 노인이나 어린이를 돕는 봉사 활동을 통해 공동체에 기여하고, 우분투 정신을 실천할 수 있습니다.

(2) 친구나 가족의 어려움에 귀 기울이기

가까운 사람들의 어려움을 경청하고, 그들이 필요로 하는 정서적 지원을 제공합니다. 그들의 고통을 외면하지 않고, 함께 고민하고 문제를 해결하는 데 도움을 주는 것이 중요합니다.

(3) 자비와 용서의 마음 가지기

사람들과의 갈등 상황에서 우분투 정신을 적용해보세요. 상처를 받았더라도 타인을 용서하고, 그들과 화해하려는 노력을 통해 관계를 회복하는 것이 우분투의 중요한 실천입니다.

(4) 타인과 자원을 나누기

이웃이나 동료에게 도움이 될 수 있는 지식, 물질, 시간을 나누는 활동을 해보세요. 예를 들어, 어려운 상황에 처한 친구를 돕거나, 지식이 필요한 사람에게 배움을 제공하는 것은 우분투의 실천이 될 수 있습니다.

(5) '나'보다 '우리'를 중시하는 사고방식 연습

모든 결정에서 개인의 이익보다 공동체의 이익을 우선적으로 고려하세요. 이는 가족, 직장, 사회에서 더 나은 선택을 하고 연대감을 강화하는 데 큰 도움이 됩니다.

4) 우분투 사례: 공동체의 힘과 연대

사례 1: 우분투를 통한 공동체 재건

남아프리카공화국의 넬슨 만델라는 우분투 정신을 바탕으로 인종 차별과 아파르트헤이트를 극복하고, 공동체의 화합을 이루어냈습니다. 그는 우분투 철학을 실천하면서, 사회 내에서 용서와 화해의 중요성을 강조했고, 공동체의 연대와 상호 존중을 통해 더 나은 사회를 만들 수 있다는 신념을 전파했습니다. 이를 통해 남아프리카는 더 이상 분열된 사회가 아닌, 서로의 차이를 이해하고 존중하는 화합된 공동체로 변화할 수 있었습니다.

사례 2: 직장에서 우분투를 실천한 지안

지안은 직장에서 힘들어하는 동료에게 먼저 다가가 그의 어려움을 듣고 도와주었습니다. 그녀는 동료가 직장에서 힘들어하는 상황을 자신의 일처럼 여기고, 정서적 지지와 실질적인 도움을 주었습니다. 지안의 행동 덕분에 직장 내 분위기는 개선되었고, 동료들 사이에 더 큰 신뢰와 협력이 생겼습니다. 지안은 우분투 정신을 실천함으로써 공동체 의식을 강화할 수 있었습니다.

사례 3: 학교에서 우분투를 가르친 교사 영민

영민 교사는 학생들에게 우분투의 가치를 가르쳤습니다. 그는 학생들에게 단순히 성적이나 개인의 성취에 집중하는 것보다, 서로 돕고 배려하는 태도가 얼마나 중요한지를 알려주었습니다. 영민은 학급에서 협력과 상호 존중을 강조하며, 학생들이 서로의 성공을 위해 돕는 문화를 조성했습니다. 그 결과, 학생들 사이에서는 경쟁보다 공동의 목표를 위해 함께 노력하는 분위기가 형성되었습니다.

5) 우분투를 통한 공동체 중심의 삶 만들기

우분투(Ubuntu)는 우리의 삶에서 공동체의 중요성을 일깨워주며, 서로의 존재가 얼마나 깊게 연결되어 있는지를 강조합니다. 이 철학을 실천함으로써 우리는 개인적인 성공에만 집중하는 것이 아니라, 공동의 이익을 추구하는 방향으로 삶을 바꿀 수 있습니다. 이는 우리가 타인과의 관계에서 더 큰 행복을 경험할 수 있게 하며, 나 혼자만의 삶이 아닌 서로 의지하고 돕는 삶의 중요성을 깨닫게 해줍니다.

우분투는 단순한 이론이 아니라, 일상 속에서 실천할 수 있는 가치입니다. 타인에게 친절을 베풀고, 그들의 어려움에 공감하며, 함께 더 나은 사회를 만들어가는 것이 우분투 정신의 핵심입니다. 이를 통해 우리는 자신만의 행복을 찾는 것이 아니라, 공동체 속에서 진정한 의미를 발견하고, 더 많은 사람들과 함께 연대하고 나누는 삶을 살 수 있습니다.

우분투는 행복으로 가는 길이며, 이를 통해 우리는 공동체 중심의 따뜻한 삶을 만들어갈 수 있습니다.

7. 프랑스의 '사부아 비브르(Savoir Vivre)': 삶의 기쁨

1) 개념과 배경: '사부아 비브르(Savoir Vivre)'란 무엇인가?

'사부아 비브르(Savoir Vivre)'는 프랑스어로 '삶을 아는 법'을 의미하며, 삶을 즐기고 기쁨을 누리는 태도를 강조하는 철학입니다. 프랑스 사람들은 일상 속에서 우아함과 소박함을 동시에 실천하며, 삶을 즐기는 능력을 매우 중시합니다. 이는 물질적인 풍요보다는 감각적인 만족과 작은 일상에서의 기쁨을 추구하는 생활 철학입니다.

사부아 비브르는 프랑스 문화에서 세련된 생활 방식을 의미할 뿐 아니라, 삶을 소중히 여기고 그 순간순간을 온전히 즐기는 태도를 포함합니다. 프랑스 사람들은 일상의 작은 것들, 예를 들어, 맛있는 음식, 좋은 대화, 예술을 감상하는 순간 등을 통해 삶의 기쁨을 찾습니다. 또한, 그들은 일과 휴식 사이의 균형을 중시하며, 삶의 질을 높이기 위한 우아한 태도와 조화로운 삶을 추구합니다.

이 개념은 단순히 격식을 차리거나 고급스러운 생활을 추구하는 것이 아니라, 삶에서 즐거움을 발견하고 그 가치를 존중하는 태도를 나타냅니다. 이는 프랑스 사회에서 미식 문화, 예술, 패션, 여가 등을 통해 자연스럽게 표현되며, 프랑스 사람들에게 삶의 중요한 부분으로 자리 잡고 있습니다. 사부아 비브르는 삶을 느긋하게 즐기고, 일상의 작은 것들에서 행복을 발견하는 능력을 길러줍니다.

2) 사부아 비브르를 실천하는 방법

사부아 비브르는 단순히 일상의 기쁨을 찾는 것을 넘어, 삶의 모든 순간을 즐기고 소중히 여기는 태도를 가르칩니다. 이를 실천하기 위해 우리는 느림과 감각적 만족을 중요시하는 생활 방식을 선택할 수 있습니다.

(1) 느리게 살기

삶의 리듬을 천천히 즐기기

프랑스의 사부아 비브르는 느긋함과 여유를 중요시합니다. 빠르게 달려가는 현대 사회에서 잠시 멈추고 삶의 순간을 즐기는 태도가 필요합니다. 이를 위해 천천히 걷거나, 한 잔의 커피를 여유롭게 마시는 것처럼 작은 순간을 소중히 여기는 법을 배울 수 있습니다.

(2) 미식과 함께하는 삶

프랑스에서는 음식이 삶의 큰 기쁨 중 하나로 여겨집니다. 단순히 배를 채우기 위한 식사가 아니라, 맛과 향, 분위기까지 즐기는 경험을 중시합니다. 사부아 비브르 철학을 실천하기 위해서는 음식 자체뿐만 아니라, 식사하는 과정도 중요한 부분으로 여겨야 합니다. 좋은 식사 경험을 나누고, 식사를 함께하는 사람들과의 대화와 교감을 소중히 여기세요.

(3) 문화와 예술을 향유하기

프랑스 사람들은 예술과 문화를 일상에서 자연스럽게 접하며, 이를 통해 삶의 기쁨을 찾습니다. 이는 박물관을 방문하거나, 음악회를 감상하는 것뿐만 아니라, 책을 읽고 영화를 즐기는 작은 순간에서도 실천될 수 있습니다. 예술을 통해 마음의 평온을 찾고, 삶의 아름다움을 더 깊이 느낄 수 있습니다.

(4) 일과 휴식의 균형 맞추기

프랑스인들은 일과 여가의 균형을 중요하게 생각합니다. 휴식을 단순한 쉼으로 여기지 않고, 자신을 돌보고 즐기는 시간으로 바라봅니다. 이를 위해 하루 중에 작은 휴식 시간을 가지거나, 주말을 온전히 자기 자신을 위한 시간으로 보내는 것이 필요합니다. 일에서 오는 스트레스를 해소하고, 재충전하는 시간을 통해 삶의 질을 높일 수 있습니다.

(5) 일상 속의 작은 기쁨 찾기

사부아 비브르는 일상에서 작은 기쁨을 찾는 능력을 키우는 것입니다. 한 잔의 와인, 아침의 신선한 공기, 좋아하는 음악을 들으며 보내는 시간이 모두 삶의 기쁨이 될 수 있습니다. 바쁜 일상 속에서도 작은 일상적 순간을 즐기는 법을 실천하는 것이 중요합니다.

3) 사부아 비브르 실천 아이디어

(1) 느긋한 아침 시작하기

아침에 일어나자마자 서두르지 않고, 차 한 잔을 마시며 하루를 천천히 시작해보세요. 이 작은 여유가 하루 전체의 분위기를 바꿀 수 있습니다.

(2) 음식과 함께하는 대화

식사를 준비할 때 시간을 들여 음식을 만들고, 가족이나 친구들과 함께 식사하면서 좋은 대화를 나누세요. 식사 자체뿐만 아니라, 그 과정에서의 교감이 사부아 비브르의 중요한 부분입니다.

(3) 예술을 생활 속으로

매일 음악을 듣거나 책을 읽는 시간을 가져보세요. 박물관이나 미술관을 방문하거나, 문화적 행사를 즐기며 예술을 삶 속에 스며들게 하는 것이 중요합니다.

(4) 자연 속에서의 산책

자연과 함께하는 시간을 가지면서, 자연의 아름다움을 감상하는 것도 사부아 비브르의 실천 방법입니다. 숲이나 공원에서 천천히 걷고 주변의 경치를 즐기는 시간을 가져보세요.

(5) 자신만의 휴식 시간 갖기

주말이나 휴식 시간에 자신만을 위한 여가를 즐기세요. 예를 들어, 따뜻한 목욕을 하거나 좋아하는 책을 읽는 등 스스로를 위한 소박한 시간을 가지면서 내면의 평온을 찾는 것이 좋습니다.

4) 사부아 비브르 사례: 삶의 기쁨을 찾은 사람들

사례 1: 느리게 살기를 실천한 지안

지안은 파리에서 바쁜 직장 생활을 하며 늘 시간에 쫓겼습니다. 하지만 최근 그녀는 프랑스의 사부아 비브르 철학을 접하면서 일상의 속도를 줄이기로 결심했습니다. 아침에는 서두르지 않고 차 한 잔을 마시며 여유롭게 시작하고, 점심시간에는 음식을 천천히 즐기며 동료들과의 대화를 나눕니다. 그 결과, 지안은 업무 스트레스가 크게 줄어들었고, 작은 순간의 기쁨을 더 깊이 느끼게 되었습니다.

사례 2: 미식을 통해 삶의 기쁨을 찾은 피에르

피에르는 프랑스 남부에 살면서 요리를 즐겼습니다. 그는 요리를 단순한 음식 준비가 아닌, 삶을 예술로 만드는 과정으로 여겼습니다. 매주 가족과 친구들을 집으로 초대해 정성껏 요리한 음식을 나누며, 그 과정에서 음식과 대화, 웃음을 통해 삶의 기쁨을 경험했습니다. 피에르에게 사부아 비브르는 일상 속에서 소박한 행복을 찾는 중요한 철학이 되었습니다.

사례 3: 문화와 예술을 통해 휴식을 찾은 클레어

클레어는 바쁜 업무 속에서 책 읽기와 음악 감상을 통해 일상 속 작은 휴식을 찾았습니다. 그녀는 매일 저녁마다 잠시 시간을 내어 좋아하는 책을 읽고, 주말에는 전시회나 콘서트를 방문하며 자신만의 여유를 가졌습니다. 클레어는 이를 통해 마음의 평온을 찾았고, 예술이 주는 삶의 아름다움을 깊이 느낄 수 있었습니다.

5) 사부아 비브르를 통한 삶의 기쁨 찾기

사부아 비브르(Savoir Vivre)는 단순히 외적으로 풍요로운 삶을 의미하지 않습니다. 이는 일상 속의 소박한 기쁨을 찾고, 현재 순간을 온전히 즐기는 능력을 강조하는 철학입니다. 이 철학을 실천함으로써 우리는 삶의 작은 순간들에서 기쁨을 발견하고, 그 순간을 더 깊이 느끼며 살아갈 수 있습니다.

사부아 비브르는 느긋한 삶의 태도, 감각적 만족, 그리고 미식과 문화를 통해 일상을 더 풍요롭게 만드는 법을 가르칩니다. 이를 실천함으로써 우리는 현대 사회의 빠르고 복잡한 삶 속에서도 진정한 행복을 발견할 수 있습니다. 특히 느리게 사는 법, 음식을 통해 나누는 기쁨, 문화와 예술의 향유를 통해 더 균형 잡힌 삶을 살 수 있습니다.

사부아 비브르는 행복으로 가는 길이며, 이를 통해 우리는 삶의 아름다움을 더 깊이 느끼고, 더 충만한 삶을 살 수 있습니다.

8. 브라질의 '알레그리아(Alegria)': 기쁨을 즐기는 법

1) 개념과 배경: '알레그리아(Alegria)'란 무엇인가?

'알레그리아(Alegria)'는 포르투갈어로 '기쁨'을 뜻하며, 브라질 사람들의 삶의 철학을 나타내는 중요한 개념입니다. 브라질에서는 알레그리아가 단순히 기쁨을 느끼는 감정이 아니라, 기쁨을 삶의 중심에 두고 살아가는 태도를 의미합니다. 이는 어려운 상황에서도 긍정적인 마인드를 유지하고, 소소한 행복을 누리는 것을 중요시하는 브라질 사람들의 정신을 반영합니다.

브라질의 카니발(Carnival) 문화는 알레그리아의 대표적인 예입니다. 카니발은 음악, 춤, 그리고 색깔이 넘치는 축제로, 브라질 사람들은 이 축제를 통해 기쁨과 자유를 마음껏 표현합니다. 자유롭게 자신을 표현하고, 삶을 긍정적으로 바라보는 태도는 브라질 사람들이 기쁨을 일상에서 어떻게 실천하고 있는지를 보여줍니다.

알레그리아는 단순히 축제나 즐거움에서 그치는 것이 아니라, 삶의 본질적인 기쁨을 찾는 것을 의미합니다. 브라질 사람들은 가족과 친구와의 관계, 자연과의 조화, 그리고 일상에서의 소소한 순간들에서 행복을 발견합니다. 알레그리아는 현재 순간을 온전히 즐기고, 어려운 상황 속에서도 긍정적인 에너지를 유지하려는 태도를 강조합니다. 브라질 사람들에게 기쁨은 선택이며, 그들은 기쁨을 통해 삶의 의미와 행복을 찾습니다.

2) 알레그리아를 실천하는 방법

알레그리아는 삶의 작은 순간에서 기쁨을 찾고, 긍정적인 태도를 유지하는 철학입니다. 일상에서 알레그리아를 실천하는 방법은 어렵지 않으며, 우리의 삶에 기쁨과 활력을 불어넣을 수 있습니다.

(1) 음악과 춤을 통해 기쁨 찾기

브라질에서 음악과 춤은 삶의 중요한 부분이며, 기쁨을 표현하는 수단입니다. 일상에서 기분이 울적하거나 스트레스를 받을 때, 브라질 사람들처럼 음악을 틀고 춤을 추는 것만으로도 기분이 나아질 수 있습니다. 삼바(Samba)와 같은 리드미

컬한 음악에 맞춰 몸을 움직이면, 스트레스 해소와 함께 긍정적인 기운을 얻을 수 있습니다.

(2) 자연 속에서의 기쁨 느끼기

브라질은 아마존 열대우림과 같은 아름다운 자연을 자랑하는 나라입니다. 브라질 사람들은 자연 속에서 시간을 보내며, 자연과의 연결 속에서 기쁨과 평화를 찾습니다. 자연을 감상하고, 자연 속에서 느긋하게 시간을 보내며 심신의 안정을 찾는 것이 알레그리아를 실천하는 한 방법입니다.

(3) 가족과 친구와의 시간을 소중히 하기

브라질 사람들에게 가족과 친구는 삶의 중요한 부분입니다. 그들은 가족과 친구와의 관계에서 깊은 기쁨과 행복을 찾습니다. 가까운 사람들과 함께 식사하거나, 모임을 가지며 서로의 존재를 소중히 여기는 것이 알레그리아의 중요한 요소입니다. 사람들과의 연결을 통해 우리는 더 많은 기쁨을 누릴 수 있습니다.

(4) 축제와 일상의 작은 즐거움 누리기

브라질은 축제의 나라로 유명하며, 이는 삶의 기쁨을 온전히 느끼는 중요한 기회입니다. 브라질 사람들은 큰 축제뿐만 아니라, 일상에서의 작은 기쁨과 즐거움도 놓치지 않습니다. 예를 들어, 하루를 마치고 친구들과 한 잔의 음료를 나누거나, 맛있는 음식을 먹는 작은 순간도 기쁨의 원천이 됩니다.

(5) 현재 순간에 집중하고 긍정적인 태도 유지하기

알레그리아는 현재 순간에 집중하는 것을 중요시합니다. 과거나 미래에 대한 걱정보다는 지금 이 순간을 즐기고 긍정적인 에너지를 유지하는 것이 알레그리아의 핵심입니다. 어려운 상황에서도 긍정적인 태도를 유지하려는 노력이 중요하며, 감사하는 마음을 갖는 것이 기쁨을 지속적으로 누리는 데 도움이 됩니다.

3) 알레그리아 실천 아이디어

(1) 매일 음악과 함께 시작하기

아침에 일어나 음악을 틀고, 기분 좋게 하루를 시작해보세요. 좋아하는 리듬에 맞춰 춤을 추거나 노래를 부르며 긍정적인 에너지를 충전할 수 있습니다.

(2) 친구나 가족과 함께하는 저녁 시간

저녁에 친구나 가족과 시간을 보내며 좋은 대화와 음식을 나누세요. 함께 모여 웃고, 서로의 이야기를 들으며 소소한 행복을 경험할 수 있습니다.

(3) 자연 속에서 산책하기

자연과 가까운 곳에서 시간을 보내며 자연의 소리와 경치를 감상하세요. 산책이나 야외 활동을 통해 기쁨과 평온을 느낄 수 있습니다.

(4) 감사 일기 쓰기

하루를 마치며 감사한 일을 기록하는 습관을 들여보세요. 오늘 있었던 작은 기쁨을 돌아보고, 그 순간을 감사하며 긍정적인 마음을 유지할 수 있습니다.

(5) 축제나 이벤트 참여하기

지역에서 열리는 축제나 행사를 찾아보고, 기쁨을 함께 나누는 시간을 가지세요. 축제 속에서 새로운 사람들과의 만남을 통해 더 큰 즐거움을 느낄 수 있습니다.

4) 알레그리아 사례: 기쁨을 삶에서 실천한 사람들

사례 1: 카니발에서 기쁨을 찾은 카를로스

카를로스는 매년 리우 카니발에 참여하며 춤과 음악을 통해 삶의 기쁨을 느낍니다. 그는 카니발 기간 동안 삼바 춤을 추며, 자신을 자유롭게 표현하고, 주변 사람들과 함께 즐기며 긍정적인 에너지를 가득 충전합니다. 카를로스에게 카니발은 단순한 축제를 넘어 삶의 기쁨을 온전히 느끼는 시간이 됩니다.

사례 2: 가족과의 소소한 순간에서 기쁨을 찾은 지안

지안은 바쁜 일상 속에서도 매주 주말이면 가족과 함께 시간을 보냅니다. 그녀는 가족과 함께 음식을 준비하고, 식사를 하며 따뜻한 대화를 나누는 시간이 그녀에게는 가장 큰 기쁨이라고 말합니다. 가족과의 시간을 소중히 여기는 그녀는, 그 속에서 삶의 의미와 행복을 발견합니다.

사례 3: 음악과 춤을 통해 긍정적인 에너지를 얻은 안나

안나는 스트레스가 많은 직장 생활 중에 음악과 춤을 통해 활력을 되찾았습니다. 그녀는 하루가 끝나면 집에서 좋아하는 브라질 음악을 틀고, 잠깐 동안 춤을 추며 몸과 마음의 피로를 풀어냅니다. 안나는 이 짧은 시간이 그녀에게 긍정적인 에너지를 주고, 더 활기찬 삶을 살 수 있도록 도와준다고 말합니다.

5) 알레그리아를 통한 기쁨과 행복 찾기

알레그리아(Alegria)는 단순한 기쁨을 넘어, 삶을 긍정적으로 바라보고 즐기는 태도입니다. 브라질 사람들은 알레그리아를 통해 일상에서의 작은 기쁨을 소중히 여기며, 어려운 상황 속에서도 긍정적인 마인드를 유지하려고 노력합니다. 이 철학은 음악과 춤, 자연과의 연결, 사람들과의 관계를 통해 기쁨을 찾는 다양한 방법을 제시합니다.

알레그리아를 실천함으로써 우리는 더 활기찬 삶을 살 수 있으며, 삶의 작은 순간들에서 기쁨을 발견하는 법을 배울 수 있습니다. 이는 단순히 축제에서만 느낄 수 있는 기쁨이 아니라, 일상 속에서 긍정적인 태도를 유지하며 감사와 기쁨을 찾는 것입니다.

알레그리아는 행복으로 가는 길이며, 이를 통해 우리는 더 밝고 긍정적인 삶을 살아갈 수 있습니다.

9. 태국의 '마이 펜 라이': 걱정하지 않는 태도

1) 개념과 배경: '마이 펜 라이(Mai Pen Rai)'란 무엇인가?

'마이 펜 라이(Mai Pen Rai)'는 태국어로 '괜찮아', '문제 없어', '걱정하지 마'라는 뜻을 지니고 있으며, 걱정하지 않는 태도와 순응하는 삶의 철학을 상징합니다. 이 표현은 태국 사람들의 낙관적이고 긍정적인 사고방식을 반영하며, 일상에서 스트레스나 문제에 지나치게 얽매이지 않고 유연하게 대처하는 태도를 보여줍니다.

태국에서는 마이 펜 라이라는 사고방식이 깊게 자리 잡고 있습니다. 이는 태국의 불교적 가치관과도 밀접하게 연결되는데, 불교에서는 무상(無常), 즉 세상 만물이 변한다는 것을 받아들이고, 현재에 집착하지 않는 태도를 강조합니다. 마이 펜 라이는 바로 이러한 철학적 배경에서 비롯된 생활 속의 철학으로, 삶의 문제를 지나치게 심각하게 받아들이지 않고, 문제나 어려움이 생겼을 때도 침착하게 대응하려는 태도를 가르칩니다.

마이 펜 라이는 삶에서 부딪히는 어려움과 불확실성을 받아들이고, 필연적인 변화를 인정하며, 걱정에 집착하지 않고 자연스럽게 흘러가는 삶을 사는 방법을 제안합니다. 이 철학은 특히 스트레스와 불안을 줄이고, 삶을 더 편안하게 즐기도록 돕는 중요한 원칙입니다.

2) 마이 펜 라이를 실천하는 방법

마이 펜 라이는 일상 속에서 걱정과 불안을 줄이고, 긍정적이고 유연한 태도를 유지하는 방법입니다. 이것은 현재 순간에 집중하고, 불확실한 미래에 대한 두려움에서 벗어나는 것을 중요시합니다. 이를 실천하기 위한 구체적인 방법을 소개합니다.

(1) 현재에 집중하고 집착하지 않기

마이 펜 라이는 현재 순간에 집중하는 태도를 중요시합니다. 과거의 실수나 미래의 불확실성에 대한 걱정에서 벗어나, 지금 내가 할 수 있는 것에 집중하는 것이 중요합니다. 일어나지 않은 일에 대한 걱정으로 에너지를 낭비하기보다는, 현재 상황에 집중하고, 그 상황에서 최선을 다하는 것이 마이 펜 라이 정신의 핵심입니다.

(2) 모든 것을 통제하려 하지 않기

태국의 마이 펜 라이 정신은 모든 것을 통제하려 하지 않는 태도를 가르칩니다. 삶에는 통제할 수 없는 일이 많으며, 이러한 상황에 직면했을 때 이를 받아들이고 흘려보내는 태도를 배우는 것이 필요합니다. 문제를 해결하기 위해 필요한 행동을 하되, 결과에 집착하지 않는 법을 익혀야 합니다.

(3) 작은 일에 너무 신경 쓰지 않기

마이 펜 라이는 작은 일에 지나치게 신경 쓰지 않는 태도를 강조합니다. 사소한 문제나 불편함에 지나치게 민감하게 반응하기보다는, '괜찮아', '문제 없어'라고 말하며 지나가는 것이 필요합니다. 일상에서 일어나는 작은 불편함이나 갈등을 가볍게 여기고, 이를 통해 마음의 평화를 유지할 수 있습니다.

(4) 긍정적인 마음으로 변화 받아들이기

변화는 불가피하며, 마이 펜 라이는 이를 긍정적으로 받아들이는 법을 가르칩니다. 상황이 바뀌거나 계획이 틀어지더라도 긍정적인 면을 찾고, 그 변화 속에서 배울 수 있는 것을 찾는 것이 마이 펜 라이 철학의 중요한 부분입니다. 이는 어려움 속에서도 유연하게 적응하는 능력을 키워줍니다.

(5) 유머와 웃음으로 스트레스 해소하기

태국 사람들은 문제를 해결할 때도 유머와 웃음을 잊지 않는 태도를 유지합니다. 마이 펜 라이는 유머 감각을 통해 어려운 상황에서도 긍정적인 에너지를 유지하는 것을 중요시합니다. 스트레스가 많은 상황에서도 웃을 수 있는 여유를 갖고, 웃음을 통해 마음의 부담을 덜어내는 것이 마이 펜 라이의 핵심입니다.

3) 마이 펜 라이 실천 아이디어

(1) '괜찮아'라고 말하는 연습하기

일상에서 스트레스를 받을 때, 스스로에게 '괜찮아', '문제 없어'라고 말해보세요. 이것이 반복되면 점차 스트레스를 덜 느끼고, 더 긍정적인 태도를 유지할 수 있게 됩니다.

(2) 작은 일에 집착하지 않기

작은 실수나 불편함에 지나치게 집중하지 말고, 가볍게 넘겨보세요. 모든 일을 통제하려 하지 않고, 있는 그대로의 상황을 받아들이는 연습을 해보세요.

(3) 마음을 진정시키는 호흡법 연습

걱정이 많아질 때는 깊고 천천히 호흡하는 법을 연습해보세요. 호흡을 통해 마음을 진정시키고, 걱정을 가라앉히는 것이 마이 펜 라이의 실천 방법 중 하나입니다.

(4) 유머와 웃음 찾기

어려운 상황에서도 유머를 찾고 웃는 습관을 가져보세요. 스트레스를 해소하고, 상황을 가볍게 받아들이는 데 큰 도움이 됩니다.

(5) 변화와 예기치 못한 상황 받아들이기

계획이 틀어지거나 예상치 못한 일이 발생했을 때, 그 상황을 긍정적으로 바라보는 태도를 연습하세요. '이 일에서 내가 무엇을 배울 수 있을까?'라고 생각하며 긍정적인 면을 찾는 습관을 길러보세요.

4) 마이 펜 라이 사례: 걱정을 덜어낸 사람들

사례 1: 직장에서 마이 펜 라이를 실천한 주영

주영은 프로젝트 마감일이 가까워지면서 스트레스를 많이 받았습니다. 하지만 그때 동료가 그녀에게 태국의 마이 펜 라이 철학을 설명해주었고, 주영은 그 이후로 걱정과 불안에서 벗어나려 노력했습니다. 실수를 했을 때, 주영은 "괜찮아, 다음에 더 잘하면 돼"라고 스스로에게 말하며 작은 실수에 집착하지 않기로 결심했습니다. 그 결과, 그녀는 더 여유롭게 일할 수 있었고, 더 큰 스트레스 없이 프로젝트를 성공적으로 마무리할 수 있었습니다.

사례 2: 여행 중 계획이 틀어졌을 때 긍정적으로 대응한 영석

영석은 태국을 여행하던 중, 계획했던 기차가 갑자기 취소되면서 당황했습니다. 처음에는 당황했지만, 곧 태국에서 배운 마이 펜 라이 정신을 떠올렸습니다. 그는 기차가 취소된 것을 기회로 삼아 기차역 근처에서 새로운 장소를 탐험하기로 했고, 그곳에서 현지인들과 친구가 되는 뜻밖의 경험을 하게 되었습니다. 변화된 계획을 긍정적으로 받아들인 덕분에 영석은 더 많은 기쁨을 경험할 수 있었습니다.

사례 3: 삶의 변화를 받아들인 도윤

도윤은 직장에서 예상치 못한 인사 이동으로 인해 큰 스트레스를 받았지만, 마이 펜 라이 철학을 실천하면서 변화를 받아들이기로 결심했습니다. 그녀는 새로운 팀에서 배울 수 있는 기회를 찾기 시작했고, 그곳에서 자신이 몰랐던 능력을 발견하게 되었습니다. 도윤은 변화 속에서 긍정적인 면을 찾고, 자신의 성장을 위해 그 상황을 받아들이는 법을 배웠습니다.

5) 마이 펜 라이를 통한 걱정 없는 삶 만들기

마이 펜 라이(Mai Pen Rai)는 태국 사람들이 일상 속에서 실천하는 걱정하지 않는 태도로, 현재 순간을 받아들이고 지나치게 통제하려 하지 않는 삶을 제안합니다. 이 철학을 실천함으로써 우리는 걱정과 불안에서 벗어나, 삶의 변화와 불확실성에 유연하게 대응할 수 있습니다.

마이 펜 라이는 일상에서 작은 일에 집착하지 않고, 긍정적인 마음을 유지하며, 변화와 어려움을 침착하게 받아들이는 법을 가르칩니다. 이를 통해 우리는 더 평화로운 마음으로 삶을 살아갈 수 있고, 스트레스와 걱정에서 벗어나 현재 순간의 기쁨을 누릴 수 있습니다.

마이 펜 라이는 행복으로 가는 길이며, 이를 통해 우리는 더 가볍고 유연한 삶을 살아갈 수 있습니다.

10. 미국의 '포지티브 사이콜로지': 긍정 심리학의 비밀

1) 개념과 배경: '포지티브 사이콜로지(Positive Psychology)'란 무엇인가?

'포지티브 사이콜로지(Positive Psychology)'는 인간의 행복과 웰빙을 증진하는 것을 목표로 하는 심리학 분야입니다. 전통적인 심리학이 주로 정신 질환이나 문제 행동을 연구했다면, 긍정 심리학은 삶의 긍정적인 측면을 강조하고, 개인의 강점과 잠재력을 키워나가며 삶의 의미와 만족을 높이는 방법을 탐구합니다. 이 분야는 마틴 셀리그만(Martin Seligman) 교수가 주창한 심리학의 한 분야로, **개인의 긍정적 감정, 미덕, 성과, 인간관계** 등을 통해 더 나은 삶을 사는 방법을 제시합니다.

긍정 심리학은 인간이 번영하고 성장하기 위해서는 정신적 문제를 해결하는 것을 넘어서 긍정적인 감정, 목표 의식, 사회적 관계 등 여러 요소가 필요하다는 것을 강조합니다. 이 심리학적 접근은 행복을 연구하는 과학적 기반을 제공하며, 긍정적인 사고와 행동이 개인의 삶에 미치는 영향을 연구합니다.

긍정 심리학은 **PERMA 모델**을 통해 인간이 더 행복하고 성취감 있는 삶을 살기 위한 다섯 가지 핵심 요소를 정의합니다:

- P(Positive Emotion): 긍정적인 감정 경험
- E(Engagement): 몰입 경험
- R(Relationships): 긍정적인 인간관계
- M(Meaning): 삶의 의미와 목적
- A(Accomplishment): 성취와 목표 달성

이 모델을 바탕으로 긍정 심리학은 삶을 더욱 풍요롭게 만드는 구체적인 전략을 제공합니다.

긍정 심리학의 PERMA 모델을 바탕으로 삶에서 행복을 증진할 수 있는 실천 방법

PERMA 모델은 행복과 성취감을 높이기 위한 다섯 가지 핵심 요소로 구성되어 있습니다.

긍정적 감정(Positive Emotion), 몰입(Engagement), 인간관계(Relationships), 의미(Meaning), 성취(Accomplishment). 이 요소들을 일상에서 구체적으로 실천할 수 있는 방법을 제시하겠습니다. 각 요소를 측정할 수 있는 지표와 이를 바탕으로 한 실천 전략을 함께 제시하겠습니다.

1) P(Positive Emotion): 긍정적인 감정 경험

(1) 측정 지표

① 하루 중 느끼는 긍정적인 감정의 빈도(기쁨, 감사, 평온, 흥미)
② 부정적인 감정보다 긍정적인 감정의 비율(1일 5번 이상의 긍정적 감정 경험 목표)
③ 매일 감사한 일 3가지 기록 여부

(2) 실천 전략

① 감사 일기 쓰기: 매일 자기 전 오늘 하루 동안 감사한 일 3가지를 기록하세요. 감사한 일을 의식적으로 기록하면서 더 긍정적인 감정을 경험하게 됩니다. 이를 통해 긍정적인 감정을 지속적으로 유지할 수 있습니다.
② 긍정적인 자극에 노출되기: 하루 중 긍정적인 감정을 느낄 수 있는 음악, 자연, 좋은 향기 등 자신에게 즐거움을 주는 것을 의도적으로 경험하세요. 예를 들어, 아침에 좋아하는 음악을 들으며 하루를 시작하거나, 점심시간에 산책하며 자연을 느끼는 것도 좋은 방법입니다.
③ 긍정적인 감정 표현: 주변 사람들에게 감사를 표현하거나, 칭찬하는 습관을 들이세요. 다른 사람에게 긍정적인 감정을 표현하면 자신도 긍정적인 감정을 느끼게 됩니다.

2) E(Engagement): 몰입 경험

(1) 측정 지표

① 몰입 상태를 경험하는 빈도(일주일에 몇 번 몰입 상태를 경험했는가?)
② 시간을 잊고 몰입한 활동의 시간(1회 몰입 시간 목표: 30분 이상)
③ 몰입 경험 후 느끼는 만족감(1-10점 척도로 평가)

(2) 실천 전략

① 몰입할 수 있는 활동 찾기: 자신이 시간을 잊고 몰입할 수 있는 활동을 찾아 정기적으로 실천하세요. 이는 예술, 운동, 게임, 글쓰기, 요리 등 자신이 즐기며 몰입할 수 있는 활동을 포함합니다. 예를 들어, 주말에 1시간 동안 그림을 그리거나 악기를 연주해보세요.

② 하루에 30분 몰입 시간 확보: 매일 일정 시간(30분 정도)을 정해 몰입할 수 있는 활동을 집중해서 해보세요. 방해 요소를 최소화하고(스마트폰 알림 끄기), 한 가지 활동에만 집중하세요.

③ 일상 속 몰입 기회 찾기: 단순한 일상적인 일에도 몰입할 수 있습니다. 예를 들어, 설거지, 청소 같은 일을 할 때에도 집중하고, 그 순간에 몰입하는 연습을 해보세요.

3) R(Relationships): 긍정적인 인간관계

(1) 측정 지표

① 하루에 누군가와 의미 있는 대화를 나눈 횟수(일일 목표: 3회)

② 정기적인 인간관계의 질(1-10점으로 평가)

③ 타인과 감정적 교감을 나눈 빈도(주 5회 이상 목표)

(2) 실천 전략

① 정서적 교감 강화: 매일 가족이나 친구, 동료에게 감사와 칭찬을 표현하세요. 예를 들어, 아침에 배우자나 자녀에게 "오늘 좋은 하루 보내" 같은 따뜻한 말을 건네거나, 동료에게 작은 칭찬을 표현하는 것도 좋습니다.

② 사회적 활동 참여: 정기적으로 사회적 모임에 참여하거나, 새로운 사람들과의 교류를 시도하세요. 커뮤니티 행사나 취미 동호회, 온라인 모임을 통해 사람들과 연결을 강화하는 것도 긍정적인 관계를 형성하는 데 도움이 됩니다.

③ 경청하는 습관: 대화할 때 상대방의 말을 진심으로 경청하고, 공감하는 태도를 가지세요. 대화를 할 때 스마트폰을 멀리 두고, 온전히 상대방에게 집중하는 것이 중요합니다.

4) M(Meaning): 삶의 의미와 목적

(1) 측정 지표

① 현재 삶에서 느끼는 의미의 정도(1-10점으로 평가)

② 개인 목표와 가치의 명확성(주기적으로 평가)

③ 의미 있는 활동에 할애한 시간(주간 목표: 2시간 이상)

(2) 실천 전략

① 개인적인 가치와 목표 설정: 자신이 가장 중요하게 생각하는 가치와 삶의 목표를 명확히 하세요. 예를 들어, 자신의 가치가 '도움이 되는 사람'이 되는 것이라면, 그 목표를 달성하기 위한 봉사활동을 정기적으로 실천하세요.

② 의미 있는 일에 참여: 일상에서 의미 있는 활동을 찾아 참여하세요. 이는 자원봉사, 기부, 멘토링 같은 활동을 포함할 수 있습니다. 자신이 속한 공동체에서 어떤 방식으로든 긍정적인 변화를 만들려는 노력이 필요합니다.

③ 철학적 성찰 시간 갖기: 매주 일정 시간을 할애해 삶의 의미에 대해 성찰하는 시간을 가져보세요. 명상이나 저널링을 통해 자신이 삶에서 중요하게 여기는 것이 무엇인지 정리하고, 이를 통해 삶의 방향을 설정하는 것이 중요합니다.

5) A(Accomplishment): 성취와 목표 달성

(1) 측정 지표

① 달성한 목표의 수(주간, 월간 목표 설정 및 달성률 기록)

② 목표 달성 후 느끼는 성취감(1-10점으로 평가)

③ 도전적인 목표에 대한 노력의 정도(목표 달성을 위한 시간과 노력 측정)

(2) 실천 전략

① 작은 목표 설정: 큰 목표를 작고 구체적인 단계별 목표로 나누어 실천하세요. 예를 들어, 새로운 기술을 배우고 싶다면 매주 작은 학습 목표를 설정하고, 그 목표를 달성함으로써 성취감을 느낄 수 있습니다. 예를 들어, 1주일 동안 매일 30분씩 책을 읽고 한 챕터를 완료하는 목표를 설정하세요.

② 성취한 일 기록하기: 매일 또는 매주 자신이 이뤄낸 것들을 기록하세요. 성취를 기록하는 습관을 들이면 성취감을 강화하고, 더 높은 목표를 향해 나아가는 데 동기부여가 됩니다. 이 기록은 하루가 끝날 때 자신에게 보상으로 칭찬하는 기회를 제공할 수 있습니다.

③ 자신에게 도전하기: 자신에게 도전적인 목표를 설정하고 이를 달성하기 위해 노력하세요. 목표는 너무 쉬워서는 안 되며, 약간의 도전과 성취감이 결합된 것이 이상적입니다. 새로운 운동에 도전하거나, 어려운 프로젝트를 시작하는 것처럼, 목표가 달성될 때 더 큰 만족감을 느낄 수 있습니다.

④ 성공 시 스스로 보상하기: 목표를 달성했을 때 자신에게 보상을 주세요. 이는 단순히 물질적인 보상이 아니라, 자신을 칭찬하고 그 성취를 기념하는 시간을 갖는 것이 중요합니다. 예를 들어, 작은 성취마다 자신에게 좋아하는 음식을 선물하거나 하루 동안의 휴식을 취하는 등의 보상을 마련할 수 있습니다.

⑤ 성취 공유하기: 친구나 가족과 목표 달성에 대해 공유하세요. 성취를 타인과 나누면 더 큰 만족을 느낄 수 있고, 사회적 인정은 동기부여를 강화하는 데 도움이 됩니다. 또한, 타인의 피드백은 새로운 목표를 설정하는 데 영감을 줄 수 있습니다.

6) 포지티브 사이콜로지를 실천하는 방법

긍정 심리학은 일상 속에서 쉽게 실천할 수 있으며, 이를 통해 행복과 웰빙을 증진할 수 있습니다. 다음은 긍정 심리학의 개념을 바탕으로 삶에 적용할 수 있는 구체적인 방법들입니다.

(1) 감사하는 마음 기르기

감사(Gratitude)는 긍정 심리학에서 매우 중요한 요소입니다. 매일 감사한 일을 기록하거나, 자신이 고마워하는 사람들에게 감사를 표현하는 행동은 삶의 만족과 행복감을 높입니다. 이는 단순한 감사 표현을 넘어, 긍정적인 감정을 지속적으로 유지하는 데 중요한 역할을 합니다.

(2) 몰입 경험 찾기

몰입(Flow)은 긍정 심리학에서 개인의 행복과 성취에 중요한 역할을 합니다. 몰입은 자신이 좋아하는 일이나 흥미 있는 활동에 깊이 몰두할 때 나타나며, 시간을 잊을 정도로 그 활동에 집중하는 상태를 의미합니다. 예를 들어, 예술, 운동, 취미 등에서 몰입을 경험할 수 있습니다. 몰입 상태는 삶의 의미와 즐거움을 증진시킵니다.

(3) 긍정적인 인간관계 형성하기

인간관계는 긍정 심리학에서 매우 중요한 요소입니다. 가족, 친구, 동료와의 긍정적인 관계는 개인의 정서적 지지와 행복감을 높입니다. 정서적 교감을 나누고, 서로 지원하고 도움을 주고받는 관계를 형성하는 것은 중요한 실천 방법입니다.

(4) 삶의 의미 찾기

삶에서 의미를 찾는 것은 개인의 심리적 웰빙을 극대화하는 중요한 요소입니다. 긍정 심리학은 개인이 목표와 가치를 발견하고, 이를 실현함으로써 삶의 의미를 찾도록 권장합니다. 이는 단순한 물질적 성공이 아닌, 자신에게 중요한 가치를 바탕으로 한 목표를 추구하는 것입니다.

(5) 성취와 목표 달성

긍정 심리학에서는 개인이 성취하고 목표를 달성하는 것이 행복의 중요한 요소라고 봅니다. 스스로 작은 목표를 설정하고, 이를 성공적으로 이뤘을 때 만족감과 자부심을 느낄 수 있습니다. 이를 통해 자신의 성장과 발전을 확인하는 과정은 긍정적인 감정을 유지하는 데 큰 도움이 됩니다.

7) 포지티브 사이콜로지 실천 아이디어

(1) 감사 일기 쓰기

매일 잠들기 전, 오늘 하루 동안 감사한 세 가지를 기록해보세요. 작은 일이라도 감사하는 마음을 지속적으로 실천하면 긍정적인 감정이 쌓입니다.

(2) 몰입 활동 찾기

자신이 좋아하는 활동에서 몰입 경험을 찾아보세요. 예를 들어, 독서, 운동, 그림 그리기, 음악 듣기 등 자신을 완전히 몰입시킬 수 있는 활동을 찾아 정기적으로 실천하는 것이 좋습니다.

(3) 긍정적인 관계 유지하기

일상에서 감사와 칭찬을 자주 표현하며, 주변 사람들과의 관계를 돈독히 유지하세요. 가까운 사람에게 작은 친절을 베풀고, 그들과의 정서적 연결을 중요하게 여기세요.

(4) 삶의 목표 설정

자신의 가치와 목표를 분명하게 설정하고, 이를 위해 작은 행동을 실천하세요. 구체적인 목표를 달성할 때 느끼는 성취감은 긍정적인 감정을 극대화할 수 있습니다.

(5) 감정 회복력 기르기

어려운 상황에 처했을 때 이를 긍정적으로 해석하고, 회복할 수 있는 방법을 찾아보세요. 긍정적인 사고와 문제 해결 능력을 키우면 더 나은 선택을 할 수 있게 됩니다.

8) 포지티브 사이콜로지 사례: 긍정적인 변화를 경험한 사람들

사례 1: 감사 일기로 긍정적인 변화를 경험한 영민

영민은 긍정 심리학 프로그램에서 감사 일기를 쓰는 방법을 배운 후, 매일 저녁마다 감사한 일을 세 가지씩 기록하기 시작했습니다. 처음에는 작은 일들에 집중했지만, 점차 자신이 그동안 놓치고 있었던 삶의 긍정적인 부분들을 더 많이 발견하게 되었습니다. 감사 일기를 쓰면서 영민은 자신의 감정이 더욱 안정되고 긍정적으로 변한 것을 느꼈습니다.

사례 2: 몰입 경험으로 삶의 즐거움을 찾은 주영

주영은 바쁜 직장 생활에서 스트레스를 많이 받았지만, 긍정 심리학에서 강조하는 몰입 경험을 통해 삶의 활력을 되찾았습니다. 그녀는 어릴 적 좋아했던 그림 그리기를 다시 시작했고, 주말마다 몇 시간씩 몰입하면서 마음의 평화를 찾았습니다. 이 경험은 그녀에게 새로운 행복의 원천이 되었고, 그녀의 정신적 건강에도 큰 도움이 되었습니다.

사례 3: 긍정적인 인간관계를 통해 성장한 해성

해성은 직장에서 스트레스를 많이 받아 고립감을 느꼈지만, 긍정 심리학에서 강조하는 긍정적인 인간관계의 중요성을 깨닫고, 동료들과의 관계를 개선하기로 마음먹었습니다. 그는 더 자주 동료들과 대화를 나누고, 작은 칭찬을 자주 표현하면서 더 따뜻한 관계를 형성할 수 있었습니다. 이 변화는 그의 직장 생활의 만족도를 높이고, 정서적 지지를 받을 수 있는 환경을 만들어 주었습니다.

9) 포지티브 사이콜로지를 통한 행복한 삶 만들기

포지티브 사이콜로지(Positive Psychology)는 우리가 행복과 웰빙을 증진하는 구체적인 방법을 제시하며, 이를 통해 더 나은 삶을 살 수 있도록 돕습니다. 감사, 몰입, 인간관계, 삶의 의미, 성취 등은 모두 긍정 심리학에서 강조하는 중요한 요소로, 이를 일상에서 실천함으로써 더 행복하고 의미 있는 삶을 살아갈 수 있습니다.

긍정 심리학은 단순한 긍정적인 생각을 넘어, 과학적 연구를 바탕으로 실천 가능한 방법을 제시합니다. 이를 통해 우리는 자신만의 강점을 키우고, 더 풍요롭고 만족스러운 삶을 살 수 있습니다. 삶의 긍정적인 측면에 집중하고, 이를 바탕으로 성장과 발전을 이루는 것이 긍정 심리학의 핵심입니다.

포지티브 사이콜로지는 행복으로 가는 길이며, 이를 통해 우리는 내면의 평화와 성취감을 더 깊이 느끼며 살아갈 수 있습니다.

제2부 정신적 행복: 나만의 철학 만들기

정신적 행복은 우리의 내면 깊은 곳에서 우러나오는 삶의 의미와 목적을 찾는 과정에서 비롯됩니다. 이는 단순히 외부 환경에서 얻는 일시적인 만족이나 기쁨을 넘어서, 자신만의 철학과 가치관을 세우고 이를 삶에 적용함으로써 지속적이고 심오한 행복을 느끼는 상태입니다. 이 장에서는 정신적 행복을 증진시키기 위한 구체적인 방법과 나만의 철학을 만들어가는 과정을 탐구해 보겠습니다.

삶에서 겪는 다양한 경험을 통해 스스로의 철학을 만들어가는 것은 행복을 유지하는 중요한 요소입니다. 삶의 목표와 가치를 정립하고, 이를 바탕으로 일관된 행동과 의미 있는 선택을 하게 될 때, 우리는 더 나은 방향으로 나아갈 수 있습니다. 정신적 행복을 실현하기 위해 나만의 철학을 형성하는 과정은 삶을 깊이 성찰하고, 나 자신과 세상에 대한 이해를 넓히는 과정입니다.

나만의 철학을 세우는 이유: 깊은 만족을 위한 기반

자신만의 철학은 단순히 사고의 틀을 만드는 것을 넘어서, 삶을 바라보는 관점과 행동의 기준을 제공하는 중요한 도구입니다. 정신적 행복을 위해선 나만의 철학을 세우고 그 철학을 삶에 반영하는 것이 중요합니다. 이는 개인의 선택과 결정이 일관성을 가질 수 있게 하며, 어려운 상황에서도 흔들리지 않는 심리적 안정감을 제공합니다.

철학적 기반을 갖춘 사람은 일상에서 더 깊은 의미를 찾고, 문제를 바라보는 시야가 넓어지며, 내면의 평화를 느끼게 됩니다. 나만의 철학은 외부의 불확실한 요소에 흔들리지 않고 자신의 가치관을 기준으로 삶을 살아가게 합니다.

나만의 철학을 형성하는 과정

나만의 철학을 세우는 과정은 자신에 대한 깊은 성찰과 삶의 중요한 질문들에 답하는 과정에서 시작됩니다. 이 과정에서 정신적 행복을 추구하기 위해 다음과 같은 방법들을 실천할 수 있습니다.

자신에게 중요한 질문을 던지기

철학적 기반을 형성하는 첫걸음은 삶의 의미와 가치를 찾는 것입니다. 자신에게 중요한 질문을 던지며, 깊이 있는 성찰을 통해 나만의 삶의 철학을 구체화할 수 있습니다.

- 내가 인생에서 가장 중요하게 생각하는 가치는 무엇인가?
- 나는 무엇을 위해 살아가고 있는가?
- 어떤 순간에 가장 큰 만족감을 느끼는가?
- 내가 세상에 기여하고 싶은 것은 무엇인가?

이 질문들을 통해 내면을 탐구하고, 스스로에게 중요한 요소들을 명확히 할 수 있습니다.

다양한 철학적 사상과 사유 접하기

자신만의 철학을 구축하기 위해선 다양한 철학적 관점과 사상을 탐구하는 것이 필요합니다. 고전 철학부터 현대 철학에 이르기까지 다양한 사유를 통해 자신의 생각을 확장하고, 새로운 관점을 배울 수 있습니다. 이를 통해 자신에게 가장 의미 있는 사상을 기반으로 철학적 기초를 다질 수 있습니다.

- 고대 철학: 스토아학파의 덕과 자제, 아리스토텔레스의 행복론 등에서 인생에 대한 지혜를 배울 수 있습니다.
- 동양 철학: 불교나 도교에서 내면의 평화를 추구하고, 자연과의 조화를 배우는 것도 자신의 철학을 풍요롭게 만들 수 있습니다.

일상에서 의미를 찾는 연습

정신적 행복을 증진시키기 위해서는 일상 속에서 의미를 찾는 훈련이 중요합니다. 모든 일상이 의미를 가질 수 있도록 스스로 의미 있는 목표를 설정하고, 그 목표를 향해 나아가는 것이 필요합니다. 작은 일상적인 행동 하나하나에도 의미를 부여하며, 이를 통해 삶의 목적을 실현하는 법을 배워야 합니다.

일관된 가치관과 행동 유지하기

철학은 생각에서 그치지 않고, 실제 행동으로 이어져야 합니다. 일상에서 자신의 가치관을 바탕으로 일관된 선택을 하는 것이 중요합니다. 자신이 세운 철학을 따라 사는 사람은 내면에서 더 큰 만족감과 정신적 안정을 느낄 수 있습니다. 예를 들어, '정직'을 삶의 중요한 가치로 삼는다면, 어떤 상황에서도 정직하게 행동하는 것이 필요합니다.

나의 철학을 타인과 공유하고 배움 얻기

철학적 성찰은 혼자 하는 것으로 끝나지 않고, 타인과의 대화를 통해 더욱 깊어질 수 있습니다. 자신의 철학을 다른 사람과 토론하고, 그들의 생각을 경청하면서 더 넓은 시야를 가질 수 있습니다. 이를 통해 서로의 관점을 이해하고 성장하는 기회를 얻을 수 있습니다.

나만의 철학을 통해 얻을 수 있는 정신적 행복

나만의 철학을 세우고 실천하는 과정에서 우리는 내면의 평화와 정신적 만족감을 얻게 됩니다. 이러한 철학적 기반은 삶에서 어려운 문제에 직면했을 때도 흔들리지 않고, 자신만의 방식으로 의미 있는 삶을 지속해 나가는 데 도움을 줍니다.

정신적 행복은 단순한 감정적 만족을 넘어서, 삶의 방향성을 확립하고 일관된 가치관을 통해 살아가는 과정에서 찾아집니다. 나만의 철학을 세우고, 이를 일상 속에서 실천하면서 우리는 깊이 있는 만족을 경험하게 되고, 이를 통해 더 큰 행복을 느낄 수 있습니다.

11. 인생의 목적 찾기

1) 개념과 배경: '인생의 목적'이란 무엇인가?

인생의 목적은 삶의 의미와 방향성을 제시하는 중요한 개념입니다. 인생의 목적이란 각 개인이 삶을 통해 이루고자 하는 것, 즉 자신이 왜 살아가는지에 대한 깊이 있는 질문과 그에 대한 답을 포함합니다. 이는 단순한 목표와는 다릅니다. 목표는 특정한 시점에서 이루고자 하는 것이지만, 인생의 목적은 삶 전체에 걸쳐 계속해서 추구하는 가치와 의미를 나타냅니다.

인생의 목적을 찾는 것은 단순히 물질적인 성취나 외적 성공을 넘어, 내면적 성취감과 삶의 진정한 의미를 추구하는 과정입니다. 우리가 인생의 목적을 명확히 할 때, 일상적인 활동들이 더 큰 의미를 가지게 되고, 어려운 상황에서도 동기부여와 지속적인 힘을 얻을 수 있습니다.

철학자와 심리학자들은 오래전부터 인간이 자신의 목적을 찾는 것이 행복과 만족을 이루는 중요한 요소라고 강조해왔습니다.

심리학자 빅터 프랭클은 그의 저서 '죽음의 수용소에서'에서 삶의 목적을 찾는 것이 인간이 고난을 극복하는 핵심 요소임을 설명했습니다. 그는 인간이 목적을 가지고 있을 때 삶의 도전과 고통 속에서도 의미를 찾고 그 고통을 이겨낼 수 있다고 말했습니다. 따라서 인생의 목적은 우리를 심리적 안정감과 행복으로 이끄는 중요한 지표입니다.

2) 인생의 목적을 찾는 과정

인생의 목적을 찾는 것은 내면의 탐구와 자신에 대한 깊은 이해를 필요로 하는 과정입니다. 우리는 인생에서 가장 중요한 가치가 무엇인지, 내가 어떤 방향으로 나아가고 싶은지를 스스로 질문하며, 그 답을 찾아야 합니다. 이를 통해 자신의 인생이 어디로 향하고 있는지 명확히 할 수 있습니다.

(1) 자신에게 중요한 질문을 던지기

인생의 목적을 찾기 위해선 근본적인 질문을 자신에게 던지는 것이 중요합니다.

- 나는 왜 살아가는가?
- 나를 행복하게 만드는 것은 무엇인가?
- 내가 세상에 남기고 싶은 것은 무엇인가?
- 나는 어떤 가치를 위해 노력하고 있는가?

이 질문에 대한 답을 찾는 과정에서 우리는 자신의 내면적 동기를 발견하고, 인생의 방향성을 정립할 수 있습니다.

(2) 자신의 강점과 열정 탐구

인생의 목적을 찾는 데 중요한 요소 중 하나는 자신의 강점과 열정을 아는 것입니다. 우리는 각자 타고난 재능과 강점이 있으며, 자신이 잘하는 일과 즐기는 일을 통해 인생의 목적을 발견할 수 있습니다. 이를 위해 다음과 같은 방법을 사용할 수 있습니다.

- 내가 좋아하는 활동은 무엇인가?
- 내가 잘하는 것은 무엇인가?
- 내가 에너지를 얻는 활동은 무엇인가?

자신의 강점과 열정을 발견하는 과정은 삶의 목적을 구체화하는 데 큰 도움이 됩니다.

(3) 타인에게 기여하는 삶의 의미 찾기

인생의 목적은 종종 타인에게 기여하는 것에서 발견됩니다. 우리가 다른 사람에게 도움을 주고, 긍정적인 변화를 일으킬 수 있는 역할을 할 때, 더 큰 의미와 목적을 느낄 수 있습니다. 예를 들어, 자원봉사, 멘토링, 사회적 기여를 통해 타인에게 가치를 제공하는 경험을 쌓으면서, 자신의 삶이 더 의미 있는 방향으로 나아가게 됩니다.

(4) 자신이 가고자 하는 방향 설정하기

인생의 목적을 찾기 위해서는 자신의 목표와 가치를 구체적으로 설정하는 것이 중요합니다. 이를 위해 단기적이고 장기적인 목표를 명확히 하고, 그 목표가 자신의 가치관과 일치하는지 점검해야 합니다. 삶의 방향성이 명확할 때, 우리는 더 확신을 가지고 행동할 수 있습니다.

(5) 끊임없는 성찰과 수정

인생의 목적을 찾는 과정은 한 번에 끝나는 것이 아니라, 끊임없이 자신을 성찰하고 수정해나가는 과정입니다. 삶의 다양한 경험을 통해 우리는 끊임없이 성장하며, 그에 따라 우리의 목적도 더욱 구체화되고 정교해질 수 있습니다. 주기적으로 자신의 목적을 돌아보고, 필요에 따라 재조정하는 것이 중요합니다.

3) 인생의 목적을 찾기 위한 실천 아이디어

(1) 자기 성찰 시간 갖기

매주 한 번씩 자기 성찰 시간을 가지세요. 이 시간 동안 자신의 삶에서 중요하게 생각하는 가치, 현재 하고 있는 일들이 자신의 목적에 부합하는지 스스로에게 질문해보세요.

(2) 목표와 비전 설정

단기적 목표(1년 이내)와 장기적 목표(5년 이상의 목표)를 명확하게 설정하고, 그 목표가 자신의 가치와 목적에 맞는지 검토하세요. 예를 들어, 단기 목표로 새로운 기술 습득을, 장기 목표로는 직업적 성장이나 사회적 기여를 설정할 수 있습니다.

(3) 강점 발견 연습

자신이 잘하는 것, 즉 강점을 발견하는 연습을 하세요. 예를 들어, 이전에 성취한 경험이나 주변 사람들이 칭찬해준 부분을 떠올려보세요. 또한, 자신이 열정을 느끼는 활동에 대해 더 깊이 탐구하며 그 활동이 삶의 목적과 어떻게 연결되는지 성찰해보세요.

(4) 타인에게 기여하는 활동 참여

자원봉사나 멘토링 활동에 참여하여 타인에게 도움을 주는 경험을 해보세요. 타인을 도울 때 우리는 자신이 세상에 어떤 변화를 일으킬 수 있는지 깨닫고, 더 깊은 삶의 의미를 찾을 수 있습니다.

(5) 철학적 탐구와 책 읽기

삶의 의미와 목적에 대해 철학적 질문을 던지고, 관련된 서적을 읽어보세요. 철학자들의 사유를 통해 자신의 인생에 적용할 수 있는 깊은 통찰을 얻을 수 있습니다. 예를 들어, 빅터 프랭클의 '죽음의 수용소에서'와 같은 책을 통해 삶의 의미에 대한 깊이 있는 성찰을 할 수 있습니다.

4) 인생의 목적을 찾은 사람들의 사례

사례 1: 봉사활동을 통해 삶의 목적을 찾은 해인

해인은 한때 자신의 직업에서 깊은 만족감을 느끼지 못해 삶의 목적을 고민하고 있었습니다.

그녀는 자원봉사 단체에서 봉사활동을 시작했고, 어려운 환경에 있는 사람들을 도우면서 자신이 타인에게 큰 변화를 일으킬 수 있다는 사실을 깨달았습니다. 이 경험을 통해 해인은 타인에게 기여하는 것이 자신의 인생의 목적임을 깨닫고, 이후 봉사활동을 더욱 활발히 하며 자신의 삶에 더 큰 의미를 부여하게 되었습니다.

사례 2: 예술을 통해 삶의 목적을 찾은 해성

해성은 어릴 때부터 예술에 대한 열정을 가지고 있었지만, 직장 생활에서 그 열정을 잊고 있었습니다. 그러나 어느 날, 그림을 다시 그리기 시작하면서 자신의 창의적 열정이 인생의 중요한 목적임을 깨닫게 되었습니다. 그는 이후 시간을 내어 자신의 예술을 발전시키며, 이를 통해 삶의 깊은 만족감을 얻게 되었습니다. 해성은 자신의 예술을 통해 타인에게 감동을 줄 수 있다는 사실에서 큰 보람을 느꼈습니다.

5) 인생의 목적을 찾고 이를 실천하며 행복을 찾는 방법

인생의 목적을 찾는 것은 자신을 깊이 성찰하고, 삶의 진정한 의미를 발견하는 과정입니다. 이 목적은 우리의 행동과 결정에 깊은 영향을 미치며, 이를 통해 더 큰 만족감과 행복을 느낄 수 있습니다.

삶에서 의미 있는 목표를 설정하고, 그 목표에 부합하는 가치 있는 행동을 꾸준히 실천함으로써 우리는 내면의 평화와 정신적 만족을 얻을 수 있습니다. 또한, 자신이 가진 강점과 열정을 발견하고, 이를 통해 세상에 기여하는 법을 배울 때, 우리는 더 나은 삶을 살아갈 수 있습니다.

인생의 목적은 행복으로 가는 길이며, 이를 통해 우리는 더 의미 있고 충만한 삶을 살아갈 수 있습니다.

12. 스스로에게 도전하는 법

1) 개념과 배경: '스스로에게 도전하는 법'이란 무엇인가?

스스로에게 도전하는 법은 자신의 한계를 시험하고, 더 큰 성취와 성장을 이루기 위한 노력을 지속적으로 해나가는 과정을 말합니다. 이는 단순히 외부 환경에 맞서거나 경쟁에서 이기기 위한 것이 아니라, 자신의 잠재력을 최대한 발휘하고 더 높은 수준의 개인적 발전을 이루기 위한 것입니다. 스스로에게 도전하는 것은 편안한 현재 상태에 안주하지 않고, 끊임없이 새로운 목표를 설정하고 그 목표를 달성하기 위해 노력하는 것을 의미합니다.

인간은 도전할 때 더 큰 성취감을 느끼며, 이를 통해 자존감이 향상되고 심리적 웰빙이 증진됩니다. 심리학자 캐롤 드웩(Carol Dweck)은 자신의 저서 '마인드셋(Mindset)'에서 성장 마인드셋(Growth Mindset)의 중요성을 강조했습니다. 성장 마인드셋을 가진 사람들은 도전과 실패를 두려워하지 않고, 이를 배움의 기회로 삼아 더 나은 자신으로 나아가려 합니다. 이 과정에서 얻는 성장은 개인의 삶에 의미와 행복을 더해줍니다.

스스로에게 도전하는 과정은 개인적 발전, 심리적 회복력을 강화하고, 자신의 능력과 한계를 초월하는 기회를 제공합니다. 이는 자신에게 도전 목표를 설정하고, 그 목표를 달성하면서 새로운 경험과 성취를 통해 삶의 만족을 높이는 과정입니다.

2) 스스로에게 도전하는 방법

스스로에게 도전하는 법은 구체적인 목표를 세우고, 이를 위해 단계적으로 도전하는 것을 포함합니다. 이러한 과정에서 자신을 성장시키고 새로운 영역을 탐구하는 데 필요한 방법들을 알아보겠습니다.

(1) 명확한 목표 설정하기

스스로에게 도전하려면 먼저 명확한 목표를 설정하는 것이 필수적입니다. 목표가 구체적이고 측정 가능할수록 더 실현 가능해지며, 도전 과정을 구체적으로 계획할 수 있습니다. 이때 목표는 너무 쉬운 것이 아니라 도전적이어야 하며, 달성할 수 있을 만큼의 현실성도 필요합니다. 예를 들어, "매일 30분씩 운동하기"와 같은 구체적 목표는 도전할 수 있는 구체적인 방향을 제공합니다.

(2) 작은 단계로 목표 나누기

큰 목표를 세운 뒤에는 이를 작은 단계로 나누는 것이 중요합니다. 한 번에 큰 도전을 하려 하면 부담이 커지기 때문에, 목표를 여러 작은 단계로 나누어 달성하는 것이 좋습니다. 예를 들어, 마라톤 완주가 목표라면, 처음에는 단기 목표로 5km 달리기를 연습하고, 그 후 10km, 15km로 점차 도전의 수준을 높이는 방식으로 진행할 수 있습니다.

(3) 실패를 두려워하지 않기

도전 과정에서 실패는 자연스러운 일입니다. 실패를 부정적으로 보지 않고, 이를 배움의 기회로 삼는 것이 중요합니다. 실패는 자신의 약점을 파악하고, 그것을 극복할 수 있는 중요한 지표가 될 수 있습니다. 실패를 통해 무엇을 배울 수 있을지 생각하고, 다음 도전에서 이를 어떻게 개선할지 계획하는 자세가 필요합니다.

(4) 불편함을 받아들이기

스스로에게 도전하는 과정은 종종 불편함을 동반합니다. 익숙하지 않은 영역에서 도전하는 것은 신체적이나 정신적 불편을 초래할 수 있습니다. 그러나 이 불편함을 받아들이고 성장의 과정으로 인식할 때, 우리는 더 큰 심리적 회복력과 자아 성찰을 이룰 수 있습니다.

(5) 끊임없는 자기 평가와 피드백

스스로 도전하는 과정에서는 주기적으로 자신의 성과를 평가하고 피드백을 주는 것이 중요합니다. 이는 자신이 얼마나 목표에 도달하고 있는지를 점검하고, 필요한 수정을 통해 더 나은 방향으로 나아가도록 도와줍니다. 또한 자신의 성장을 스스로 인식함으로써 동기부여가 될 수 있습니다.

3) 스스로에게 도전하는 실천 아이디어

(1) 새로운 기술 배우기

새로운 언어, 악기, 코딩 같은 배움의 도전을 설정해보세요. 자신이 전혀 경험하지 않았던 분야에서 새로운 기술을 배우는 것은 자신에게 큰 도전이 될 수 있으며, 성취 후에는 자신감과 성장을 느낄 수 있습니다.

(2) 도전적인 체력 목표 세우기

마라톤 완주, 하프 마라톤, 또는 특정 운동 루틴을 목표로 설정하여 자신의 신체 능력을 시험해보세요. 운동을 통해 신체적 한계를 넘어서는 경험은 정신적 성장에도 기여합니다.

(3) 불편한 상황에 도전하기

익숙하지 않은 상황에서 스스로를 시험해보는 것이 좋은 도전이 될 수 있습니다. 예를 들어, 많은 사람 앞에서 발표하기, 네트워킹 행사에 참여하기 같은 사회적 불안을 극복하는 도전은 자기 성장을 촉진합니다.

(4) 목표 설정과 달성 기록하기

도전하고 있는 목표를 일기나 기록으로 남겨보세요. 각 단계에서 무엇을 달성했는지, 어떤 어려움을 겪었는지를 기록하면서 성장 과정을 인식할 수 있습니다. 예를 들어, “이번 주에는 5km를 달렸다. 다음 주에는 시간을 5분 단축해볼 것이다”와 같은 구체적인 기록은 동기부여를 높입니다.

(5) 도전 동반자 찾기

도전적인 목표를 공유할 파트너를 찾는 것도 좋은 방법입니다. 서로를 격려하고 성취를 나누는 과정에서 도전이 더 재미있고 의미 있게 느껴질 수 있습니다. 함께 목표를 설정하고, 성취했을 때 함께 기쁨을 나누는 것은 심리적 안정감과 사회적 지지를 강화하는 데 도움이 됩니다.

4) 스스로에게 도전한 사람들의 사례

사례 1: 새로운 언어에 도전한 해인

해인은 오랫동안 새로운 언어를 배우고 싶었지만, 시간이 부족하다는 이유로 미루고 있었습니다. 그러나 그녀는 자신의 성장 마인드셋을 활성화시키기로 결심하고, 매일 30분씩 스페인어를 공부하기로 했습니다. 처음에는 발음이 어렵고 어휘가 생소했지만, 매일 꾸준히 연습한 끝에 6개월 후에는 기본 대화를 할 수 있을 정도로 발전했습니다. 해인은 이 도전을 통해 새로운 언어를 배우는 기쁨뿐만 아니라, 자신의 끈기와 자신감을 확인했습니다.

사례 2: 신체적 한계를 넘어서기 위해 마라톤에 도전한 해성

해성은 운동에 관심이 없던 사람이었지만, 자신의 신체 능력을 시험해보고자 마라톤에 도전하기로 했습니다. 처음에는 1km도 힘들었지만, 작은 목표를 설정하며 꾸준히 훈련했습니다.

1개월 후 5km, 6개월 후 10km를 완주하며 점차 자신을 단련해갔고, 마침내 풀마라톤을 완주했습니다. 해성은 이 경험을 통해 신체적 도전을 넘어선 정신적 회복력을 얻었고, 더 큰 도전도 가능하다는 믿음을 갖게 되었습니다.

사례 3: 발표 공포를 극복한 하나

하나는 대중 앞에서 발표하는 것에 큰 두려움을 가지고 있었습니다. 그러나 이 문제를 극복하기로 결심하고, 발표 스킬을 향상시키기 위해 작은 모임에서 발표를 연습하기 시작했습니다. 처음에는 손이 떨리고 목소리가 떨렸지만, 반복적인 연습을 통해 자신감을 얻기 시작했습니다. 하나는 그 과정에서 자신의 두려움을 이겨내는 법을 배우게 되었고, 이제는 발표에 대한 두려움 없이 더 큰 모임에서도 능숙하게 발표할 수 있습니다.

5) 스스로에게 도전하며 성장하는 법

스스로에게 도전하는 법은 자신을 한계에서 시험하고, 새로운 영역에서 성장하는 과정을 통해 이루어집니다. 이 과정에서 우리는 성취감과 자아 존중감을 높일 수 있으며, 자신이 어떤 일도 해낼 수 있다는 자신감을 얻게 됩니다. 스스로 도전하는 과정은 힘들고 불편할 수 있지만, 그 불편함을 통해 내면의 강점을 발견하고, 더 큰 목표를 향해 나아갈 수 있습니다.

이러한 도전은 단순한 외적 성취가 아니라, 내적 성장을 이끌어내고 더 의미 있는 삶을 살아갈 수 있는 기회를 제공합니다. 실패와 어려움을 극복하고 새로운 목표를 설정하며 꾸준히 실천하는 과정을 통해 우리는 더 큰 정신적 안정감과 행복을 경험할 수 있습니다.

스스로에게 도전하는 법은 행복으로 가는 길이며, 이를 통해 우리는 더 성취감 넘치는 삶을 살아갈 수 있습니다.

13. 영적 성장을 위한 자기 탐구

1) 개념과 배경: '영적 성장'이란 무엇인가?

영적 성장은 물리적, 감정적, 지적 성장과는 다르게 내면의 깊은 자아를 발견하고, 삶의 궁극적인 의미를 찾아가는 과정입니다. 이는 종교적 믿음에 국한되지 않으며, 자신과 세상, 그리고 더 큰 존재와의 관계를 이해하는 데 초점을 둡니다. 영적 성장은 내면의 평화, 삶의 목적, 타인과의 연결성을 통해 더 풍요롭고 의미 있는 삶을 추구하는 과정입니다.

영적 성장은 인간 존재의 본질을 탐구하는 과정으로, 자아 성찰과 자기 탐구를 통해 이루어집니다. 인간의 고유한 영적 본성을 깊이 탐구하면서 내면에서 평화와 조화를 찾고, 자신의 가치와 목적을 명확히 하려는 노력이 영적 성장을 이끌어냅니다. 이러한 과정에서 우리는 세상과 자신에 대한 더 큰 이해와 연결감을 느낄 수 있습니다.

철학적 사유, 명상, 기도 또는 자연과의 조화를 통해 영적 성장은 이루어질 수 있습니다. 심리학자이자 영적 사상가인 칼 융(Carl Jung)은 영적 성장을 '개인화(individuation)'라는 과정으로 설명하면서, 인간이 자아를 통합하고 진정한 자아를 발견하는 것이 영적 성장을 이끄는 핵심 요소임을 강조했습니다.

2) 영적 성장을 위한 자기 탐구 방법

자기 탐구는 자신이 누구인지, 어떻게 살아가고 있는지, 그리고 어디로 가고 있는지에 대해 깊이 있는 질문을 던지며 시작됩니다. 영적 성장을 이루기 위해선 정신적 평화와 내면의 조화를 찾는 과정에서 명상, 일기 쓰기, 자연과의 연결 같은 다양한 방법을 실천할 수 있습니다.

(1) 내면의 질문 던지기

영적 성장은 자신에게 중요한 질문을 던지며 시작됩니다. 자기 탐구를 위해 스스로에게 던져야 할 질문들은 다음과 같습니다:

• 나는 누구인가?

- 내가 이 세상에 존재하는 이유는 무엇인가?
- 나는 어떤 가치를 추구하고 있는가?
- 나는 무엇을 통해 내면의 평화를 얻을 수 있는가?

이 질문들은 자기 탐구의 출발점이 되며, 이를 통해 자신이 살아가는 목적과 의미를 찾아가는 길이 열립니다.

(2) 명상과 마음 챙김 실천하기

명상은 영적 성장을 위한 가장 중요한 도구 중 하나입니다. 명상을 통해 우리는 현재 순간에 집중하고, 내면의 소리를 들으며 자아와의 깊은 연결을 경험할 수 있습니다. 하루에 10분씩 명상을 통해 내면의 평온을 찾고, 외부의 혼란에서 벗어나는 연습을 해보세요.

- 호흡 명상: 자신을 평온하게 만들어주는 깊은 호흡을 통해 마음과 몸을 진정시키고, 내면의 목소리에 집중하세요.
- 감각 명상: 오감에 집중하면서 자연의 소리, 바람의 감촉, 자연의 향기 등을 느끼며 자신의 존재를 느껴보세요.

(3) 일기 쓰기를 통한 자아 성찰

일기 쓰기는 자신을 깊이 있게 성찰하고, 내면의 감정을 기록하면서 영적 성장을 촉진하는 방법입니다. 매일 자신이 느끼는 감정과 생각을 기록하며, 자신이 추구하는 가치와 삶의 목적을 명확히 할 수 있습니다.

- 매일 아침이나 저녁에 자신이 어떤 감정을 느꼈는지, 무슨 생각을 했는지 기록하며 자신의 내면을 들여다보세요.
- 삶에서 감사한 점, 내면의 갈등 등을 기록함으로써 자신을 더 잘 이해하고, 자신의 성장 과정을 추적할 수 있습니다.

(4) 자연 속에서의 영적 탐구

자연과의 연결은 영적 성장을 돕는 중요한 요소입니다. 자연 속에서 시간을 보내며 우리는 자연의 질서와 조화 속에서 자신의 존재를 깨닫고, 더 큰 우주적 의미를 느낄 수 있습니다.

- 자연 속 걷기 명상: 숲, 바닷가, 공원 등에서 걷는 동안 자연의 소리, 빛, 바람을 느끼며 자연과 자신이 하나임을 느껴보세요. 이 과정에서 영적인 충만함을 느낄 수 있습니다.
- 자연 관찰: 매일 10분씩 자연을 관찰하는 시간을 가지며, 작은 변화와 생명의 움직임을 느껴 보세요. 이를 통해 존재의 신비와 연결감을 경험할 수 있습니다.

(5) 영적 서적과 철학적 탐구

영적 성장을 위한 자기 탐구를 위해선 철학적 사유와 영적 서적을 읽고 탐구하는 것이 도움이 됩니다. 다양한 사상과 철학을 통해 자신만의 영적 철학을 세워보세요.

- 영적 고전 읽기: 불교의 '수행과 마음의 평화', 도교의 '무위자연', 기독교의 '사랑과 희생' 같은 고전 서적을 읽으며, 다양한 철학적 관점을 통해 자신을 성찰하세요.
- 영적 스승의 조언: 영적 스승들의 글이나 강의를 통해 영적 성장을 위한 방향성을 설정하고 실천할 수 있는 아이디어를 얻어보세요.

3) 영적 성장을 위한 실천 아이디어

(1) 아침 명상 습관화하기

매일 아침, 10분 동안 조용히 명상하며 자신의 호흡과 내면의 소리에 집중해보세요. 아침 명상은 하루를 평화롭게 시작하는 데 큰 도움이 됩니다.

(2) 일기 쓰기

매일 자신의 감정, 생각, 영적 여정을 일기로 기록하세요. 이를 통해 자신의 내면을 깊이 들여다보고, 영적 성장 과정을 추적할 수 있습니다.

(3) 자연 속에서 시간 보내기

일주일에 한 번 이상 자연 속에서 산책하거나, 조용한 공원에서 시간을 보내며 자연의 리듬과 조화를 느껴보세요.

(4) 영적 서적 읽기

매달 한 권의 영적 서적을 읽고, 그 내용을 바탕으로 삶에서 실천할 수 있는 지침을 찾아보세요. 예를 들어, 불교의 '수행'이나 도교의 '무위'와 같은 철학적 개념을 자신의 삶에 적용해 보세요.

(5) 감사하는 마음으로 하루 마무리하기

매일 저녁, 오늘 하루 동안 감사했던 일들을 떠올리고 감사 명상을 실천하세요. 이를 통해 영적인 충만감을 느끼고, 내면의 평온을 유지할 수 있습니다.

4) 영적 성장을 이룬 사람들의 사례

사례 1: 명상으로 영적 성장을 이룬 해인

해인은 바쁜 직장 생활 속에서 항상 스트레스를 받으며 내면의 평화를 찾지 못했지만, 매일 아침 15분씩 명상을 시작하면서 삶에 변화가 생겼습니다. 처음에는 마음이 산만해졌지만, 점차 자신의 내면과 연결되는 법을 배웠습니다. 이제 그녀는 하루의 시작을 명상으로 하면서 정신적 안정과 영적 성장을 이룰 수 있었습니다.

사례 2: 자연 속에서 영적 깨달음을 얻은 영석

영석은 항상 도시의 소음과 바쁜 일상에 지쳐 있었습니다. 어느 날 그는 한 달 동안 산속에서 지내며 자연과의 연결을 시도했습니다. 매일 아침 산책을 하며 그는 자연의 소리와 리듬을 느꼈고, 이를 통해 자신이 자연의 일부임을 깨닫게 되었습니다. 이 경험은 그의 영적 성장을 촉진했고, 더 큰 내면의 평온을 찾게 했습니다.

사례 3: 일기를 통해 자신을 탐구한 도윤

도윤은 삶의 방향을 잃고 방황하던 중 영적 성장을 위해 매일 일기를 쓰기로 결심했습니다. 매일 자신의 감정과 생각을 기록하면서 그녀는 자신의 내면을 깊이 있게 탐구할 수 있었습니다. 이 과정에서 도윤은 자신의 가치와 목적을 명확히 하게 되었고, 영적인 충만감을 느끼며 삶의 의미를 찾게 되었습니다.

5) 영적 성장을 위한 자기 탐구의 중요성

영적 성장은 단순히 종교적 믿음이나 특정한 철학을 따르는 것이 아니라, 내면을 깊이 탐구하고, 자신의 삶의 목적과 의미를 찾는 과정입니다. 자기 탐구는 자아 성찰과 내면의 조화를 이루기 위한 필수적인 과정이며, 이를 통해 우리는 더 큰 정신적 평화와 삶의 충만감을 얻을 수 있습니다.

영적 성장을 위한 자기 탐구는 자신의 삶에서 깊은 의미와 목적을 찾는 데 필수적이며, 이를 통해 더 충만한 삶을 살아갈 수 있습니다. 명상, 자연과의 연결, 일기 쓰기, 철학적 탐구를 통해 우리는 더 큰 내면의 힘과 평화를 경험할 수 있습니다.

영적 성장은 행복으로 가는 길이며, 이를 통해 우리는 더 의미 있고 깊이 있는 삶을 살아갈 수 있습니다.

14. 균형 잡힌 삶의 철학

1) 개념과 배경: '균형 잡힌 삶'이란 무엇인가?

균형 잡힌 삶이란 일, 관계, 자기 돌봄 등 인생의 여러 측면에서 조화를 이루는 상태를 말합니다. 현대사회에서 우리는 여러 역할(직장인, 부모, 배우자, 친구 등)을 동시에 수행하며 살아가고 있습니다. 이러한 다양한 역할 속에서 각 영역에 적절한 시간과 에너지를 분배하는 것이 쉽지 않습니다. 균형 잡힌 삶을 살기 위해서는 시간 관리, 우선순위 설정, 자기 돌봄 등이 중요합니다.

심리학에서는 균형이 깨진 삶이 스트레스와 번아웃을 초래하며, 이는 심리적, 신체적 건강에도 부정적인 영향을 미친다고 강조합니다. 반대로 균형 잡힌 삶은 심리적 안정, 건강, 행복을 가져다줍니다. 철학적으로 균형 잡힌 삶은 내면의 만족감 삶의 목적을 동시에 달성하는 중요한 방법으로 여겨집니다. 아리스토텔레스는 '중용(중도)'의 덕목을 강조하며, 극단을 피하고 중간의 조화로운 상태를 추구할 때 행복이 극대화된다고 주장했습니다.

2) 균형 잡힌 삶을 위한 방법

균형 잡힌 삶을 살기 위해서는 시간과 에너지를 효율적으로 관리하고, 여러 역할 사이에서 우선순위를 정립하며, 개인적인 욕구와 타인과의 관계를 조화롭게 유지하는 것이 필요합니다.

(1) 시간과 에너지의 분배

시간과 에너지는 한정된 자원이므로, 이를 효율적으로 관리하는 것이 중요합니다. 일과 여가, 사회적 관계와 개인적 시간 사이에서 균형을 찾기 위해 다음의 방법을 실천할 수 있습니다.

- 우선순위 정하기: 하루 일과에서 가장 중요한 일이 무엇인지 결정하고, 그 일에 집중하는 시간을 마련합니다. 중요하지 않은 일에 너무 많은 에너지를 쏟지 않도록 주의하세요. 예를 들어, 직장에서 중요한 프로젝트가 있다면, 그 일에 집중할 시간을 충분히 확보하고, 그 외의 시간에는 자기 돌봄이나 사회적 관계에

시간을 투자하는 방식으로 균형을 맞출 수 있습니다.

- 일과 여가의 균형: 일이 삶의 큰 부분을 차지하지만, 휴식과 여가 역시 필수적입니다. 주중에 시간을 정해 여가 활동을 하거나, 주말에는 완전히 일에서 벗어나는 시간을 가져보세요.
- 개인 시간 확보: 사회적 활동이 중요하지만, 혼자만의 시간도 균형 잡힌 삶의 필수 요소입니다. 혼자만의 시간을 통해 자기 성찰과 정신적 충전을 할 수 있습니다. 매일 일정 시간 동안 조용히 자기만의 공간을 만들어보세요.

(2) 자기 돌봄과 휴식

자기 돌봄은 균형 잡힌 삶의 핵심입니다. 신체적, 정신적 건강을 돌보지 않으면 결국 균형이 무너질 수밖에 없습니다. 자기 돌봄을 위해 다음을 실천해보세요:

- 운동과 건강한 생활습관: 규칙적인 운동과 충분한 수면, 건강한 식사는 정신적 균형을 유지하는 데 중요한 역할을 합니다. 매일 30분의 가벼운 운동이나 주말의 자연 산책을 통해 신체적 건강을 관리하세요.
- 정서적 관리: 감정적으로 무너질 때는 혼자 힘들어하기보다는 대화를 통해 감정을 풀어내고, 필요하다면 심리 상담을 받는 것도 하나의 방법입니다. 정서적 회복력을 기르는 것이 중요합니다.
- 창의적 활동: 음악, 그림 그리기, 글쓰기와 같은 창의적인 활동은 정신적인 충전을 돕고, 균형을 유지하는 데 도움을 줍니다.

(3) 관계와 개인 시간의 조화

균형 잡힌 삶에서는 사회적 관계와 개인적 욕구가 조화를 이루어야 합니다. 지나치게 많은 시간을 다른 사람에게 투자하다 보면 자신을 돌보는 시간이 부족해질 수 있고, 반대로 혼자만의 시간에만 치중하면 사회적 관계에서 소외될 수 있습니다.

- 사회적 연결 유지: 가까운 사람들과 정기적으로 소통하는 시간을 정해보세요. 매주 일정 시간을 가족, 친구와 보내며 정서적 유대감을 유지하고, 사회적 지지를 얻는 것이 중요합니다.
- 혼자만의 시간 존중하기: 타인과의 관계를 잘 유지하는 것도 중요하지만, 스스로와의 시간을 갖는 것도 필수적입니다. 하루 중 일정 시간 동안 혼자만의 공

간에서 자신을 성찰하고 충전하는 시간을 가져보세요.

(4) 스트레스 관리와 자기 조절

균형을 잡는 데 있어서 중요한 부분은 스트레스 관리입니다. 스트레스를 적절히 관리하지 않으면, 삶의 균형이 깨지게 됩니다. 스트레스를 효과적으로 다루기 위한 몇 가지 방법은 다음과 같습니다.

- 휴식과 명상: 스트레스를 받을 때 잠시 호흡 명상을 하거나, 조용한 공간에서 휴식을 취하세요. 매일 5~10분씩 호흡에 집중하는 명상은 정신을 맑게 하고, 스트레스를 줄이는 데 도움이 됩니다.
- 일상 속 작은 휴식 찾기: 업무 중간에 짧은 휴식을 자주 취하면서 에너지를 재충전하세요. 5분 동안 창문 밖을 보거나, 가벼운 산책을 하며 머리를 비우는 것도 좋은 방법입니다.

3) 균형 잡힌 삶을 위한 실천 아이디어

(1) 주간 균형 계획 세우기

매주 주간 계획표를 작성해보세요. 일, 가족, 자기 돌봄, 여가 활동 등을 일정에 포함시키고, 우선순위를 정해 각 활동에 할애할 시간을 조정해보세요.

(2) 운동과 식단 관리

매주 3번, 30분 이상 유산소 운동과 근력 운동을 하면서 신체 건강을 유지하세요. 또한 균형 잡힌 식사를 통해 몸의 에너지를 최적화하세요.

(3) 감정 관리 일기 쓰기

매일 감정을 기록하는 감정 일기를 작성해보세요. 하루 동안 겪은 감정들을 기록하면서, 자신이 느꼈던 감정의 원인을 분석하고, 이를 통해 정서적 균형을 유지할 수 있습니다.

(4) 매일 10분 명상하기

하루 중 일정 시간을 정해, 10분 동안 명상을 실천해보세요. 조용한 공간에서 앉아 호흡에 집중하며 마음을 가다듬는 시간이 필요합니다.

(5) 사회적 관계 균형 맞추기

일주일에 한 번은 친구나 가족과 함께 시간을 보내고, 다른 날은 혼자만의 시간을 가져보세요. 이 둘의 균형을 맞추는 것이 중요합니다.

4) 균형 잡힌 삶을 통해 성공을 거둔 사람들의 사례

사례 1: 워킹맘의 균형 찾기

경진은 바쁜 직장 생활과 육아를 병행하면서 늘 스트레스에 시달렸습니다. 그녀는 일과 가정 사이에서 균형을 찾기 위해 명확한 우선순위를 정하고, 자신의 시간을 재분배하기 시작했습니다.

직장에서 중요한 일에만 집중하고, 업무 후에는 가족과 함께 보내는 시간을 만들었으며, 하루 30분씩 자기만의 명상 시간을 확보하면서 점차 심리적 안정감을 찾았습니다. 이제 그녀는 더 행복하고 건강한 삶을 살고 있습니다.

사례 2: 번아웃에서 벗어난 해성

해성은 직장과 개인 사업을 병행하던 중 번아웃을 경험했습니다. 이를 극복하기 위해 그는 하루 중 일정한 휴식 시간을 가지기로 결심했습니다. 매일 아침 30분씩 명상을 하며 정신적 안정을 찾았고, 주말에는 일을 완전히 잊고 산책과 운동을 하며 신체적 회복을 도모했습니다. 그의 자기 돌봄과 균형 잡힌 시간 관리는 번아웃을 극복하게 도왔으며, 지금은 더 효율적으로 일하면서도 건강한 삶을 유지하고 있습니다.

사례 3: 학생이자 아르바이트생인 도윤의 균형 찾기

도윤은 대학생으로서 학업과 아르바이트 사이에서 시간 관리의 어려움을 겪고 있었습니다. 그녀는 자신의 우선순위를 재설정하고, 학업 시간과 아르바이트 시간, 그리고 자기 돌봄 시간을 분배하기 시작했습니다. 주말마다 자신만의 시간을 가지며 스트레스를 해소했고, 학기 중에는 짧은 명상과 산책을 통해 마음을 진정시키는 습관을 들였습니다. 이를 통해 그녀는 학업과 아르바이트를 효율적으로 병행하며 더 균형 잡힌 삶을 살게 되었습니다.

5) 균형 잡힌 삶으로 더 나은 행복을 누리기

균형 잡힌 삶은 심리적, 신체적, 정서적 건강을 유지하는 데 중요한 역할을 합니다. 이를 위해 우리는 시간과 에너지를 효과적으로 분배하고, 일과 여가, 관계와 자기 돌봄 사이에서 조화를 이루어야 합니다. 균형이 깨지면 스트레스와 번아웃을 경험할 수 있지만, 균형 잡힌 삶을 통해 내면의 평화와 삶의 행복을 극대화할 수 있습니다.

일상에서 작은 변화를 실천함으로써 우리는 점차 더 균형 있는 삶을 살 수 있습니다. 명상, 감정 관리, 사회적 관계 조화, 시간 관리 등 다양한 도구를 활용하여 우리 삶에서 심리적 행복과 정신적 안정감을 이루어 나갈 수 있습니다.

균형 잡힌 삶의 철학은 행복으로 가는 길이며, 이를 통해 우리는 더 만족스럽고 충만한 삶을 살 수 있습니다.

15. 불필요한 집착 버리기

1) 개념과 배경: '불필요한 집착'이란 무엇인가?

불필요한 집착이란 우리가 통제할 수 없는 것이나, 이미 지나간 일 또는 미래의 불확실성에 대해 과도하게 매달리는 것을 의미합니다. 이는 우리의 마음과 감정을 얽매어 심리적 고통과 불안을 유발하며, 삶의 자유로움을 제한하게 만듭니다.

심리학적으로, 불필요한 집착은 불안, 두려움, 상실감과 같은 감정에서 비롯됩니다. 우리는 통제할 수 없는 것에 집착하거나 미래에 대한 지나친 걱정을 하면서 현재를 제대로 살지 못하는 경우가 많습니다. 집착은 감정적으로나 정신적으로 소모적이며, 이는 우리의 행복과 정신적 안정을 해칩니다.

불교에서는 집착을 고통의 원인으로 설명합니다. 모든 것은 변한다는 무상(無常)의 법칙을 인정하고, 집착을 버릴 때 우리는 더 큰 자유와 행복을 경험할 수 있습니다. 불필요한 집착을 버리는 것은 내면의 평화를 찾고 자유로운 삶을 살아가기 위한 중요한 과정입니다.

2) 불필요한 집착을 버리는 방법

불필요한 집착을 버리기 위해선 먼저 우리가 무엇에 집착하고 있는지를 인식하고, 그것을 서서히 내려놓는 훈련이 필요합니다. 이는 정신적 훈련과 습관적 연습을 통해 가능합니다.

(1) 집착을 인식하기

불필요한 집착을 버리기 위한 첫 단계는 스스로가 무엇에 집착하고 있는지 인식하는 것입니다. 집착의 대상은 과거의 상처, 사람, 물질, 성공, 미래의 불확실성 등 다양할 수 있습니다. 자신이 지나치게 집착하는 생각이나 대상을 발견할 때마다 그것을 명확하게 인식하는 것이 중요합니다.

(2) 질문하기

- 내가 무엇에 가장 많은 생각과 에너지를 쓰고 있는가?

- 내가 통제할 수 없는 상황에 대해 지나치게 걱정하고 있는가?
- 과거의 실수나 후회에 너무 얽매여 있지 않은가?

(3) 수용과 받아들임 연습

집착은 대개 우리가 통제할 수 없는 것을 붙잡으려 할 때 생깁니다. 수용은 우리가 현실을 있는 그대로 받아들이고, 변하지 않는 것에 대한 저항을 멈추는 과정입니다. 이는 통제할 수 없는 상황을 받아들이고, 과거의 상처나 실수를 용서하는 것과도 연관이 있습니다.

- 연습 방법: 매일 아침, 자신에게 일어난 일들을 있는 그대로 받아들이는 연습을 하세요. "**이 상황은 내가 통제할 수 없는 부분이다**"라고 말하며 그 상황에 대해 저항하거나 얽매이지 않도록 훈련합니다.

(4) 현재 순간에 집중하기

집착은 주로 과거나 미래에 대한 생각에서 비롯됩니다. 현재 순간에 집중하면 과거나 미래에 대한 집착에서 벗어나 지금 이 순간의 행복을 느낄 수 있습니다. 이는 마음챙김이나 명상을 통해 실천할 수 있습니다.

- 명상: 매일 5~10분 동안 조용한 공간에서 호흡에 집중하는 명상을 해보세요. 호흡에 집중하면 자연스럽게 지금 이 순간에 집중할 수 있으며, 생각의 흐름에서 벗어날 수 있습니다.

(5) 감정에 거리 두기

집착은 감정적으로 깊게 연결되어 있는 경우가 많습니다. 우리가 느끼는 감정을 억누르거나 무시하지 않고, 그 감정과 거리를 두고 관찰하는 것이 중요합니다. 이를 통해 우리는 감정의 흐름에 휩쓸리지 않고, 더 객관적으로 그 감정을 다룰 수 있게 됩니다.

- 감정 관찰 연습: 강한 감정이 들 때 그 감정을 억누르지 말고, 마치 구름이 떠다니듯이 감정을 바라보는 연습을 하세요. "**지금 나는 불안감을 느끼고 있구나**"라고 말하며 감정을 인식하고, 그 감정이 줄어질 때까지 기다립니다.

(6) 과감하게 내려놓기

불필요한 집착을 버리려면 내려놓는 연습을 해야 합니다. 우리가 붙잡고 있는 생각, 물건, 관계 중 불필요한 것들을 과감하게 정리하는 것이 필요합니다. 물질적인 것뿐만 아니라 정신적인 면에서도 집착을 내려놓는 연습이 필요합니다.

- 물질적인 정리: 더 이상 사용하지 않거나 필요 없는 물건들을 정리하고, 집안에서 불필요한 물건을 버리는 것부터 시작해보세요. 이를 통해 마음도 가벼워질 수 있습니다.
- 관계 정리: 해로운 관계나 상처를 주는 사람과의 관계를 정리하는 것도 불필요한 집착을 버리는 데 도움이 됩니다.

3) 불필요한 집착을 버리기 위한 실천 아이디어

(1) 감정 일기 쓰기

자신이 집착하고 있는 대상이나 감정들을 기록해보세요. 일기를 통해 감정의 흐름을 파악하고, 집착의 원인을 분석할 수 있습니다.

(2) 명상 실천

매일 아침 또는 저녁에 10분씩 호흡 명상을 실천하세요. 명상을 통해 현재 순간에 집중하는 연습을 하면, 과거나 미래에 대한 집착을 줄일 수 있습니다.

(3) 주간 정리 습관 만들기

매주 한 번, 집안에서 필요 없는 물건이나 생각들을 정리하는 시간을 가져보세요. 물질적인 공간을 정리하는 것이 정신적인 공간을 깨끗이 하는 데 도움을 줍니다.

(4) 내려놓기 리스트 작성

당신이 내려놓고 싶은 생각, 감정, 관계 등을 적은 리스트를 작성해보세요. 그 리스트를 보면서 매일 하나씩 내려놓기 연습을 하는 것도 좋습니다.

(5) 감정 거리 두기 훈련

하루 중 자신이 감정적으로 과도하게 반응하는 순간이 있을 때, 그 감정에서 거리 두기 연습을 해보세요. 감정을 억누르기보다는 그 감정을 마치 제3자처럼 관찰하는 것이 중요합니다.

4) 불필요한 집착을 버린 사람들의 사례

사례 1: 과거의 상처에서 벗어난 주영

주영은 어린 시절 부모와의 갈등으로 인해 과거의 상처에 집착하고 있었습니다. 그로 인해 그녀는 현재의 인간관계에서도 끊임없이 불안감을 느꼈습니다.

그러나 명상과 심리 치료를 통해 주영은 과거의 상처를 수용하고, 그 상처에서 벗어나 현재의 관계에 더 집중할 수 있었습니다. 그녀는 과거에 대한 집착을 내려놓으면서 정신적 평온을 찾았습니다.

사례 2: 미래에 대한 불안에서 자유로워진 우인

우인은 항상 미래에 대한 불확실성 때문에 불안해했습니다. 그는 직장에서의 성공이나 경제적 안정에 지나치게 집착하고 있었지만, 이를 통제할 수 없다는 사실에 좌절하곤 했습니다. 그러나 그는 매일 아침 명상을 실천하며 현재 순간에 집중하는 법을 배웠고, 불확실한 미래에 대한 집착을 서서히 내려놓게 되었습니다. 우인은 이제 현재의 삶을 더 충만하게 살고 있습니다.

사례 3: 관계에서의 집착을 내려놓은 하나

하나는 연인과의 관계에서 집착을 많이 했습니다. 상대방의 행동에 지나치게 예민하게 반응하며, 관계에서 불안을 느꼈습니다. 그러나 그녀는 자기 성찰을 통해 자신의 집착이 내면의 불안에서 비롯된 것임을 깨달았고, 상대방에게 과도한 기대를 내려놓는 연습을 했습니다. 이를 통해 하나는 더 건강한 관계를 유지할 수 있었고, 스스로의 감정도 더 안정적이게 되었습니다.

5) 불필요한 집착을 버림으로써 얻는 자유와 행복

집착을 내려놓는 과정은 자신에게 더 많은 정신적, 감정적 공간을 만들어 줍니다. 그로 인해 우리는 새로운 경험과 기회를 받아들이게 되고, 과거의 상처나 미래의 불안에 얽매이지 않는 자유로운 상태로 변화할 수 있습니다. 집착을 버리면 심리적 안정과 내적 평화가 찾아오며, 스스로를 더 사랑하고 감정적으로 성숙한 상태를 유지할 수 있습니다.

6) 집착을 버림으로써 얻을 수 있는 이점

(1) 심리적 안정과 평온

집착에서 벗어나면, 더 이상 과거나 미래에 대한 걱정으로 마음을 어지럽히지 않게 됩니다. 이를 통해 우리는 현재에 더 집중하며, 정신적 안정감을 느끼게 됩니다.

(2) 자유로움

불필요한 집착을 버릴 때 우리는 통제할 수 없는 것에 얽매이지 않고, 지금 이 순간의 자유를 느낄 수 있습니다. 이를 통해 우리는 삶의 더 많은 가능성을 열어두고 새로운 기회를 맞이할 준비를 하게 됩니다.

(3) 더 건강한 관계

집착을 내려놓음으로써 타인에게 과도한 기대를 하지 않게 되며, 더 건강하고 성숙한 관계를 유지할 수 있습니다. 이로 인해 우리는 타인과의 관계에서 감정적인 거리를 유지하면서도, 서로에게 긍정적인 영향을 미칠 수 있습니다.

(4) 자기 존중감 상승

불필요한 집착을 버릴 때, 우리는 더 이상 외부의 평가에 의존하지 않고 스스로를 존중하고 수용할 수 있습니다. 이는 우리의 자기 존중감을 높이고, 더 자신감 있는 삶을 살도록 도와줍니다.

(5) 효율적인 에너지 관리

우리는 집착에 많은 정신적 에너지를 소모합니다. 집착을 버림으로써 우리는 더 많은 에너지를 건설적인 활동에 투자할 수 있고, 이를 통해 개인적 성취와 행복을 더욱 쉽게 이룰 수 있습니다.

6) 불필요한 집착에서 벗어나기 위한 지속적인 연습

불필요한 집착을 버리는 과정은 즉각적으로 이루어지는 것이 아닙니다. 이는 시간이 걸리고, 끊임없는 자기 성찰과 정신적 훈련을 통해 점차적으로 이루어지는 과정입니다. 그러나 이 과정을 통해 우리는 삶에서 더 큰 자유로움과 심리적 안정감을 찾을 수 있습니다.

집착을 버리는 연습은 우리를 더 건강한 삶으로 이끌며, 더 풍요롭고 의미 있는 삶을 살 수 있도록 돕습니다. 집착을 내려놓고, 우리의 마음을 비우고 채우는 법을 배우는 것은 행복한 삶을 사는 데 중요한 요소입니다.

지금 이 순간부터 불필요한 집착을 내려놓는 작은 실천을 시작해 보세요. 작은 감정이나 생각에서부터 점차 더 큰 영역으로 확장해가며, 스스로에게 더 많은 평화와 자유를 허락하세요.

삶의 많은 부분에서 통제할 수 없는 것을 받아들이고, 불필요한 집착을 내려놓으면 우리는 더 많은 심리적 에너지와 행복을 누릴 수 있습니다. 집착을 버리는 것은 더 나은 행복을 찾는 길이며, 이를 통해 우리는 더 자유롭고 풍요로운 삶을 살아갈 수 있습니다.

16. 단순한 삶의 미학

1) 개념과 배경: '단순한 삶'이란 무엇인가?

단순한 삶이란 물질적 소유, 복잡한 일정, 잡다한 생각을 최소화하고, 중요한 것에 집중하는 삶의 방식을 의미합니다. 단순한 삶을 추구하는 것은 필수적인 것들에 집중하고, 불필요한 것을 비워내는 과정입니다. 이는 단순히 물질적인 소유를 줄이는 것을 넘어, 정신적, 정서적 부담을 줄여 마음의 여유를 찾는 것을 목표로 합니다.

심리학적으로 단순한 삶은 과도한 자극과 정보의 홍수로부터 벗어나 심리적 평온을 유지하는 데 도움이 됩니다. 현대사회는 끊임없이 변화하고 경쟁하는 환경을 제공합니다. 그 결과 우리는 더 많은 것, 더 빠른 성과를 추구하는 데 몰두하게 되어 스트레스와 번아웃을 경험하기 쉽습니다. 그러나 단순한 삶은 우리의 마음과 시간을 정리하고, 정말 중요한 가치에 더 집중함으로써 내면의 평화와 행복을 얻을 수 있도록 도와줍니다.

철학적으로도 단순함은 자유로움과 연결됩니다. 헨리 데이비드 소로는 그의 저서 '월든(Walden)'에서 자연 속에서의 단순한 삶을 통해 진정한 자유를 발견했고, 단순한 삶이 어떻게 더 깊은 성찰과 자기 발견을 가져오는지를 강조했습니다.

2) 단순한 삶을 실천하는 방법

단순한 삶을 살기 위해선 불필요한 물질적 소유나 복잡한 일상을 줄이고, 정신적 공간을 넓히는 것이 중요합니다. 이를 위해 단순화의 원칙을 일상에 적용할 수 있는 몇 가지 방법들을 소개하겠습니다.

(1) 물리적인 공간 단순화하기

단순한 삶의 첫 단계는 물리적인 공간을 정리하는 것입니다. 집 안의 불필요한 물건들이 우리의 마음과 정신에까지 부담을 줄 수 있기 때문에, 물리적인 물건을 줄이는 것부터 시작해야 합니다.

• 불필요한 물건 비우기: 매주 하나의 공간을 정해 불필요한 물건을 정리해보세

요. 옷장, 책장, 서랍 등 자주 사용하지 않거나 더 이상 필요 없는 물건들을 비워냄으로써 심리적 여유를 찾을 수 있습니다.

- 필수품만 남기기: 진정으로 필요한 물건과 그렇지 않은 것을 구분하세요. 예를 들어, 옷을 최소한의 필요한 아이템으로 유지하고, 사용하지 않는 물건은 기부하거나 정리하는 것이 좋습니다.

(2) 일정과 시간 단순화하기

일정이 과도하게 복잡해지면 우리는 정신적으로나 신체적으로 소진됩니다. 단순한 삶을 살기 위해서는 시간 관리 역시 단순화할 필요가 있습니다.

- 우선순위 설정: 자신에게 진정으로 중요한 일을 파악하고, 그 일에 시간을 우선적으로 배분하세요. 모든 일에 완벽하려고 하기보다는 필수적인 일에 집중하고, 나머지는 과감하게 생략하거나 위임하는 것이 필요합니다.
- 여백을 만드는 일정 관리: 하루 일정에 여백을 만들어보세요. 모든 시간을 꽉 채우기보다는, 하루에 한두 시간은 아무것도 하지 않고 휴식할 수 있는 시간을 배정하세요.
- 디지털 단순화: 스마트폰 알림을 최소화하고, 소셜 미디어 사용 시간을 줄이기 위한 전략을 세워보세요. 불필요한 정보의 홍수에서 벗어나 디지털 디톡스 시간을 가지는 것도 단순한 삶을 추구하는 좋은 방법입니다.

(3) 마음과 감정 단순화하기

정신적으로 단순한 삶을 살기 위해서는 복잡한 감정과 생각도 정리할 필요가 있습니다. 마음을 단순화하면 더 큰 정신적 평화와 명확한 사고를 경험할 수 있습니다.

- 감정 기록: 하루 동안 느꼈던 감정과 생각을 기록함으로써 감정을 객관화하고, 복잡한 생각에서 벗어날 수 있습니다. 감정 일기를 통해 불필요한 생각과 걱정을 정리해보세요.
- 마음챙김 명상: 마음을 단순화하기 위해 명상을 실천해보세요. 매일 5~10분 동안 호흡에 집중하며, 복잡한 생각에서 벗어나 현재 순간에 집중하는 연습을 통해 마음의 여유를 찾을 수 있습니다.

• 감정 거리 두기: 얽매이지 않기 위해 자신의 감정을 객관적으로 바라보는 훈련을 하세요. 예를 들어, 부정적인 감정이 생겼을 때 그 감정에 휩쓸리지 않고, "지금 이 감정을 느끼고 있구나"라고 인식하며 마음속에 여유를 두는 연습을 하세요.

3) 단순한 삶을 실천하기 위한 아이디어

(1) 하루 한 가지 물건 버리기

매일 불필요한 물건 하나씩 정리하는 작은 습관을 실천해보세요. 물질적인 소유를 줄이는 것부터 시작하는 것이 단순한 삶으로 가는 첫 걸음입니다.

(2) 디지털 미니멀리즘 실천하기

하루에 한 시간씩 디지털 기기에서 벗어나 자연 속에서 시간을 보내거나 책을 읽는 시간을 가져보세요. 디지털 기기 사용 시간을 점차 줄이는 것도 좋은 시작입니다.

(3) 단순한 식사

복잡한 요리 대신 단순하고 영양가 있는 식사를 실천해보세요. 예를 들어, 채소와 과일을 중심으로 한 간단한 식사를 통해 식사 시간을 단순화할 수 있습니다.

(4) 감정 일기 쓰기

매일 저녁, 하루 동안 느꼈던 복잡한 감정들을 기록하며, 감정의 흐름을 정리해보세요. 이를 통해 복잡한 감정에서 벗어나고, 마음속 여유를 찾을 수 있습니다.

(5) 소유하지 않는 날 정하기

한 달에 하루씩은 새로운 물건을 구매하지 않는 날을 정해보세요. 더 많은 것을 소유하려는 욕구에서 벗어나, 현재 가지고 있는 것에 만족하는 훈련이 됩니다.

4) 단순한 삶을 통해 얻은 변화: 사례

사례 1: 물건을 비워낸 해인의 심리적 여유

해인은 집안이 항상 물건들로 가득 차 있었고, 그로 인해 정신적으로도 지쳤습니다.

어느 날 해인은 물건을 줄이는 단순한 삶을 살기로 결심했습니다. 매일 하나씩 물건을 정리하는 습관을 들였고, 불필요한 물건을 기부하며 점차 집안이 깨끗해졌습니다. 해인은 집이 정리되자 심리적으로도 여유가 생겼고, 더 중요한 일에 집중할 수 있게 되었습니다.

사례 2: 인간관계를 단순화한 해성

해성은 친구들과의 관계에서 에너지가 소진되는 것을 자주 경험했습니다. 그는 모든 사람에게 잘 보이려 노력하며, 너무 많은 사람들과의 관계를 유지하려 했습니다. 하지만 그는 점차 소중한 사람들과의 관계에 집중하기로 결심하고, 그 외의 관계는 자연스럽게 거리를 두는 연습을 했습니다. 결과적으로 해성은 더 깊이 있는 관계를 유지하며 정서적 안정을 찾았고, 인간관계에서 느끼는 스트레스가 줄어들었습니다.

사례 3: 디지털 단순화를 통해 자유를 찾은 도윤

도윤은 스마트폰에 너무 의존하고 있었고, 하루 종일 소셜 미디어를 확인하며 시간을 낭비하는 것을 깨달았습니다. 그래서 하루 2시간씩 디지털 디톡스 시간을 가지기로 결심했고, 그 시간 동안 독서나 명상을 실천했습니다. 그 결과, 도윤은 더 집중력이 향상되었고, 불필요한 정보에서 벗어나 정신적 자유를 얻었습니다.

5) 단순한 삶을 통해 얻는 혜택

단순한 삶을 살게 되면, 우리는 더 많은 심리적 여유와 내면의 평화를 얻게 됩니다. 물질적, 감정적, 정신적 공간을 정리함으로써 정신적 에너지를 재충전할 수 있고, 중요한 일에 집중할 수 있습니다. 또한 단순한 삶을 통해 우리는 삶의 진정한 가치를 발견하고, 그 과정에서 자유롭고 행복한 상태를 유지할 수 있습니다.

(1) 정신적 평온

불필요한 생각과 물질을 줄이면, 마음이 더 가볍고 평온해집니다.

(2) 효율적인 시간 사용

단순한 일정과 우선순위 설정을 통해, 시간을 더 효율적으로 사용할 수 있습니다.

(3) 심리적 안정

감정과 생각을 정리하고 단순하게 유지하면, 심리적 안정감이 증진됩니다.

(4) 내면의 행복

외부적인 물질적 소유보다는, 내면의 가치에 더 집중하면서 진정한 행복을 찾을 수 있습니다.

6) 단순한 삶으로 더 큰 행복을 누리기

단순한 삶은 우리가 불필요한 복잡함에서 벗어나, 진정으로 중요한 가치에 집중할 수 있도록 돕습니다. 물리적, 정신적 공간을 단순화하고, 인간관계와 감정에서도 단순함을 추구할 때 우리는 더 큰 행복과 내면의 평화를 경험하게 됩니다.

단순한 삶은 더 적은 것을 소유함으로써 더 많은 자유와 행복을 얻는 법을 가르쳐줍니다. 작은 실천부터 시작해보세요. 물건을 줄이고, 일정을 단순화하며, 내면을 정리하는 것부터 시작하면, 더 자유롭고 충만한 삶을 살 수 있을 것입니다. 단순한 삶의 미학은 우리가 진정한 행복을 찾고, 더 평온한 삶을 살 수 있도록 이끌어주는 열쇠입니다.

17. 새로운 지식과 기술 배우기

1) 개념과 배경: '새로운 지식과 기술 배우기'란 무엇인가?

새로운 지식과 기술을 배우는 것은 우리의 삶을 더욱 풍요롭고 의미 있게 만들어 주는 중요한 과정입니다. 배움은 나이에 상관없이 끊임없는 성장과 자기 개발을 가능하게 하며, 새로운 것을 배울 때 우리는 창의력, 문제 해결 능력, 자신감을 키울 수 있습니다.

심리학적으로 성장 마인드셋(Growth Mindset)은 학습에 대한 개방적 태도를 유지하게 도와줍니다. 심리학자 캐롤 드웩(Carol Dweck)은 '성장 마인드셋'이란 사람이 노력과 배움을 통해 능력을 확장할 수 있다는 신념을 갖고 있을 때 더 나은 성과와 행복을 이룰 수 있음을 설명했습니다. 새로운 지식과 기술을 배우는 과정은 두려움을 이겨내고 스스로에 대한 신뢰를 높이는 좋은 기회입니다.

삶의 도전 과제를 해결하고, 직업적 성공을 이루기 위해서든, 단순히 개인적 성취와 행복을 위해서든, 지속적인 학습은 우리의 삶에 긍정적인 변화를 가져옵니다. 학습은 자기 성장과 함께 사회적 지위를 높이고, 삶의 질을 개선하는 중요한 요소입니다.

2) 새로운 지식과 기술을 배우는 방법

새로운 것을 배우는 과정은 의지와 계획을 요구합니다. 이를 실천하기 위해서는 명확한 목표 설정, 체계적인 학습 방법, 지속적인 실천이 필요합니다.

(1) 명확한 목표 설정하기

배움의 시작은 명확한 목표를 설정하는 것에서 출발합니다. 배우고자 하는 지식이나 기술이 무엇인지, 왜 그것을 배우고자 하는지 목표를 명확하게 정의해야 합니다.

- 배움의 목적 설정: 배우려는 기술이나 지식이 어떤 삶의 영역에서 도움이 될 것인지를 먼저 파악하세요. 예를 들어, 새로운 언어를 배우는 것이 여행의 즐거움을 배가시키거나, 직업적 기회를 확대하는 데 도움이 될 수 있습니다.

- 구체적 목표 설정: 목표는 측정 가능하고 구체적이어야 합니다. 예를 들어, "프랑스어를 배우기" 대신 "3개월 안에 프랑스어로 간단한 일상 대화를 할 수 있게 된다"처럼 구체적인 목표를 설정해보세요.

(2) 학습 계획 세우기

효과적인 학습을 위해서는 구체적인 계획이 필요합니다. 이는 일정한 시간을 배정하고, 그에 따라 꾸준히 실천하는 것을 포함합니다.

- 일정 설정: 매일 또는 매주 일정 시간을 학습에 투자하세요. 하루 30분, 주 3회 등의 구체적인 학습 시간을 정해보면 학습 습관을 유지하는 데 도움이 됩니다.
- 작은 단계로 나누기: 큰 목표는 작은 단계로 나누어 실천합니다. 예를 들어, 코딩을 배우고 싶다면 첫 주에는 기본 문법을 익히고, 그다음 주에는 작은 프로젝트를 만들어보는 방식으로 진행하세요. 작은 목표를 달성할 때마다 성취감을 느끼며 동기를 유지할 수 있습니다.

(3) 다양한 학습 자원 활용하기

지식과 기술을 배우기 위해서는 다양한 학습 자원을 활용할 수 있습니다. 온라인 강의, 책, 동영상 튜토리얼 등 다양한 방법을 활용해보세요.

- 온라인 강의: 인터넷 학습 플랫폼에서 원하는 분야의 무료 또는 유료 강의를 쉽게 찾을 수 있습니다. 체계적인 과정을 따라 학습할 수 있는 강의를 선택하세요.
- 실습과 피드백: 단순히 이론만 배우기보다는 실습을 병행해야 합니다. 예를 들어, 새로운 요리 기술을 배우고 싶다면 배운 내용을 직접 요리해보고, 그 결과를 기록하며 스스로 피드백을 하는 것이 좋습니다.
- 학습 동아리나 스터디 그룹에 참여하기: 혼자 배우는 것이 어려울 때는 함께 배우는 사람들과 교류하는 것이 학습을 지속하는 데 큰 도움이 됩니다. 관심 있는 주제에 대해 토론하고 피드백을 받을 수 있는 그룹을 찾아보세요.

(4) 지속적인 실천과 피드백

새로운 기술을 배우는 것은 지속적인 실천과 피드백이 필요합니다. 실수를 두려워하지 않고 반복적으로 시도하는 것이 핵심입니다.

- 작은 성취를 축하하기: 학습 중간중간 작은 성취를 이룰 때마다 스스로를 격려하고 축하하세요. 예를 들어, 처음으로 홈 페이지를 만들었거나, 새로운 언어로 첫 대화를 성공했다면 그 성취를 자축하는 것이 학습 의욕을 지속시키는 데 도움이 됩니다.
- 피드백 받기: 배우는 과정에서 다른 사람에게 피드백을 받는 것은 매우 유익합니다. 동료나 멘토에게 자신의 학습 성과를 공유하고 피드백을 받으면서 개선할 부분을 찾아 발전할 수 있습니다.

(5) 끊임없이 도전하기

새로운 기술을 배우는 과정에서 우리는 실수와 좌절을 겪기 마련입니다. 하지만 중요한 것은 도전과 실패를 성장의 기회로 삼는 것입니다. 끊임없이 도전하고 실패를 두려워하지 않는 자세를 가져야 합니다.

3) 새로운 지식과 기술을 배우기 위한 실천 아이디어

(1) 30분 규칙 실천

매일 30분씩 새로운 지식이나 기술에 대해 배우는 시간을 확보하세요. 이는 작은 시간 투자이지만 지속적인 학습으로 성과를 낼 수 있습니다.

(2) 마이크로 러닝 활용

하루 중 짧은 시간을 활용해 짧은 학습 콘텐츠를 소비해보세요. 10분짜리 동영상 강의를 보거나, 새로운 개념에 대한 짧은 글을 읽는 것도 도움이 됩니다.

(3) 피드백 저널 쓰기

학습 중 실습한 결과를 기록하고, 스스로 피드백을 작성하는 저널을 만들어보세요. 이를 통해 자신의 성장 과정을 추적하고, 어떤 부분을 더 발전시킬 수 있을지 생각해볼 수 있습니다.

(4) 온라인 커뮤니티 참여

배우고자 하는 기술이나 지식과 관련된 온라인 커뮤니티에 참여해보세요. 지역, 인터넷 플랫폼에서 프로젝트를 공유하고 피드백을 받을 수 있습니다.

(5) 독서 후 요약

책을 읽고 끝내는 대신, 각 챕터마다 핵심 내용을 요약하고 배운 내용을 정리하는 습관을 들이세요. 이를 통해 더 깊이 있는 이해를 얻고, 장기적인 기억에 도움을 줍니다.

4) 새로운 지식과 기술을 배운 사람들의 사례

사례 1: 새로운 언어를 배운 지안

지안은 프랑스 여행을 준비하며 프랑스어를 배우기로 결심했습니다. 그녀는 하루 30분씩 언어 학습 앱을 통해 기초 회화를 연습했고, 매주 한 번씩 언어 교환 파트너와 대화를 나눴습니다. 6개월 후, 그녀는 프랑스 여행 중 자신감 있게 현지인들과 대화할 수 있었고, 그 경험은 그녀의 여행을 더욱 특별하게 만들어주었습니다.

사례 2: 코딩을 배워 직업을 바꾼 우진

우진은 IT 분야에 관심이 있었지만, 전혀 경험이 없었습니다. 그는 온라인 코딩 강의를 통해 기초 프로그래밍 언어를 배우기 시작했고, 매일 실습하며 간단한 웹사이트를 만드는 데 성공했습니다. 이후 개인 프로젝트를 진행하며 포트폴리오를 준비했고, 결국 그는 새로운 프론트엔드 개발자로 취업할 수 있었습니다.

사례 3: 요리 기술을 배운 주영

주영은 요리를 전혀 하지 않던 사람이었지만, 건강한 식습관을 위해 요리를 배우기로 했습니다. 그녀는 온라인 요리 강의를 듣고, 매주 한 가지 새로운 요리를 실습해보았습니다. 몇 달 후, 주영은 자신만의 건강식 레시피를 개발할 수 있게 되었고, 요리가 더 이상 두려운 것이 아니라 즐거운 취미가 되었습니다.

5) 새로운 지식과 기술을 배움으로써 얻는 혜택

(1) 자신감 향상

새로운 것을 배우고 나면, 자신에 대한 신뢰가 높아지며 자신감이 생깁니다. 성취감을 느끼며 더 큰 도전도 할 수 있다는 확신을 얻게 됩니다.

(2) 삶의 질 향상

지식과 기술이 늘어나면, 일상생활이나 직장에서 더 나은 성과를 낼 수 있으며, 새로운 기회가 생깁니다. 이를 통해 삶의 질도 향상됩니다.

(3) 뇌 건강 증진

새로운 것을 배우는 과정은 뇌를 자극하고 인지 기능을 유지하는 데 도움이 됩니다. 학습은 뇌의 신경 연결을 강화하고, 노화로 인한 뇌 기능 저하를 예방할 수 있습니다.

(4) 행복감 증가

새로운 것을 배우고 성취감을 느낄 때 우리는 더 큰 행복감을 경험할 수 있습니다. 배움은 삶에 활력을 불어넣고, 더 의미 있는 삶을 살 수 있도록 도와줍니다.

6) 새로운 지식과 기술을 통해 성장하는 법

새로운 지식과 기술을 배우는 것은 우리의 잠재력을 확장하고, 삶의 의미를 더해주는 중요한 과정입니다. 학습은 단순한 지식 축적을 넘어서, 우리의 사고방식을 변화시키고, 더 나은 기회와 성취감을 제공합니다. 배우는 과정에서 우리는 더 나은 자신이 될 수 있으며, 더 큰 행복과 만족감을 느낄 수 있습니다.
새로운 지식과 기술을 배우는 것은 우리를 계속해서 성장하게 하는 힘이며, 이를 통해 우리는 더 행복하고 충만한 삶을 살아갈 수 있습니다.

18. 실패를 성공으로 전환하기

1) 개념과 배경: '실패를 성공으로 전환하기'란 무엇인가?

실패는 누구나 경험하는 자연스러운 과정입니다. 우리는 종종 실패를 부정적인 것으로 인식하고, 그로 인해 자존감이 떨어지거나 좌절을 느끼곤 합니다. 그러나 실패는 우리에게 교훈을 주고, 성장을 위한 중요한 기회가 될 수 있습니다. 실패를 성공으로 전환하는 것은 실패에서 배우고, 그 경험을 통해 더 나은 방향으로 나아가는 과정입니다.

심리학자 마틴 셀리그만(Martin Seligman)은 실패를 어떻게 해석하느냐에 따라 우리의 심리적 회복력과 성공이 좌우된다고 말했습니다. 그는 긍정 심리학에서 사람들이 실패를 성장의 과정으로 받아들이고, 긍정적인 태도로 재해석할 때 더 큰 성공을 이루는 경향이 있음을 설명했습니다.

또한, 성장 마인드셋(Growth Mindset)을 강조한 캐롤 드웩(Carol Dweck)은 실패를 배움의 기회로 인식하는 사람들이 실패를 두려워하지 않고, 끊임없이 도전하며 성공으로 이어지는 경향이 있다고 말했습니다. 실패를 올바르게 받아들이고, 학습과 성장의 도구로 활용할 때 우리는 진정한 성공에 더 가까이 다가갈 수 있습니다.

2) 실패를 성공으로 전환하는 방법

실패를 성공으로 전환하기 위해서는 실패에 대한 관점을 바꾸고, 그 경험을 통해 배움과 성장의 기회를 만들어가는 과정이 필요합니다.

(1) 실패를 받아들이기

첫 번째 단계는 실패를 있는 그대로 받아들이는 것입니다. 실패를 두려워하거나 회피하는 대신, 그것을 정직하게 인식하고 수용해야 합니다. 이는 실패가 단순히 부정적인 경험이 아니라, 배움의 과정이라는 인식을 통해 가능합니다.

- 실패를 인정하기: 실패했을 때 자신을 책망하거나 비난하지 말고, 그 상황을 객관적으로 바라보는 연습을 하세요. 실패를 인정하는 것이 성공으로 전환하기 위한 첫걸음입니다.

- 자기비판을 멈추고 교훈을 찾기: 실패의 원인을 비판적으로 바라보되, 자기비난으로 이어지지 않도록 주의해야 합니다. 실패를 분석하면서 무엇을 배울 수 있는지 생각해보세요. "이번 경험을 통해 나는 무엇을 배웠는가?"라고 자문해보세요.

(2) 실패의 원인 분석과 개선점 찾기

실패를 경험한 후에는 실패의 원인을 객관적으로 분석하고, 이를 바탕으로 개선점을 찾는 과정이 필요합니다. 실패는 우리의 약점을 보여주는 동시에, 더 나아질 수 있는 기회를 제공하기도 합니다.

- 실패의 원인 분석: 실패의 원인을 명확하게 분석하세요. 무엇이 잘못되었고, 어떤 부분에서 개선이 필요한지를 구체적으로 적어봅니다. 예를 들어, 프로젝트 실패의 원인이 시간 관리 부족이었다면, 이후에는 시간을 더 체계적으로 관리할 수 있는 방법을 찾습니다.
- 실패에서 배운 교훈 기록하기: 실패를 통해 배운 교훈을 기록해보세요. 실패가 단순히 부정적인 경험으로 끝나는 것이 아니라, 성장으로 전환할 수 있는 발판이 됩니다. 실수를 통해 얻은 교훈을 다음 시도에 적용하세요.

(3) 긍정적인 태도 유지하기

실패 후의 반응이 중요합니다. 실패를 경험한 후에도 긍정적인 태도를 유지하고, 실패를 성장의 기회로 삼는 것이 성공으로 이어지는 열쇠입니다.

- 긍정적인 자기 대화: 실패 후 부정적인 감정에 빠지기 쉽지만, 긍정적인 자기 대화를 통해 자신을 격려하세요. "나는 이번 실패에서 많은 것을 배웠어", "다음에는 더 잘할 수 있을 거야"와 같은 문구를 반복하세요.
- 성공의 과정으로 재해석하기: 실패를 최종적인 결론으로 보지 말고, 성공으로 가는 과정의 일부로 재해석하세요. 실패는 종종 더 나은 결과를 위한 필수적인 단계입니다.

(4) 작은 성공 경험 만들기

실패 후 작은 성공 경험을 통해 자신감을 회복하고, 재도전에 대한 의욕을 높이는 것이 중요합니다. 작은 성공을 반복하면서 실패에 대한 두려움을 줄이고, 성공의 감각을 회복할 수 있습니다.

- 작은 목표 설정: 실패 후 바로 큰 도전을 하려 하기보다는, 작은 목표를 설정해 보세요. 예를 들어, 큰 프로젝트가 실패했다면, 그와 관련된 작은 작업이나 단계를 성공적으로 수행하는 데 집중해보세요.
- 성공 경험 축적: 작은 성공을 거듭하다 보면 성취감이 쌓이고, 실패에 대한 두려움이 점차 줄어듭니다. 작은 성공을 통해 자신감을 되찾고, 더 큰 도전을 준비할 수 있습니다.

(5) 재도전과 끈기 유지하기

실패 후 포기하지 않고 재도전하는 것이 성공으로 가는 길입니다. 실패는 자연스러운 과정이며, 끈기와 지속적인 노력이 성공을 만들어냅니다.

- 재도전 준비: 실패에서 배운 교훈을 바탕으로 재도전 계획을 세우세요. 이전의 실수를 반복하지 않기 위해 더 나은 전략을 준비하세요. 재도전은 실패를 두려워하지 않고, 끈기를 가지고 시도하는 것입니다.
- 끈기와 회복력 기르기: 성공을 이루는 데 가장 중요한 요소 중 하나는 끈기입니다. 도전 중 실패가 올 때마다 좌절하지 않고 다시 일어서는 회복력을 기르세요.

3) 실패를 성공으로 전환하기 위한 실천 아이디어

(1) 실패 일기 쓰기

실패를 경험했을 때, 그 경험을 일지에 기록하세요. 무엇이 잘못되었고, 어떻게 느꼈는지, 그 실패로부터 무엇을 배울 수 있는지를 기록하면서 성찰의 기회를 만드세요.

(2) 피드백 받기

실패 후 다른 사람으로부터 피드백을 받는 것은 매우 유익합니다. 주변 동료나 멘토에게 솔직한 피드백을 요청하고, 이를 통해 개선할 수 있는 구체적인 방법을 찾아보세요.

(3) 작은 성공 목표 설정하기

실패 후에는 작은 성공을 통해 자신감을 회복하는 것이 중요합니다. 단기적인 작은 목표를 설정하고, 이를 성공적으로 달성함으로써 실패에 대한 두려움을 줄일 수 있습니다.

(4) 성공 사례 연구하기

자신이 실패했던 분야에서 성공한 사람들의 사례를 연구해보세요. 그들이 실패를 어떻게 극복하고 성공에 도달했는지 분석하면서 자신에게도 적용할 수 있는 전략을 찾아보세요.

(5) 긍정적 태도 연습

매일 긍정적인 문구나 자기 격려 문구를 사용하는 연습을 하세요. 실패 이후에도 긍정적인 태도를 유지하고, 자기 자신을 격려하는 습관을 들이면 더 빠르게 회복할 수 있습니다.

4) 실패를 성공으로 전환한 사람들의 사례

사례 1: 스티브 잡스, 애플에서 쫓겨난 후

스티브 잡스는 자신이 창업한 애플에서 해고당하는 실패를 겪었습니다. 그러나 그는 그 실패에서 자신을 성찰하고, NeXT와 Pixar를 창립하며 새로운 성공을 거두었습니다. 이후 애플로 돌아와 회사의 성공을 이끌었으며, 그의 실패는 더 큰 성공을 위한 발판이 되었습니다.

사례 2: J. K. 롤링, 12번의 출판 거절 후 성공

J. K. 롤링은 해리포터 원고가 12개의 출판사에서 거절당하는 실패를 경험했지만, 포기하지 않고 재도전했습니다. 결국 블룸즈버리 출판사에서 책이 출간되어 전 세계적인 성공을 거두었고, 그녀는 가장 성공한 작가 중 한 명이 되었습니다.

사례 3: 에디슨, 1,000번의 실패 후 발명 성공

에디슨은 전구를 발명하는 과정에서 1,000번 이상의 실패를 겪었지만, 그는 이를 실패라고 생각하지 않고 배움의 과정으로 여겼습니다. 그는 "나는 실패하지 않았다. 다만 작동하지 않는 1,000가지 방법을 발견했을 뿐이다"라고 말하며 끈기를 유지했고, 결국 그는 전구 발명에 성공했습니다.

5) 실패를 성공으로 전환함으로써 얻는 혜택

(1) 강한 심리적 회복력

실패를 성공으로 전환하는 과정에서 우리는 심리적 회복력을 기를 수 있습니다. 어려움에도 불구하고 포기하지 않는 능력은 더 큰 도전에 맞설 수 있는 힘을 줍니다.

(2) 지속적인 성장

실패는 우리에게 더 나아질 수 있는 기회를 제공합니다. 실패를 통해 자기 성찰을 하고, 그 경험을 바탕으로 지속적인 성장을 이룰 수 있습니다.

(3) 자신감 상승

실패를 성공으로 전환했을 때 우리는 자신에 대한 신뢰가 높아집니다. 실패 후 재도전해서 성공했을 때 자신감이 생기고, 더 큰 도전을 할 수 있는 용기를 얻게 됩니다.

(4) 더 큰 목표 달성

실패를 경험하고 그것을 성공으로 전환하는 과정에서 우리는 더 큰 목표를 달성할 수 있는 능력을 키웁니다. 실패가 성공의 발판이 되어 더 큰 성취를 이룰 수 있습니다.

6) 실패를 성공으로 전환하는 법

실패는 성공으로 가는 필수적인 과정입니다. 실패를 두려워하지 말고, 그것을 배움의 기회로 삼아 긍정적인 태도로 대처하세요. 실패를 성공으로 전환하기 위해서는 실패의 원인을 분석하고, 그 경험을 바탕으로 더 나은 전략을 세우며, 재도전을 두려워하지 않는 자세가 필요합니다.

실패는 끝이 아니라 시작입니다. 실패에서 교훈을 얻고, 그것을 바탕으로 끊임없이 도전할 때, 우리는 더 큰 성공과 행복을 누릴 수 있습니다. 실패를 성공으로 전환하는 것은 더 풍요롭고 의미 있는 삶을 사는 중요한 열쇠입니다.

19. 마음의 힘을 기르는 책 읽기

1) 개념과 배경: '마음의 힘을 기르는 책 읽기'란 무엇인가?

책 읽기는 우리의 마음과 정신을 성장시키는 가장 강력한 도구 중 하나입니다. 정신적 웰빙과 심리적 힘을 기르는 데 있어 독서는 우리의 내면을 탐구하고, 다양한 지식과 경험을 통해 자기 성찰과 개인적 성장을 촉진하는 중요한 수단입니다. 특히, 자기계발, 철학, 심리학 등 마음의 힘을 길러주는 책을 읽는 것은 정신적 회복력, 감정 조절 능력, 자기 이해를 강화하는 데 도움을 줍니다.

심리학적으로 읽기는 우리의 인지적 기능을 자극하며, 감정적으로는 공감 능력을 높이고, 스트레스 해소에도 큰 역할을 합니다. 또한, 창의력과 비판적 사고 능력을 향상시키는 데 매우 유용합니다. 마음의 힘을 기르는 독서는 단순한 정보 습득을 넘어서, 우리의 정신적 안정감을 강화하고 내적 성장을 도모하는 중요한 수단입니다.

특히 심리학자 다니엘 카너먼(Daniel Kahneman)의 연구에 따르면, 책 읽기는 우리의 사고방식을 더 확장적이고 유연하게 만들며, 스트레스와 불안에서 벗어나 더 나은 결정을 내리게 돕는다고 합니다. 독서는 단순한 즐거움이 아니라 정신적 성장과 치유를 위한 중요한 활동입니다.

2) 마음의 힘을 기르는 독서 방법

마음의 힘을 기르기 위한 독서는 단순히 책을 많이 읽는 것이 아니라, 정신적 성장과 내면의 깊은 성찰을 돕는 방식으로 접근해야 합니다. 여기서는 마음의 힘을 기르는 효과적인 독서 방법을 소개하겠습니다.

(1) 의도적인 독서 선택

책을 선택할 때는 자신이 강화하고 싶은 정신적 능력이나 내면의 성장을 돕는 주제를 염두에 두고 선택하는 것이 중요합니다. 자기계발서, 심리학 서적, 철학적 고전 등이 도움이 될 수 있습니다.

- 성장 마인드셋 책: 캐롤 드웩의 '마인드셋'과 같은 책은 실패를 두려워하지 않고 성장의 기회로 삼는 방법을 배울 수 있습니다.

- 심리적 회복력을 기르는 책: 존 카밧진(Jon Kabat-Zinn)의 '마음챙김에 기반한 스트레스 감소 프로그램(MBSR)'과 같은 책을 통해 마음챙김을 배울 수 있습니다.
- 자기 성찰을 돕는 철학서: 에픽테토스의 '자유의 길', 마르쿠스 아우렐리우스의 '명상록'과 같은 철학적 고전을 통해 자기 이해와 자아 성찰을 도모할 수 있습니다.

(2) 마음챙김 독서 실천하기

책을 읽는 동안 마음챙김을 실천해보세요. 단순히 정보를 습득하는 것이 아니라, 현재 순간에 집중하며 책 속의 지혜를 내면화하는 방식으로 독서를 접근합니다.

- 천천히 읽기: 빨리 읽으려 하지 말고, 책의 핵심 메시지에 집중하며 천천히 읽으세요. 문장 하나하나를 곱씹으며 마음속에 새기듯 읽는 것이 중요합니다.
- 생각 정리: 책을 읽는 동안 생각이 떠오를 때는 잠시 책을 덮고, 그 생각을 기록하거나 마음속으로 정리해보세요. 이를 통해 책 속의 내용이 더 깊이 내면화될 수 있습니다.

(3) 일기 쓰기와 독서 기록하기

책을 읽는 것만큼이나 중요한 것은 그 내용을 정리하고 반성하는 과정입니다. 독서 일기를 쓰거나, 책에서 배운 내용을 요약하고 자신의 감정과 연결하는 시간을 가지세요.

- 일기 쓰기: 책을 읽은 후, 자신이 느꼈던 감정과 깨달음을 기록해보세요. 특히 책이 마음에 어떤 변화를 주었는지 생각하고 정리하는 것이 중요합니다.
- 책 요약하기: 각 장마다 핵심 내용을 요약하고, 이를 통해 내면의 성장에 어떻게 적용할 수 있을지 기록하세요.

(4) 독서와 실천을 결합하기

책에서 배운 지식을 실제 삶에 적용해보는 것이 중요합니다. 실천을 통해 우리는 단순한 이론이 아닌 실질적인 변화를 경험할 수 있습니다.

- 배운 내용을 행동으로 옮기기: 예를 들어, 자기계발서에서 시간 관리 방법을 배웠다면, 그 방법을 실제로 일정 관리에 적용해보세요. 철학서에서 배운 지혜를 삶의 갈등 상황에서 실천해보는 것도 좋은 방법입니다.

- 자신만의 실천 계획 세우기: 책에서 배운 교훈을 바탕으로 자신만의 실천 계획을 세우세요. 예를 들어, 스트레스 관리 기술을 배운다면, 하루에 10분씩 명상하는 습관을 시작할 수 있습니다.

(5) 독서 커뮤니티에 참여하기

혼자 책을 읽는 것 외에도 독서 커뮤니티에 참여해 토론과 교류를 통해 더 깊은 통찰을 얻을 수 있습니다. 이를 통해 자신의 생각을 정리하고, 다른 사람들의 의견을 들으며 더 깊이 있는 성찰을 할 수 있습니다.

- 독서 모임: 정기적으로 만나서 책을 토론하는 그룹에 참여하세요. 다른 사람들의 시각을 듣는 것은 더 깊이 있는 이해를 도와줍니다.
- 온라인 독서 커뮤니티: 온라인에서 책에 대한 리뷰를 쓰고, 같은 책을 읽은 사람들과 의견을 나누는 것도 효과적인 방법입니다.

3) 마음의 힘을 기르는 책 읽기를 위한 실천 아이디어

(1) 주간 독서 목표 세우기

매주 한 권의 책을 읽는 목표를 세우고, 그 책에서 배운 내용을 한 가지 실천해보세요. 예를 들어, 스트레스 관리 책을 읽고 매일 10분씩 명상을 실천할 수 있습니다

(2) 독서 후 일기 작성

매번 책을 읽은 후 느낀 점과 배운 교훈을 기록하는 습관을 들이세요. 이를 통해 독서의 효과를 더 깊이 있게 내면화할 수 있습니다.

(3) 책 속에서 실천할 3가지 선택하기

책을 읽은 후 그 책에서 배운 내용을 바탕으로 실천할 3가지를 선택하세요. 예를 들어, 자기계발서를 읽고 긍정적 자기 대화를 실천하거나, 철학서에서 배운 지혜를 일상생활에 적용해보는 방법이 있습니다.

(4) 독서 파트너 찾기

책을 함께 읽고 토론할 독서 파트너를 찾아보세요. 함께 읽고, 서로의 생각을 나누는 과정은 더 깊은 통찰을 가능하게 합니다.

(5) 하루 20분 마음챙김 독서 실천

매일 아침이나 저녁에 20분 동안 마음챙김 독서를 실천해보세요. 책 속의 한 문장을 깊이 음미하며 명상적인 독서를 시도하는 것이 좋습니다.

4) 마음의 힘을 기르는 독서를 통해 변화한 사례

사례 1: 자기계발서를 통해 스트레스 관리에 성공한 해성

해성은 직장에서 스트레스를 많이 받아 심리적으로 어려움을 겪고 있었습니다. 그는 존 카밧진의 '마음챙김에 기반한 스트레스 감소(MBSR)'를 읽고, 매일 명상과 마음챙김을 실천하기 시작했습니다. 처음에는 짧은 시간이었지만, 점차적으로 그는 더 깊은 정신적 안정과 내면의 평화를 경험하게 되었습니다.

사례 2: 철학적 독서를 통해 삶의 목적을 찾은 지영

지영은 자신의 삶에 의미를 찾지 못해 방황하던 중 마르쿠스 아우렐리우스의 '명상록'을 읽었습니다. 이 책을 통해 삶의 덧없음과 내적 평온의 중요성을 깨달았고, 이후 그녀는 자신의 삶을 더 목적지향적으로 바꾸기 위해 매일 아침 자기 성찰의 시간을 가지기 시작했습니다. 그녀는 더 이상 외적인 성공에 집착하지 않고 내면의 평화를 추구하며, 그 과정에서 큰 정신적 성장을 이루었습니다.

사례 3: 긍정 심리학 책을 통해 자신감을 찾은 주영

주영은 항상 자신에게 자신감이 부족하다고 느꼈지만, 캐롤 드웩의 '마인드셋'을 읽고 자신의 사고방식을 변화시키기 시작했습니다. 그녀는 실패를 더 이상 두려워하지 않고, 그것을 배움의 기회로 받아들이기 시작했습니다. 이 과정에서 주영은 스스로에 대한 자신감을 회복하고, 더 큰 목표에 도전할 수 있는 용기를 가지게 되었습니다.

5) 마음의 힘을 기르는 독서를 통해 얻는 혜택

(1) 정신적 안정감

독서는 우리의 정신적 에너지를 회복시키고, 내면의 평화를 찾는 데 도움을 줍니다. 특히 마음의 힘을 길러주는 책들은 감정 조절과 스트레스 관리에 큰 도움이 됩니다.

(2) 자기 성찰과 성장

독서를 통해 우리는 자기 성찰을 하고, 더 나은 자신으로 성장할 수 있습니다. 이는 삶의 방향을 더 명확히 하고, 더 의미 있는 목표를 설정하는 데 기여합니다.

(3) 공감 능력 향상

문학이나 심리학 책을 통해 다른 사람들의 경험과 감정을 이해하면서 공감 능력이 향상됩니다. 이는 인간관계에서도 긍정적인 변화를 가져옵니다.

(4) 비판적 사고 능력

철학적 책이나 심리학 서적을 읽는 과정에서 우리는 비판적 사고를 연습하게 됩니다. 이는 문제를 해결하고 더 나은 결정을 내리는 데 큰 도움이 됩니다.

(5) 자기 효능감 상승

책을 통해 새로운 지식을 습득하고 그것을 실천할 때 우리는 자신에 대한 신뢰가 높아지며, 자기 효능감이 증가합니다. 이를 통해 더 큰 도전에도 자신 있게 나아갈 수 있습니다.

6) 마음의 힘을 기르는 책 읽기를 통한 성장

책 읽기는 우리의 정신적 힘을 길러주는 가장 강력한 도구입니다. 책 속에서 우리는 새로운 지식을 얻고, 자기 성찰을 하며, 내면의 평화를 찾을 수 있습니다. 독서는 단순한 정보 습득이 아니라, 정신적 성장과 감정적 치유의 중요한 수단입니다.

마음의 힘을 기르기 위해 책을 읽고, 그 내용을 삶에 적용하며, 자기 성찰을 통해 더 나은 자신으로 성장해보세요. 독서를 통해 얻는 내면의 힘은 당신이 더 행복하고 의미 있는 삶을 살아가는 데 중요한 역할을 할 것입니다.

20. 꿈을 꾸며 미래 그리기

1) 개념과 배경: '꿈을 꾸며 미래 그리기'란 무엇인가?

꿈을 꾸며 미래를 그린다는 것은 자신의 이상적 미래를 상상하고, 그 미래를 현실로 만들기 위해 목표를 세우고 행동하는 것을 의미합니다. 꿈을 꾸는 것은 우리의 동기부여와 창의성을 자극하며, 더 나은 삶을 향해 나아가게 도와줍니다. 미래를 구체적으로 그리는 과정은 비전 설정과 목표 달성에 중요한 역할을 하며, 목표 지향적 삶을 살도록 이끌어 줍니다.

심리학자 빅터 프랭클(Viktor Frankl)은 그의 저서 '인간의 의미 탐구'에서 미래에 대한 비전과 삶의 목적을 설정하는 것이 인간에게 내적 동기와 회복력을 제공한다고 설명했습니다. 또한, 자기결정 이론(Self-Determination Theory)에 따르면, 자신의 미래를 자율적으로 설계하고 그 목표를 향해 나아가는 과정이 자기 효능감과 행복을 증진시킨다고 합니다.

꿈을 꾸며 미래를 그리는 것은 단순한 공상에 그치는 것이 아니라, 구체적인 목표와 계획을 수립하고 그 꿈을 향해 의도적으로 행동하는 과정입니다. 이를 통해 우리는 자신의 잠재력을 발휘하고, 더 나은 미래를 스스로 창조할 수 있습니다.

2) 꿈을 꾸며 미래를 그리는 방법

미래를 꿈꾸고 구체적으로 그리기 위해서는 명확한 목표 설정, 비전 구체화, 행동 계획 수립이 필수적입니다. 여기서는 꿈을 꾸며 미래를 그리는 효과적인 방법을 소개하겠습니다.

(1) 자신의 꿈과 목표 명확히 하기

꿈을 꾸며 미래를 그리기 위해서는 자신이 정말 원하는 것이 무엇인지 명확히 알아야 합니다. 이상적인 삶의 모습을 상상하고, 그 꿈을 달성하기 위한 목표를 구체적으로 설정하는 것이 중요합니다.

- 꿈 목록 작성: 먼저 자신이 이루고 싶은 꿈을 목록으로 작성해보세요. 커리어, 개인적 성취, 관계, 건강 등 각 영역에서 이루고 싶은 것들을 자유롭게 떠올려

보고, 그것을 종이에 적어보세요. 이 과정에서 현실적인 제한 없이 자유롭게 상상하는 것이 중요합니다.

- 비전 선언문 작성: 자신의 꿈과 목표를 간단하게 요약하는 비전 선언문을 작성하세요. "나는 5년 후에 어떤 모습일까?"를 상상하며, 이상적인 미래의 자신을 구체적으로 그려봅니다. 예를 들어, "나는 세계를 여행하며 나의 창의성을 발휘하고, 내 능력을 최대한으로 끌어올려 새로운 프로젝트를 성공적으로 이끌고 있다" 같은 선언문을 작성해보세요.

(2) 구체적인 목표와 계획 세우기

꿈을 현실로 만들기 위해서는 구체적인 목표와 계획을 세워야 합니다. 꿈이 단순한 상상이 되지 않기 위해서는 이를 구체적인 행동으로 옮기는 것이 필수적입니다.

- SMART 목표 설정: 꿈을 현실로 만들기 위해서는 구체적이고 달성 가능한 목표를 설정해야 합니다. SMART 목표(Specific, Measurable, Achievable, Relevant, Time-bound) 방식을 활용해, 자신의 꿈을 단계별 목표로 구체화하세요. 예를 들어, "3년 내에 내 가게를 오픈한다"와 같은 구체적 목표를 설정해보세요.
- 단계별 행동 계획 세우기: 큰 꿈을 이루기 위해 단계별 행동 계획을 세우세요. 이를테면, "1년 안에 필요한 자격증을 취득한다", "2년 안에 자금을 마련한다" 같은 세부 계획을 세우고, 그 목표를 달성하기 위한 주간, 월간 계획을 수립하세요.

(3) 비전 보드 만들기

- 비전 보드(vision board)는 자신의 꿈과 목표를 시각적으로 표현하는 도구로, 꿈을 구체적으로 상상하고 그 이미지를 통해 지속적인 동기부여를 받을 수 있도록 도와줍니다.
- 이미지와 문구로 꿈 시각화하기: 잡지, 인터넷 사진, 명언 등을 활용하여 자신의 꿈을 표현할 수 있는 이미지와 문구를 선택한 후, 이를 하나의 비전 보드로 만드세요. 예를 들어, 새로운 직업을 꿈꾸는 사람이라면 성공한 모습을 상상하며, 관련된 이미지를 비전 보드에 붙이는 것이 좋습니다.
- 비전 보드를 매일 보기: 비전 보드를 집안의 잘 보이는 곳에 두고, 매일 아침이

나 잠들기 전 꿈을 상기시키는 시간을 가져보세요. 꿈을 눈앞에 두고 시각적으로 자극을 받으면, 그 꿈을 향해 나아가는 데 있어 지속적인 동기를 얻을 수 있습니다.

(4) 긍정적인 자기 대화와 상상력 활용하기

미래를 꿈꾸는 과정에서 긍정적인 자기 대화와 상상력을 적극 활용하세요. 이는 자신의 잠재력을 믿고, 그 가능성을 실현할 수 있는 동력을 제공합니다.

- 긍정적인 자기 대화 연습: "나는 충분히 성공할 수 있어", "나는 이 꿈을 이루기 위해 필요한 능력을 갖추고 있다"와 같은 긍정적인 자기 대화를 매일 실천해보세요. 이는 자존감을 높이고, 꿈을 향한 의지를 강화해줍니다.
- 미래를 상상하는 시간 갖기: 하루에 5~10분 정도 자신의 이상적인 미래를 구체적으로 상상하는 시간을 가져보세요. 그 미래에서의 나의 모습, 내가 하는 일, 주변 사람들과의 관계를 생생하게 그리며 그것이 현실이 된 것처럼 상상하는 것이 중요합니다.

(5) 도전에 대한 긍정적인 태도 유지하기

꿈을 향해 나아가는 과정에서 우리는 장애물과 도전을 맞이할 수 있습니다. 이때 중요한 것은 실패에 굴하지 않고, 그것을 성장의 기회로 삼는 긍정적인 태도입니다.

- 실패를 성장의 과정으로 보기: 꿈을 이루기 위한 과정에서 실패나 좌절을 겪을 때, 그것을 성장의 기회로 해석하세요. 실패는 단지 배움의 과정일 뿐이며, 그 경험을 통해 더 나은 방법을 찾을 수 있습니다.
- 끈기와 회복력 기르기: 큰 꿈을 이루기 위해서는 끈기와 회복력이 필요합니다. 도전이 닥칠 때마다 다시 일어설 수 있는 능력을 기르고, 꿈을 향한 여정에서 끝까지 포기하지 않는 자세를 유지하세요.

3) 꿈을 꾸며 미래를 그리기 위한 실천 아이디어

(1) 미래 일기 쓰기

자신이 꿈꾸는 미래를 마치 이미 이룬 것처럼 상상하며 일기를 작성해보세요. "나는 오늘 내 꿈의 직업을 통해 큰 성취감을 느꼈다", "나는 지금 내가 하고 싶은 일을 하고 있다"와 같은 내용으로 미래의 자신을 상상하며 일기를 쓰는 것은 꿈을 실현하는 데 매우 효과적입니다.

(2) 매일 10분 상상력 훈련

매일 10분씩 조용한 시간을 마련해, 자신의 꿈을 생생하게 상상해보세요. 그 꿈이 현실이 된 것처럼 감정과 상황을 구체적으로 상상하며 긍정적인 에너지를 느껴보세요.

(3) 비전 보드 만들기

잡지나 인터넷 이미지를 활용해 비전 보드를 만드세요. 자신의 꿈을 시각적으로 표현한 비전 보드는 매일 꿈을 상기시키고 행동 동기를 강화해줄 수 있습니다.

(4) 목표 달성 체크리스트 만들기

꿈을 이루기 위한 구체적인 목표와 단계를 적은 체크리스트를 만들어, 매일 실천할 수 있는 항목을 체크하세요. 이를 통해 작은 성공 경험을 반복하며 꿈을 향한 여정을 추적할 수 있습니다.

(5) 성공한 미래의 자신과 대화하기

매일 아침, 자신의 꿈을 이미 이룬 미래의 자신과 대화를 나누는 상상을 해보세요. "지금의 내가 나아가는 방향이 맞는지", "어떤 도전을 해야 하는지" 등을 미래의 자신에게 묻고, 그 답을 찾아보세요.

4) 꿈을 꾸며 미래를 그린 사람들의 사례

사례 1: 오프라 윈프리 – 꿈을 구체적으로 그리며 성공한 방송인

오프라 윈프리는 어린 시절부터 성공한 방송인이 되겠다는 꿈을 가지고 있었습니다. 그녀는 자신의 꿈을 구체적으로 그리며, 성공한 모습을 상상하고 그것을 비전으로 삼았습니다. 그녀는 방송국에서 많은 거절을 당했지만, 긍정적인 태도와 끈기를 잃지 않았고, 결국 세계적으로 영향력 있는 방송인이 되었습니다.

사례 2: 일론 머스크 - 꿈을 현실로 만든 혁신가
일론 머스크는 어린 시절부터 우주여행과 전기 자동차에 대한 큰 꿈을 꾸며 자랐습니다. 그는 자신의 꿈을 이루기 위해 구체적인 목표를 세우고, 여러 번의 실패에도 굴하지 않고 끊임없이 도전했습니다. 오늘날 그는 스페이스X와 테슬라를 통해 꿈을 현실로 만들었으며, 꿈을 꾸며 미래를 그리는 것이 얼마나 중요한지 증명했습니다.

사례 3: 퀴리–과학에 대한 열정으로 노벨상을 받은 여성 퀴리는 과학적 발견에 대한 꿈을 가지고 있었습니다. 그녀는 어려운 환경 속에서도 꿈을 포기하지 않고 연구를 지속했으며, 결국 노벨상을 두 번이나 수상한 최초의 인물이 되었습니다. 그녀의 열정과 미래에 대한 확신은 그녀를 역사에 남을 위대한 과학자로 만들었습니다.

5) 꿈을 꾸며 미래를 그리면 얻는 혜택

(1) 동기 부여와 목표 지향성

꿈을 꾸고 그 미래를 구체적으로 그리는 것은 우리에게 강력한 동기를 부여하고, 목표 지향적 삶을 살게 합니다.

(2) 창의성과 문제 해결 능력 향상

꿈을 상상하고 미래를 계획하는 과정은 우리의 창의성과 문제 해결 능력을 강화해줍니다. 우리는 더 혁신적이고 창의적인 방식으로 목표를 달성할 수 있게 됩니다.

(3) 자기 효능감 상승

꿈을 이루기 위해 작은 성공을 반복하며 자기 효능감이 높아집니다. 이는 우리를 더 큰 도전으로 나아가게 하는 내적 힘이 됩니다.

(4) 삶의 만족감 증가

꿈을 꾸고 그것을 이루기 위한 여정은 우리의 삶에 의미와 목적을 더해줍니다. 꿈을 향해 나아가는 과정 자체가 삶의 만족감을 높이는 중요한 요소가 됩니다.

(5) 긍정적인 태도와 회복력

꿈을 꾸며 미래를 그리는 것은 어려운 상황에서도 긍정적인 태도를 유지하고, 실패를 극복할 수 있는 회복력을 키워줍니다.

6) 꿈을 꾸며 미래를 그리는 법

꿈을 꾸며 미래를 그리는 것은 우리 삶의 비전을 설정하고, 그 꿈을 이루기 위한 구체적인 목표와 행동 계획을 수립하는 중요한 과정입니다. 꿈은 단순한 상상이 아니라, 우리를 행동하게 만드는 동력이 되어야 합니다.

꿈을 꾸며 미래를 그릴 때, 우리는 더 창의적이고 목표 지향적으로 살아가며, 삶에서 더 큰 성취감과 만족감을 얻게 됩니다. 비전 보드, 목표 설정, 긍정적 자기 대화를 통해 당신의 꿈을 구체화하고, 그 꿈을 실현하기 위한 행동을 시작해보세요. 이를 통해 당신은 더 행복하고 의미 있는 삶을 살 수 있을 것입니다.

제3부 심리적 행복: 내면의 평화를 찾아서

이 장에서는 심리적 행복을 추구하며 내면의 평화를 찾는 방법들을 다룹니다. 내면의 안정을 통해 삶의 질을 높이고, 스트레스와 불안을 해소하며 행복을 추구하는 다양한 실천 방안을 제시합니다.

심리적 행복은 우리의 내면에서 오는 평온함과 만족감에서 비롯됩니다. 물질적 성취나 외적인 성공이 아닌, 내면의 평화와 자기 이해에서 오는 행복을 추구하는 것이 중요합니다. 이 장에서는 심리적 행복을 증진시키기 위한 구체적인 방법과 이를 실천할 수 있는 다양한 도구들을 탐구해 보겠습니다.

내면의 평화는 일상 속에서 겪는 스트레스, 불안, 갈등으로부터 벗어나 자신의 감정을 이해하고 그것을 관리하는 법을 배움으로써 얻을 수 있습니다. 이는 명상, 마음챙김, 감정 조절과 같은 실천을 통해 이루어질 수 있으며, 우리의 정신적 안정감을 증진시키고 행복한 삶을 살도록 도와줍니다.

심리적 행복을 얻기 위해서는 자기 자신과의 관계를 깊이 이해하고, 더 나아가 타인과의 관계에서도 균형과 조화를 이루어야 합니다. 내면의 평화를 찾기 위해서는 우리의 마음속에서 일어나는 다양한 감정과 생각을 제대로 관리하고, 그로 인해 얻는 정신적 자유를 통해 행복을 이루는 것이 중요합니다.

이 장에서는 내면의 평화를 찾기 위한 다양한 심리적 실천 방안을 통해, 마음의 건강과 행복을 추구하는 방법들을 구체적으로 제시하고 있습니다. 이를 통해 독자들이 자신만의 심리적 행복을 찾을 수 있도록 돕습니다.

21. 마음을 다스리는 명상

명상을 일상 속에서 꾸준히 실천하려면, 그 과정이 자연스럽게 삶에 녹아들도록 해야 합니다. 여기서는 명상이 일상 속에서 지속 가능하게 이루어질 수 있도록 구체적인 단계와 스크립트를 제시합니다.

1) 심리학적 이론: 명상과 내면의 평화

명상은 심리학에서 마음 챙김(Mindfulness)과 깊은 관련이 있습니다. 마음 챙김은 현재 순간에 집중하고, 떠오르는 생각과 감정을 판단 없이 받아들이는 과정을 의미합니다. 존 카밧진(Jon Kabat-Zinn)의 마음 챙김 기반 스트레스 감소 프로그램(MBSR)은 명상을 통해 스트레스를 관리하고 내면의 평화를 유지하는 데 중요한 역할을 합니다. 이는 주의 집중, 감정 조절, 스트레스 반응 감소와 같은 심리적 기능을 강화하며, 내면의 안정과 평정을 찾는 데 도움을 줍니다.

명상은 또한 자기조절 이론(Self-Regulation Theory)과 밀접한 관련이 있습니다. 이 이론에 따르면, 사람은 자신의 감정, 충동, 행동을 스스로 조절하는 능력을 통해 심리적 안정을 유지할 수 있습니다. 명상은 이러한 자기조절 능력을 강화하여, 감정적 반응을 적절히 다루고 평온한 상태를 유지하게 도와줍니다.

2) 구체적인 실천 방법 및 연습 스크립트

(1) 아침 명상: 마음 챙김과 내면의 균형 찾기

① 목적: 하루의 시작을 명상을 통해 내면을 다스리고, 긍정적 에너지를 얻는다.

② 심리학적 배경: 아침 명상은 주의 집중을 강화하고, 하루를 시작하기 전에 자신을 준비시키는 심리적 안정감을 제공합니다.

③ 실천 방법

- 매일 아침 일어나자마자 앉거나 침대에 편안히 눕습니다.
- 눈을 감고, 깊고 느린 호흡에 집중합니다.
- 들숨과 날숨이 몸을 채우고 빠져나가는 것을 느끼며 현재 순간에만 집중합니다.

④ 연습 스크립트

“눈을 감고, 깊고 천천히 숨을 들이마십니다. 공기가 내 폐로 들어오는 감각을 느껴봅니다. 이제 천천히 내쉬며 모든 긴장을 풀어냅니다. 들숨과 함께 나의 몸과 마음이 충만해지고, 날숨과 함께 모든 걱정과 긴장이 커집니다. 오늘 하루가 평온하게 흐를 것임을 상상합니다. 나는 내 안에 평화를 느끼고 있습니다.”

(2) 업무 중간의 짧은 호흡 명상: 스트레스 완화 및 자기조절 강화

① 목적: 스트레스가 쌓이는 순간에 즉각적인 마음의 평온을 되찾는다.

② 심리학적 배경: 자기조절 이론에 따르면, 일상에서 명상은 즉각적인 감정 조절을 도와 스트레스 반응을 완화하고 마음의 균형을 유지하게 합니다. 이는 부교감 신경계를 활성화해 신체적 긴장을 해소하고 마음을 진정시키는 역할을 합니다.

③ 실천 방법

- 짧은 휴식을 취할 수 있는 공간에서 눈을 감고 깊은 호흡을 시작합니다.
- 주위를 의식하지 않고 자신의 호흡에만 집중합니다.
- 생각이 떠오르면 그것을 억누르지 않고 흘려보냅니다.

④ 연습 스크립트: “지금 이 순간, 눈을 감고 천천히 숨을 들이마십니다. 공기가 내 몸으로 들어오면서 나의 긴장과 스트레스가 천천히 풀려나갑니다. 숨을 내쉴 때, 내 몸의 무게가 가벼워지는 것을 느낍니다. 모든 생각은 잠시 흘려보내고, 오직 나의 호흡에만 집중합니다. 호흡이 내 마음을 고요하게 하고, 나는 다시 안정된 상태를 찾습니다.”

(3) 걷기 명상: 주의 집중과 감정 조절의 실천

① 목적: 일상에서 신체 활동과 명상을 결합하여 주의 집중력과 내면의 평화를 높인다.

② 심리학적 배경: 걷기 명상은 주의 자원 이론(Attention Restoration Theory)과 관련이 있습니다. 이는 자연에서의 활동이나 걷기를 통해 정신적 피로를 회복하고, 주의 집중력이 향상된다는 이론입니다. 걷기 명상은 또한 감정 조절과 자아 성찰의 과정을 촉진합니다.

③ 실천 방법

- 공원이나 회사 주변을 천천히 걷습니다.
- 걸음걸이에 집중하며 발바닥이 땅을 딛는 감각을 느낍니다.
- 생각이 떠오르면, 다시 걸음과 호흡으로 돌아옵니다.

④ 연습 스크립트: "한 걸음 한 걸음에 집중합니다. 발이 땅을 딛고, 몸이 균형을 잡으며 움직이는 감각을 느껴봅니다. 바람이 내 얼굴을 스치고, 햇빛이 나를 비추는 자연의 감각을 받아들입니다. 지금 이 순간에만 집중하며, 걸음과 호흡이 나를 고요한 상태로 이끌어 줍니다. 모든 걱정과 잡념이 흘러가고, 나는 현재에 온전히 머무릅니다."

(4) 감사 명상: 긍정 심리학과 행복의 증진

① 목적: 하루를 마무리하며 감사하는 마음을 통해 긍정적 감정을 증진한다.

② 심리학적 배경: 감사 명상은 긍정 심리학(Positive Psychology)에서 강조하는 핵심 실천입니다. 마틴 셀리그만(Martin Seligman)의 연구에 따르면, 감사하는 마음을 가지면 긍정적 정서가 강화되고, 전반적인 삶의 만족도가 높아집니다.

③ 실천 방법

- 저녁이나 잠들기 전에 조용히 앉아 눈을 감습니다.
- 오늘 하루 동안 있었던 감사한 일들을 하나씩 떠올립니다.
- 그 감사한 순간들을 마음속에 깊이 새기며 긍정적 감정을 느낍니다.

④ 연습 스크립트: "눈을 감고 오늘 하루를 돌아봅니다. 나에게 기쁨을 주고, 감사를 느끼게 했던 작은 순간들을 떠올려봅니다. 그 순간들 속에서 나는 행복과 평온을 찾습니다. 나에게 온 좋은 사람들, 내가 느낀 작은 기쁨, 그리고 모든 감사한 일들을 마음속에 새깁니다. 이 감사의 마음이 내 안에 평화를 가져다줍니다. 나는 충분히 감사하고 행복합니다."

(5) 수면 전 이완 명상: 부교감 신경계 활성화로 깊은 수면 유도

① 목적: 수면 전에 신체와 마음을 이완하여 숙면을 유도한다.

② 심리학적 배경: 수면 전 명상은 부교감 신경계 활성화를 촉진해 신체를 이완시키고, 코티솔(Cortisol) 수치를 낮춰 수면의 질을 향상시킵니다. 이는 수면

위생(Sleep Hygiene)의 일환으로, 숙면에 필수적인 심리적 준비 과정입니다.

③ 실천 방법

- 침대에 편안히 누워 눈을 감습니다.
- 발끝부터 머리까지 차례로 몸의 각 부위를 이완시키며 긴장을 풀어냅니다.
- 깊게 호흡하며 몸과 마음을 완전히 이완시킵니다.

④ 연습 스크립트: "침대에 누워 눈을 감고 천천히 숨을 들이마십니다. 발끝부터 시작해 나의 몸을 하나씩 이완시킵니다. 발, 다리, 허리, 가슴, 어깨, 팔, 손, 목, 얼굴까지 모든 부위가 점점 더 가벼워지고 이완됩니다. 숨을 내쉴 때마다 긴장이 줄어지고, 몸이 바닥에 가라앉는 것을 느낍니다. 지금 이 순간, 나는 완전히 이완된 상태에서 깊은 평화를 느끼고 있습니다."

이 모든 명상 방법들은 심리학적 이론과 결합해 내면의 평화를 지속적으로 유지할 수 있는 실천법으로 구성되었습니다.

명상은 단순한 일회성 활동이 아니라, 매일의 습관으로 삶에 깊은 변화를 가져다 줄 수 있는 강력한 도구입니다.

꾸준한 실천을 통해 여러분은 내면의 평화와 심리적 안정을 찾고, 더 행복하고 균형 잡힌 삶을 살아갈 수 있을 것입니다.

22. 긍정적 사고의 힘

1) 심리학적 이론: 긍정적 사고와 심리적 행복

긍정적 사고는 심리학에서 긍정 심리학(Positive Psychology)의 핵심 개념 중 하나로, 마틴 셀리그만(Martin Seligman)에 의해 체계화되었습니다. 긍정적 사고는 단순한 낙관주의를 넘어, 개인이 일상에서 경험하는 상황에 대해 건강한 사고 패턴을 유지하는 것을 의미합니다. 긍정적 사고는 스트레스에 대한 대처 능력을 강화하고, 삶의 만족도를 높이며, 신체적, 정신적 건강에도 긍정적인 영향을 미칩니다.

인지 행동 치료(Cognitive Behavioral Therapy, CBT)에서도 긍정적 사고의 중요성을 강조합니다. CBT에 따르면, 우리의 감정과 행동은 생각에 의해 영향을 받기 때문에, 부정적 사고를 긍정적으로 재구성하는 것이 매우 중요합니다. 이 방법을 통해 우리는 부정적인 감정과 행동을 조절하고, 더 나은 삶을 살아갈 수 있습니다.

2) 구체적인 실천 방법 및 연습 스크립트

(1) 아침 긍정 확언(Positive Affirmations) 명상

① 목적: 하루를 시작하며 긍정적 사고를 강화하고, 자신에 대한 긍정적인 믿음을 심어준다.

② 심리학적 배경: 긍정 확언은 긍정적 사고 패턴을 형성하는 데 도움이 됩니다. 이는 자기 효능감(Self-Efficacy)과 관련이 있으며, 자신이 능력 있고 긍정적인 결과를 이끌어낼 수 있다는 믿음을 강화합니다. 긍정적인 생각은 행동 활성화(Behavioral Activation)로 이어져 더 적극적인 행동을 유발합니다.

③ 실천 방법

- 아침에 일어나 편안히 앉아 눈을 감습니다.
- 자신에게 힘이 되는 긍정적인 문구를 천천히 반복합니다.
- 그 문구가 자신의 내면에 자리잡는 것을 느끼며, 하루를 시작합니다.

④ 연습 스크립트: "나는 오늘 하루를 긍정적인 에너지로 가득 채울 것입니다. 나는 내면의 힘을 믿고, 모든 도전에 자신 있게 맞설 수 있습니다. 나는 충분히

가치 있고, 오늘도 나의 능력을 최대한 발휘할 수 있습니다. 모든 상황은 나에게 긍정적인 배움과 성장을 가져다줄 것입니다. 나는 내 삶의 주인이며, 긍정적인 변화를 이끌어낼 힘이 있습니다."

(2) 생각의 재구성: 부정적 사고를 긍정적으로 바꾸기

① 목적: 부정적 사고를 인식하고, 그것을 긍정적인 방향으로 재구성하여 스트레스와 불안을 줄인다.

② 심리학적 배경: 인지 행동 치료(CBT)에서 부정적인 자동적 사고를 긍정적인 사고로 재구성하는 방법은 인지 재구성(Cognitive Restructuring)이라고 불립니다. 이 기법은 사람들이 비합리적인 신념이나 왜곡된 생각을 인식하고, 이를 긍정적이고 현실적인 사고로 바꾸도록 도와줍니다. 이를 통해 더 균형 잡힌 시각을 갖고, 감정적으로 안정된 상태를 유지할 수 있습니다.

③ 실천 방법

- 부정적인 생각이 떠오를 때, 잠시 멈추고 그 생각을 인식합니다.
- 그 생각이 사실인지, 비합리적인지 분석합니다.
- 부정적인 생각을 긍정적으로 재구성해봅니다.

④ 연습 스크립트: "지금 내가 하고 있는 생각이 무엇인지 인식합니다. 이 생각이 나에게 어떤 영향을 미치고 있는지 살펴봅니다. 만약 부정적인 생각이 떠오르면, 그 생각이 사실인지 자문합니다. 나는 실수를 했을 뿐, 실패한 사람이 아닙니다. 이 상황은 배움의 기회이며, 나는 더 나은 결정을 할 수 있습니다. 나는 상황을 긍정적으로 바라볼 힘을 가지고 있습니다."

(3) 감사 일기 쓰기: 긍정적 사고의 강화

① 목적: 하루 동안 감사했던 일들을 기록하며 긍정적 사고를 지속적으로 강화한다.

② 심리학적 배경: 긍정 심리학에서는 감사(Gratitude)를 중요한 긍정적 감정으로 다룹니다. 감사 일기는 긍정적인 사건과 감정을 의식적으로 떠올려 기록함으로써, 부정적 사고 패턴을 차단하고 긍정적 감정의 빈도를 높이는 데 도움을 줍니다. 이는 뇌의 신경 가소성(Neuroplasticity)을 촉진해, 긍정적인 사고 패턴을 강화하는 효과를 가집니다.

③ 실천 방법

- 하루를 마무리하며 감사한 일들을 떠올립니다.
- 그 순간들을 자세히 기록하며, 감정에 집중합니다.
- 감사한 마음을 내면에 깊이 새기고 긍정적 사고를 강화합니다.

④ 연습 스크립트: "오늘 하루 동안 나에게 기쁨을 주고 감사했던 순간들을 떠올려봅니다. 나는 그 감사한 순간들로 인해 더 풍요로워졌습니다. 작은 일에도 감사함을 느끼며, 그 순간을 기록합니다. 오늘 누군가의 미소, 따뜻한 대화, 나를 도와준 손길을 감사하게 기억합니다. 나는 이 감사함 속에서 더 큰 긍정적 에너지를 느끼며, 더 행복한 내일을 기대합니다."

(4) 부정적 자기 대화 차단: 긍정적 자기 대화로 전환하기

① 목적: 자신에게 부정적인 말을 하는 습관을 인식하고, 긍정적인 자기 대화로 전환하여 자신감을 키운다.

② 심리학적 배경: 자기 대화(Self-Talk)는 개인의 자아개념과 밀접한 관련이 있습니다. 엘리스의 합리정서행동치료(REBT)는 비합리적인 자기 대화를 재구성하는 방법을 제시하며, 이를 통해 자신을 더 긍정적으로 바라볼 수 있습니다. 긍정적 자기 대화는 자기 효능감(Self-Efficacy)을 증진시키고, 자신의 능력에 대한 믿음을 강화합니다.

③ 실천 방법

- 부정적인 자기 대화를 인식합니다.
- 그 대화의 내용이 사실인지, 자신에게 도움이 되는지 자문합니다.
- 부정적인 말을 긍정적인 자기 대화로 바꿉니다.

④ 연습 스크립트: "나는 지금 자신에게 어떤 말을 하고 있는지 주의 깊게 살펴봅니다. 만약 '나는 할 수 없어'라고 말하고 있다면, 그것이 사실인지 스스로에게 묻습니다. 나는 충분히 해낼 수 있고, 도전할 준비가 되어 있습니다. 나는 충분히 강하고, 어려움을 극복할 능력이 있습니다. 내가 하는 모든 말은 나를 긍정적으로 이끌고 있습니다."

(5) 미래를 긍정적으로 상상하기: 시각화 명상

① 목적: 미래의 긍정적인 상황을 시각화하여 목표 달성을 위한 동기 부여와 긍정적 사고를 강화한다.

② 심리학적 배경: 시각화(Visualization)는 목표 달성과 긍정적 행동을 유도하는 데 중요한 역할을 합니다. 이는 긍정적 기대감(Positive Expectancy)을 형성하여 행동을 촉진하고, 자신이 원하는 결과를 더 명확히 그리게 합니다. 긍정적 시각화는 자기 충족적 예언(Self-Fulfilling Prophecy)을 통해 실제 성취 가능성을 높입니다.

③ 실천 방법

- 편안한 자세로 눈을 감고 호흡을 고릅니다.
- 자신이 원하는 긍정적인 미래를 머릿속에 생생하게 그려봅니다.
- 그 미래의 감정과 상태를 구체적으로 느낍니다.

④ 연습 스크립트: "나는 눈을 감고, 내가 바라는 긍정적인 미래를 상상합니다. 나는 내 목표를 이루고, 그 순간의 기쁨을 온몸으로 느낍니다. 그 순간의 나 자신은 자신감 있고, 평온하며, 만족스러운 감정을 느끼고 있습니다. 나는 이 긍정적인 미래를 향해 나아가고 있으며, 나의 행동 하나하나가 그 미래를 만들어가고 있습니다."

긍정적 사고는 단순한 낙관적 태도가 아니라, 심리적 건강과 행복을 유지하는 데 핵심적인 역할을 합니다. 심리학적 이론과 실천 방법을 바탕으로, 부정적 사고를 재구성하고 긍정적 사고를 강화함으로써 우리는 더 나은 삶을 살 수 있습니다. 꾸준한 실천을 통해 긍정적 사고는 습관이 될 것이며, 여러분은 내면의 힘을 발휘하고, 더 행복하고 충만한 삶을 살아갈 수 있을 것입니다.

23. 스트레스 해소를 위한 심호흡: 심리학적 이론과 실천 방법

1) 심리학적 이론: 심호흡과 스트레스 해소

심호흡(Breathing Exercises)은 심리학에서 스트레스 해소와 심리적 안정에 매우 중요한 도구로 인식됩니다. 심호흡은 자율신경계(Autonomic Nervous System)의 조절을 통해 스트레스 반응을 관리하는 데 도움을 줍니다. 특히 부교감 신경계(Parasympathetic Nervous System)를 활성화하여 신체의 긴장을 풀어주고 마음을 안정시키는 역할을 합니다.

심리적 스트레스 모델에서 한스 셀리에(Hans Selye)는 스트레스가 신체에 미치는 영향을 강조하였고, 만성 스트레스가 건강에 미치는 해로운 결과를 설명했습니다. 심호흡은 이러한 스트레스 반응을 줄이는 효과적인 방법으로, 코티솔(Cortisol) 수치를 낮추고 심박수, 혈압을 안정시키는 데 도움을 줍니다.

인지 행동 치료(Cognitive Behavioral Therapy, CBT)에서는 심호흡이 부정적인 감정 상태를 조절하는 핵심 기법으로 사용됩니다. 불안, 공황 상태에서 심호흡은 즉각적인 감정 조절 도구로 작용하며, 이는 감정적 상태를 인지하고 조절하는 능력을 강화시킵니다.

2) 구체적인 실천 방법 및 연습 스크립트

(1) 복식 호흡: 부교감 신경계 활성화를 통한 스트레스 해소

① 목적: 복식 호흡을 통해 부교감 신경계를 활성화하고 스트레스를 효과적으로 줄인다.

② 심리학적 배경: 복식 호흡은 신체에 더 많은 산소를 공급하고, 부교감 신경계를 자극하여 이완 반응(Relaxation Response)을 유도합니다. 이는 스트레스 반응을 억제하고 긴장을 완화하는 데 효과적입니다.

③ 실천 방법

- 편안한 자세로 앉거나 누워 손을 배에 올립니다.
- 코로 천천히 숨을 들이마시며 배가 부풀어 오르는 것을 느낍니다.

- 입으로 천천히 숨을 내쉬며 배가 천천히 내려가는 것을 느낍니다.
- 이 과정을 반복하며 호흡의 리듬에 집중합니다.

④ 연습 스크립트: “편안하게 앉거나 누워, 손을 배에 올리고 천천히 숨을 들이마십니다. 공기가 코를 통해 들어와 폐를 채우고, 배가 부풀어 오르는 것을 느껴보세요. 천천히 입으로 숨을 내쉬며 배가 천천히 가라앉는 것을 관찰합니다. 숨을 내쉴 때 모든 긴장이 내 몸에서 빠져나가고, 나는 점점 더 편안해집니다. 이 호흡의 리듬에 따라 나의 마음과 몸이 고요해집니다.”

(2) 4-7-8 호흡법: 즉각적인 심리적 안정

① 목적: 짧은 시간 내에 신체와 정신을 이완시켜, 긴장감과 불안을 해소한다.

② 심리학적 배경: 4-7-8 호흡법은 홍재 웨일(Andrew Weil) 박사가 제안한 심호흡 기법으로, 불안과 긴장을 빠르게 완화하는 효과가 있습니다. 이 방법은 호흡을 조절함으로써 신체의 긴장도를 낮추고, 특히 불안감이나 스트레스를 빠르게 해소하는 데 도움을 줍니다.

③ 실천 방법

- 입을 닫고 코로 4초 동안 숨을 들이마십니다.
- 7초 동안 숨을 멈추고 유지합니다.
- 8초 동안 천천히 입으로 숨을 내쉽니다.
- 이 과정을 4회 반복합니다.

④ 연습 스크립트: “입을 닫고 코로 4초 동안 천천히 숨을 들이마십니다. 이제 숨을 멈추고 7초 동안 유지합니다. 천천히 8초 동안 숨을 내쉬며, 몸과 마음에 쌓인 모든 긴장이 함께 빠져나감을 느껴보세요. 이 호흡의 리듬에 따라 나의 심장 박동이 안정되고, 불안감이 점점 줄어드는 것을 느낍니다. 나는 이 호흡을 통해 내면의 평화를 되찾고 있습니다.”

(3) 박자 호흡: 마음의 평온을 찾기 위한 호흡 훈련

① 목적: 스트레스를 받은 순간 마음을 평온하게 하고, 주의 집중을 회복한다.

② 심리학적 배경: 박자 호흡(Box Breathing)은 인지적 안정(Cognitive Stability)을 촉진하는 기법입니다. 이 방법은 호흡을 규칙적으로 조절함으로써 주의 집중

(Attention Control)을 향상시키고, 마음을 차분하게 만드는 데 도움을 줍니다. 스트레스를 받은 순간, 박자 호흡은 즉각적으로 마음의 균형을 되찾아줍니다.

③ 실천 방법

- 4초 동안 천천히 숨을 들이마십니다.
- 4초 동안 숨을 멈춥니다.
- 4초 동안 숨을 내쉽니다.
- 다시 4초 동안 숨을 멈추고, 이 과정을 반복합니다.

④ 연습 스크립트: "4초 동안 천천히 숨을 들이마십니다. 4초 동안 숨을 멈추고, 공기가 나를 안정시키는 느낌을 받아들입니다. 이제 4초 동안 숨을 내쉬며, 모든 긴장이 몸을 빠져나가는 것을 느낍니다. 다시 4초 동안 멈추고, 호흡의 리듬에 집중합니다. 이 호흡의 패턴 속에서 내 마음은 점점 더 차분해지고, 모든 긴장은 풀려나갑니다."

(4) 5-5-5 호흡법: 스트레스 해소와 감정 조절

① 목적: 스트레스 상황에서 심리적 이완을 촉진하고, 감정 조절 능력을 강화한다.

② 심리학적 배경: 5-5-5 호흡법은 긴장된 상황에서 즉각적인 이완을 유도하는 심호흡 기법입니다. 이는 심리학에서 스트레스 대처 메커니즘(Stress Coping Mechanism)의 일환으로 활용됩니다. 호흡을 통해 신경계를 안정시키고, 감정적 반응을 조절할 수 있는 능력을 강화합니다.

③ 실천 방법

- 5초 동안 천천히 숨을 들이마십니다.
- 5초 동안 숨을 멈춥니다.
- 5초 동안 숨을 내쉽니다.
- 이 과정을 5번 반복합니다.

④ 연습 스크립트: "천천히 5초 동안 숨을 들이마십니다. 이제 5초 동안 숨을 멈추고, 나의 마음을 집중시킵니다. 5초 동안 숨을 내쉬며, 모든 감정적 긴장이 빠져나감을 느껴보세요. 다시 5초 동안 멈추고, 호흡의 리듬 속에서 내 마음과 몸이 하나로 연결되는 것을 느낍니다. 이 호흡을 통해 스트레스가 커지고, 나는 다시 차분한 상태로 돌아옵니다."

(5) 일상 속 지속적인 심호흡 연습

① 목적: 일상에서 간단하고 효과적인 심호흡을 습관화하여 장기적인 스트레스 관리 능력을 향상시킨다.

② 심리학적 배경: 일상 속에서 심호흡을 꾸준히 실천하는 것은 습관 형성(Habit Formation)과 관련이 있습니다. 습관화된 심호흡은 자동적으로 스트레스를 관리하고, 부정적인 감정상태에 빠지지 않도록 예방하는 역할을 합니다. 자기효능감(Self-Efficacy)을 높여, 개인이 스트레스 상황에서도 더 큰 자신감을 가질 수 있도록 돕습니다.

③ 실천 방법

- 아침에 일어나자마자 5분 동안 복식 호흡을 실천합니다.
- 점심시간에 5분 동안 4-7-8 호흡법을 적용하여 심리적 안정을 유지합니다.
- 업무 중간중간 1분씩 짧은 박자 호흡을 통해 마음을 고요하게 만듭니다.
- 저녁에 잠들기 전, 5분 동안 심호흡과 시각화를 결합하여 하루의 스트레스를 해소합니다.

④ 연습 스크립트: “아침에 눈을 뜨면 잠시 자리에 앉아 깊게 숨을 들이마십니다. 배가 천천히 부풀어 오르는 것을 느끼고, 내쉴 때 하루의 시작을 긍정적인 마음으로 준비합니다. 점심 시간에는 잠시 산책을 하며, 천천히 4-7-8 호흡법을 실천합니다. 숨을 들이마시고, 멈추고, 내쉬는 사이클 속에서 나는 내면의 평화를 찾습니다. 일하는 도중에도 잠시 눈을 감고, 한 번의 깊은 박자 호흡으로 모든 긴장을 풀어냅니다. 잠자리에 들기 전에는 5분 동안 심호흡과 함께 오늘 있었던 모든 스트레스를 흘려보내며, 마음을 안정시키고 평화로운 잠에 들 준비를 합니다.”

(6) 심호흡 알림 설정 및 일상에 녹여내기

심호흡을 일상에 자연스럽게 녹여내기 위해 알림 설정을 활용하는 것도 효과적입니다. 일정한 시간마다 심호흡을 실천할 수 있도록 스마트폰이나 시계에 알림을 설정하는 것이 좋습니다. 이렇게 하면 잊지 않고 꾸준히 호흡에 집중할 수 있습니다. 또한, 특정 행동과 연결하는 방식으로 습관을 형성할 수 있습니다. 예를 들어, 아침 커피를 마시기 전에 5분 동안 심호흡을 하거나, 컴퓨터 앞에 앉기 전에 짧게 1분 호흡을 실천하는 방법입니다. 이처럼 일상적 행동과 연계하면 더 자연스럽게 심호흡 습관을 유지할 수 있습니다.

① 심호흡 알림 활용법

- 아침 7시: 복식 호흡으로 하루를 시작하는 알림.
- 점심 12시: 박자 호흡으로 스트레스를 조절하는 알림.
- 오후 3시: 업무 중간에 잠시 1분 심호흡하는 알림.
- 저녁 9시: 수면 전 심호흡과 시각화를 통해 하루를 마무리하는 알림.

(7) 스트레스 상황에서 즉각적으로 활용할 수 있는 심호흡 기술

심호흡은 즉각적인 스트레스 완화 도구로도 유용합니다. 급격히 스트레스를 받는 상황에서 심호흡을 적용하면, 신체적 긴장과 부정적인 감정을 빠르게 조절할 수 있습니다.

① 실천 방법

- 스트레스를 느끼는 순간, 잠시 눈을 감고 깊은 복식 호흡을 시작합니다.
- 코로 천천히 숨을 들이마시고, 내쉴 때 긴장을 푼다는 의식을 집중합니다.
- 호흡을 몇 차례 반복하며, 긴장과 함께 부정적인 생각도 흘려보냅니다.

② 연습 스크립트: “스트레스를 느끼는 순간, 눈을 감고 잠시 멈춥니다. 천천히 숨을 들이마시며, 내 안의 긴장을 인식하고 있습니다. 숨을 내쉴 때, 그 긴장이 내 몸을 떠나는 것을 느낍니다. 모든 스트레스는 호흡과 함께 흘러가고, 나는 이 순간 차분함을 유지할 수 있습니다. 호흡이 나를 안정시키고, 모든 감정이 정리됩니다.”

3) 스트레스 해소를 위한 심호흡의 중요성

스트레스는 현대 사회에서 피할 수 없는 요소지만, 그로 인해 받는 부정적인 영향을 최소화할 수 있는 방법은 충분히 존재합니다. 심호흡은 매우 단순하면서도 강력한 스트레스 관리 도구로, 심리학적 이론과 결합해 효과적으로 스트레스를 조절하는 능력을 키울 수 있습니다.

꾸준한 심호흡 연습은 단기적인 스트레스 해소뿐만 아니라 장기적으로 정서적 안정, 자기조절력 향상, 신체 건강에도 긍정적인 영향을 미칩니다. 하루 중 짧은 순간마다 실천할 수 있는 심호흡은 여러분의 삶을 더 차분하고 평화롭게 만들어줄 것입니다.

심호흡은 그저 호흡을 관리하는 방법이 아니라, 삶을 관리하는 지혜입니다. 이제 이 기술을 통해 스트레스를 다스리고, 더 행복하고 균형 잡힌 삶을 살아가시길 바랍니다.

24. 감정 해소하기: 억누르지 말고 표현하기: 심리학적 이론과 실천 방법

1) 심리학적 이론: 감정 해소의 중요성

감정은 인간이 경험하는 중요한 심리적 현상으로, 이를 적절히 표현하고 해소하지 않으면 신체적, 심리적 부담으로 이어질 수 있습니다. 감정을 억누르는 습관은 장기적으로 스트레스, 불안, 우울증 등의 심리적 문제로 발전할 수 있으며, 감정 억압(Suppression)은 부정적인 신체적 반응을 유발하기도 합니다.

감정 조절 이론(Emotion Regulation Theory)에서는 감정을 적절히 다루는 것이 개인의 심리적 안정과 행복에 필수적임을 강조합니다. 감정을 억누르는 대신, 이를 인식하고 적절히 표현하는 것은 심리적 웰빙(Psychological Well-being)에 중요한 역할을 합니다. 자메스 그로스(James Gross)의 연구에 따르면, 감정 억제는 신체적으로 심박수와 혈압을 증가시키고, 심리적으로 불안과 스트레스를 유발할 수 있습니다.

카타르시스 이론(Catharsis Theory)에 따르면, 감정을 억누르지 않고 해소함으로써 심리적 정화를 경험할 수 있습니다. 이는 감정을 건강하게 표현하는 과정이 내면의 긴장과 스트레스를 완화시키고 심리적 균형을 회복하는 데 도움이 된다는 것을 보여줍니다.

2) 구체적인 실천 방법 및 연습 스크립트

(1) 감정 인식하기: 감정의 출처를 알아차리기

① 목적: 감정을 억누르지 않고 그 감정의 출처를 인식하여, 감정을 더 깊이 이해한다.

② 심리학적 배경: 감정을 인식하고 수용하는 것은 감정 조절의 첫 단계입니다. 인지 행동 치료(CBT)에서는 감정을 억누르지 않고 인식하는 것이 스트레스를 완화하고 감정적 균형을 유지하는 데 중요한 역할을 한다고 강조합니다.

③ 실천 방법

- 조용한 곳에 앉아 눈을 감고 깊게 호흡하며 마음을 차분히 합니다.

- 현재 느끼고 있는 감정을 인식하고 그 감정이 어디에서 비롯되었는지 살펴봅니다.
- 감정을 억누르지 않고, 있는 그대로 수용하며 감정이 흘러가는 과정을 지켜봅니다.

④ 연습 스크립트: "내가 지금 느끼는 감정을 인식합니다. 그 감정이 나의 몸과 마음에서 어떻게 나타나는지 느껴보세요. 이 감정은 어디에서 시작되었고, 어떤 생각과 연결되어 있는지 살펴봅니다. 나는 이 감정을 억누르지 않고, 그저 바라봅니다. 이 감정은 나의 일부이지만, 나를 지배하지 않습니다."

(2) 감정 표현하기: 감정의 자유로운 표현

① 목적: 억눌린 감정을 글, 말, 혹은 창의적인 방법으로 자유롭게 표현하여 심리적 해방감을 느낀다.

② 심리학적 배경: 카타르시스 이론(Catharsis Theory)에 따르면, 감정은 표현될 때 해소되며, 억눌렸던 감정은 몸과 마음에 긴장을 유발할 수 있습니다. 감정을 건강하게 표현하는 것은 심리적 정화 과정을 촉진하며, 감정적 스트레스를 줄이는 데 도움을 줍니다.

③ 실천 방법

- 감정을 글로 적거나, 신뢰할 수 있는 사람에게 이야기하며 표현합니다.
- 감정을 억누르지 않고 자유롭게 말하거나 적어보세요.
- 감정을 표현한 후 그 감정이 어떻게 변하는지 살펴봅니다.

④ 연습 스크립트: "나는 내 감정을 솔직하게 표현합니다. 나의 감정은 지금 말하거나 글로 적을 수 있습니다. 내가 느끼는 분노, 슬픔, 혹은 기쁨을 글로 적어보세요. 감정이 나를 떠나는 듯한 해방감을 느끼고, 마음이 조금씩 가벼워지는 것을 경험합니다. 나는 내 감정을 자유롭게 표현할 수 있으며, 이것이 나에게 긍정적인 영향을 미친다는 것을 압니다."

(3) 감정 일기 쓰기: 감정 해소를 위한 글쓰기

① 목적: 일기를 통해 억눌린 감정을 정리하고 해소하며, 감정적 패턴을 인식한다.

② 심리학적 배경: 감정 일기(Journaling)는 감정을 명확하게 표현하고 분석하는

도구로, 스트레스와 불안을 완화하는 데 매우 효과적입니다. 연구에 따르면, 감정 일기는 개인이 감정적 패턴을 인식하고 심리적 회복을 촉진하는 데 도움을 줍니다.

③ 실천 방법

- 하루 동안 느꼈던 감정들을 일기로 작성합니다.
- 그 감정들이 어떻게 발생했는지, 그리고 어떻게 처리되었는지 구체적으로 적어봅니다.
- 감정을 기록하면서 자신의 내면을 더 잘 이해하고, 감정적 해소를 경험합니다.

④ 연습 스크립트: "오늘 하루 동안 내가 느꼈던 감정들을 글로 적습니다. 기쁨, 슬픔, 화, 불안 등 다양한 감정들이 어떻게 나에게 영향을 미쳤는지 분석해봅니다. 감정을 글로 적는 동안, 나는 그 감정들이 내 안에서 정리되고 해소되는 것을 느낍니다. 일기를 쓰면서 내 감정이 더 명확해지고, 마음이 차분해지는 것을 경험합니다."

(4) 감정 해소를 위한 대화: 안전한 관계에서 감정 나누기

① 목적: 신뢰할 수 있는 사람과 감정을 나누어 심리적 부담을 덜고, 정서적 지지를 받는다.

② 심리학적 배경: 사회적 지지(Social Support)는 감정을 건강하게 해소하는 데 중요한 역할을 합니다. 연구에 따르면, 신뢰할 수 있는 사람과 감정을 나누는 것은 스트레스를 줄이고 감정적 안정감을 높이는 데 큰 도움이 됩니다. 대화를 통해 감정을 표현하면, 상대방의 공감과 지지를 받으며 심리적 안정감을 느낄 수 있습니다.

③ 실천 방법

- 신뢰할 수 있는 친구나 가족에게 자신이 느끼는 감정을 솔직하게 나눕니다.
- 자신의 감정에 대해 이야기하면서 심리적 지지를 받고, 감정 해소를 경험합니다.
- 감정을 나눈 후, 그 감정이 어떻게 변화했는지 살펴봅니다.

④ 연습 스크립트: "나는 지금 내가 느끼는 감정을 신뢰할 수 있는 사람과 나누고 있습니다. '오늘 나는 이런 감정을 느꼈어. 이 감정이 나를 힘들게 했어'라고

솔직하게 말합니다. 상대방의 공감을 느끼고, 그 감정이 점차 가벼워지는 것을 경험합니다. 대화를 통해 감정이 해소되고, 마음이 한결 편안해집니다."

(5) 신체 활동을 통한 감정 해소: 에너지 방출

① 목적: 신체 활동을 통해 감정적 에너지를 방출하고, 감정을 신체적으로 해소한다.

② 심리학적 배경: 신체 활동(Physical Activity)은 감정 해소에 매우 효과적입니다. 신체 운동은 엔도르핀(Endorphins) 분비를 촉진하여 스트레스를 감소시키고, 감정을 신체적으로 표현하여 억눌린 감정을 해소할 수 있습니다.

③ 실천 방법

- 걷기, 달리기, 또는 요가와 같은 신체 활동을 통해 억눌린 감정을 신체적으로 방출합니다.
- 운동을 하는 동안 신체의 에너지를 감정 해소에 집중하며, 감정적 무게가 커지는 것을 느낍니다.
- 운동 후, 감징이 어떻게 변화했는지 살펴보고, 신체적 가벼움을 느낍니다.

④ 연습 스크립트: "나는 걷거나 뛰면서 내 안의 감정을 신체적으로 해소합니다. 내 몸이 움직일 때마다, 내 안에 쌓였던 긴장과 감정적 무게가 서서히 풀어지는 것을 느낍니다. 운동 후, 내 마음과 몸이 모두 가벼워지고, 나는 더 차분하고 안정된 상태에 있습니다. 운동을 통해 감정이 해소되고, 더 큰 평화를 느낍니다."

3) 감정 해소의 심리적 중요성

감정을 억누르지 않고 적절하게 표현하는 것은 심리적 안정과 행복을 유지하는 데 필수적입니다. 감정 해소는 정서적 건강과 직결되며, 이를 방치하면 장기적으로 심리적, 신체적 문제로 발전할 수 있습니다. 그러나 감정을 인식하고, 표현하며, 신체적 활동과 글쓰기를 통해 해소하는 방법을 꾸준히 실천한다면, 감정적 균형을 유지하고 더 큰 심리적 안정감을 경험할 수 있습니다.

감정 해소는 일상에서 꾸준히 실천해야 하는 과정입니다. 이 과정을 통해 여러분은 억눌린 감정에서 벗어나 더 자유롭고, 더 행복한 삶을 살아갈 수 있을 것입니다.

25. 감사의 마음을 키우는 연습

1) 심리학적 이론과 세부적인 실천 방법, 연습스크립트

감사는 긍정 심리학(Positive Psychology)에서 행복과 웰빙을 증진시키는 중요한 요소로 연구되어 왔습니다. 감사는 단순한 긍정적 감정 이상의 역할을 합니다. 마틴 셀리그만(Martin Seligman)이 이끄는 긍정 심리학 연구는 감사를 지속적으로 연습하면 행복이 증대되고, 스트레스와 우울감이 감소하며, 더 강력한 사회적 관계를 형성할 수 있다는 것을 밝혔습니다.

로버트 에몬스(Robert Emmons)의 연구는 감사가 신체적, 정신적 건강에 미치는 긍정적인 효과를 입증했습니다. 감사는 삶에 대한 긍정적 시각을 강화하고, 자기 자신과 타인에 대한 만족감을 높이며, 감정적으로 안정된 상태를 유지하게 합니다. 에몬스에 따르면, 정기적으로 감사하는 사람들은 더 낙관적이며, 더 나은 수면의 질을 경험하고, 삶의 역경을 더 잘 이겨냅니다.

또한, 인지 행동 치료(Cognitive Behavioral Therapy, CBT)에서는 감사를 통해 부정적 사고 패턴을 긍정적으로 전환하는 것이 매우 중요하다고 봅니다. 부정적인 상황 속에서도 감사하는 태도는 스트레스와 불안을 완화하고, 더 현실적이고 긍정적인 시각으로 문제를 바라보는 데 도움을 줍니다.

감사는 또한 자기 결정 이론(Self-Determination Theory)과도 관련이 있습니다. 이 이론은 인간의 심리적 욕구가 충족될 때 동기 부여와 웰빙이 증가한다고 주장합니다. 감사는 개인의 관계성과 자율성을 높여, 심리적 안정과 행복감을 촉진하는 중요한 요소로 작용합니다.

2) 구체적인 실천 방법 및 연습스크립트

(1) 감사 일기 쓰기: 매일 감사하는 습관 만들기

① 목적: 일상 속 작은 일들에 대해 감사를 느끼고, 긍정적 사고 패턴을 형성하는 습관을 기른다.

② 심리학적 배경: 감사 일기(Gratitude Journaling)는 감사를 일상적으로 기록하

는 방법으로, 이는 인지 재구성(Cognitive Restructuring)을 통해 우리의 사고 패턴을 긍정적으로 전환시키는 강력한 도구입니다. 이 연습은 부정적인 사건보다 긍정적인 경험에 초점을 맞추게 하고, 긍정적인 감정과 사고를 지속적으로 강화합니다.

③ 실천 방법

- 매일 저녁, 그날 있었던 세 가지 감사한 일을 일기장에 기록합니다.
- 작은 것이라도 좋습니다. 이를테면 "오늘 맑은 하늘을 보며 산책할 수 있어서 감사했다"와 같이 일상에서 쉽게 지나칠 수 있는 순간들을 떠올립니다.
- 왜 그것에 감사한지, 그 경험이 나에게 어떤 긍정적인 감정을 주었는지 구체적으로 적어보세요.

④ 연습 스크립트: "오늘 나는 아침에 따뜻한 커피 한 잔을 마실 수 있어서 감사하다. 이 커피가 나에게 하루를 시작할 힘을 주었기 때문이다. 또한, 친구와 나눈 짧은 대화에서 느꼈던 공감에 감사하다. 그 대화가 나를 위로해 주었다. 마지막으로, 저녁 산책 중에 본 아름다운 하늘에 감사하다. 그 하늘을 보며 마음이 차분해졌다. 이 모든 것들이 내 삶을 풍요롭게 한다는 것을 느낀다."

(2) 감사 명상: 마음의 평화를 찾는 시간

① 목적: 감사의 감정을 명상과 결합하여 마음을 차분하게 하고, 현재 순간에 대한 감사함을 키운다.

② 심리학적 배경: 감사 명상(Gratitude Meditation)은 마음 챙김(Mindfulness)과 감사를 결합한 방법으로, 현재 순간에 집중하면서 삶의 작은 요소에 감사를 느끼게 합니다. 연구에 따르면, 감사 명상은 스트레스를 줄이고, 감정적 안정감을 높이며, 삶에 대한 만족도를 증진시킵니다. 감사 명상을 통해 현재에 대한 긍정적 감정을 증대시킬 수 있습니다.

③ 실천 방법

- 조용한 곳에 앉아 눈을 감고, 몇 차례 깊게 호흡하며 몸을 이완시킵니다.
- 지금 이 순간, 감사할 만한 것을 떠올려 보세요. 작은 것이라도 괜찮습니다.
- 그 감사의 감정을 마음 깊이 느끼고, 숨을 내쉴 때마다 감사가 몸과 마음을 채우는 것을 느낍니다.

④ 연습 스크립트: “나는 조용히 눈을 감고, 내 호흡에 집중합니다. 숨을 들이마시며 감사할 만한 작은 것들을 떠올립니다. 나는 오늘의 평온한 순간에 감사하고, 내 삶에 존재하는 사람들에게 감사하며, 내 몸이 건강하게 움직이는 것에 감사합니다. 숨을 내쉴 때마다 감사의 감정이 내 마음을 따뜻하게 채워줍니다. 이 순간, 나는 내 삶에 충분히 감사함을 느끼고, 그것이 나에게 큰 힘이 된다는 것을 깨닫습니다.”

(3) 감사 편지 쓰기: 관계를 강화하는 방법

① 목적: 감사하는 마음을 가까운 사람들에게 표현함으로써 긍정적인 관계를 형성하고, 감사의 힘을 실천하는 기회를 만든다.

② 심리학적 배경: 감사 편지(Gratitude Letter)는 긍정적 정서와 사회적 관계를 강화하는 강력한 방법입니다. 연구에 따르면, 감사 편지를 쓰고 전달하는 것은 관계를 더욱 깊게 만들고, 감정적으로 큰 만족감을 줍니다. 감사 표현은 서로의 유대감을 높여 감정적 지지를 강화하고, 심리적 안정감을 키워줍니다.

③ 실천 방법

- 당신의 삶에서 중요한 역할을 했거나, 특별한 의미를 준 사람을 떠올려보세요.
- 그들에게 감사를 표현하는 편지를 써봅니다. 그 사람이 당신에게 어떤 영향을 주었고, 어떻게 당신의 삶을 변화시켰는지 구체적으로 적어보세요.
- 직접 편지를 전달하거나, 시간이 허락된다면 그 편지를 소리 내어 읽어주는 시간을 가져보세요.

④ 연습 스크립트: “친애하는 지구촌추장님, 나는 오늘 당신에게 감사의 마음을 전하고 싶습니다. 당신이 내게 베풀었던 따뜻한 배려와 끊임없는 지원에 대해 깊이 감사하고 있습니다. 특히, 내가 힘들었던 [특정 사건] 동안 당신의 조언과 격려는 큰 위로가 되었습니다. 당신이 없었다면, 나는 그 상황을 헤쳐 나가기가 훨씬 더 어려웠을 것입니다. 당신의 존재가 내 삶에 큰 영향을 미쳤다는 것을 알려드리고 싶습니다. 진심으로 고맙습니다.”

(4) 세 가지 좋은 일 연습: 긍정적 사고 강화하기

① 목적: 하루를 마무리하면서 세 가지 좋은 일에 대해 감사하고, 긍정적 사고를

키운다.

② 심리학적 배경: 세 가지 좋은 일(Three Good Things Exercise) 연습은 긍정적인 기억에 집중하는 방법으로, 부정적 사건보다 긍정적인 사건에 주의를 기울이는 것을 목표로 합니다. 이는 인간의 부정성 편향(Negativity Bias)을 상쇄하는 효과가 있으며, 긍정적인 삶의 경험에 대한 기억을 강화합니다.

③ 실천 방법

- 하루를 마무리하면서 그날 있었던 세 가지 좋은 일을 떠올려봅니다.
- 각각의 일이 왜 좋았고, 그 일이 어떻게 당신에게 긍정적인 영향을 미쳤는지 생각해 봅니다.
- 이 연습을 꾸준히 하면 긍정적 사고 패턴이 강화됩니다.

④ 연습 스크립트: "오늘 나는 세 가지 좋은 일을 떠올리며 마무리합니다. 첫 번째는, 아침에 가족과 함께 보낸 즐거운 시간이었습니다. 그 시간이 나를 행복하게 해주었고, 그 순간 함께 웃을 수 있어서 감사했습니다. 두 번째는, 점심시간에 했던 산책입니다. 그 산책 덕분에 나는 기분이 상쾌해졌고, 자연 속에서 평온함을 느낄 수 있었습니다. 마지막으로, 오늘 저녁에 내가 좋아하는 음식을 만들어 먹을 수 있어서 감사했습니다. 그 음식이 내 하루를 더욱 만족스럽게 만들었습니다."

(5) 감사 시각화: 감사한 순간을 떠올리고 체험하기

① 목적: 감사한 순간을 시각적으로 떠올리고 그 순간을 다시 체험함으로써 감사의 감정을 깊이 느낀다.

② 심리학적 배경: 시각화(Visualization)는 인지 행동 치료(CBT)에서 자주 사용되는 기법으로, 긍정적인 이미지를 상상하는 것이 감정적 웰빙을 강화하는 데 도움이 됩니다. 감사 시각화는 감사한 순간을 떠올려 그 순간에 다시 몰입하는 과정을 통해 감사의 감정을 심화시키고, 긍정적인 정서를 강화하는 효과가 있습니다.

③ 실천 방법

- 조용한 곳에 앉아 눈을 감고, 당신이 감사한 순간 하나를 떠올립니다.
- 그 순간을 시각적으로 상상하면서, 그때의 감정과 감각을 다시 체험해봅니다.

• 그 경험이 당신에게 어떤 영향을 미쳤는지 깊이 느껴보세요.

④ 연습 스크립트: "나는 눈을 감고, 내 인생에서 감사했던 순간을 떠올립니다. 그 순간은 내가 친구와 함께 했던 여행 중 아름다운 해변에서의 일몰이었습니다. 나는 그 풍경을 다시 상상하며, 그때 느꼈던 평온함과 기쁨을 느낍니다. 나는 그 순간 내 옆에 있던 친구의 따뜻함에도 감사하며, 이 순간들이 내 인생을 얼마나 풍요롭게 만들었는지 깨닫습니다. 이 경험이 다시금 나를 채워줍니다."

3) 감사 연습의 중요성

감사를 연습하는 것은 단순히 긍정적 감정을 느끼는 것 이상의 변화를 가져옵니다. 감사는 우리 삶을 풍요롭게 만들고, 심리적 웰빙과 감정적 회복력을 높이는 강력한 도구입니다. 감사를 통해 우리는 더 나은 관계를 형성하고, 스트레스를 완화하며, 삶을 더 긍정적인 시각으로 바라볼 수 있습니다.

이 실천 방법들을 꾸준히 적용한다면, 여러분은 감사의 마음을 더욱 깊게 느끼고, 삶의 작은 순간들 속에서도 행복을 찾는 능력을 기르게 될 것입니다. 감사는 행복을 위한 중요한 열쇠이며, 이를 통해 여러분은 더 충만하고 균형 잡힌 삶을 살아갈 수 있습니다.

26. 자기 자신을 용서하기

1) 심리학적 이론과 세부적인 실천 방법

자기 자신을 용서하는 것은 행복하고 건강한 삶을 위한 필수적인 과정입니다. 자기 용서(Self-Forgiveness)는 개인이 자신이 저지른 실수나 잘못에 대해 자책이나 부정적인 감정을 내려놓고, 자기 수용과 회복을 향해 나아가는 것을 의미합니다. 용서는 타인뿐만 아니라 자기 자신을 위한 것이며, 자기 용서는 심리적 치유와 성장의 필수적인 단계입니다.

자기 용서 이론(Self-Forgiveness Theory)에 따르면, 자기 자신을 용서하지 못하면 부정적인 감정이 계속해서 심리적 부담을 증가시키고, 장기적으로 우울증, 불안, 낮은 자존감과 같은 정신적 건강 문제로 이어질 수 있습니다. 용서는 실수와 잘못을 인정하면서도, 이를 통해 배우고 성장할 수 있도록 내면의 평화를 되찾는 과정입니다.

심리학자 에벌린 웨이지(Evelyn Wenzel)는 자기 용서를 위해서는 세 가지 핵심 단계가 필요하다고 주장했습니다:

- 책임 인정(Acknowledgment): 자신이 저지른 행동이나 잘못을 받아들이는 것.
- 자비심(Self-Compassion): 자신에게 자비롭고 친절하게 대하는 것.
- 행동 변화(Behavioral Change): 같은 실수를 반복하지 않기 위한 개선과 노력을 기울이는 것.
- 자기 자비(Self-Compassion)와 마음챙김(Mindfulness)은 자기 용서의 핵심 요소입니다. 심리학자 크리스틴 네프(Kristin Neff)는 자기 자비가 자기 비판적 사고를 줄이고, 더 나은 감정 조절과 웰빙을 촉진한다고 주장합니다. 자기 자비를 통해 우리는 자기 자신을 비난하지 않고, 실수를 교훈으로 삼아 스스로에게 친절하게 대할 수 있습니다.

2) 구체적인 실천 방법 및 연습 스크립트

(1) 책임 인정하기: 자신의 행동 받아들이기

① 목적: 자신이 저지른 실수나 잘못에 대해 인정하고, 이를 회피하지 않고 받아들인다.

② 심리학적 배경: 책임 인정(Acknowledgment)은 자기 용서의 첫 단계입니다. 실수를 인정하지 않고 부정하거나 회피하는 것은 지속적인 부정적 감정과 스트레스를 유발할 수 있습니다. 인지 행동 치료(Cognitive Behavioral Therapy, CBT)에서는 문제를 인정하고 책임을 받아들이는 것이 변화의 시작이라고 봅니다. 이를 통해 실수와 잘못에서 벗어나 긍정적인 방향으로 나아갈 수 있습니다.

③ 실천 방법

- 조용한 공간에서 눈을 감고, 자신의 행동을 차분히 되돌아봅니다.
- 자신의 실수를 인정하고, 그것이 나에게 어떤 영향을 미쳤는지 생각해 봅니다.
- 스스로를 탓하거나 부정적으로 평가하지 말고, 그 행동을 있는 그대로 받아들입니다.

④ 연습 스크립트: "나는 조용히 앉아, 내가 저질렀던 실수를 돌아봅니다. 나는 그 실수를 인정하며, 그로 인해 내가 느꼈던 감정도 받아들입니다. 나는 스스로를 비난하지 않고, 그저 그 실수를 깨닫고 앞으로 나아갈 준비를 합니다. 실수는 나의 일부이지만, 그것이 나를 정의하지는 않습니다. 나는 이 순간 내 책임을 인정하고, 나 자신에게 더 나은 기회를 줄 준비가 되어 있습니다."

(2) 자기 자비 실천하기: 자신에게 친절하게 대하기

① 목적: 자기 자신을 비난하는 대신, 자비롭고 친절하게 대하며 자기 용서를 촉진한다.

② 심리학적 배경: 자기 자비(Self-Compassion)는 크리스틴 네프(Kristin Neff)의 연구에서 강조되는 개념으로, 이는 자기 비판을 줄이고 자기 자신에게 긍정적 태도를 유지하는 것을 목표로 합니다. 자기 자비는 감정적 회복력을 높이고, 심리적 고통을 줄이는 데 효과적입니다. 자신에게 친절하게 대하는 것은 용서

의 필수 과정입니다.

③ 실천 방법

- 자신의 실수를 떠올리며, 그 상황에서 최선을 다했음을 인정합니다.
- 자신에게 자비롭고 따뜻한 말을 걸어보세요. "나는 나 자신에게 친절할 자격이 있다"라고 말하며, 자기 비판 대신 자기 수용을 강화합니다.
- 스스로에게 용서를 베푸는 시간을 가집니다.

④ 연습 스크립트: "나는 실수를 했지만, 그 순간에서 최선을 다했다는 것을 기억합니다. 나는 나에게 친절하고, 이해하는 마음을 가집니다. '나는 완벽하지 않지만, 나에게도 실수를 할 수 있는 권리가 있다.'라고 말하면서 나 자신을 용서하는 시간을 가집니다. 이 순간 나는 스스로를 사랑하고, 더 나은 미래를 위해 나아갈 수 있는 힘을 찾습니다."

(3) 실수로부터 배우기: 교훈을 얻고 성장하기

① 목적: 실수를 통해 교훈을 얻고, 이를 바탕으로 자신을 성장시킨다.

② 심리학적 배경: 자기 용서는 행동 변화(Behavioral Change)와 자기성장(Self-Improvement)을 기반으로 합니다. 자신의 실수를 교훈으로 받아들이고, 그로부터 성장하려는 노력이 중요합니다. 인지 행동 치료(CBT)에서는 실수를 단순히 실패로 간주하지 않고, 긍정적인 변화의 기회로 보는 사고 방식을 장려합니다.

③ 실천 방법

- 자신의 실수를 돌아보며, 그로부터 무엇을 배웠는지 적어봅니다.
- 실수한 상황을 재구성하고, 같은 실수를 반복하지 않기 위해 어떤 행동을 변화시킬 수 있을지 계획합니다.
- 이 교훈이 당신을 어떻게 더 나은 사람으로 만들었는지 인식합니다.

④ 연습 스크립트: "나는 실수를 통해 중요한 교훈을 배웠습니다. 그 교훈을 적어보면서, 나는 어떻게 변화할 수 있을지 생각해봅니다. '다음에는 이런 상황에서 더 신중하게 행동할 수 있겠다'라는 결론에 도달하며, 나는 나 자신이 더 성장할 수 있는 기회를 얻었습니다. 이 실수는 나에게 배움의 기회였으며, 나는 이제 더 나은 방향으로 나아갈 준비가 되어 있습니다."

(4) 마음챙김 명상: 현재의 나 자신을 수용하기

① 목적: 마음챙김을 통해 현재 순간에 집중하고, 스스로를 있는 그대로 수용하며 내면의 평화를 얻는다.

② 심리학적 배경: 마음챙김(Mindfulness)은 현재 순간에 집중하고 판단을 멈추는 기술로, 자기 비판적 사고에서 벗어나 자기 수용을 돕습니다. Jon Kabat-Zinn이 개발한 마음챙김 기반 스트레스 감소(MBSR)는 자기 용서와 감정 조절을 촉진하는 효과적인 방법입니다. 이 연습은 실수에 대한 후회나 자기 비판을 멈추고, 현재의 자신을 있는 그대로 받아들이는 데 도움을 줍니다.

③ 실천 방법

- 눈을 감고, 호흡에 집중하며 현재의 순간에 머무릅니다.
- 과거의 실수를 떠올리지 말고, 지금 이 순간의 자신에게 집중합니다.
- 자신에게 "나는 충분히 괜찮다"라고 말하며, 현재의 나 자신을 완전히 수용합니다.

④ 스크립트: "나는 지금 이 순간에 집중합니다. 호흡에 집중하며, 내 마음이 차분해지도록 합니다. 나는 과거의 실수나 후회를 떠올리지 않고, 지금 이 순간의 나 자신을 온전히 받아들입니다. 나는 완벽하지 않지만, 지금 이 상태 그대로도 충분히 괜찮습니다. 나는 스스로를 용서하며, 현재에 머물며 내면의 평화를 느낍니다."

(5) 자기 용서 의식: 자신에게 용서와 화해 선언하기

① 목적: 자기 자신과의 화해를 선언하고, 스스로를 용서하는 의식적인 과정을 통해 심리적 치유를 촉진한다.

② 심리학적 배경: 심리 치료에서 의식적인 행동은 감정적 변화를 촉진하는 강력한 도구로 사용됩니다. 자기 용서를 위한 의식(Ritual)은 자신에게 용서의 결정을 선언하고, 이를 통해 감정적 무게를 덜어내는 데 중요한 역할을 합니다. 상징적 행위(Symbolic Act)를 통해 용서의 감정을 더욱 깊이 체험할 수 있습니다.

③ 실천 방법

- 자신이 저지른 실수나 잘못을 상징하는 작은 물건을 하나 준비합니다.

- 그 물건을 손에 쥐고, 자신에게 용서의 선언을 합니다. "나는 이 실수를 용서하고, 내 삶에서 이 무게를 내려놓는다."라고 말합니다.
- 준비한 물건을 떠내려 보내거나 버리며, 실수를 내려놓고 자신과 화해하는 의식을 진행합니다.

④ 연습 스크립트: "나는 내 손에 이 작은 물건을 들고, 이 물건이 내가 저지른 실수를 상징한다고 생각합니다. 나는 그 실수를 깊이 깨닫고, 이제 그 무게를 내려놓기로 결심합니다. '나는 나 자신을 용서하고, 이 실수와 결별한다.' 나는 그 물건을 떠내려 보내며, 내 마음의 무게도 함께 흘려보냅니다. 이제 나는 내 자신과 완전히 화해하고, 나아갈 준비가 되어 있습니다."

3) 자기 자신을 용서하는 것의 중요성

자기 자신을 용서하는 것은 행복과 웰빙을 유지하는 데 필수적인 요소입니다. 실수나 잘못을 인정하고, 자신에게 자비를 베풀며, 교훈을 얻고 성장하는 과정은 내면의 평화를 찾는 길입니다. 자기 비판을 넘어서, 자기 자신에게 친절하게 대하는 것은 심리적 치유와 회복력을 강화하는 중요한 방법입니다.

이 연습들을 통해 여러분은 자기 자신을 용서하고, 더 나은 삶을 향해 나아가는 힘을 기를 수 있습니다. 자기 용서는 행복을 위한 중요한 열쇠이며, 이를 통해 여러분은 더 큰 심리적 안정과 내적 평화를 얻을 수 있습니다.

27. 마음 챙김을 통해 순간에 집중하기

1) 심리학적 이론과 세부적인 실천 방법, 연습스크립트

마음 챙김(Mindfulness)은 현재 순간에 완전히 집중하고, 판단하지 않으며 자신의 경험을 있는 그대로 받아들이는 심리적 상태를 말합니다. 마음 챙김은 Jon Kabat-Zinn에 의해 체계화된 마음챙김 기반 스트레스 감소(Mindfulness-Based Stress Reduction, MBSR) 프로그램을 통해 널리 알려졌습니다. 연구에 따르면, 마음 챙김은 스트레스, 불안, 우울증 감소와 같은 긍정적인 정신적, 신체적 효과를 제공하며, 전반적인 웰빙을 높입니다.

마음 챙김 이론에서는 우리의 정신이 자주 과거에 집착하거나 미래에 대한 걱정으로 분산되며, 이러한 습관이 스트레스와 불안의 주요 원인이라고 설명합니다. 하지만 마음 챙김을 통해 현재 순간에 집중하면, 우리는 이러한 부정적인 사고 패턴에서 벗어나 감정적으로 더 안정된 상태를 유지할 수 있습니다. Daniel Siegel은 마음 챙김이 뇌의 자기 조절 능력을 강화하여 감정 조절 및 주의 집중 능력을 향상시킨다고 주장합니다.

마음 챙김은 또한 인지 행동 치료(Cognitive Behavioral Therapy, CBT)와 긴밀하게 연결됩니다. 현재 순간에 집중함으로써 우리는 부정적인 생각 패턴을 인식하고, 이를 건강하게 재구성할 수 있는 기회를 갖게 됩니다. 심리적 탈중심화(Decentering)를 통해 감정을 객관적으로 바라보고, 판단이나 반응 없이 그 경험을 수용하는 것이 마음 챙김의 핵심입니다.

2) 구체적인 실천 방법 및 연습 스크립트

(1) 호흡에 집중하기: 현재로 돌아오는 길

① 목적: 호흡을 통해 현재 순간에 집중하고, 마음이 방황하지 않도록 한다.

② 심리학적 배경: 마음 챙김 호흡(Mindful Breathing)은 가장 기본적이고 중요한 마음 챙김 연습입니다. 호흡에 집중하는 것은 정신이 과거나 미래로 흘러가지 않도록 하는 자연스러운 방법입니다. 호흡은 항상 현재에 존재하므로, 이를

의식적으로 느끼는 것이 지금 이 순간에 집중하는 효과적인 방법이 됩니다.

③ 실천 방법

- 편안한 자세로 앉거나 누워 눈을 감고, 천천히 깊은 호흡을 시작합니다.
- 공기가 코를 통해 들어오고 나가는 과정을 느끼면서, 호흡의 리듬에 주의를 기울입니다.
- 마음이 방황하기 시작하면, 다시 호흡으로 집중을 돌려놓습니다. 판단하지 않고, 그저 호흡으로 돌아오는 것을 반복합니다.

④ 연습 스크립트: "나는 조용히 앉아, 눈을 감고 내 호흡에 집중합니다. 숨을 들이쉴 때 공기가 코를 통해 들어오는 것을 느끼고, 내쉴 때 몸이 점차 이완되는 것을 느낍니다. 내 생각이 흘러갈 때도 나는 그저 다시 호흡으로 돌아옵니다. 이 순간 나는 오로지 호흡에만 집중하며, 그 리듬 속에서 편안함을 느낍니다. 지금 이 순간, 나는 현재에 머물고 있습니다."

(2) 몸 스캔 명상: 신체 감각에 주의를 기울이기

① 목적: 신체 감각에 주의를 기울이며, 현재 순간에 대한 인식을 높인다.

② 심리학적 배경: 몸 스캔 명상(Body Scan Meditation)은 현재 순간에 집중하기 위한 효과적인 방법으로, 신체의 각 부분에 주의를 기울이는 연습입니다. 몸의 감각에 집중함으로써 우리는 신체적, 정신적 긴장을 완화하고, 순간에 더 깊이 연결될 수 있습니다. 몸 스캔은 불안감소와 감성 조절을 촉진하는 데 유익합니다.

③ 실천 방법

- 편안한 자세로 누워, 발끝에서부터 머리까지 차례로 신체의 각 부위에 주의를 기울입니다.
- 몸의 감각을 느끼면서, 긴장이 있는 곳은 천천히 이완시키고, 통증이나 불편함이 있는 부분은 단순히 인식하고 받아들입니다.
- 몸의 각 부분을 천천히 스캔하며, 그 부위가 현재 어떻게 느껴지는지에만 집중합니다.

④ 연습 스크립트: "나는 편안하게 누워, 발끝에서부터 머리까지 신체의 감각에 집중합니다. 발가락을 느끼고, 발바닥을 느낍니다. 나는 천천히 다리로 올라

가며, 그 부위가 어떻게 느껴지는지 인식합니다. 긴장이 있다면, 나는 그 긴장을 천천히 풀어줍니다. 내 몸의 모든 부분이 하나씩 이완되면서, 나는 현재 이 순간 내 몸과 연결되어 있음을 느낍니다."

(3) 마음 챙김 식사: 음식을 통해 순간에 집중하기

① 목적: 음식을 천천히 음미하면서 오감으로 순간을 경험하고, 지금 이 순간에 완전히 몰입한다.

② 심리학적 배경: 마음 챙김 식사(Mindful Eating)는 우리가 일상적으로 하는 행위인 식사를 통해 현재에 더 깊이 연결되는 연습입니다. 음식을 천천히 음미하면서 시각, 후각, 미각 등의 감각에 집중함으로써 순간을 더욱 풍부하게 느낄 수 있습니다. 이는 자동적인 식사 습관을 탈피하고, 음식과 우리의 관계를 더 의식적으로 만들 수 있습니다.

③ 실천 방법

- 음식을 앞에 두고 천천히 시각, 후각, 미각을 하나씩 살펴봅니다.
- 한 입씩 천천히 먹으며, 음식을 씹을 때의 질감과 맛에 집중합니다.
- 음식을 먹는 동안 주변의 모든 감각에 집중하며, 그 순간을 온전히 경험합니다.

④ 연습 스크립트: "나는 내 앞에 놓인 음식을 바라봅니다. 그 색깔, 질감, 향기를 천천히 음미합니다. 첫 한 입을 천천히 입에 넣으며, 음식을 씹는 동안 그 맛과 질감을 느낍니다. 나는 이 순간을 즐기며, 음식을 통해 지금 이 순간에 완전히 몰입합니다. 나는 서두르지 않고, 이 경험을 최대한 천천히 음미합니다."

(4) 걷기 명상: 움직임 속에서의 마음 챙김

① 목적: 걷는 동안 걸음걸이와 신체의 움직임에 집중하며, 순간에 몰입하고 마음을 고요하게 만든다.

② 심리학적 배경: 걷기 명상(Walking Meditation)은 마음 챙김 명상의 일종으로, 걷는 동안 신체적 감각에 주의를 기울이는 연습입니다. 움직임과 신체의 감각에 집중함으로써 우리는 주변의 방해나 생각에서 벗어나 현재에 깊이 연결될 수 있습니다. 걷기 명상은 스트레스를 줄이고, 집중력을 향상시키는 데 도움

을 줍니다.

③ 실천 방법

- 천천히 걸으면서 발바닥이 땅을 디딜 때의 감각에 집중합니다.
- 발이 땅에 닿는 느낌, 다리가 움직이는 느낌을 천천히 관찰합니다.
- 주변 환경에 주의를 기울이며, 걷는 동안 일어나는 모든 감각을 인식하고 받아들입니다.

④ 연습 스크립트: "나는 천천히 걷기 시작합니다. 발바닥이 땅을 디딜 때의 느낌을 집중적으로 느낍니다. 발가락부터 뒤꿈치까지, 모든 움직임에 주의를 기울이며 발이 땅을 밀어내는 감각을 느낍니다. 바람이 내 얼굴을 스치는 감각, 내 주변의 소리와 냄새를 모두 인식합니다. 나는 걷는 이 순간에 완전히 몰입하며, 내 몸과 주변 환경을 온전히 받아들입니다."

(5) 심리적 탈중심화: 감정과 생각을 객관적으로 바라보기

① 목적: 떠오르는 생각이나 감정을 판단하거나 반응하지 않고, 객관적으로 바라보며 그저 흘려보낸다.

② 심리학적 배경: 심리적 탈중심화(Decentering)는 마음 챙김의 핵심 요소로, 감정이나 생각에 휘둘리지 않고 이를 객관적으로 바라보는 능력을 기르는 것을 목표로 합니다. Acceptance and Commitment Therapy (ACT)에서는 감정과 생각을 있는 그대로 받아들이고, 그것에 반응하지 않는 것이 중요하다고 봅니다. 탈중심화는 이러한 감정과 생각에 거리를 두고, 이를 단순히 지나가는 현상으로 인식하게 만듭니다.

③ 실천 방법

- 눈을 감고 호흡에 집중하며, 떠오르는 생각이나 감정을 인식합니다.
- 그 생각이나 감정을 판단하지 말고, 그냥 지켜봅니다.
- 생각이나 감정이 떠오르면 "저기 하나의 생각이 떠오르는구나"라고 말하며, 이를 흘려보냅니다.

④ 연습 스크립트: "나는 내 호흡에 집중하고, 내 머릿속에 떠오르는 생각이나 감정을 차분히 지켜봅니다. 그 생각이 어떤 것이든 나는 그저 인식할 뿐입니다. 나는 그 생각이나 감정을 판단하지 않고, 그저 '저기 하나의 생각이 떠오르고

지나가는구나'라고 받아들입니다. 이 감정이나 생각은 나의 일부이지만, 나는 그것에 휘둘리지 않고 그저 흘려보냅니다."

3) 마음 챙김을 통한 순간에 집중하기의 중요성

마음 챙김은 우리의 정신을 과거나 미래의 걱정에서 해방시키고, 현재에 온전히 집중하도록 돕는 강력한 도구입니다. 이를 통해 우리는 감정적으로 더 안정된 상태를 유지할 수 있으며, 스트레스를 줄이고 웰빙을 증진시킬 수 있습니다.

28. 작은 성취를 축하하는 법

1) 심리학적 이론과 세부적인 실천 방법, 연습 스크립트

작은 성취를 축하하는 것은 삶의 질을 높이고 긍정적인 마음가짐을 강화하는 중요한 심리적 기법입니다. 자기 강화(Self-Reinforcement)의 개념에 따르면, 우리는 작은 성공을 인정하고 축하할 때, 긍정적인 행동을 지속할 동기를 강화할 수 있습니다. 이러한 강화는 큰 목표를 이루기 위한 과정에서 중요한 심리적 자원이 됩니다.

긍정 심리학(Positive Psychology)에서는 작은 성취를 축하하는 것이 우리의 전반적인 행복과 웰빙을 증진시킨다고 주장합니다. 마틴 셀리그만(Martin Seligman)은 성취감과 목표 달성은 인간의 긍정적 정서를 증가시키며, 이는 자신감과 자기효능감(Self-Efficacy)을 키우는 중요한 요소라고 설명합니다. 성취를 인정하는 것은 더 큰 성취로 나아가기 위한 발판을 제공합니다.

또한, 행동주의(B. F. Skinner)의 이론에 따르면, 작은 성공을 축하하는 것은 긍정적 강화를 통해 더 많은 긍정적 행동을 촉진합니다. 스키너의 강화 이론(Reinforcement Theory)에 따르면, 긍정적 행동을 반복하게 만드는 주요 요소는 행동에 뒤따르는 긍정적 보상입니다. 작은 성취를 인정하고 축하하는 것이 바로 이런 긍정적 보상입니다.

작은 성취를 축하하는 것은 성취동기 이론(Achievement Motivation Theory)과도 밀접한 관련이 있습니다. 작은 성취를 축하하면 우리는 더 큰 목표에 도달하기 위한 동기를 유지하게 되며, 긍정적 자아상(self-image)을 형성하고 유지하는 데 도움이 됩니다.

2) 구체적인 실천 방법 및 연습 스크립트

(1) 작은 성취 목록 작성: 하루의 성취를 시각화하기

① 목적: 매일 작은 성취를 기록함으로써 자신이 이룬 것에 대해 시각적으로 인식하고 긍정적인 피드백을 받는다.

② 심리학적 배경: 목록 작성(List Making)은 작은 성취를 시각적으로 인식하게 하여 자아 효능감을 강화하는 데 도움을 줍니다. 긍정적 행동이 가시화될 때, 우리는 그 성취를 더 쉽게 인정하고, 만족감을 느낄 수 있습니다. 이는 성취동기를 지속적으로 유지하는 효과적인 방법입니다.

③ 실천 방법

- 매일 저녁, 그날 이뤄낸 작은 성취들을 기록합니다. 이 성취는 작고 일상적인 것일수록 좋습니다. 예를 들어, "오늘 아침 산책을 했다" 또는 "업무의 한 가지 과제를 마쳤다"처럼 구체적으로 작성합니다.
- 목록을 작성한 후 그 성취를 자축하고, 자신에게 긍정적인 피드백을 줍니다.

④ 연습 스크립트: "오늘 나는 작은 성공을 거두었습니다. 나는 아침에 운동을 했고, 계획한 과제를 완료했습니다. 이 작은 성취들은 나에게 큰 의미를 주고 있으며, 나는 내 노력을 인정하고 축하할 자격이 있습니다. 이 작은 성공들이 나를 더 나은 방향으로 이끌고 있다는 것을 깨닫습니다."

(2) 성취 시각화: 성취의 감정에 몰입하기

① 목적: 작은 성취를 시각적으로 떠올리고 그 성취를 경험할 때의 긍정적인 감정에 몰입한다.

② 심리학적 배경: 시각화 기법(Visualization)은 인지 행동 치료(CBT)에서 긍정적인 경험을 강화하는 방법으로 자주 사용됩니다. 시각화를 통해 우리는 긍정적인 경험을 떠올리고, 그 경험에 대한 감정적 연결을 강화할 수 있습니다. 작은 성취를 시각화하는 것은 자아 효능감을 증가시키고, 더 큰 목표를 달성하기 위한 동기를 부여합니다.

③ 실천 방법

- 조용한 곳에 앉아 눈을 감고, 최근의 작은 성취 하나를 떠올립니다.
- 그 성취가 이루어졌을 때의 기분과 감정에 집중하고, 성공의 순간을 다시 체험합니다.
- 성취를 이루었을 때의 긍정적인 감정을 충분히 느끼고, 그 감정이 자신에게 어떤 의미를 주었는지 인식합니다.

④ 연습 스크립트: "나는 최근의 작은 성취를 떠올리며 눈을 감습니다. 그 성취를

이뤘을 때의 기쁨과 만족감을 다시 떠올립니다. 내가 그 목표를 이루었을 때, 나는 뿌듯함을 느꼈고, 그 순간 나의 자신감은 높아졌습니다. 이 성취가 나를 앞으로 나아가게 한다는 것을 깨닫고, 그 감정에 온전히 몰입합니다. 나는 내가 이룬 성취를 자랑스럽게 생각합니다."

(3) 성취를 다른 사람과 나누기: 긍정적인 피드백 받기**

① 목적: 작은 성취를 친구나 가족과 공유함으로써 사회적 지지를 받고, 성취에 대한 긍정적 감정을 증대시킨다.

② 심리학적 배경: 사회적 지지(Social Support)는 성취를 강화하고 긍정적 감정을 증대시키는 중요한 요소입니다. 긍정 심리학 연구에 따르면, 성취를 타인과 나누는 것은 성취감과 만족감을 극대화하고, 이를 통해 더 큰 심리적 안정과 동기 부여를 얻을 수 있습니다. 다른 사람에게 우리의 성취를 공유하면 우리는 긍정적인 피드백을 받을 수 있고, 그 성취의 가치를 더욱 크게 인식할 수 있습니다.

③ 실천 방법

- 오늘 이룬 작은 성취 하나를 친구나 가족에게 이야기합니다.
- 그 성취가 당신에게 어떤 의미가 있었는지 설명하고, 긍정적인 피드백을 받습니다.
- 피드백을 통해 자신의 성취를 더욱 긍정적으로 받아들이고, 이를 자축합니다.

④ 연습 스크립트: "나는 오늘 내가 이뤄낸 작은 성취를 나의 친구(또는 가족)에게 이야기합니다. '오늘 나는 계획했던 운동을 끝냈어. 조금 힘들었지만 끝내서 기분이 좋았어.' 친구의 격려와 긍정적인 반응을 들으며, 나는 나의 성취에 대한 자신감이 더욱 커집니다. 함께 나누는 이 순간, 나의 성취가 더욱 의미있게 느껴집니다."

(4) 작은 보상 주기: 성취에 대한 긍정적 강화

① 목적: 작은 성취를 축하하기 위한 작은 보상을 자신에게 주어 성취감을 더욱 강화한다.

② 심리학적 배경: 행동주의(B. F. Skinner)에서 말하는 강화 이론(Reinforcement

Theory)에 따르면, 긍정적 행동이 발생한 후 보상을 제공하는 것은 그 행동의 반복 가능성을 높이는 중요한 요소입니다. 작은 성취를 축하하기 위한 보상은 우리의 동기를 강화하고, 더 많은 성취를 이루기 위한 기반을 마련합니다. 이 보상은 스스로에게 주는 작은 선물이나 휴식일 수 있습니다.

③ 실천 방법

- 작은 성취를 이룬 후 자신에게 작은 보상을 주기로 약속합니다.
- 보상은 간단한 것일 수 있으며, 예를 들어 좋아하는 음식을 먹거나, 짧은 휴식을 취하는 방식으로 자신을 격려할 수 있습니다.
- 보상을 통해 성취감을 더욱 높이고, 이를 통해 다음 목표에 대한 동기 부여를 유지합니다.

④ 연습 스크립트: "오늘 나는 내가 이룬 작은 성취를 축하하기 위해 스스로에게 보상을 주기로 결심합니다. 나에게 주는 이 작은 보상은 나의 노력을 인정하고, 다음 성취를 위한 동기를 줍니다. 나는 오늘의 성취에 감사하며, 나 자신을 충분히 축하할 자격이 있다고 느낍니다."

(5) 긍정적인 자기 대화: 성취를 격려하는 언어 사용하기

① 목적: 성취를 축하하기 위해 긍정적이고 격려적인 자기 대화를 사용하여 성취감과 자신감을 높인다.

② 심리학적 배경: 긍정적인 자기 대화(Self-Talk)는 자신의 성취와 능력을 강화하는 효과적인 방법입니다. 인지 행동 치료(CBT)에서는 긍정적인 자기 대화를 통해 자신에 대한 인식을 개선하고, 더 많은 성취로 이어질 수 있는 자기효능감을 강화할 수 있다고 설명합니다. 성취를 격려하는 자기 대화는 자신의 잠재력을 더욱 믿게 하고, 더 큰 목표에 도달할 동기를 부여합니다.

③ 실천 방법

- 성취를 한 후 자신에게 긍정적인 말을 건넵니다. 예를 들어, "나는 이 일을 해냈고, 나는 충분히 잘하고 있어"라고 스스로를 격려합니다.
- 자기 자신에게 긍정적인 피드백을 주며, 성취에 대한 자부심을 느낍니다.
- 이를 통해 자신감과 동기를 유지하고, 더 큰 목표를 향해 나아갈 준비를 합니다.

④ 연습 스크립트: "나는 오늘 내가 이룬 성취에 대해 스스로에게 칭찬합니다. '나는 이 일을 해냈고, 나 자신에게 자부심을 느낀다. 나는 할 수 있었고, 나는 앞으로 더 많은 것을 해낼 수 있을 것이다.' 나는 스스로에게 긍정적인 피드백을 주며, 앞으로의 더 큰 목표를 향해 나아갈 힘을 얻게 됩니다."

3) 작은 성취를 축하하는 것의 심리적 중요성

작은 성취를 축하하는 것은 우리가 더 큰 목표를 달성하는 데 중요한 심리적 도구입니다. 작은 성취를 인정하고 축하함으로써 우리는 자기 효능감과 자존감을 강화할 수 있으며, 이는 더 큰 성공을 위한 동기를 지속적으로 유지하게 만듭니다. 또한, 성취를 축하하는 과정은 긍정적인 자기 대화와 시각화를 통해 우리의 정신적 건강을 증진시키고, 더 큰 웰빙을 느끼게 합니다.

이 실천 방법들을 일상에 적용한다면, 여러분은 작은 성취를 통해 더 큰 만족감을 느끼고, 더 큰 목표를 향한 동기 부여를 지속할 수 있을 것입니다. 작은 성취를 축하하는 것은 행복과 성공을 위한 중요한 열쇠이며, 이를 통해 여러분은 더 긍정적이고 충만한 삶을 살아갈 수 있습니다.

29. 일기 쓰기로 내면을 들여다보기

1) 심리학적 이론과 세부적인 실천 방법, 연습 스크립트

일기 쓰기(Journaling)는 자신의 내면을 탐구하고 감정, 생각, 경험을 정리하는 강력한 심리적 도구입니다. 일기 쓰기는 정서적 해소를 돕고, 자기 성찰을 통해 자기 이해를 높입니다. 심리학자 자메스 페닝베이커(James Pennebaker)는 일기 쓰기가 트라우마나 스트레스를 겪은 사람들에게 정서적 회복력을 증진시키는 효과가 있음을 밝혔습니다. 그의 연구는 감정을 글로 표현함으로써 내면의 갈등을 해소하고, 감정적 안정을 찾는 데 큰 도움이 된다고 설명합니다.

감정 표현 이론(Expressive Writing Theory)에 따르면, 감정을 억누르지 않고 표현하는 것은 정신적 건강에 긍정적인 영향을 미칩니다. 억눌린 감정을 글로 풀어내면 마음의 긴장을 완화하고, 스트레스와 불안이 감소하는 효과가 있습니다. 이는 인지 행동 치료(CBT)에서 강조하는 감정 인식(Emotional Awareness)과 재구성(Reframing)의 핵심 방법 중 하나입니다.

또한, 일기 쓰기는 자기 성찰(Self-Reflection)과 자기 인식(Self-Awareness)을 강화하는 데 매우 유용합니다. 자기 결정 이론(Self-Determination Theory)에서는 일기 쓰기를 통해 자신을 더 깊이 이해하고, 자신의 가치관과 목표를 명확하게 파악함으로써 더 큰 동기 부여와 심리적 안정감을 얻을 수 있다고 봅니다.

2) 구체적인 실천 방법 및 스크립트

(1) 감정 일기 쓰기: 감정을 풀어내는 창구

① 목적: 자신의 감정을 글로 표현함으로써 감정적 해소와 내면의 정리를 돕는다.

② 심리학적 배경: 감정 일기(Emotional Journaling)는 자신의 감정을 글로 적음으로써 억눌린 감정이나 스트레스를 해소하는 과정입니다. 이는 감정적 카타르시스(Catharsis)를 경험할 수 있도록 돕습니다. 감정적으로 어려운 상황을 글로 풀어내면, 그 감정에 대한 통제력을 높이고 감정 조절 능력을 향상시킬 수 있습니다.

③ 실천 방법

- 매일 일정 시간을 정해 그날 느꼈던 감정을 글로 적습니다.
- 감정을 판단하거나 분석하지 않고, 있는 그대로 표현해봅니다. 글로 적는 동안 그 감정이 어떻게 변화하는지 인식해보세요.
- 긍정적인 감정뿐만 아니라 부정적인 감정도 자유롭게 적는 것이 중요합니다.

④ 스크립트: "오늘 나는 어떤 감정을 느꼈을까? 나는 내 감정을 판단하지 않고, 그저 적습니다. '나는 오늘 화가 났다. 그 이유는 [상황 설명]이었고, 그때 나는 좌절감을 느꼈다.' 나는 이 감정을 글로 풀어내면서, 조금씩 그 감정이 가벼워지고 있는 것을 느낍니다. 부정적인 감정도 내 감정의 일부이며, 나는 이 감정을 받아들일 준비가 되어 있습니다."

(2) 자기 성찰 일기 쓰기: 내면의 소리에 귀 기울이기

① 목적: 일기를 통해 자신의 행동과 생각을 성찰하고, 자신의 내면을 더 깊이 이해한다.

② 심리학적 배경: 자기 성찰(Self-Reflection)은 자신의 행동, 사고, 감정을 돌이켜보고 이를 통해 자신을 이해하는 과정입니다. 이는 자기 인식(Self-Awareness)을 높이고, 개인적인 성장과 변화를 촉진합니다. 일기를 통해 우리는 자신의 강점과 약점을 인식하고, 자기 수용(Self-Acceptance)을 향해 나아갈 수 있습니다.

③ 실천 방법

- 하루 중 있었던 중요한 사건이나 상황을 떠올리고, 그 사건이 나에게 어떤 영향을 미쳤는지 성찰합니다.
- 자신의 행동이나 감정에 대해 객관적으로 평가하고, 그 상황에서 무엇을 배웠는지 기록합니다.
- 매일 반복하여 자신에 대한 깊은 이해를 도모하고, 성찰을 통해 성장을 추구합니다.

③ 연습 스크립트: "오늘 나는 [특정 상황]에서 어떻게 행동했는지 떠올립니다. 나는 그 상황에서 불편함을 느꼈고, 내 반응이 적절했는지 생각해봅니다. '나는 왜 그렇게 행동했을까? 그 상황에서 내 감정은 무엇이었을까?' 나는 이 상

황에서 내 감정을 객관적으로 바라보고, 이를 통해 나 자신에 대해 더 많이 배우고 있습니다."

(3) 목표 설정 일기 쓰기: 나만의 목표를 명확히 하기

① 목적: 자신이 이루고 싶은 목표를 글로 구체화하고, 이를 통해 동기 부여와 집중력을 높인다.

② 심리학적 배경: 목표 설정(Goal Setting)은 자기 결정 이론(Self-Determination Theory)에서 중요한 요소로, 개인이 자신의 목표를 명확하게 설정하고 이를 향해 나아가는 과정은 내적 동기와 성취감을 증대시킵니다. 목표를 일기로 작성함으로써 그 목표에 대한 구체적인 계획을 세우고, 매일의 작은 성취를 기록할 수 있습니다.

③ 실천 방법

- 자신이 이루고 싶은 목표를 명확하게 적습니다. 단기 목표와 장기 목표로 나눌 수 있습니다.
- 그 목표를 이루기 위해 해야 할 구체적인 행동 계획을 작성합니다.
- 매일의 작은 성취를 기록하고, 그 목표에 가까워지고 있음을 인식합니다.

④ 연습 스크립트: "나는 지금 내가 이루고 싶은 목표를 적습니다. 나의 단기 목표는 [예: 매일 30분 독서하기]이며, 장기 목표는 [예: 1년 안에 새로운 기술 배우기]입니다. 이 목표를 이루기 위해 오늘 나는 [구체적인 행동]을 했습니다. 나는 매일 조금씩 나아가고 있으며, 이 작은 성취가 나에게 큰 의미를 주고 있습니다."

(4) 미래 일기 쓰기: 긍정적인 미래를 상상하고 글로 적기

① 목적: 긍정적인 미래를 상상하고 글로 적음으로써 자신의 목표와 바람을 구체화하고, 긍정적인 사고를 강화한다.

② 심리학적 배경: 미래 시각화(Future Visualization)와 관련된 일기 쓰기는 개인이 원하는 미래를 구체적으로 상상하고, 이를 통해 내적 동기와 긍정적인 기대감을 증대시키는 방법입니다. 긍정적 미래에 대해 글로 표현함으로써 우리의 뇌는 그 미래가 현실에 가까워질 수 있다고 인식하게 됩니다. 이는 목표

달성에 대한 동기와 기대를 크게 높이는 효과가 있습니다.

③ 실천 방법

- 미래에 이루고 싶은 목표나 이상적인 상황을 구체적으로 적습니다. 그 상황에서 자신이 느낄 감정과 성취감을 생생하게 상상해보세요.
- 그 목표를 이루었을 때 어떤 변화를 경험할지, 삶이 어떻게 달라질지 글로 풀어냅니다.
- 매일 또는 주기적으로 미래에 대한 시각화를 통해 긍정적 기대감을 유지합니다.

④ 연습 스크립트: "나는 1년 후 내가 어떤 모습일지 상상합니다. 그때 나는 [목표]를 이루었고, 내 삶은 더욱 [긍정적인 변화]로 가득 차 있습니다. 나는 그 성취를 느끼며 만족감을 느끼고, 더 나은 내가 되어 있습니다. 이 미래는 나에게 현실처럼 다가오고 있으며, 나는 그 미래를 향해 나아갈 준비가 되어 있습니다."

(5) 감사 일기 쓰기: 일상 속 감사의 순간들을 기록하기

① 목적: 매일 감사한 일을 기록함으로써 긍정적 감정과 행복감을 증진시키고, 삶에 대한 만족도를 높인다.

② 심리학적 배경: 감사 일기(Gratitude Journaling)는 긍정 심리학에서 가장 많이 연구된 기법 중 하나로, 연구에 따르면 감사한 일들을 기록하면 행복감이 증가하고, 스트레스가 감소하며, 심리적 웰빙이 향상됩니다. 로버트 에몬스(Robert Emmons)는 감사를 느끼는 것이 더 큰 낙관주의와 정서적 안정성을 가져온다고 주장했습니다.

③ 실천 방법

- 매일 감사한 일을 세 가지씩 적습니다. 작은 일부터 큰 사건까지 감사할 수 있는 모든 것을 떠올려봅니다.
- 왜 그 일들이 감사한지 구체적으로 설명하고, 그 경험이 나에게 어떤 긍정적 영향을 주었는지 기록합니다.
- 감사하는 마음을 키우기 위해 매일 꾸준히 기록합니다.

④ 연습 스크립트: "오늘 나는 세 가지 감사한 일을 적습니다. 첫 번째는 아침에

일어나서 맑은 하늘을 본 것입니다. 그 맑은 하늘이 나에게 평온함을 주었기 때문에 감사합니다. 두 번째는 오늘 마신 따뜻한 커피입니다. 그 커피가 나에게 활력을 주었고, 하루를 시작할 수 있게 도와주었습니다. 마지막으로, 나는 오늘 친구와 대화하면서 느낀 따뜻함에 감사드립니다. 그 대화는 나에게 큰 위로가 되었습니다."

3) 일기 쓰기를 통해 내면을 들여다보는 것의 중요성

일기 쓰기는 자신의 내면을 깊이 탐구하고, 감정과 사고를 정리하며, 긍정적 변화를 이루는 데 중요한 도구입니다. 글로 감정을 표현하고, 자신의 행동을 성찰하며, 목표를 설정하는 과정에서 우리는 스스로를 더 깊이 이해하고, 삶에 대한 통제력을 되찾을 수 있습니다.

꾸준한 일기 쓰기를 통해 여러분은 내면의 소리에 귀를 기울이고, 더 큰 심리적 안정과 행복을 경험할 수 있을 것입니다. 일기 쓰기는 내면을 향한 여행이며, 이를 통해 우리는 더 행복하고 충만한 삶을 살아갈 수 있습니다.

30. 웃음과 유머의 치유력

1) 심리학적 이론과 세부적인 실천 방법, 연습 스크립트

웃음과 유머는 감정적, 신체적 건강에 매우 긍정적인 영향을 미치는 자연스러운 치료법입니다. 웃음 치료(Laughter Therapy)는 웃음이 스트레스를 줄이고, 면역 체계를 강화하며, 전반적인 행복감을 높이는 중요한 요소로 작용한다고 설명합니다. 심리학자 노먼 커즌스(Norman Cousins)는 자신의 책 질병에서의 회복력에서 웃음을 통한 자가 치유의 힘을 강조하며, 유머가 치유 과정에서 중요한 역할을 한다고 밝혔습니다.

긍정 심리학(Positive Psychology)에서는 유머와 웃음이 스트레스 호르몬인 코티솔(Cortisol)을 감소시키고, 기분을 좋게 하는 엔도르핀(Endorphins)과 도파민(Dopamine)을 증가시킨다고 합니다. 이는 우리의 감정적 회복력을 높이고 스트레스를 효과적으로 처리할 수 있는 힘을 키워줍니다. 웃음은 자연스러운 스트레스 해소 기법으로, 정서적 균형을 유지하는 데 중요한 역할을 합니다.

유머 이론(Humor Theory)에 따르면, 유머는 감정적 거리감을 형성하여 스트레스나 불안을 완화시키는 역할을 합니다. 유머는 문제를 다르게 바라보게 하고, 그 문제에 대해 덜 심각하게 반응할 수 있도록 도와줍니다. 인지 행동 치료(CBT)에서는 유머가 부정적인 생각 패턴을 긍정적으로 전환하는 데 중요한 도구로 사용될 수 있다고 설명합니다.

또한, 사회적 연결(Social Connection)에서 유머는 사람 간의 유대감을 강화하고, 관계를 보다 긍정적이고 안정적으로 유지할 수 있게 합니다. 유머는 사회적 유대감을 촉진하여 고립감을 줄이고, 사회적 지지를 높여 심리적 안정을 제공하는 중요한 수단입니다.

2) 구체적인 실천 방법 및 연습 스크립트

(1) 일상 속 웃음 찾기: 의도적으로 웃는 연습

① 목적: 의식적으로 웃음을 연습하여 기분을 전환하고 스트레스를 완화한다.

② 심리학적 배경: 의도적 웃음(Laughter Yoga)은 실제로 웃음이 나지 않는 상황에서도 의도적으로 웃는 연습을 통해 마음과 몸에 긍정적인 영향을 미칠 수 있다는 개념입니다. 연구에 따르면, 실제로 웃지 않아도 웃는 동작 자체만으로도 엔도르핀 분비가 증가하여 기분을 개선하고 스트레스를 줄이는 효과가 있습니다.

③ 실천 방법

- 하루 중 특정 시간을 정해 의도적으로 웃는 연습을 합니다. 이를테면 아침에 일어나자마자 거울을 보고 미소를 짓거나, 가벼운 웃음을 내는 방식입니다.
- 웃음이 나지 않아도 억지로라도 웃는 표정을 지어보세요. 이 과정에서 몸과 마음이 점차 웃음에 적응하게 됩니다.
- 하루에 5분 정도 시간을 내어 일부러 웃는 습관을 기릅니다.

④ 연습 스크립트: "나는 지금 웃을 준비가 되어 있습니다. 아침에 눈을 뜨고, 거울을 보며 웃는 표정을 지어봅니다. 처음에는 억지로 웃음이 나지만, 이내 마음이 가벼워지는 것을 느낍니다. 나는 내 몸과 마음이 웃음을 통해 긍정적인 감정을 느끼고 있음을 깨닫습니다. 의도적으로 웃으면서, 내 몸은 스트레스를 점차 내려놓고 있습니다."

(2) 유머 감각 키우기: 유머를 통한 시각 전환

① 목적: 유머를 통해 문제를 바라보는 시각을 변화시키고, 더 가볍게 대처할 수 있는 능력을 키운다.

② 심리학적 배경: 유머 이론(Humor Theory)에서는 유머가 문제를 해결하는 데 중요한 역할을 할 수 있다고 주장합니다. 유머는 감정적 거리감을 제공하여, 스트레스나 불안을 줄이고 상황을 덜 심각하게 바라보게 합니다. 이는 인지적 탈중심화(Cognitive Decentering)와 유사한 방식으로, 문제를 유연하게 접근하게 만듭니다.

③ 실천 방법

- 일상에서 발생하는 스트레스나 문제가 있을 때, 이를 유머로 풀어보는 연습을 합니다. 문제를 심각하게만 바라보지 말고, "이 상황이 얼마나 우스울 수 있을까?"라고 생각해보세요.

- 코미디 프로그램이나 유머러스한 책을 읽으며, 유머 감각을 키워보세요.
- 스트레스가 큰 순간일수록 더 가벼운 시각으로 바라보고, 유머를 통해 그 상황을 긍정적으로 받아들이는 연습을 합니다.

④ 연습 스크립트: "오늘 나는 직장에서 예상치 못한 문제를 마주했지만, 그 상황을 조금 유머러스하게 바라보려고 노력합니다. '이 상황이 만약 코미디 프로그램이었다면 얼마나 우스웠을까?'라고 생각해봅니다. 그러면서 스트레스가 조금씩 가라앉는 것을 느낍니다. 나는 문제를 더 가볍게 받아들이고, 내 감정에 여유를 줍니다."

(3) 웃음 명상: 웃음을 통한 마음의 평온 찾기

① 목적: 웃음 명상을 통해 웃음이 주는 평온함을 경험하고, 심리적 안정을 유지한다.

② 심리학적 배경: 웃음 명상(Laughter Meditation)은 웃음을 통한 감정적 해소와 내면의 평화를 찾는 명상 기법입니다. 웃음을 자연스럽게 유도하고, 그로 인해 발생하는 신체적, 정신적 변화를 인식하는 과정입니다. 연구에 따르면 웃음 명상은 스트레스를 크게 줄이고, 심리적 안정감을 증대시키는 효과가 있습니다.

③ 실천 방법

- 편안한 자세로 앉거나 누워 눈을 감고, 천천히 호흡하며 몸을 이완시킵니다.
- 가벼운 웃음을 시작으로 웃음을 자연스럽게 끌어냅니다. 억지로라도 웃음을 시작하고, 웃음이 점차 커지면서 온몸이 이완되는 느낌을 받습니다.
- 웃음이 멈추면, 웃음으로 인해 마음이 차분해지는 느낌을 그대로 유지합니다.

④ 연습 스크립트: "나는 지금 웃음 명상을 시작합니다. 먼저 천천히 호흡하며 몸을 이완시킵니다. 그리고 가벼운 웃음을 내기 시작합니다. 억지로라도 웃어보니, 점점 더 자연스럽게 웃음이 나오는 것을 느낍니다. 나는 웃음을 통해 몸과 마음이 가벼워지는 것을 경험합니다. 웃음이 멈추고 나서도 내 마음에는 여전히 평온함이 남아 있습니다."

(4) 유머로 감정 해소하기: 감정적 어려움을 유머로 표현하기

① 목적: 유머를 통해 감정적 어려움을 표현하고, 그 감정을 가볍게 풀어내는 연습을 한다.

② 심리학적 배경: 감정 해소 이론(Catharsis Theory)에 따르면, 억눌린 감정은 다양한 방식으로 표출되어야 해소될 수 있습니다. 유머는 그 감정을 덜 심각하게 받아들이고, 더 쉽게 풀어낼 수 있는 좋은 방법입니다. 인지 행동 치료(CBT)에서도 유머는 부정적인 감정을 전환하는 데 사용되는 강력한 도구입니다.

③ 실천 방법

- 감정적으로 어려운 상황이 있을 때, 그 상황을 유머로 표현하는 연습을 해봅니다.
- 자신의 감정을 우스꽝스럽게 표현해보거나, 그 상황을 코믹하게 생각해보세요.
- 유머를 통해 감정적 거리를 두면서, 그 감정이 가벼워지는 경험을 합니다.

④ 연습 스크립트: "나는 오늘 [감정적으로 어려운 상황]을 겪었지만, 이 상황을 유머러스하게 풀어보기로 합니다. '내가 마치 코미디 쇼의 한 장면에 있는 것 같다'고 생각하면서, 그 상황을 우스꽝스럽게 바라봅니다. 그러면서 감정의 무게가 조금씩 가벼워지는 것을 느낍니다. 유머를 통해 나는 내 감정을 더 편안하게 풀어내고 있습니다."

(5) 웃음 공유하기: 다른 사람과 웃음을 나누기

① 목적: 다른 사람과 웃음을 공유함으로써 유대감을 강화하고, 함께 긍정적인 감정을 나눈다.

② 심리학적 배경: 사회적 연결(Social Connection)에서 웃음은 관계를 강화하는 중요한 요소입니다. 웃음은 사람 간의 벽을 허물고, 상호 신뢰를 쌓는 데 도움을 줍니다. 연구에 따르면, 웃음을 공유하는 사람들끼리는 더 긍정적인 관계를 형성하며, 이로 인해 심리적 안정감과 사회적 지지가 강화됩니다.

③ 실천 방법

- 친구나 가족과 함께 시간을 보내며 웃음을 나눌 수 있는 상황을 만듭니다.

코미디 프로그램을 함께 보거나, 재미있는 이야기를 나누며 웃음을 공유합니다.

- 긍정적인 감정이 서로에게 전파되는 과정을 느끼고, 웃음을 통해 관계가 더 깊어지는 것을 인식합니다.
- 웃음을 통해 상대방과 유대감을 쌓고, 함께하는 시간을 더욱 즐겁게 보냅니다.

④ 연습 스크립트: "나는 오늘 가족과 함께 코미디 영화를 보며 웃음을 나눕니다. 함께 웃는 순간, 우리 사이의 관계가 더 가까워지고 있음을 느낍니다. 웃음이 우리의 대화를 더 가볍고 즐겁게 만들며, 나는 이 시간을 소중하게 여깁니다. 웃음을 통해 우리는 서로에게 긍정적인 에너지를 주고받고 있습니다."

제4부 사회적 행복: 인간관계의 마법

이 장에서는 행복의 중요한 요소인 인간관계와 사회적 상호작용을 다루며, 이를 통해 삶의 질을 높이고 더 깊은 행복을 추구하는 방법을 제시합니다. 서로에 대한 이해와 소통을 통해 관계의 가치를 높이고, 진정한 유대감을 형성하는 다양한 방법을 소개합니다.

진심 어린 대화 나누기

서로의 생각과 감정을 진정성 있게 나누는 대화가 관계를 깊어지게 하고, 심리적 안정감을 높이는 방법을 설명합니다. 진심 어린 소통을 통해 상대방과의 신뢰를 쌓는 법을 제안합니다.

경청의 기술

상대방의 이야기에 귀 기울이는 것이 얼마나 중요한지 강조하며, 이를 통해 공감과 이해를 증진시키고 인간관계를 더욱 풍요롭게 만드는 방법을 다룹니다.

가족과 더 많은 시간 보내기

가족과의 시간은 삶의 중요한 부분임을 설명하고, 바쁜 일상 속에서도 가족과의 의미 있는 시간을 가지는 법을 소개합니다. 소중한 사람들과의 유대감을 강화하는 실천 방안을 제시합니다.

소셜 네트워크에서 벗어나 대면 소통하기

디지털 시대에서 소셜 미디어의 사용을 줄이고 직접 대면하여 소통함으로써 관계의 깊이를 더하는 방법을 설명합니다.

마음을 열고 새로운 사람 만나기

새로운 인연을 맺고 다양한 사람들을 만남으로써 삶의 폭을 넓히는 법을 제안합니다. 열린 마음으로 타인과의 교류를 통해 새로운 시각을 얻는 것이 중요하다고 다룹니다.

용서와 화해로 마음의 짐 덜기

상처받았던 경험을 용서하고 화해함으로써 마음의 평화를 되찾고, 심리적 짐을 덜어내는 방법을 설명합니다. 관계의 회복을 통한 행복 추구의 가치를 강조합니다.

사회적 봉사로 얻는 기쁨

봉사와 나눔을 통해 사회에 기여하면서 느끼는 행복감을 다룹니다. 사회적 활동이 개인의 행복과 성취감을 높이는 방법을 설명합니다.

작은 친절 실천하기

일상 속에서 작은 친절을 실천하는 것이 주는 기쁨과 그것이 타인에게 미치는 긍정적인 영향을 다룹니다. 사소한 배려가 인간관계의 윤활유가 될 수 있음을 강조합니다.

사랑을 표현하는 방법

사랑하는 사람에게 감정을 솔직하게 표현하고, 이를 통해 인간관계를 강화하는 방법을 소개합니다. 사랑의 표현이 행복에 미치는 영향을 설명합니다.

의미 있는 인간관계 유지하기

단순한 관계를 넘어서서 진정으로 의미 있는 관계를 유지하는 것이 중요함을 다룹니다. 관계의 질을 높이는 실천 방안을 제시하며, 장기적인 유대감을 형성하는 법을 설명합니다.

이 장에서는 인간관계의 깊이와 질이 개인의 행복에 미치는 영향을 강조하며, 다양한 사회적 실천을 통해 의미 있는 삶을 살아가는 방안을 구체적으로 제시합니다.

31. 진심 어린 대화 나누기

1) 심리학적 이론: 진심 어린 대화의 힘

진심 어린 대화는 인간관계의 핵심 요소로, 깊은 유대감을 형성하고, 서로의 감정과 생각을 공유하며 신뢰를 쌓는 데 매우 중요합니다. 진정성 있는 대화(Authentic Communication)는 상대방의 말을 경청하고, 자신의 감정과 생각을 솔직하게 표현하는 것을 기반으로 합니다. 이는 인간관계에서 정서적 친밀감을 높이고, 심리적 안정감을 증진시키는 강력한 도구입니다.

심리학적 연구에서 자기 개방(Self-Disclosure)이란 개념은 인간관계의 질을 높이는 중요한 요소로 설명됩니다. 자기 개방이란 상대방과 자신의 내면을 진솔하게 공유함으로써 정서적 교류를 이루는 과정입니다. 이는 소셜 페네스트레이션 이론(Social Penetration Theory)에 의해 설명되며, 관계가 발전하려면 서로에게 더 깊은 감정을 나누고 개방하는 것이 필수적임을 강조합니다.

경청의 중요성(Active Listening)도 진심 어린 대화에서 빼놓을 수 없는 부분입니다. 상대방이 말할 때, 그저 듣는 것이 아니라 적극적으로 경청하는 것은 상대에게 존중감을 느끼게 하고, 심리적 안정과 신뢰를 형성합니다. 경청의 기술은 인간관계를 강화하고, 갈등을 줄이며 더 깊은 이해를 가능하게 합니다.

또한, 비폭력 대화(Nonviolent Communication, NVC) 이론에 따르면, 진심 어린 대화는 서로의 감정을 상하게 하지 않고, 공감과 이해를 바탕으로 한 소통 방식을 채택함으로써 더 건강한 관계를 만드는 데 기여합니다. 마셜 로젠버그(Marshall Rosenberg)가 제안한 비폭력 대화는 감정과 필요를 진솔하게 전달하면서도 갈등을 최소화하는 방법을 가르칩니다.

2) 구체적인 실천 방법 및 연습 스크립트

(1) 진정성 있는 자기 개방: 솔직하게 나를 표현하기

① 목적: 자신의 감정과 생각을 솔직하게 표현함으로써 대화에서 깊은 연결을 형성한다.

② 심리학적 배경: 자기 개방(Self-Disclosure)은 관계의 발전을 위한 중요한 요소로, 자신의 내면을 솔직하게 표현하는 과정에서 서로 간의 신뢰와 친밀감이 형성됩니다. 자기 개방은 상대방에게 나를 있는 그대로 드러내는 것이며, 이를 통해 관계의 깊이가 깊어지게 됩니다. 소셜 페네스트레이션 이론(Social Penetration Theory)에서는 진심 어린 대화가 관계의 발전을 위한 필수 요소임을 강조합니다.

③ 실천 방법

- 상대방과의 대화에서 자신의 감정과 생각을 진솔하게 표현하는 연습을 합니다.
- 자신의 약점이나 두려움도 숨기지 않고, 솔직하게 공유함으로써 대화의 깊이를 더합니다.
- 이를 통해 상대방과 감정적으로 더 가까워질 수 있는 기회를 만듭니다.

④ 연습 스크립트: "나는 지금 내 감정을 솔직하게 표현합니다. '사실 오늘 나는 조금 불안했어. 그 일이 나에게 부담이 되었기 때문에 마음이 편하지 않았어.' 나는 나의 감정을 숨기지 않고 있는 그대로 표현함으로써, 상대방과의 신뢰를 더 쌓아갑니다. 나는 내가 느끼는 모든 것을 솔직하게 나눌 준비가 되어 있습니다."

(2) 적극적 경청: 상대방의 이야기에 온전히 집중하기

① 목적: 상대방의 말을 집중해서 경청함으로써 신뢰와 존중을 형성한다.

② 심리학적 배경: 적극적 경청(Active Listening)은 진심 어린 대화에서 가장 중요한 기술 중 하나입니다. 칼 로저스(Carl Rogers)는 경청이 상대방에게 깊은 존중감을 전달하고, 서로의 감정을 더 잘 이해할 수 있도록 돕는 중요한 요소라고 설명했습니다. 경청을 통해 우리는 상대방의 감정과 생각을 더 깊이 이해할 수 있으며, 이는 관계의 질을 높입니다.

③ 실천 방법

- 상대방이 말할 때, 그저 듣는 것이 아니라 눈을 맞추고 고개를 끄덕이며 적극적으로 반응합니다.
- 상대방의 말에 집중하며, 중간에 끼어들지 않고 끝까지 듣습니다.

- 상대방의 말을 요약하거나 반복하여 그들이 전달한 내용을 정확히 이해하고 있다는 것을 확인합니다.

④ 연습 스크립트: "나는 지금 상대방의 말을 온전히 경청합니다. 그들이 말하는 동안 나는 고개를 끄덕이고, 눈을 맞추며 그들의 이야기에 집중합니다. 상대방이 말을 끝마치면, '내가 이해한 것이 맞는지 확인할게. 네가 말한 건 이런 거지?'라고 말하며 그들의 감정과 생각을 정확히 이해하려 노력합니다. 나는 상대방의 이야기에 관심을 가지고 있으며, 그들의 말을 진심으로 받아들입니다."

(3) 공감 표현하기: 상대방의 감정을 이해하고 반응하기

① 목적: 상대방의 감정에 공감하고, 그 감정을 이해하며 지지한다.

② 심리학적 배경: 공감 이론(Empathy Theory)에 따르면, 상대방의 감정을 이해하고 그 감정에 공감하는 것은 진정성 있는 대화를 가능하게 합니다. 공감은 상대방이 자신의 감정을 표현할 때 심리적 지지를 제공하고, 그들의 고통이나 기쁨을 함께 나눌 수 있게 합니다. 비폭력 대화(NVC)에서는 공감이 갈등을 줄이고, 서로의 감정을 더 깊이 이해할 수 있도록 돕는 중요한 요소임을 강조합니다.

③ 실천 방법: 상대방이 감정적으로 힘들어할 때 그 감정에 공감하는 말을 건넵니다. "네가 정말 힘들었겠다." 또는 "그 상황이 정말 어렵게 느껴졌겠구나."라고 말하면서 상대방의 감정을 인정합니다. 그들의 감정을 비난하거나 해결책을 제시하지 않고, 그저 공감하며 들어줍니다. 이를 통해 상대방이 자신의 감정을 표현할 수 있는 안전한 환경을 제공합니다.

④ 연습 스크립트: "나는 지금 상대방의 감정에 공감합니다. '너무 힘들었을 것 같아. 그 상황에서 네가 느낀 고통이 이해돼.'라고 말하면서 그들의 감정을 인정합니다. 나는 그들에게 해결책을 제시하려 하지 않고, 그저 그들이 느끼는 감정을 받아들입니다. 이 순간, 나는 그들의 감정에 공감하며 함께하는 마음을 전하고 있습니다."

(4) 비폭력 대화 실천하기: 갈등을 줄이고 건강한 대화 나누기

① 목적: 상대방과의 대화에서 비판이나 방어를 줄이고, 서로의 감정과 요구를

건강하게 표현한다.

② 심리학적 배경: 비폭력 대화(Nonviolent Communication, NVC)는 마셜 로젠버그(Marshall Rosenberg)가 개발한 소통 기법으로, 감정과 욕구를 솔직하게 표현하되 상대방을 비난하거나 방어하지 않는 대화 방식입니다. 비폭력 대화는 서로 간의 이해와 공감을 촉진하고, 갈등을 해결하며, 건강한 대화를 가능하게 합니다.

③ 실천 방법

- 상대방에게 비난이나 공격 없이 자신의 감정을 솔직하게 표현합니다. "나는 이런 감정을 느끼고 있어"라고 말하는 방식으로 자신을 표현합니다.
- 상대방의 감정과 요구도 존중하며, 그들이 느끼는 감정을 인정합니다.
- 서로의 요구를 이해하고, 중재안을 찾으며 갈등을 최소화합니다.

④ 연습 스크립트: "나는 지금 내 감정을 비폭력적으로 표현합니다. '내가 조금 서운했던 것은 네가 나에게 그 말을 했을 때야. 그때 나는 무시당하는 느낌이 들었어.' 나는 내 감정을 비난하지 않고 솔직하게 전달합니다. 동시에, 상대방의 감정도 존중하며 그들이 느끼는 감정을 인정합니다. '네가 그런 상황에서 무척 힘들었겠구나.'라고 말하며 서로의 감정을 이해하려 노력합니다."

(5) 정서적 안전감 제공하기: 서로를 비판하지 않고 지지하는 환경 만들기

① 목적: 대화 중 서로가 비판받을 걱정 없이 자신의 감정과 생각을 솔직하게 표현할 수 있는 환경을 제공한다.

② 심리학적 배경: 정서적 안전감(Emotional Safety)은 대화 중에 자신이 공격받지 않고, 자유롭게 자신의 감정과 생각을 나눌 수 있다는 확신을 의미합니다. 이는 관계에서 신뢰를 쌓고, 서로의 감정을 더 깊이 이해할 수 있는 환경을 만듭니다. 정서적 안전감이 높은 관계에서는 갈등이 최소화되고, 서로에 대한 존중과 배려가 강화됩니다.

③ 실천 방법

- 대화 중 상대방을 비판하거나 판단하지 않고, 그들의 감정을 있는 그대로 받아들입니다.
- 상대방이 자유롭게 말할 수 있도록, 그들이 편안하게 느낄 수 있는 환경을

만듭니다.

- 대화가 끝난 후에도 상대방의 감정을 존중하며 그들의 생각과 요구를 진지하게 고려합니다.

④ 연습 스크립트: “나는 지금 상대방에게 정서적 안전감을 제공합니다. 그들이 어떤 말을 하든지 나는 그들을 비판하지 않고, 있는 그대로 받아들일 준비가 되어 있습니다. ‘나는 네가 무슨 말을 하든지 존중해.’라고 말하며 그들의 감정과 생각을 자유롭게 나누도록 격려합니다. 나는 이 대화에서 서로가 솔직하고 진심으로 이야기할 수 있는 공간을 만듭니다.”

3) 진심 어린 대화의 힘

진심 어린 대화는 단순한 소통을 넘어 서로의 감정과 생각을 깊이 이해하고, 신뢰와 친밀감을 쌓는 강력한 도구입니다. 진정성 있는 자기 개방, 적극적인 경청, 공감 표현, 비폭력 대화, 정서적 안전감 제공은 모든 관계에서 중요한 요소로 작용하며, 이를 통해 우리는 더 건강하고 의미 있는 인간관계를 유지할 수 있습니다.

32. 경청의 기술

1) 심리학적 이론: 경청의 힘과 중요성

경청(Active Listening)은 인간관계에서 신뢰와 친밀감을 쌓고, 상호 이해를 증진하는 데 중요한 소통 기술입니다. 경청은 단순히 상대방의 말을 듣는 것을 넘어서, 상대방의 말에 깊이 공감하고, 그 감정과 필요를 이해하는 과정을 포함합니다. 심리학자 칼 로저스(Carl Rogers)는 경청을 인간관계에서 가장 중요한 기술로 보고, 경청이 상대방의 감정을 깊이 이해하고 관계를 강화하는 데 필수적이라고 주장했습니다.

경청의 기술은 인간관계에서 감정적 안전감을 제공하고, 상대방이 자신의 생각과 감정을 안전하게 표현할 수 있는 환경을 만들어줍니다. 적극적 경청(Active Listening)은 단순히 듣는 것이 아니라, 상대방의 말에 집중하고 이를 반영하며, 감정적으로 공감하는 방식으로 이루어집니다. 이는 상대방이 자신의 감정과 생각을 진정으로 존중받고 있다고 느끼게 함으로써, 더 깊은 인간관계를 형성할 수 있습니다.

또한, 경청은 갈등 해결에도 중요한 역할을 합니다. 비폭력 대화(Nonviolent Communication, NVC)에서는 경청이 갈등을 줄이고, 서로의 필요를 이해하며, 건강한 관계를 유지하는 중요한 도구라고 강조합니다. 경청은 갈등 상황에서 상대방의 감정과 입장을 이해함으로써 더 나은 해결책을 도출하게 합니다.

2) 구체적인 실천 방법 및 연습 스크립트

(1) 적극적 경청: 상대방에게 온전히 집중하기

① 목적: 상대방의 말에 온전히 집중하고, 그들의 감정과 생각을 이해함으로써 깊은 유대감을 형성한다.

② 심리학적 배경: 적극적 경청(Active Listening)은 상대방의 말뿐만 아니라 그들의 감정과 비언어적 신호에 주의를 기울이는 기술입니다. 연구에 따르면, 상대방의 말을 적극적으로 경청하는 사람들은 더 깊은 신뢰와 공감을 형성하며, 상호 이해가 증진됩니다. 칼 로저스는 경청이 인간관계에서 핵심 요소로 작용

한다고 주장했습니다.

③ 실천 방법

- 상대방이 이야기할 때, 그들에게 전적인 관심을 기울입니다. 휴대폰이나 다른 방해 요소를 멀리 두고, 상대방의 말에만 집중하세요.
- 상대방의 말을 듣는 동안 고개를 끄덕이거나 눈을 마주치며 그들이 말하는 내용을 이해하고 있음을 나타냅니다.
- 대화를 마친 후, 상대방이 말한 내용을 요약하거나 반복하여 그들이 한 말을 제대로 이해했는지 확인합니다.

④ 연습 스크립트: "나는 지금 상대방의 말에 온전히 집중하고 있습니다. 그들의 감정과 생각을 깊이 이해하려고 노력하며, 중간에 끼어들지 않고 끝까지 들어줍니다. 대화가 끝난 후 '네가 말한 것은 이런 내용인 것 같아, 내가 잘 이해했을까?'라고 말하며 그들의 말을 반영합니다. 나는 그들이 존중받고 있다고 느낄 수 있도록 진심으로 경청합니다."

(2) 비언어적 신호 읽기: 상대방의 감정을 더 깊이 이해하기

① 목적: 상대방의 말뿐만 아니라 그들의 몸짓, 표정, 톤 등 비언어적 신호를 통해 더 깊이 공감하고 이해한다.

② 심리학적 배경: 비언어적 소통(Nonverbal Communication)은 말로 표현되지 않는 감정과 생각을 드러내는 중요한 방식입니다. 연구에 따르면, 인간 소통의 70% 이상이 비언어적 신호를 통해 이루어지며, 이는 상대방의 진정한 감정 상태를 이해하는 데 도움을 줍니다. 상대방의 비언어적 신호를 주의 깊게 읽는 것은 더 깊은 경청을 가능하게 합니다.

③ 실천 방법

- 상대방의 얼굴 표정, 몸짓, 목소리 톤과 같은 비언어적 신호에 주의를 기울입니다.
- 그들의 말과 비언어적 신호가 일치하는지 확인하며, 말로 표현되지 않는 감정을 읽으려고 노력합니다.
- 상대방의 비언어적 신호를 바탕으로 그들의 감정을 공감하며, 이를 적절히 반영합니다.

④ 연습 스크립트: "나는 지금 상대방의 말을 듣는 것뿐만 아니라 그들의 얼굴 표정과 몸짓에도 주의를 기울이고 있습니다. 그들의 목소리 톤이 조금 낮아졌을 때, 그들이 감정적으로 힘들어하고 있음을 느낍니다. '지금 네가 조금 불안해 보이는 것 같아, 맞을까?'라고 물으며 그들의 비언어적 신호를 반영합니다. 나는 상대방의 감정을 더 깊이 이해하려고 노력합니다."

(3) 감정 반영하기: 상대방의 감정에 공감하며 반응하기

① 목적: 상대방이 말하는 내용을 단순히 듣는 것이 아니라, 그들의 감정을 반영하고 공감하여 관계를 더욱 강화한다.

② 심리학적 배경: 감정 반영(Reflective Listening)은 상대방이 느끼는 감정을 인식하고 이를 말로 표현하는 방식으로, 상대방이 자신이 이해받고 있다고 느끼게 만드는 중요한 기술입니다. 공감은 대화에서 서로를 더 깊이 이해할 수 있게 하며, 갈등 상황에서도 서로의 입장을 존중하게 만듭니다.

③ 실천 방법

- 상대방의 말에서 그들이 느끼는 감정을 인식하고, 그 감정을 반영하는 말을 건넵니다.
- "네가 그런 상황에서 좌절감을 느꼈을 것 같아"와 같은 공감의 표현을 통해 그들의 감정을 인정합니다.
- 그들의 감정을 비난하거나 분석하지 않고, 그대로 받아들이며 지지해줍니다.

④ 연습 스크립트: "나는 지금 상대방의 말을 듣고 그들이 느끼는 감정을 반영합니다. '네가 그때 정말 속상했겠구나'라고 말하며 그들의 감정을 공감하고, 그들이 혼자가 아님을 느끼게 해줍니다. 나는 그들의 감정을 비난하거나 해결하려 하지 않고, 그저 받아들입니다. 그들이 자신이 이해받고 있다고 느낄 수 있도록 진심으로 반응합니다."

(4) 침묵의 힘: 상대방이 충분히 표현할 수 있는 공간 제공하기

① 목적: 대화 중 침묵을 유지함으로써 상대방이 자신의 생각과 감정을 충분히 표현할 수 있는 시간을 준다.

② 심리학적 배경: 침묵(Silence)은 대화에서 종종 불편하게 느껴질 수 있지만,

실제로는 상대방이 더 깊이 생각하고 감정을 표현할 수 있는 중요한 시간을 제공합니다. 침묵은 상대방에게 그들의 말을 충분히 할 수 있는 여유를 주고, 그들이 더 깊은 감정을 표현할 수 있도록 합니다. 경청에서는 침묵이 강력한 도구로 작용할 수 있습니다.

③ 실천 방법

- 상대방이 말을 할 때, 그들의 이야기가 끝나지 않았음을 느낄 때 침묵을 유지하며 기다립니다.
- 그들이 더 많은 이야기를 할 수 있는 공간을 주고, 급하게 말을 이어가지 않습니다.
- 상대방이 침묵을 깨고 말할 때까지 기다리며 그들의 감정 표현을 지지합니다.

④ 연습 스크립트: “나는 지금 상대방의 말을 들으며 그들이 더 많은 이야기를 할 수 있는 시간을 주기 위해 침묵을 유지합니다. 그들이 생각을 정리하고 더 깊은 감정을 표현할 수 있도록 여유를 줍니다. 나는 대화를 이어가지 않고, 그들이 자신을 충분히 표현할 수 있도록 기다립니다. 이 침묵은 우리 대화의 중요한 부분입니다.”

(5) 피드백 주기: 상대방의 말에 긍정적인 피드백 전달하기

① 목적: 상대방의 말을 경청한 후 그들의 감정과 생각에 대해 긍정적인 피드백을 주어 그들이 존중받고 있음을 느끼게 한다.

② 심리학적 배경: 피드백(Feedback)은 대화의 마지막 단계에서 상대방의 감정이나 생각에 대해 긍정적이고 지지적인 반응을 전달하는 과정입니다. 이는 상대방이 자신의 말을 진심으로 듣고 이해받고 있다는 확신을 주며, 대화에서 상호 신뢰와 존중을 강화하는 역할을 합니다.

③ 실천 방법

- 상대방이 한 말을 요약하고, 그들의 감정에 대해 긍정적인 피드백을 줍니다.
- “네가 그 상황에서 정말 열심히 했다는 게 느껴져”와 같은 말을 통해 그들의 노력과 감정을 인정합니다.
- 피드백을 통해 그들이 대화에서 존중받고 있음을 느끼게 합니다.

④ 연습 스크립트: “나는 지금 상대방의 말을 요약하고, 그들에게 긍정적인 피드

백을 주고 있습니다. '네가 그 상황에서 얼마나 최선을 다했는지 알 수 있어. 정말 잘 했어.'라고 말하며 그들의 노력을 인정합니다. 나는 그들이 대화에서 존중받고 있다는 것을 확실히 느낄 수 있도록 긍정적인 피드백을 전달합니다."

3) 경청의 기술로 인간관계를 강화하기

경청의 기술은 인간관계를 깊고 의미 있게 만드는 가장 중요한 요소 중 하나입니다. 적극적 경청, 비언어적 신호 읽기, 감정 반영, 침묵의 활용, 긍정적인 피드백 주기와 같은 경청의 기술은 상대방에게 진정으로 이해받고 있다는 감정을 줍니다. 이를 통해 더 깊은 유대감을 형성하고, 신뢰를 쌓으며, 대화를 통해 서로의 감정을 존중하는 관계를 유지할 수 있습니다.

33. 가족과 더 많은 시간 보내기

1) 심리학적 이론: 가족과 함께하는 시간의 중요성

가족과 함께 보내는 시간은 개인의 심리적 안정과 행복을 증진시키는 중요한 요소입니다. 가족 관계(Family Relationships)는 우리의 정서적 지지 기반을 형성하며, 삶의 스트레스와 어려움을 이겨내는 중요한 자원이 됩니다. 가족과의 시간을 통해 정서적 안정감, 소속감, 그리고 사회적 지지를 느끼며, 이는 개인의 심리적 웰빙에 크게 기여합니다.

애착 이론(Attachment Theory)에 따르면, 가족과의 관계는 특히 어린 시절부터 중요한 애착을 형성하고, 이 애착은 우리의 성격, 감정 조절, 대인 관계에 큰 영향을 미칩니다. 존 볼비(John Bowlby)와 메리 에인스워스(Mary Ainsworth)의 연구에 따르면, 가족과의 긍정적 애착은 개인의 심리적 회복력(resilience)과 안정감을 키우며, 가족과 함께하는 시간이 이러한 애착 관계를 지속적으로 강화합니다.

또한, 가족과의 시간을 통해 사회적 유대(Social Bonding)가 강화되며, 이는 심리적, 신체적 건강에도 긍정적인 영향을 미칩니다. 긍정 심리학(Positive Psychology)에서는 가족과의 정서적 연결이 스트레스를 줄이고, 심리적 안정을 도모하며, 전반적인 행복감을 높이는 중요한 요소라고 설명합니다.

사회적 지지 이론(Social Support Theory)에 따르면, 가족은 개인이 어려운 상황을 헤쳐 나가고 심리적 안정을 유지할 수 있도록 돕는 가장 중요한 지지 체계입니다. 가족과 함께 보내는 시간은 상호 유대감을 강화하고, 스트레스와 고립감을 줄이는 중요한 방법입니다.

2) 구체적인 실천 방법 및 연습 스크립트

(1) 일상 속 가족 시간 계획하기: 소소한 순간들을 중요하게 만들기

① 목적: 바쁜 일상 속에서도 가족과 함께하는 시간을 의식적으로 계획하고, 가족과의 관계를 강화한다.

② 심리학적 배경: 사회적 유대 이론(Social Bond Theory)에서는 가족과의 정기

적인 교류가 관계를 강화하고 심리적 지지를 제공하는 중요한 요소로 작용한다고 설명합니다. 가족과의 시간을 따로 계획하지 않으면 자연스럽게 소홀해질 수 있기 때문에, 의도적으로 시간을 만들어 함께하는 것이 중요합니다.

③ 실천 방법

- 매일 혹은 매주 가족과 함께 보내는 시간을 정해놓고, 그 시간 동안 다른 일에 방해받지 않도록 합니다.
- 함께 저녁 식사를 하거나, 간단한 산책을 하며 가족과 시간을 보내는 습관을 형성합니다.
- 가족과의 시간을 소중히 여기고, 서로의 감정과 생각을 나누는 기회를 만듭니다.

④ 연습 스크립트: "나는 매주 금요일 저녁을 가족과 함께 보내기로 계획했습니다. 저녁 식사 후에 함께 산책을 하며 하루 동안 있었던 일들을 서로 나눕니다. 그 시간 동안 나는 휴대폰을 멀리 두고, 가족과의 대화에만 집중합니다. 이 소소한 시간이 우리 가족의 유대감을 더욱 깊게 만들어 줍니다."

(2) 공동 활동을 통해 유대감 키우기: 함께하는 즐거움 찾기

① 목적: 가족이 함께할 수 있는 취미나 활동을 통해 즐거운 시간을 보내고, 상호 유대감을 강화한다.

② 심리학적 배경: 공동 활동 이론(Joint Activity Theory)에 따르면, 가족이 함께하는 취미나 활동은 상호작용을 촉진하고, 서로에 대한 긍정적 감정을 증대시키는 역할을 합니다. 가족 간의 공동 활동은 특히 서로의 새로운 면을 발견하고, 유대감을 강화하는 좋은 기회가 됩니다.

③ 실천 방법

- 가족 모두가 함께 즐길 수 있는 활동을 찾아봅니다. 예를 들어, 주말마다 함께 운동을 하거나, 영화 감상, 보드게임 등의 활동을 계획합니다.
- 각자가 좋아하는 활동을 번갈아가며 시도해 보고, 함께 시간을 보내는 동안 서로의 관심사와 취향을 존중합니다.
- 활동을 통해 자연스럽게 대화를 나누고, 서로에게 더 가까워지는 기회를 만듭니다.

④ 연습 스크립트: "우리 가족은 주말마다 함께 자전거를 타기로 했습니다. 우리는 매주 새로운 장소를 찾아가면서 자연 속에서 운동도 하고, 함께 시간을 보내며 서로의 생각을 나누는 기회를 가집니다. 자전거를 타는 동안 나는 우리 가족이 더 가까워지고 있음을 느낍니다."

(3) 정서적 지지 주고받기: 서로의 감정 공유하기

① 목적: 가족과의 대화에서 서로의 감정과 생각을 솔직하게 나누고, 상호 정서적 지지를 통해 관계를 강화한다.

② 심리학적 배경: 정서적 유대 이론(Emotional Bond Theory)에 따르면, 가족은 감정적 지지를 주고받을 수 있는 가장 중요한 관계입니다. 가족과의 대화를 통해 자신의 감정을 나누고, 그들의 감정도 이해하는 과정에서 심리적 안정감과 신뢰가 형성됩니다. 정기적인 감정 교류는 관계의 질을 높이고, 서로의 힘이 되어줄 수 있습니다.

③ 실천 방법

- 가족과의 대화에서 자신의 감정이나 생각을 솔직하게 표현하고, 그들의 감정에도 귀를 기울입니다.
- "오늘 나에게 있었던 기쁜 일" 또는 "오늘 힘들었던 일"을 주제로 서로 감정을 나누는 시간을 갖습니다.
- 서로의 감정을 비난하거나 해결하려 하지 않고, 그저 공감하고 지지하는 태도로 대화합니다.

④ 연습 스크립트: "오늘 저녁 식사 후, 우리는 서로의 감정을 나누는 시간을 가졌습니다. 나는 '오늘 직장에서 조금 힘든 일이 있었지만, 이 대화를 통해 나아질 것 같아'라고 솔직하게 말했습니다. 가족들은 나의 감정을 공감해 주었고, 나도 그들의 이야기를 경청했습니다. 이 대화를 통해 우리는 서로를 더 이해하게 되었고, 더 깊은 유대감을 느낄 수 있었습니다."

(4) 가족 행사 만들기: 특별한 시간을 기념하기

① 목적: 가족만의 특별한 행사를 계획하여 가족 구성원 모두가 함께 기념하고 즐거운 추억을 쌓는다.

② 심리학적 배경: 기념행사 이론(Ritual Theory)에 따르면, 가족만의 특별한 행사는 가족의 정체성을 강화하고, 구성원 간의 유대감을 더욱 깊게 만듭니다. 정기적으로 행해지는 가족행사는 가족 구성원 모두에게 소속감과 특별한 의미를 부여하며, 기억에 남는 긍정적인 추억을 형성합니다.

③ 실천 방법

- 가족 구성원이 함께 기념할 수 있는 특별한 날이나 행사를 계획합니다. 예를 들어, 생일이나 기념일, 또는 가족만의 '영화의 밤' 같은 정기적인 행사를 정해보세요.
- 가족 행사에서 함께 할 수 있는 활동이나 전통을 만들어, 매년 혹은 정기적으로 가족 모두가 기대할 수 있는 시간을 만듭니다.
- 행사를 통해 가족 간의 유대를 강화하고, 함께 즐거운 시간을 보냅니다.

④ 연습 스크립트: "우리는 매년 가족끼리 '가족의 날'을 정해, 함께 하루를 보내기로 했습니다. 이날은 서로의 관심사를 존중하며 함께 활동하고, 저녁에는 우리가 직접 만든 음식을 먹으며 가족만의 시간을 보냅니다. 이 행사는 우리에게 특별한 의미를 부여하고, 서로에 대한 사랑과 소속감을 다시 한번 확인하는 시간이 됩니다."

(5) 감사 표현하기: 가족에게 감사하는 마음 전하기

① 목적: 가족 간의 감사를 표현함으로써 서로의 존재를 더욱 소중하게 느끼고, 관계를 강화한다.

② 심리학적 배경: 감사 이론(Gratitude Theory)에 따르면, 감사를 표현하는 것은 긍정적 감정과 관계를 강화하는 중요한 요소입니다. 가족에게 감사하는 마음을 전함으로써 상대방이 자신의 존재와 노력을 인정받고 있다고 느끼게 할 수 있으며, 이는 가족 간의 정서적 연결을 더욱 강하게 만듭니다.

③ 실천 방법

- 가족에게 그들의 행동이나 존재에 대해 감사하는 마음을 자주 표현합니다. 작은 일이라도 고맙다고 말하는 습관을 들여보세요.
- "오늘 아침 도와줘서 고마워"와 같은 짧은 말로도 충분히 감사의 마음을 전달할 수 있습니다.

- 가족에게 감사의 편지를 쓰거나, 직접 감사의 말을 건네면서 그들이 소중하다는 것을 표현합니다.

④ 연습 스크립트: "오늘 아침, 나는 남편에게 '오늘 아침 준비를 도와줘서 정말 고마워'라고 말했습니다. 짧은 말이었지만, 그에게 감사를 표현하는 이 순간이 우리 관계를 더욱 긍정적으로 만들고 있음을 느꼈습니다. 나는 가족에게 작은 일에도 감사하는 마음을 전하며, 우리 모두가 서로에게 중요한 존재임을 깨닫게 됩니다."

3) 가족과 더 많은 시간을 보내는 것이 주는 행복

가족과 함께 보내는 시간은 우리의 심리적 안정과 행복에 지대한 영향을 미칩니다. 의식적으로 가족과 함께 시간을 보내고, 공동 활동을 통해 유대감을 키우며, 서로의 감정을 공유하는 과정은 인간관계에서 필수적입니다. 가족은 우리가 가장 쉽게 의지할 수 있는 중요한 지지 체계이며, 이를 통해 더 큰 심리적 안정을 느낄 수 있습니다.

가족과의 시간을 소중히 여기고, 꾸준히 실천하면 여러분은 더 건강하고 충만한 관계 속에서 행복을 경험할 수 있을 것입니다. 가족과 함께하는 시간은 행복으로 가는 중요한 길이며, 이를 통해 여러분은 더 깊은 사회적 행복을 누릴 수 있습니다.

34. 소셜 네트워크에서 벗어나 대면 소통하기

1) 심리학적 이론: 대면 소통의 중요성과 소셜 네트워크의 한계

현대 사회에서 소셜 네트워크는 중요한 소통 수단으로 자리 잡았지만, 대면 소통의 중요성은 여전히 강조됩니다. 대면 소통(Face-to-Face Communication)은 인간관계에서 깊은 유대감과 신뢰를 형성하는 데 매우 중요합니다. 연구에 따르면, 대면 소통은 비언어적 신호(Nonverbal Cues)를 통해 상대방의 감정과 의도를 더 정확하게 파악할 수 있으며, 이는 소셜 네트워크를 통한 소통에서는 부족한 부분입니다.

심리학적으로 사회적 상호작용(Social Interaction)은 우리가 심리적 안정감과 행복감을 느끼는 데 필수적입니다. 소셜 네트워크는 정보 교환과 연결을 쉽게 해주지만, 정서적 연결(Emotional Bonding)과 깊은 관계 형성은 대면 소통에서 더 효과적입니다. 조지프 왈터(Joseph Walther)의 사회적 존재 이론(Social Presence Theory)에 따르면, 대면 소통은 비언어적 단서를 더 많이 제공하므로 더 강한 사회적 존재감을 형성할 수 있습니다.

또한, 심리적 웰빙(Psychological Well-being) 연구에서는 소셜 네트워크를 과도하게 사용하는 것이 외로움, 불안, 그리고 우울감과 같은 부정적인 감정을 촉진할 수 있다고 경고합니다. 시몬 가버스(Simon Garber)의 연구에 따르면, 소셜 미디어에서의 소통은 종종 피상적이며, 이는 진정한 인간관계를 형성하는 데 한계가 있습니다. 반대로, 대면 소통은 신뢰, 공감, 상호 이해를 촉진하여 더 긍정적인 감정적 연결을 가능하게 합니다.

정서적 상호작용(Emotional Interaction)과 사회적 지지(Social Support)는 대면 소통에서 더 강하게 나타나며, 이는 우리의 감정적 안정과 행복을 높이는 데 필수적입니다. 따라서, 디지털 소통에서 벗어나 대면으로 소통하는 시간을 늘리는 것은 심리적 건강과 인간관계를 위한 중요한 실천입니다.

2) 구체적인 실천 방법 및 연습 스크립트

(1) 소셜 네트워크 사용 시간 제한하기

① 목적: 소셜 미디어 사용 시간을 줄이고, 그 시간을 대면 소통으로 전환하여 진정한 인간관계를 형성한다.

② 심리학적 배경: 디지털 디톡스(Digital Detox)는 소셜 미디어와 같은 디지털 기기를 사용하는 시간을 줄이고, 그로 인한 심리적 스트레스를 완화하는 방법입니다. 연구에 따르면, 소셜 네트워크에 과도하게 몰입할 경우, 정신적 피로와 불안이 증가할 수 있습니다. 이를 관리하기 위해 사용 시간을 의식적으로 제한하는 것이 중요합니다.

③ 실천 방법

- 하루에 소셜 미디어 사용 시간을 정해두고, 그 시간을 초과하지 않도록 관리합니다.
- 소셜 네트워크에서 얻는 시간의 일부를 대면 소통을 위해 활용합니다. 예를 들어, 가족이나 친구와 만나는 시간으로 대체합니다.
- 스마트폰 알림을 끄고, 특정 시간대에는 소셜 미디어를 아예 사용하지 않는 디지털 휴식 시간을 가집니다.

④ 연습 스크립트: "나는 오늘 소셜 미디어 사용 시간을 30분으로 제한하기로 했습니다. 사용 시간이 끝나면 스마트폰을 내려두고, 친구와 만나서 커피를 마시기로 했습니다. 이 시간 동안 나는 소셜 네트워크에서 벗어나 대면으로 진정한 소통을 할 것입니다. 이러한 소소한 변화가 내 정신적 안정을 크게 도울 것입니다."

(2) 대면 소통을 우선시하는 습관 형성하기

① 목적: 소셜 미디어보다 대면 소통을 우선시하는 습관을 형성하여 깊은 관계를 유지하고, 정서적 연결을 강화한다.

② 심리학적 배경: 사회적 존재 이론(Social Presence Theory)은 대면 소통에서 더 강한 정서적 연결과 신뢰가 형성된다고 주장합니다. 대면 소통은 비언어적 신호, 직접적인 눈맞춤, 몸짓 등을 통해 소통의 질을 높입니다. 이는 인간관계에서 심리적 안정감과 신뢰를 키우는 데 필수적입니다.

③ 실천 방법

- 소셜 미디어 메시지나 온라인 채팅 대신, 가능한 한 직접 만나서 대화하려는 노력을 합니다. 중요한 대화나 깊은 감정 교류는 대면으로 이루어지도록 우선순위를 둡니다.
- 친구나 가족에게 먼저 대면 만남을 제안하고, 함께 시간을 보내는 습관을 들입니다.
- 소셜 네트워크에서 이루어지는 단순한 텍스트 교환보다, 대면에서 깊이 있는 대화를 나누도록 의식적으로 노력합니다.

④ 연습 스크립트: "오늘 나는 친구에게 문자 대신 전화를 걸어 직접 만나자고 제안했습니다. 우리는 함께 시간을 보내며 서로의 감정과 생각을 나누기로 했습니다. 나는 이 대면 소통이 우리의 관계를 더욱 깊게 만들 것이라는 것을 알고 있으며, 더 진정성 있는 소통을 하기 위해 항상 대면 만남을 우선시할 것입니다."

(3) 비언어적 소통의 힘 활용하기

① 목적: 대면 소통에서 비언어적 신호를 적극적으로 활용하여 소통의 질을 높이고, 상대방과의 유대감을 강화한다.

② 심리학적 배경: 비언어적 소통(Nonverbal Communication)은 인간 소통에서 매우 중요한 역할을 합니다. 눈맞춤, 표정, 몸짓, 목소리 톤 등은 말로 표현되지 않는 감정을 전달하며, 소셜 미디어에서는 이러한 비언어적 신호가 부족하기 때문에 오해나 피상적인 관계가 생기기 쉽습니다. 대면 소통에서 비언어적 신호는 소통의 정확성과 깊이를 더해줍니다.

③ 실천 방법

- 대면 소통 중 상대방의 비언어적 신호를 읽고, 이에 맞추어 반응합니다. 상대방의 표정, 몸짓, 톤에 주의를 기울이며 그들의 감정을 더 깊이 이해하려고 노력합니다.
- 자신의 비언어적 신호도 활용해 적극적으로 감정을 표현합니다. 고개를 끄덕이거나, 미소를 지으며 상대방이 말하는 내용에 공감하고 있음을 보여줍니다.

- 비언어적 소통이 중요한 순간, 소셜 네트워크 대신 대면 소통을 선택하여 더 나은 연결을 만들어냅니다.

④ 연습 스크립트: "오늘 나는 친구와 만났을 때, 대화를 나누며 그들의 표정과 몸짓에 집중했습니다. 그들의 눈을 보며 경청했고, 상대방이 말할 때 고개를 끄덕이며 공감의 표시를 보냈습니다. 우리는 서로의 감정을 비언어적으로 나누며, 소셜 네트워크에서는 느낄 수 없었던 깊은 유대감을 형성했습니다."

(4) 사회적 지지 구축하기: 직접 만남으로 관계 강화하기

① 목적: 소셜 미디어의 피상적인 관계에서 벗어나, 대면 소통을 통해 정서적 지지를 제공하고 받는 관계를 형성한다.

② 심리학적 배경: 사회적 지지 이론(Social Support Theory)에서는 인간관계에서의 정서적 지지와 신뢰가 심리적 웰빙에 중요한 역할을 한다고 설명합니다. 대면 소통은 이러한 지지를 구축하는 데 효과적이며, 직접 만나서 정서적 지지를 제공하고 받는 과정에서 우리는 더 큰 안정감과 행복을 느낄 수 있습니다.

③ 실천 방법

- 온라인에서의 소통에 의존하지 않고, 친구나 가족을 직접 만나서 그들의 감정과 필요를 이해하고 지지하는 시간을 만듭니다.
- 중요한 순간이나 갈등 상황에서 소셜 네트워크 대신 대면 소통을 선택하여 관계를 강화합니다.
- 대면 만남을 통해 서로의 이야기를 경청하고, 서로에게 지지와 격려를 제공하는 시간을 계획합니다.

④ 연습 스크립트: "나는 오늘 오랜 친구를 만나기로 했습니다. 우리는 평소 소셜 미디어로 대화를 주고받았지만, 이번에는 직접 만나서 서로의 이야기를 경청하기로 했습니다. 나는 친구가 현재 겪고 있는 어려움에 대해 직접 듣고, 그에게 정서적인 지지를 제공할 계획입니다. 이런 대면 만남이 우리 관계를 더 깊고 의미 있게 만들 것이라는 것을 알고 있습니다."

(5) 소셜 네트워크 대신 대면에서 즐거운 시간 보내기

① 목적: 온라인에서 시간을 보내는 대신, 가족, 친구와 함께 즐거운 시간을 대면

으로 보내면서 심리적 행복감을 증진한다.

② 심리학적 배경: 행동주의 이론(Behavioral Activation Theory)에서는 즐거운 활동을 의도적으로 계획하고 실천하는 것이 우리의 기분과 심리적 건강을 향상시키는 데 중요하다고 설명합니다. 소셜 네트워크에서의 소통은 즉각적인 즐거움을 제공할 수 있지만, 대면 활동은 더 깊은 정서적 만족감을 줍니다.

③ 실천 방법

- 소셜 네트워크에서 시간을 보내는 대신, 대면에서 할 수 있는 즐거운 활동을 계획합니다. 예를 들어, 가족과 함께 야외 활동을 하거나 친구와 직접 만나서 취미 활동을 즐깁니다.
- 온라인에서의 즐거움보다 대면에서의 즐거움을 우선시하며, 이를 통해 심리적 안정감과 행복을 높입니다.
- 소셜 네트워크의 시간 대신 대면 만남으로 얻을 수 있는 긍정적 경험을 기록하고, 이를 통해 대면 소통의 가치를 깨닫습니다.

④ 연습 스크립트: "오늘 나는 소셜 미디어를 보지 않고, 가족과 함께 공원에서 산책을 하며 즐거운 시간을 보냈습니다. 우리는 자연 속에서 대화를 나누며 서로의 생각을 나눌 수 있었습니다. 이런 대면 소통이 나에게 더 큰 기쁨과 만족감을 주었고, 나는 이 시간을 소중하게 여겼습니다."

3) 소셜 네트워크에서 벗어나 대면 소통의 힘을 경험하기

소셜 네트워크는 현대 사회에서 중요한 소통 도구이지만, 대면 소통이 주는 감정적 연결과 심리적 안정감은 그보다 더 강력합니다. 대면 소통은 비언어적 신호를 통해 깊은 유대감을 형성하고, 신뢰와 정서적 지지를 강화하는 데 필수적입니다. 소셜 네트워크에서 벗어나 대면 소통에 더 많은 시간을 할애하면, 우리는 더 건강하고 의미 있는 인간관계를 형성할 수 있습니다.

꾸준히 대면 소통을 실천하면, 여러분은 더 큰 심리적 웰빙과 행복을 경험할 수 있을 것입니다. 대면 소통은 인간관계의 본질이며, 이를 통해 여러분은 더 충만하고 만족스러운 삶을 살아갈 수 있습니다.

35. 마음을 열고 새로운 사람 만나기

1) 심리학적 이론: 새로운 사람을 만나는 것의 심리적 가치

새로운 사람을 만나는 것은 인간의 사회적 본능을 충족시키고, 심리적 웰빙을 높이는 중요한 과정입니다. 새로운 사람과의 관계 형성은 우리의 사회적 지지망(Social Support Network)을 확장하며, 다양한 관점과 경험을 통해 더 풍부한 인생을 살아가는 데 도움을 줍니다. 애착 이론(Attachment Theory)에 따르면, 인간은 타인과의 연결을 통해 심리적 안전감을 느끼고, 정서적 안정성을 유지할 수 있습니다.

사회적 상호작용 이론(Social Interaction Theory)에서는 새로운 사람을 만나는 것이 개인의 대인 관계 기술과 심리적 적응력을 높이는 데 기여한다고 설명합니다. 새로운 사람들과의 만남은 다양한 성격과 배경을 접하게 하여 우리의 시야를 넓히고, 더 유연하고 개방적인 사고를 할 수 있도록 돕습니다. 이는 성격 발달(Developmental Psychology)에도 긍정적인 영향을 미치며, 자아 확장(Self-Expansion Theory)에 따르면 새로운 사람들과의 교류를 통해 자신의 정체성을 확장하고 발전시킬 수 있습니다.

또한, 심리적 유연성(Psychological Flexibility)이란 개념은 새로운 사람을 만나고 관계를 형성하는 데 중요한 역할을 합니다. 심리적 유연성은 변화에 적응하고, 새로운 상황에서 적절하게 대응하는 능력을 말하며, 이는 개인의 성장과 웰빙에 매우 중요합니다. 새로운 사람과의 관계는 우리에게 더 많은 선택의 자유와 다양한 기회를 제공하며, 그 결과 더 큰 심리적 안정을 얻을 수 있습니다.

긍정 심리학(Positive Psychology)에서는 새로운 인간관계가 긍정적인 정서와 성장, 행복을 촉진하는 중요한 요인이라고 강조합니다. 다양한 인간관계는 우리를 더 자주 웃게 만들고, 스트레스와 불안을 줄이며, 더 나은 문제 해결 능력을 갖추도록 도와줍니다.

2) 구체적인 실천 방법 및 스크립트

(1) 사회적 편견 내려놓기: 열린 마음으로 사람 대하기

① 목적: 첫인상이나 외적인 기준으로 사람을 판단하지 않고, 열린 마음으로 새

로운 사람을 만난다.

② 심리학적 배경: 초두효과(Primacy Effect)는 사람들이 첫인상에 따라 다른 사람을 빠르게 판단하는 경향을 말합니다. 그러나 연구에 따르면, 첫인상이 반드시 그 사람의 모든 것을 말해주는 것은 아닙니다. 인지적 유연성(Cognitive Flexibility)은 새로운 상황에서 기존의 고정관념을 내려놓고 열린 마음으로 사람을 받아들이는 것을 도와줍니다.

③ 실천 방법

- 새로운 사람을 만날 때, 외모나 첫인상에 의해 그들을 판단하지 않도록 의식적으로 노력합니다.
- "이 사람에게서 무엇을 배울 수 있을까?"라는 질문을 스스로에게 던지며 그들의 가치와 경험에 집중합니다.
- 그들의 이야기를 열린 마음으로 경청하고, 기존의 선입견을 내려놓습니다.

④ 연습 스크립트: "오늘 나는 새로운 사람을 만났습니다. 나는 그들의 첫인상에 너무 집중하지 않기로 결심하고, 그들이 말하는 내용과 그들의 경험에 주목했습니다. '이 사람에게서 어떤 새로운 것을 배울 수 있을까?'라고 스스로에게 물으며, 열린 마음으로 그들을 받아들였습니다. 그 결과 나는 그 사람과 더 깊은 대화를 나눌 수 있었고, 새로운 시각을 배울 수 있었습니다."

(2) 적극적인 태도로 새로운 사람에게 다가가기

① 목적: 소극적 자세를 벗어나, 새로운 사람에게 먼저 다가가는 태도를 기르고, 관계를 형성한다.

② 심리학적 배경: 사회적 불안(Social Anxiety)은 종종 새로운 사람을 만나는 것을 어렵게 만듭니다. 그러나 연구에 따르면, 행동 활성화 이론(Behavioral Activation Theory)을 통해 소극적인 태도를 극복하고, 새로운 사람과의 관계 형성을 위한 적극적인 행동을 취하는 것이 우리의 심리적 웰빙에 도움이 됩니다. 이는 더 많은 긍정적인 상호작용을 경험하게 하며, 대인관계 능력을 키우는 데 기여합니다.

③ 실천 방법

- 새로운 모임이나 행사에서 소극적이지 않고, 먼저 대화를 시작하는 연습을 합니다. "안녕하세요, 오늘 행사 어떻게 오시게 됐나요?"와 같은 간단한 질

문으로 대화를 시작해보세요.

- 자신이 편안한 상황에서만 머무르지 않고, 다양한 사람들에게 다가가 대화를 시도합니다.
- 매번 새로운 사람을 만날 때마다 작은 목표를 세우고, 그 목표를 달성한 후 스스로 칭찬해 줍니다.

④ 연습 스크립트: "오늘 나는 새로운 사람에게 먼저 다가가기로 결심했습니다. 행사장에서 '안녕하세요, 오늘 어떻게 오셨나요?'라고 먼저 말을 걸며 대화를 시작했습니다. 처음엔 조금 어색했지만, 대화를 이어가면서 점차 편안해졌고, 그 사람과 공통점을 찾게 되어 더 즐거운 시간을 보낼 수 있었습니다. 나는 내 소극적인 태도를 벗어나기 위한 한 걸음을 내딛었습니다."

(3) 공감 훈련: 상대방의 이야기에 진정으로 귀 기울이기

① 목적: 새로운 사람과 대화할 때 공감을 표현하고, 그들의 이야기에 진정으로 관심을 기울인다.

② 심리학적 배경: 공감 이론(Empathy Theory)에 따르면, 새로운 사람과의 관계에서 공감은 신뢰와 친밀감을 형성하는 중요한 요소입니다. 연구에 따르면, 상대방의 감정에 공감하고 이를 반영하는 것이 긍정적인 인간관계를 형성하는 데 기여합니다. 적극적 경청(Active Listening)은 상대방의 말을 잘 듣고 그들의 감정과 생각을 진심으로 이해하는 과정으로, 이는 관계를 깊게 만듭니다.

③ 실천 방법

- 새로운 사람과 대화를 나눌 때, 그들의 이야기를 가로막지 않고 끝까지 듣습니다. 그들이 말하는 내용과 감정을 진지하게 받아들이며, 그들의 입장을 이해하려고 노력합니다.
- 대화를 마친 후 "네가 말한 이야기를 듣고 나도 비슷한 경험을 한 적이 있어"와 같은 공감의 표현을 통해 그들의 이야기에 귀를 기울였음을 알려줍니다.
- 공감을 통해 상대방과의 관계를 깊게 만들고, 그들이 자신을 신뢰할 수 있도록 도와줍니다.

④ 연습 스크립트: "오늘 나는 새로운 사람과 대화를 나누면서, 그들의 이야기에 진심으로 귀를 기울였습니다. 그들이 말할 때 중간에 끼어들지 않고, 고개를

끄덕이며 그들의 감정을 공감했습니다. 그들이 이야기를 마쳤을 때 '네가 겪은 그 상황, 정말 힘들었을 것 같아'라고 말하며 그들의 감정을 반영했습니다. 이 대화를 통해 나는 그 사람과 더 깊은 유대감을 형성할 수 있었습니다."

(4) 새로운 경험에 도전하기: 새로운 사람들과의 공통 관심사 찾기

① 목적: 새로운 사람들과의 공통 관심사를 찾기 위해 새로운 경험이나 활동에 도전하고, 이를 통해 관계를 형성한다.

② 심리학적 배경: 자아 확장 이론(Self-Expansion Theory)에 따르면, 우리는 새로운 경험을 통해 자신을 확장하고 더 많은 관계와 연결될 수 있습니다. 새로운 사람들과의 관계는 새로운 경험을 통해 더 잘 형성되며, 이는 우리의 정체성과 자아 발전에 기여합니다. 모험 추구 행동(Novelty-Seeking Behavior)은 인간의 심리적 성장에 필수적인 요소로, 새로운 활동에 참여하면서 새로운 사람들과의 관계를 쉽게 형성할 수 있습니다.

③ 실천 방법

- 새로운 취미나 활동에 도전하여 그곳에서 새로운 사람들과 교류할 기회를 만듭니다. 예를 들어, 요가 클래스나 독서 모임에 참여하여 공통 관심사를 찾습니다.
- 새로운 활동에서 사람들과의 공통된 주제나 취향을 바탕으로 대화를 시작하고, 자연스럽게 관계를 형성합니다.
- 이 과정을 통해 새로운 경험을 즐기고, 이를 공유함으로써 더 깊은 관계로 발전시킵니다.

④ 연습 스크립트: "오늘 나는 처음으로 독서 모임에 참여했습니다. 그곳에서 새로운 사람들과 공통 관심사인 책에 대해 이야기를 나눌 수 있었습니다. '나도 그 책을 정말 좋아했어요, 그 부분에서 어떻게 생각하셨어요?'라고 질문하며 자연스럽게 대화를 이어갔습니다. 이 새로운 경험은 나에게 새로운 관계를 형성할 기회를 제공했고, 우리는 그날 이후로 좋은 대화를 지속할 수 있었습니다."

(5) 새로운 사람들과의 관계 유지하기: 정기적인 연락과 만남

① 목적: 새로운 사람과 관계를 형성한 후, 이를 지속적으로 유지하고 발전시키기 위해 정기적으로 연락하고 만남을 계획한다.

② 심리학적 배경: 관계 유지 이론(Relationship Maintenance Theory)에 따르면, 인간관계는 단순히 형성되는 것으로 끝나지 않고, 지속적인 노력과 상호작용을 통해 유지되고 발전해야 합니다. 특히 새로운 관계는 자주 연락하고 만남을 계획함으로써 깊이를 더할 수 있습니다. 정서적 유대(Emotional Bonding)는 지속적인 소통을 통해 강화되며, 이는 장기적으로 긍정적인 관계로 발전하게 됩니다.

③ 실천 방법

- 새로운 사람과 대화를 나눈 후, 정기적으로 연락을 주고받습니다. 문자 메시지나 전화로 그들이 어떻게 지내는지 물어보며 관계를 유지합니다.
- 한 달에 한 번 정도는 새로운 만남을 계획하여 함께 시간을 보내고, 관계를 더욱 발전시킵니다.
- 연락할 때 단순한 안부를 묻는 것뿐만 아니라, 그들의 근황이나 관심사에 대해 구체적으로 물어봅니다.

④ 연습 스크립트: "오늘 나는 지난번에 만난 새로운 친구에게 문자 메시지를 보냈습니다. '그때 이야기했던 프로젝트 잘 진행되고 있어?'라고 물으며 그들의 근황을 물었고, 우리는 다음 주말에 다시 만나기로 약속했습니다. 이렇게 정기적으로 연락하고 만나면서 우리는 점점 더 가까워지고 있으며, 이 관계가 점차 깊어질 것을 기대하고 있습니다."

3) 마음을 열고 새로운 사람을 만나는 것의 가치

새로운 사람을 만나는 것은 우리의 삶을 풍요롭게 하고, 심리적 성장을 촉진하는 중요한 과정입니다. 우리는 이를 통해 더 많은 사회적 지지를 받으며, 더 넓은 세상과 연결될 수 있습니다. 열린 마음으로 사람을 만나고, 그들과 관계를 형성하고 유지하는 과정은 심리적 안정감과 행복을 증진시키는 강력한 도구입니다.

새로운 사람을 만나는 것을 꾸준히 실천하면, 여러분은 더 많은 기회와 성장을 경험하고, 더 나은 인간관계를 형성할 수 있을 것입니다. 새로운 사람과의 만남은 삶을 더 풍요롭게 만드는 길이며, 이를 통해 여러분은 더 충만하고 행복한 삶을 살아갈 수 있습니다.

36. 용서와 화해로 마음의 짐 덜기

1) 심리학적 이론: 용서와 화해의 치유력

용서(Forgiveness)와 화해(Reconciliation)는 감정적 짐을 덜고 심리적 자유를 찾는 강력한 도구입니다. 용서는 단순히 다른 사람을 면죄하는 것이 아니라, 과거의 상처에서 자신을 해방시키는 과정입니다. 용서의 심리학(Forgiveness Psychology)에 따르면, 용서는 마음의 상처를 치유하고, 분노와 원망 같은 부정적 감정을 해소하는 데 도움을 줍니다. 이는 마음의 평온(Mental Peace)과 정서적 안녕(Emotional Well-being)을 촉진하는 중요한 요소입니다.

심리학자 에벌리 워싱턴(Everett Worthington)은 용서 모델(Enright's Forgiveness Process Model)을 제시하며, 용서는 심리적 회복력을 증진시키고, 개인의 웰빙을 향상시키는 강력한 도구라고 설명했습니다. 용서를 통해 우리는 자신을 해방시키고, 내면의 균형을 찾으며, 더 긍정적인 삶의 태도를 가질 수 있습니다. 용서는 다른 사람에 대한 것이기도 하지만, 더 중요한 것은 자기 자신을 위한 것입니다.

화해(Reconciliation)는 용서와 밀접하게 관련되어 있으며, 갈등이 있던 사람들과의 관계를 회복하는 과정입니다. 화해의 심리학(Psychology of Reconciliation)에서는 화해가 갈등을 해결하고, 건강한 관계를 재건하는 데 중요한 역할을 한다고 설명합니다. 화해는 용서보다 한 걸음 더 나아가 상호 이해와 대화가 포함된 과정입니다.

감정적 해방 이론(Emotional Liberation Theory)에 따르면, 용서와 화해는 억눌린 감정을 해소하고, 우리가 더 행복하고 자유로운 삶을 살 수 있도록 돕습니다. 분노나 원망을 오래 간직하면 심리적 고통이 커지지만, 이를 내려놓으면 더 큰 내면의 평화를 얻을 수 있습니다.

2) 구체적인 실천 방법 및 스크립트

(1) 용서의 결심: 용서하려는 마음 먹기

① 목적: 용서의 첫 단계는 용서를 결심하는 것이며, 그 결심을 통해 자신을 감정

적 짐에서 해방한다.

② 심리학적 배경: 용서 모델(Forgiveness Process Model)에 따르면, 용서는 결심에서 시작됩니다. 용서는 자신에게 고통을 준 사람을 자유롭게 하는 것이 아니라, 자신의 마음을 감정적 속박에서 풀어주는 과정입니다. 심리적 연구에서는 용서를 결심하는 것이 분노와 스트레스 감소, 심리적 웰빙 향상과 직결된다고 설명합니다.

③ 실천 방법

- 자신에게 상처를 준 사람을 떠올리고, 그를 용서하려는 결심을 합니다. "내가 용서함으로써 내 마음을 자유롭게 할 수 있다"고 스스로 다짐하세요.
- 그 사람에 대한 분노나 원망이 다시 떠오를 때마다 "나는 그를 용서하기로 했다"라고 스스로에게 상기시키며, 용서의 결심을 지속합니다.
- 용서의 결심은 한 번으로 끝나지 않을 수 있으며, 시간이 걸릴 수 있습니다. 중요한 것은 이 결심을 지속적으로 유지하는 것입니다.

④ 연습 스크립트: "나는 지금 내 마음속 깊이 묻어두었던 분노와 상처를 떠올립니다. 그 상처를 준 사람을 용서하기로 결심했습니다. '내가 그를 용서하는 것은 내 자유를 위한 것이고, 나는 내 감정적 짐에서 벗어날 준비가 되어 있다.' 나는 용서의 결심을 마음속 깊이 새기고, 이 결심을 계속해서 이어갈 것입니다."

(2) 감정 해소하기: 억눌린 감정을 표출하고 해방시키기

① 목적: 용서를 결심한 후, 억눌렸던 분노와 상처를 건강하게 표출하여 감정적 해방을 찾는다.

② 심리학적 배경: 감정 해방 이론(Emotional Liberation Theory)에 따르면, 억눌린 감정을 표출하는 것은 용서 과정에서 중요한 단계입니다. 억눌린 분노와 상처를 꾹 참고 있으면 심리적 스트레스가 쌓이지만, 이를 건강하게 표현하고 풀어내는 과정에서 진정한 용서와 화해로 나아갈 수 있습니다.

③ 실천 방법

- 억눌린 감정을 글로 쓰거나, 일기를 통해 표현합니다. 그 사람이 나에게 했던 행동이나 그로 인해 느낀 감정들을 솔직하게 적어봅니다.
- 감정을 풀어낼 수 있는 활동을 찾아 시도합니다. 예를 들어, 산책을 하며

감정을 정리하거나, 신체 활동을 통해 스트레스를 풀 수 있습니다.

- 감정을 해소한 후, 스스로에게 "나는 이 감정을 내려놓기로 선택했다"고 다짐하며 감정적 해방을 선언합니다.

④ 연습 스크립트: "나는 지금 그 사람이 나에게 준 상처를 글로 적기 시작합니다. '당신이 나에게 했던 그 말이 나를 얼마나 상처받게 했는지 나는 여전히 기억하고 있습니다.' 하지만 나는 이 감정을 억누르지 않고 풀어내기로 결심했습니다. 이제 나는 이 분노와 상처를 더 이상 붙들지 않고, 내려놓을 준비가 되어 있습니다. 나는 내 마음을 자유롭게 할 것입니다."

(3) 자신을 위한 용서: 자기 자신을 용서하는 과정

① 목적: 타인을 용서하는 것과 더불어, 스스로의 실수와 한계를 인정하고 자기 자신을 용서함으로써 더 큰 내면의 평화를 얻는다.

② 심리학적 배경: 자기 용서(Self-Forgiveness)는 용서 과정에서 중요한 요소입니다. 심리학자 에벌리 워싱턴(Everett Worthington)은 자기 자신을 용서하는 것이 자기 존중(Self-Respect)과 자아 효능감(Self-Efficacy)을 증대시키며, 심리적 고통을 완화하는 데 도움을 준다고 설명합니다. 우리는 종종 타인을 용서할 준비가 되어 있어도, 자기 자신을 용서하는 데 어려움을 겪습니다.

③ 실천 방법

- 자신의 실수나 과거 행동에 대해 스스로를 용서하기로 결심합니다. "나는 그때의 나를 용서할 준비가 되어 있다"라고 다짐합니다.
- 스스로에게 "나는 완벽하지 않다"는 사실을 인정하고, 과거의 실수에서 배운 교훈에 집중합니다.
- 용서 과정을 통해 자신을 비난하지 않고, 현재와 미래에 더 긍정적인 선택을 할 수 있도록 스스로를 격려합니다.

④ 연습 스크립트: "나는 과거의 실수를 떠올리며, 그로 인해 나 자신을 얼마나 비난해왔는지를 인정합니다. 하지만 이제 나는 그때의 나를 용서할 준비가 되어 있습니다. '나는 그때 최선을 다했지만, 실수를 저질렀다. 그리고 나는 그 실수를 통해 배웠다.' 나는 더 이상 나 자신을 비난하지 않고, 현재와 미래에 더 긍정적인 선택을 할 수 있도록 나를 격려할 것입니다."

(4) 화해의 첫 걸음: 대화의 문 열기

① 목적: 갈등이 있던 사람과 화해를 위해 대화를 시작하고, 서로의 감정과 생각을 나누며 관계를 회복한다.

② 심리학적 배경: 비폭력 대화(Nonviolent Communication, NVC)는 갈등 상황에서 상호 이해와 공감을 통해 화해를 이루는 강력한 소통 방법입니다. 마셜 로젠버그(Marshall Rosenberg)가 제안한 이 소통 방식은 감정을 솔직하게 표현하면서도 상대방을 비난하지 않으며, 상호 존중을 기반으로 관계를 회복하도록 돕습니다.

③ 실천 방법

- 갈등이 있던 상대방에게 먼저 연락을 취하고, 화해를 위한 대화를 제안합니다. "우리가 그때 나눴던 대화에 대해 다시 이야기할 수 있을까요?"와 같은 말로 대화를 시작합니다.
- 대화를 나누는 동안, 자신의 감정을 솔직하게 표현하고, 상대방의 감정을 비난하지 않습니다. "그때 나는 이런 감정을 느꼈고, 지금은 이 상황을 풀고 싶어요"라고 말하며 솔직하게 자신의 입장을 전달합니다.
- 서로의 감정을 존중하며 상호 이해와 타협점을 찾습니다. 화해는 상대방을 용서하는 것뿐만 아니라, 관계를 재건하는 중요한 과정임을 기억합니다.

④ 연습 스크립트: "나는 오늘 갈등이 있었던 친구에게 연락을 했습니다. '우리가 그때 나눈 대화에 대해 다시 이야기할 수 있을까요?'라고 물으며 대화를 시작했습니다. 나는 그때 느꼈던 내 감정을 솔직하게 표현했고, 그 역시 자신의 감정을 나누었습니다. 우리는 서로의 감정을 존중하며 상호 이해를 통해 갈등을 풀어냈습니다. 나는 이 화해의 과정에서 큰 심리적 안정을 얻었습니다."

5) 용서의 반복 연습: 꾸준한 실천으로 마음의 평화 유지하기

① 목적: 용서와 화해는 단번에 이루어지지 않을 수 있으므로, 이를 꾸준히 실천하여 감정적 해방과 내면의 평화를 지속한다.

② 심리학적 배경: 용서는 종종 감정적 연습(Emotional Practice)이 필요한 과정입니다. 특히 깊은 상처는 시간이 걸려 용서와 화해에 도달할 수 있습니다.

그러나 용서의 반복 연습은 더 큰 내면의 평화와 심리적 자유를 가져다주며, 이는 우리의 웰빙을 지속적으로 향상시키는 중요한 과정입니다.

③ 실천 방법

- 용서와 화해를 단발성으로 끝내지 않고, 꾸준히 상처를 치유하는 과정을 실천합니다.
- 분노나 원망이 다시 떠오를 때마다 용서의 결심을 상기하고, 그 감정을 다시 해소하려고 노력합니다.
- 용서의 과정을 일상에 자연스럽게 통합하고, 타인뿐만 아니라 자신에게도 너그러워질 수 있는 마음을 지속적으로 유지합니다.

④ 연습 스크립트: "오늘 다시 상처가 떠올랐지만, 나는 용서의 결심을 상기했습니다. '나는 이미 용서하기로 결심했고, 다시 그 결심을 따르기로 한다.' 나는 용서를 지속적으로 연습함으로써 더 큰 내면의 평화를 찾을 것입니다. 나에게 상처를 준 사람뿐만 아니라, 나 자신에게도 더 자비로운 마음을 가질 것입니다."

3) 용서와 화해로 마음의 짐 덜기

용서와 화해는 단순한 감정적 해소를 넘어, 우리의 심리적 웰빙을 증진시키는 강력한 도구입니다. 용서는 자신을 위한 치유 과정이며, 화해는 갈등을 해결하고 관계를 회복하는 중요한 과정입니다. 용서와 화해를 꾸준히 실천하면, 여러분은 내면의 평화를 찾고, 더 행복한 삶을 살아갈 수 있을 것입니다.

꾸준히 용서와 화해를 실천하면, 여러분은 더 큰 심리적 자유를 누리며 더 나은 인간관계를 형성할 수 있습니다. 용서와 화해는 마음의 짐을 덜어주는 열쇠이며, 이를 통해 여러분은 더 충만하고 행복한 삶을 살아갈 수 있습니다.

37. 사회적 봉사로 얻는 기쁨

1) 심리학적 이론: 사회적 봉사와 행복의 상관관계

사회적 봉사(Community Service)는 개인의 행복과 심리적 웰빙을 크게 증진시키는 중요한 활동입니다. 긍정 심리학(Positive Psychology)의 연구에 따르면, 사회적 봉사를 통해 우리는 이타주의(Altruism)의 기쁨을 경험할 수 있으며, 이는 긍정적인 정서를 촉진하고, 삶에 더 큰 의미를 부여합니다. 봉사를 하는 과정에서 우리는 타인과 연결되고, 사회적 지지망(Social Support Network)을 강화하며, 심리적 안정과 자존감을 높일 수 있습니다.

마틴 셀리그만(Martin Seligman)의 웰빙 이론(WELL-BEING Theory)에 따르면, 봉사는 개인의 행복을 촉진하는 여러 요소 중 하나로, 특히 의미 있는 삶(Meaningful Life)을 구성하는 중요한 부분입니다. 봉사를 통해 타인에게 긍정적인 영향을 미치고, 더 넓은 사회적 목적을 느끼면서 삶의 의미를 재발견하게 됩니다.

또한, 이타주의 이론(Altruism Theory)에서는 사회적 봉사가 우리의 심리적, 신체적 건강에 긍정적인 영향을 미친다고 설명합니다. 봉사 활동을 하는 사람들은 일반적으로 더 높은 자존감(Self-Esteem)을 경험하고, 삶에 대한 만족도가 증가하며, 스트레스와 우울감이 줄어드는 경향이 있습니다. 봉사는 특히 도파민(Dopamine)과 옥시토신(Oxytocin) 같은 긍정적 신경전달물질을 증가시켜, 행복감을 직접적으로 촉진합니다.

사회적 역할 이론(Role Theory)에 따르면, 봉사는 우리가 사회 속에서 중요한 역할을 맡고 있다고 느끼게 하며, 이는 정체성과 자존감 형성에 기여합니다. 또한, 봉사를 통해 우리는 타인과의 관계를 강화하고, 소속감을 느끼며 더 큰 만족감을 경험할 수 있습니다.

2) 구체적인 실천 방법 및 스크립트

(1) 봉사의 의미 발견하기: 내면의 동기 찾기

① 목적: 봉사의 가치를 스스로 이해하고, 개인적인 동기를 발견하여 봉사 활동을 지속할 수 있는 내면의 힘을 얻는다.

② 심리학적 배경: 자기 결정 이론(Self-Determination Theory)에서는 개인이 스스로 봉사 활동에 대한 내적 동기를 찾고, 그 동기가 자율성을 기반으로 할 때 더 큰 만족감과 행복을 얻을 수 있다고 설명합니다. 봉사의 의미를 이해하고, 왜 봉사를 하고 싶은지에 대한 내적 이유를 발견하는 것이 중요합니다.

③ 실천 방법

- 봉사를 통해 얻고자 하는 개인적인 목표나 가치를 명확하게 설정합니다. "나는 왜 봉사를 하고 싶은가?"라는 질문을 스스로에게 던져봅니다.
- 봉사를 통해 내가 얻는 것뿐만 아니라, 내가 사회에 어떤 긍정적인 영향을 미치는지에 집중합니다.
- 봉사의 의미와 동기를 일기나 메모에 적으며, 봉사 활동을 지속할 수 있는 내면의 힘을 강화합니다.

④ 연습 스크립트: "나는 봉사 활동을 통해 무엇을 얻고 싶은지 스스로에게 물어봅니다. '나는 더 큰 사회적 목적을 이루고 싶어' 또는 '타인에게 도움을 주는 것이 나에게 의미가 있다'라는 결심을 마음속에 새깁니다. 봉사 활동을 통해 나는 내 삶에 더 큰 의미를 부여하고, 이를 통해 더 큰 만족감을 얻을 것입니다."

(2) 작은 봉사부터 시작하기: 일상에서 실천 가능한 봉사 찾기

① 목적: 부담 없이 일상에서 실천할 수 있는 작은 봉사 활동을 찾아, 꾸준히 봉사를 실천할 수 있는 기반을 마련한다.

② 심리학적 배경: 행동 활성화 이론(Behavioral Activation Theory)에서는 작은 행동부터 시작하는 것이 새로운 습관을 형성하고, 지속 가능하게 만드는 중요한 방법이라고 설명합니다. 작은 봉사부터 시작하면 심리적 부담을 줄이고, 더 큰 봉사 활동으로 나아갈 수 있는 동기를 얻을 수 있습니다.

③ 실천 방법

- 지역 사회에서 쉽게 참여할 수 있는 봉사 활동을 찾아봅니다. 예를 들어, 음식 기부, 지역환경 정화 활동, 고아원 방문 등 일상에서 쉽게 할 수 있는 활동을 시도합니다.
- 봉사 활동을 한 후 그 과정에서 느낀 감정과 생각을 기록해봅니다. "오늘 나는 작은 행동으로도 다른 사람에게 큰 도움이 될 수 있음을 깨달았다"와 같은 성찰을 통해 봉사의 가치를 스스로 강화합니다.
- 주기적으로 작은 봉사 활동을 실천하며, 점차 봉사의 범위를 넓혀갑니다.

④ 연습 스크립트: "오늘 나는 지역 환경 정화 활동에 참여했습니다. 작은 일이라 느껴졌지만, 거리를 깨끗하게 만드는 데 기여했다는 생각이 나에게 큰 만족감을 주었습니다. 나는 작은 봉사 활동도 사회에 긍정적인 영향을 미친다는 것을 깨닫고, 꾸준히 이 활동을 이어갈 결심을 했습니다."

3) 공감과 이타주의 훈련: 봉사에서 감정적 연결 강화하기

① 목적: 봉사 활동 중 공감을 실천하고, 타인의 고통과 어려움에 진심으로 귀 기울이며 이타심을 강화한다.

② 심리학적 배경: 공감 이론(Empathy Theory)에 따르면, 공감은 봉사 활동에서 타인과의 정서적 연결을 강화하고, 봉사 활동을 더 의미 있게 만드는 중요한 요소입니다. 공감을 실천할 때 우리는 더 큰 감정적 충족감을 느끼며, 이타적인 행동이 더 깊은 행복을 가져다줍니다.

③ 실천 방법

- 봉사 활동 중 만나는 사람들의 이야기에 귀 기울이고, 그들의 감정과 필요에 진정으로 공감하는 훈련을 합니다.
- "당신이 겪고 있는 이 어려움이 얼마나 힘든지 이해합니다"와 같은 말로 상대방의 감정에 공감하고, 그들에게 진심으로 다가가는 태도를 가집니다.
- 봉사 과정에서 단순히 물리적인 도움을 주는 것뿐만 아니라, 정서적 지지와 위로를 함께 제공하여 더 큰 봉사 효과를 얻습니다.

④ 연습 스크립트: "오늘 나는 봉사 활동 중 도움이 필요한 사람의 이야기를 경청

했습니다. 그들이 말하는 고통과 어려움에 진심으로 공감하며 '당신의 어려움을 이해합니다'라고 말했습니다. 나는 단순히 물리적인 도움을 주는 것 이상의 감정적 지지를 제공하면서, 이 봉사 활동이 나와 그들에게 더 큰 의미로 다가왔음을 느꼈습니다."

(4) 주기적인 봉사 계획 세우기: 지속 가능한 봉사 실천

① 목적: 봉사를 일회성으로 끝내지 않고, 주기적으로 계획하여 꾸준히 봉사를 실천하고, 이를 통해 지속적인 행복과 만족을 얻는다.

② 심리학적 배경: 습관 형성 이론(Habit Formation Theory)에서는 주기적인 행동 계획이 새로운 습관을 형성하고, 이를 지속하는 데 도움을 준다고 설명합니다. 봉사 활동도 정기적으로 실천할 때 그 혜택이 더 크게 나타나며, 이는 개인의 심리적 웰빙에 긍정적인 영향을 미칩니다.

③ 실천 방법

- 월별, 분기별로 봉사 활동 계획을 세우고, 그에 맞춰 봉사에 참여합니다. 매주나 매달 일정한 시간에 봉사 활동을 하도록 계획을 세우고, 이를 일정으로 관리합니다.
- 정기적인 봉사를 통해 자신에게 어떤 변화가 일어나는지 기록하고, 성찰하는 시간을 가집니다.
- 봉사에서 얻은 기쁨과 만족을 친구나 가족과 나누며, 그들도 함께 봉사에 참여할 수 있도록 독려합니다.

④ 연습 스크립트: "나는 매달 한 번씩 지역 사회 봉사에 참여하기로 계획했습니다. 이번 달에는 지역 도서관에서 책 기증 활동을 했고, 다음 달에는 보호소에서 동물 봉사 활동에 참여할 예정입니다. 나는 봉사를 통해 내 삶에 더 큰 의미와 만족을 얻고 있으며, 주기적인 봉사가 나의 행복과 웰빙에 중요한 역할을 한다는 것을 느끼고 있습니다."

(5) 사회적 연결 형성하기: 봉사로 새로운 관계 만들기

① 목적: 봉사를 통해 새로운 사람들과 연결되고, 함께 사회에 긍정적인 변화를 만들며 더 깊은 사회적 유대감을 형성한다.

② 심리학적 배경: 사회적 유대 이론(Social Bond Theory)에 따르면, 봉사는 우리가 새로운 사람들과 긍정적인 관계를 형성하고, 더 큰 사회적 지지망을 만들 수 있는 좋은 기회를 제공합니다. 봉사를 통해 우리는 같은 목적을 가진 사람들과 연결되고, 이를 통해 더 깊은 소속감을 느낄 수 있습니다.

③ 실천 방법

- 봉사 활동 중 새로운 사람들과 대화하고, 그들과 함께 사회적 변화를 만드는 경험을 공유합니다.
- 봉사 활동이 끝난 후에도 그들과의 관계를 유지하고, 함께 새로운 봉사 활동을 계획하여 더 강한 유대감을 형성합니다.
- 새로운 사람들과의 관계를 통해 더 많은 사회적 네트워크를 확장하고, 봉사에 대한 동기 부여를 서로 나눕니다.

④ 연습 스크립트: "오늘 나는 봉사 활동 중 새로운 사람들을 만났고, 우리는 함께 아이들을 위한 교육 지원 활동에 참여했습니다. 봉사가 끝난 후에도 우리는 연락을 유지하며, 다음 달에도 함께 다른 봉사 활동에 참여하기로 했습니다. 나는 이 새로운 관계를 통해 더 큰 사회적 유대감을 느끼고 있으며, 함께 봉사하는 것이 우리 모두에게 긍정적인 변화를 가져다준다는 것을 깨달았습니다."

3) 사회적 봉사로 얻는 기쁨

사회적 봉사는 단순히 타인을 돕는 것을 넘어, 우리 자신에게도 심리적 웰빙과 행복을 가져다주는 중요한 활동입니다. 봉사를 통해 우리는 더 큰 사회적 유대감을 형성하고, 의미 있는 삶을 살며, 타인에게 긍정적인 영향을 미칠 수 있습니다. 꾸준히 봉사를 실천하면, 더 많은 기쁨과 만족을 얻을 수 있으며, 이는 여러분의 삶에 더 큰 충만함을 가져다줄 것입니다.

사회적 봉사는 행복으로 가는 길이며, 이를 통해 여러분은 더 의미 있는 삶을 살아갈 수 있습니다.

38. 작은 친절 실천하기

1) 심리학적 이론: 작은 친절의 심리적 효과

작은 친절(Small Acts of Kindness)은 우리의 삶에 큰 긍정적 영향을 미칠 수 있는 중요한 행동입니다. 긍정 심리학(Positive Psychology)에서는 친절이 인간의 행복과 웰빙을 증진시키는 핵심 요소라고 강조합니다. 심리학자 마틴 셀리그만(Martin Seligman)의 연구에 따르면, 타인에게 친절을 베푸는 행동은 우리의 긍정적인 감정과 만족감을 크게 향상시키며, 장기적인 행복감을 촉진합니다.

작은 친절은 우리의 사회적 관계(Social Relationships)를 강화하는 강력한 도구입니다. 사회적 지지 이론(Social Support Theory)에 따르면, 작은 친절은 상호 신뢰를 쌓고, 인간관계를 더 깊이 있게 만들며, 상대방과의 정서적 연결을 강화하는 데 중요한 역할을 합니다. 또한, 이타주의 이론(Altruism Theory)에서는 친절이 타인뿐만 아니라 우리 자신에게도 긍정적인 감정을 유발한다고 설명합니다. 친절은 우리의 자존감(Self-Esteem)을 높이고, 우리가 사회적으로 가치 있는 존재라고 느끼게 만듭니다.

작은 친절이 미치는 심리적 효과는 옥시토신(Oxytocin)과 엔도르핀(Endorphins) 같은 행복 호르몬의 분비를 촉진하며, 스트레스를 줄이고, 신체적 건강에도 긍정적인 영향을 미칩니다. 행동 활성화 이론(Behavioral Activation Theory)에 따르면, 작은 친절은 우리가 더 큰 목표와 성취를 이루는 데 있어 중요한 동기 부여가 될 수 있습니다.

2) 구체적인 실천 방법 및 스크립트

(1) 작은 친절의 힘을 이해하기: 친절의 심리적 이점 인식하기

① 목적: 작은 친절이 나와 타인에게 미치는 긍정적인 영향을 이해하고, 이를 통해 일상 속에서 더 많은 친절을 실천한다.

② 심리학적 배경: 행동 활성화 이론(Behavioral Activation Theory)에 따르면, 작은 행동 하나가 긍정적인 정서 변화를 가져올 수 있습니다. 작은 친절은 그

자체로 우리의 기분을 개선하고, 타인에게도 긍정적인 영향을 미치는 중요한 도구입니다. 이타적인 행동은 스트레스를 줄이고, 기쁨과 만족감을 높이는 강력한 심리적 도구입니다.

③ 실천 방법

- 일상 속에서 작은 친절이 어떻게 나와 타인에게 영향을 미치는지에 대해 생각해봅니다. 작은 친절을 실천한 후, 나의 감정과 상태가 어떻게 변화하는지 인식해보세요.
- 작은 친절이 쌓이면 큰 변화를 가져온다는 사실을 상기하며, 그날 실천한 작은 친절을 기록해보는 것도 좋은 방법입니다.
- 주변 사람들에게 작은 친절을 실천하며, 그들이 그 친절을 통해 느끼는 감정 변화를 관찰하고, 이를 통해 나에게도 긍정적인 피드백을 얻습니다.

④ 연습 스크립트: “나는 오늘 작은 친절이 나와 타인에게 미치는 긍정적인 영향을 되새기며 하루를 시작합니다. 엘리베이터를 잡아주거나, 동료에게 커피를 사주는 작은 행동이 내가 느끼는 기쁨에 어떤 변화를 가져오는지 주의 깊게 관찰합니다. 그들이 미소를 짓거나 감사의 말을 전할 때, 나 역시 긍정적인 감정에 휩싸이는 것을 느낍니다.”

(2) 일상 속 작은 친절 실천하기: 사소한 행동에서 시작하기

① 목적: 특별한 기회나 장소에 국한되지 않고, 일상 속에서 자연스럽게 실천할 수 있는 작은 친절을 실행한다.

② 심리학적 배경: 긍정적 상호작용 이론(Positive Interaction Theory)에 따르면, 작은 친절은 인간관계에서 긍정적인 상호작용을 촉진하고, 상호 존중과 신뢰를 강화합니다. 일상에서 자연스럽게 실천되는 작은 친절은 타인에게 긍정적 인상을 남기며, 친밀감을 증진시킵니다.

③ 실천 방법

- 하루에 한 번씩 작은 친절을 실천하기로 목표를 세웁니다. 예를 들어, 타인을 위해 문을 잡아주거나, 동료에게 감사의 말을 전하는 간단한 행동으로 시작합니다.
- 친절을 실천할 때 특별한 보상을 기대하지 않고, 그 자체로 의미를 부여하

며 자연스럽게 행동합니다.

- 작은 친절이 쌓이면 그것이 습관이 될 수 있도록 지속적으로 실천합니다.

④ 연습 스크립트: "나는 오늘 하루에 적어도 한 가지 작은 친절을 실천하기로 결심했습니다. 출근길에 엘리베이터를 잡아주고, 동료에게 감사 인사를 건넸습니다. 나는 이 작은 행동들이 나와 타인의 하루를 더 긍정적으로 만들 수 있음을 알고 있으며, 이 친절을 습관으로 만들기 위해 매일 실천할 것입니다."

(3) 자발적 친절 연습하기: 상황을 기다리지 않고 먼저 행동하기

① 목적: 자연스럽게 일어나는 상황에서만 친절을 실천하는 것이 아니라, 적극적으로 자발적으로 친절을 베풀며 타인에게 긍정적인 영향을 미친다.

② 심리학적 배경: 자기 결정 이론(Self-Determination Theory)은 우리가 자발적으로 선택한 행동에서 더 큰 만족감을 느끼며, 이를 통해 긍정적인 동기 부여를 얻게 된다고 설명합니다. 자발적인 친절은 타인뿐만 아니라 자신에게도 심리적 보상을 가져다주며, 이를 통해 더 큰 행복을 경험할 수 있습니다.

③ 실천 방법

- 상황을 기다리지 않고, 먼저 친절을 실천할 기회를 만들어봅니다. 예를 들어, 출근길에 종종 지나치는 길거리에 계신 노숙자에게 간단한 음료나 음식을 사드리는 등, 자발적으로 작은 친절을 실천합니다.
- 자신이 먼저 행동할 때 느끼는 긍정적인 감정 변화를 기록하고, 이를 통해 더 자주 친절을 실천하도록 동기를 부여합니다.
- 자발적인 친절을 통해 타인과의 관계가 어떻게 변화하는지 주의 깊게 관찰합니다.

④ 연습 스크립트: "오늘 나는 자발적인 친절을 실천하기로 했습니다. 출근길에 항상 지나치기만 했던 길거리에 계신 분께 따뜻한 커피를 사드렸고, 그분이 고맙다며 미소를 지을 때 나 역시 마음이 따뜻해졌습니다. 나는 앞으로도 이처럼 먼저 친절을 베푸는 행동을 더 자주 실천하기로 결심했습니다."

(4) 친절의 선순환 만들기: 나의 친절이 타인에게 전파되도록 하기

① 목적: 나의 작은 친절이 타인에게 긍정적인 영향을 주고, 그로 인해 타인이

다시 친절을 베풀 수 있는 선순환을 만든다.

② 심리학적 배경: 긍정적 전염 이론(Positive Contagion Theory)에 따르면, 한 사람의 긍정적 행동은 타인에게 전염될 수 있으며, 이는 더 많은 사람들에게 선한 행동이 퍼지도록 만듭니다. 친절은 이러한 긍정적인 전염의 대표적인 예로, 우리가 베푼 작은 친절은 타인에게도 같은 친절을 실천하도록 유도할 수 있습니다.

③ 실천 방법

- 일상에서 친절을 실천할 때, 그 친절이 다른 사람에게 전파될 수 있도록 장려합니다. 예를 들어, 카페에서 다음 사람의 커피 값을 미리 지불하는 'Pay it Forward' 같은 행동을 통해 타인의 친절을 유도합니다.
- 친절이 전파되는 과정을 지켜보고, 그 과정을 통해 타인도 같은 방식으로 친절을 실천할 수 있도록 격려합니다.
- 작은 친절의 선순환을 만들고, 이를 통해 사회에 긍정적인 변화를 만들어가는 과정을 경험합니다.

④ 연습 스크립트: "오늘 나는 카페에서 다음 손님의 커피 값을 미리 지불했습니다. 그 손님이 기뻐하는 모습을 보았고, 나중에 그들도 다른 사람에게 같은 친절을 베풀 것이라는 기대가 생겼습니나. 나는 니의 작은 친절이 사회에 긍정적인 영향을 미치고, 더 큰 친절의 선순환을 만들기를 희망합니다."

(5) 스스로에게 친절 베풀기: 자기 자신도 배려하는 습관 기르기

① 목적: 타인에게 친절을 베푸는 것뿐만 아니라, 자신에게도 친절한 태도를 유지하며 자기 돌봄(Self-Care)을 실천한다.

② 심리학적 배경: 자기 연민(Self-Compassion)의 연구에 따르면, 자신에게도 친절한 태도를 가지는 것이 심리적 건강에 중요한 역할을 합니다. 크리스틴 네프(Kristin Neff)는 자기 연민이 자존감과 스트레스를 조절하는 데 긍정적인 영향을 미친다고 주장했습니다. 타인에게만 친절을 베푸는 것이 아니라, 스스로에게도 자비로운 태도를 가져야 합니다.

③ 실천 방법

- 자신에게 친절한 말과 행동을 습관화합니다. "오늘 나는 정말 수고했어"와

같은 긍정적인 자기 대화를 통해 자신을 격려합니다.

- 과거의 실수나 실패에 대해 자신을 비난하지 않고, 자비로운 태도를 유지하며 스스로를 용서하고 돌봅니다.
- 스트레스를 받을 때, 자신에게 휴식을 허용하고, 스스로를 배려하는 시간을 가져 자아 돌봄을 실천합니다.

④ 연습 스크립트: "오늘 나는 자신에게도 친절한 태도를 가지기로 했습니다. 하루가 끝난 후 '오늘 정말 수고 많았어'라고 스스로에게 말하며, 나에게 자비를 베풀었습니다. 과거의 실수로 나를 비난하지 않고, 그 경험을 통해 성장할 수 있도록 나 자신을 격려합니다. 나는 나에게도 친절할 자격이 있다는 것을 깨달았습니다."

3) 작은 친절로 얻는 큰 행복

작은 친절은 우리의 일상을 변화시키는 강력한 도구입니다. 작은 친절이 쌓이면 더 큰 긍정적인 변화가 일어나며, 이는 우리 자신뿐만 아니라 사회에도 큰 영향을 미칩니다. 친절은 인간관계를 더 깊게 만들고, 우리가 살아가는 세상을 더 따뜻하게 변화시킬 수 있는 힘을 가지고 있습니다.

꾸준히 작은 친절을 실천하면, 여러분은 더 큰 심리적 안정과 행복을 경험할 수 있을 것입니다. 친절은 행복의 열쇠이며, 이를 통해 여러분은 더 충만한 삶을 살아갈 수 있습니다.

39. 사랑을 표현하는 방법

1) 심리학적 이론: 사랑의 표현과 정서적 연결

사랑을 표현하는 것(Expressing Love)은 인간관계에서 정서적 연결을 강화하고, 관계의 깊이를 더하는 핵심 요소입니다. 심리학자 게리 채프먼(Gary Chapman)은 그의 저서 '5가지 사랑의 언어(The Five Love Languages)'에서 사랑을 표현하는 다양한 방법이 있음을 강조하며, 사랑의 언어가 다를 수 있음을 설명했습니다. 각 개인이 사랑을 주고받는 방식은 다르며, 이를 이해하고 상대방에게 맞는 방식으로 사랑을 표현하는 것이 중요한 관계 유지의 비결입니다.

사랑을 표현하는 것은 단순히 감정의 표출이 아니라, 정서적 유대감(Emotional Bonding)을 강화하는 중요한 소통 방식입니다. 애착 이론(Attachment Theory)에 따르면, 사랑의 표현은 애착을 형성하고 유지하는 데 중요한 역할을 하며, 이는 개인의 심리적 안정과 행복에도 영향을 미칩니다. 사랑을 표현함으로써 우리는 자신과 상대방에게 정서적 안정감을 주고, 관계에서 더 깊은 신뢰를 쌓을 수 있습니다.

자기 결정 이론(Self-Determination Theory)에서는 사랑을 표현할 때 자발적이고 진정성 있는 행동이 중요하다고 말합니다. 억지로 하는 사랑의 표현은 오히려 관계에 부정적인 영향을 미칠 수 있으므로, 스스로의 의지와 감정에 충실한 표현이 필요합니다. 또한, 사랑을 표현하는 것은 우리의 행복 호르몬(Happiness Hormones)을 증가시키며, 스트레스를 줄이고 전반적인 심리적 웰빙을 향상시킵니다.

2) 구체적인 실천 방법 및 스크립트

(1) 상대방의 사랑의 언어를 이해하기: 맞춤형 사랑 표현

① 목적: 상대방이 사랑을 어떻게 느끼고 표현받고 싶은지 이해하고, 그에 맞는 방법으로 사랑을 표현한다.

② 심리학적 배경: 게리 채프먼(Gary Chapman)의 5가지 사랑의 언어는 사랑을 표현하는 방식이 다섯 가지로 나뉠 수 있음을 설명합니다: *칭찬과 격려의 말,

*함께하는 시간, *선물, *봉사, *신체적 접촉. 각 사람이 사랑을 느끼는 방식은 다르기 때문에, 상대방이 선호하는 사랑의 언어를 이해하고 그에 맞게 사랑을 표현하는 것이 중요합니다.

③ 실천 방법

- 상대방이 어떤 방식으로 사랑을 가장 강하게 느끼는지 물어보거나, 그들의 행동을 통해 파악합니다.
- 상대방이 사랑을 느끼는 방식에 맞추어 사랑을 표현합니다. 예를 들어, 상대가 '칭찬과 격려의 말'을 선호한다면, 자주 칭찬하거나 긍정적인 피드백을 줍니다.
- 다양한 사랑의 언어를 번갈아 실천해보고, 상대방이 가장 감동을 받는 표현 방법을 찾습니다.

④ 연습 스크립트: "나는 오늘 내 배우자의 사랑의 언어를 이해하기로 했습니다. 그가 '함께하는 시간'을 중요하게 여긴다는 것을 깨닫고, 이번 주말에 그와 함께 시간을 보내기로 계획했습니다. 우리는 함께 산책을 하며 대화를 나눴고, 그 시간이 그에게 큰 의미가 있음을 느꼈습니다. 나는 앞으로 그의 사랑의 언어를 존중하며, 그에 맞는 방식으로 사랑을 표현할 것입니다."

(2) 칭찬과 긍정적인 말로 사랑 표현하기

① 목적: 상대방의 장점과 노력에 대해 칭찬하고, 긍정적인 말로 사랑과 지지를 표현한다.

② 심리학적 배경: 언어적 소통(Verbal Communication)은 사랑을 표현하는 가장 직접적인 방식 중 하나입니다. 긍정적 피드백 이론(Positive Feedback Theory)에 따르면, 긍정적인 말은 상대방의 자존감을 높이고, 관계에서의 신뢰와 친밀감을 강화하는 역할을 합니다. 사람들은 사랑하는 이로부터 인정받고 싶어 하며, 이를 통해 자신이 사랑받고 있다고 느낍니다.

③ 실천 방법

- 상대방의 장점이나 노력에 대해 구체적으로 칭찬합니다. "너는 정말 책임감 있는 사람이야" 또는 "오늘 너의 발표는 정말 인상 깊었어"와 같은 긍정적인 피드백을 자주 건넵니다.

- 단순히 겉으로 드러나는 외적인 면만 칭찬하는 것이 아니라, 그 사람의 성격, 가치관, 행동에 대한 칭찬도 포함합니다.
- 칭찬과 함께 그들이 당신에게 얼마나 소중한 존재인지를 표현하며, 감사의 말을 전합니다.

④ 연습 스크립트: "오늘 나는 내 친구에게 '너는 항상 진심으로 다른 사람을 돕는 모습이 정말 존경스러워'라고 말했습니다. 그가 미소를 지으며 고마워하는 모습을 보며, 나의 칭찬이 그에게 긍정적인 영향을 미쳤음을 느꼈습니다. 나는 앞으로도 자주 긍정적인 피드백을 주며, 그에게 사랑을 표현할 것입니다."

(3) 함께하는 시간으로 사랑 표현하기

① 목적: 중요한 사람들과 의미 있는 시간을 보내며, 그 시간을 통해 정서적 연결을 강화한다.

② 심리학적 배경: 시간의 질(Quality Time)은 사랑을 표현하는 중요한 방식 중 하나입니다. 사회적 상호작용 이론(Social Interaction Theory)에 따르면, 함께하는 시간은 관계를 깊게 만들고, 서로의 감정적 유대를 강화하는 데 매우 중요한 역할을 합니다. 서로가 중요한 순간을 함께 경험하고 기억을 공유함으로써 사랑이 더욱 깊어집니다.

③ 실천 방법

- 사랑하는 사람과 함께하는 시간을 의도적으로 계획합니다. 예를 들어, 주말마다 데이트나 산책, 저녁 식사 시간을 정기적으로 가지며, 그 시간 동안 다른 방해 요소(휴대폰, 일 등)를 배제합니다.
- 함께 있는 동안 진정한 소통을 위해 서로의 이야기에 집중하며, 주기적으로 감정과 생각을 나눕니다.
- 서로의 관심사에 맞는 활동을 함께하며, 새로운 경험을 공유하는 시간을 만듭니다.

④ 연습 스크립트: "오늘 나는 내 배우자와 함께 하루를 보내기로 했습니다. 우리는 점심을 먹고 공원을 산책하며 서로의 생각과 감정을 나누었습니다. 휴대폰을 꺼두고 오로지 대화와 서로의 감정에 집중했습니다. 이 시간을 통해 우리는 더욱 깊은 정서적 유대를 형성할 수 있었습니다."

(4) 작은 선물로 사랑 표현하기

① 목적: 특별한 날이 아니어도 작은 선물을 통해 상대방에게 사랑과 감사를 표현한다.

② 심리학적 배경: 선물의 심리학(Psychology of Gift-Giving)에 따르면, 선물은 단순한 물질적 교환을 넘어, 감정적 가치를 전달하는 중요한 수단입니다. 선물은 사랑과 감사를 표현하는 물리적 형태이며, 이를 통해 우리는 상대방에게 그들이 특별한 존재임을 상기시킬 수 있습니다. 연구에 따르면, 선물은 특히 예상치 못한 상황에서 더 큰 감동을 줍니다.

③ 실천 방법

- 특별한 날이 아니더라도 상대방을 위한 작은 선물을 준비해보세요. 예를 들어, 그들이 좋아하는 책, 음식, 꽃과 같은 작은 선물이 그들에게 큰 기쁨을 줄 수 있습니다.
- 선물을 준비할 때, 상대방의 취향과 관심사에 맞춰 개인화된 선물을 고르도록 노력합니다.
- 선물과 함께 진심 어린 편지를 적어, 그들에게 전하는 감정과 메시지를 구체적으로 표현합니다.

④ 연습 스크립트: "오늘 나는 특별한 날이 아님에도 불구하고, 내 친구를 위한 작은 선물을 준비했습니다. 그가 좋아하는 커피와 함께 '너와 함께하는 시간이 정말 소중해'라는 짧은 메시지를 담았습니다. 그가 선물을 받고 미소 지으며 고마워할 때, 나 역시 큰 기쁨을 느꼈습니다. 나는 앞으로도 자주 작은 선물로 내 사랑을 표현하기로 다짐했습니다."

(5) 신체적 접촉으로 사랑 표현하기

① 목적: 신체적 접촉을 통해 정서적 안정감과 사랑을 전달한다.

② 심리학적 배경: 신체적 접촉(Physical Touch)은 인간관계에서 강력한 정서적 연결을 만드는 중요한 수단입니다. 옥시토신(Oxytocin)과 같은 긍정적인 호르몬은 신체적 접촉을 통해 분비되며, 이는 상대방에게 심리적 안정감을 제공하고, 스트레스를 줄이는 데 도움을 줍니다. 연구에 따르면, 따뜻한 포옹이나 손

을 잡는 행동은 사랑을 전달하는 가장 직관적인 방법 중 하나입니다.

③ 실천 방법

- 상대방과의 신체적 접촉을 자주 시도합니다. 포옹, 손 잡기, 어깨 두드리기와 같은 작은 신체적 접촉을 통해 사랑을 표현할 수 있습니다.
- 상대방이 신체적 접촉을 좋아하는 방식에 맞춰 자연스럽게 접촉을 시도합니다. 예를 들어, 일부 사람들은 포옹을 좋아할 수 있고, 다른 사람들은 손을 잡는 것을 선호할 수 있습니다.
- 신체적 접촉을 통해 그들에게 정서적 지지와 사랑을 느끼게 해줍니다.

④ 연습 스크립트: "오늘 나는 내 가족에게 따뜻한 포옹을 해주었습니다. 그들이 힘든 하루를 보낸 것을 알고 있었기에, 포옹을 통해 그들에게 위로와 사랑을 전하고 싶었습니다. 그 순간 나 또한 감정적으로 안정감을 느꼈고, 우리는 서로의 사랑을 더 깊이 이해할 수 있었습니다."

3) 사랑을 표현하는 다양한 방법

사랑을 표현하는 것은 관계에서 가장 중요한 요소 중 하나입니다. 다양한 방법으로 사랑을 표현함으로써 우리는 사랑하는 사람과 더 깊은 정서적 연결을 형성하고, 서로에게 더 큰 안정감과 행복을 줄 수 있습니다. 사랑은 단순한 감정이 아니라, 행동으로 실천될 때 그 힘이 극대화됩니다.

사랑을 표현하는 것은 행복으로 가는 길이며, 이를 통해 여러분은 더 깊고 의미 있는 인간관계를 형성할 수 있습니다.

40. 의미 있는 인간관계 유지하기

1) 심리학적 이론: 의미 있는 인간관계의 중요성

의미 있는 인간관계(Maintaining Meaningful Relationships)는 우리의 심리적 웰빙과 행복에 중요한 역할을 합니다. 긍정 심리학(Positive Psychology)에서는 인간관계가 개인의 삶에서 중요한 의미와 목적을 제공하며, 이러한 관계가 정신적·정서적 건강을 증진한다고 설명합니다. 연구에 따르면, 사회적 연결(Social Connection)은 인간이 심리적으로 안정감을 느끼고 더 행복한 삶을 살기 위해 필수적인 요소입니다.

존 보울비(John Bowlby)의 애착 이론(Attachment Theory)은 안정적인 인간관계가 우리에게 심리적 안정감을 제공하며, 이는 유아기뿐만 아니라 성인기에도 중요한 영향을 미친다고 주장했습니다. 인간은 본능적으로 서로 연결되기를 원하며, 이러한 관계는 스트레스 해소, 정서적 지원, 자아 존중감을 강화하는 데 중요한 역할을 합니다.

또한 사회적 교환 이론(Social Exchange Theory)에 따르면, 인간관계는 상호 이익을 바탕으로 유지되며, 상호적 지원과 보상은 인간관계를 지속적으로 발전시키는 데 중요한 요소입니다. 관계 유지 이론(Relationship Maintenance Theory)은 인간관계를 유지하기 위해서는 정서적 연결, 신뢰, 그리고 꾸준한 상호작용이 필수적이라고 설명합니다. 지속적으로 의미 있는 관계를 유지하는 사람들은 더 높은 만족도와 심리적 웰빙을 경험합니다.

2) 구체적인 실천 방법 및 스크립트

(1) 정기적으로 소통하기: 관계의 지속적인 대화 유지

① 목적: 의미 있는 관계를 유지하기 위해 정기적인 소통을 통해 관계의 유대감을 강화한다.

② 심리학적 배경: 사회적 상호작용 이론(Social Interaction Theory)에 따르면, 꾸준한 소통은 인간관계에서 신뢰와 친밀감을 강화하는 중요한 수단입니다.

연구에 따르면, 지속적인 대화와 소통이 없는 관계는 자연스럽게 멀어질 가능성이 높습니다. 정기적인 대화를 통해 서로의 감정과 생각을 공유하며 관계의 지속성을 유지할 수 있습니다.

③ 실천 방법

- 관계를 유지하고 싶은 사람들과 정기적으로 소통할 시간을 마련합니다. 예를 들어, 주말마다 친구나 가족과 통화를 하거나 메시지를 보내는 습관을 들입니다.
- 대화할 때 단순한 안부를 묻는 것에서 나아가, 서로의 감정과 경험을 나누고 경청합니다.
- 중요한 기념일이나 생일에 연락을 하여 그들에게 관심을 표현하고, 정서적 지지를 제공합니다.

④ 스크립트: "나는 오늘 오랜 친구에게 전화를 걸어 최근의 근황과 기분에 대해 이야기를 나눴습니다. 그가 요즘 힘든 시간을 보내고 있다는 것을 알게 되었고, 함께 시간을 보내며 그를 위로했습니다. 정기적인 대화가 우리 관계를 유지하는 데 중요한 역할을 한다는 것을 다시 한번 깨달았습니다."

(2) 상호 신뢰 쌓기: 신뢰를 기반으로 한 관계 유지

① 목적: 의미 있는 인간관계에서 신뢰를 쌓고, 이를 바탕으로 관계의 깊이를 더한다.

② 심리학적 배경: 신뢰 이론(Trust Theory)에 따르면, 인간관계에서 신뢰는 가장 중요한 기초입니다. 비폭력 대화(Nonviolent Communication, NVC)와 같은 대화 방법을 통해 신뢰를 쌓고, 상대방의 감정을 존중하며 진정성 있게 소통하는 것이 중요합니다. 신뢰는 상대방이 자신의 감정을 자유롭게 표현할 수 있도록 돕고, 관계에서 정서적 안정감을 제공합니다.

③ 실천 방법

- 상대방과의 약속을 지키고, 정직하게 소통함으로써 신뢰를 쌓습니다. 작은 약속이라도 지키는 것이 중요하며, 이를 통해 상대방이 나를 신뢰할 수 있게 만듭니다.
- 상대방이 자신의 감정을 자유롭게 표현할 수 있도록 비판하지 않고 경청하

며, 그들의 입장을 존중하는 태도를 유지합니다.
- 갈등 상황에서 신뢰를 잃지 않도록 솔직하고 존중하는 방식으로 대화를 이어갑니다.

④ 연습 스크립트: "나는 오늘 내 동료와 중요한 프로젝트를 논의하며, 그가 제안한 아이디어를 존중하고 그의 의견을 적극적으로 경청했습니다. 우리는 서로의 감정을 존중하며 대화를 나누었고, 이를 통해 우리의 신뢰가 더욱 강화되었습니다."

(3) 질 좋은 시간을 함께 보내기: 관계에 시간 투자하기

① 목적: 인간관계에서 의미 있는 시간을 보내며, 관계의 질을 높이고 유대를 강화한다.

② 심리학적 배경: 시간의 질(Quality Time)은 관계 유지에서 중요한 요소입니다. 의미 있는 시간을 함께 보내는 것은 관계에서 정서적 연결을 강화하고, 상호 이해와 존중을 증대시킵니다. 관계 유지 이론(Relationship Maintenance Theory)에 따르면, 함께 보내는 시간의 질이 관계의 깊이에 큰 영향을 미칩니다.

③ 실천 방법
- 사랑하는 사람과 함께 보내는 시간을 계획합니다. 함께할 수 있는 활동을 계획하고, 그 시간을 오로지 상대방과의 관계에 집중하도록 합니다.
- 함께하는 시간을 방해하는 요소(휴대폰, 일 등)를 배제하고, 진정한 소통과 감정 교류에 집중합니다.
- 새로운 경험을 함께하며 서로의 관계를 더욱 깊게 만드는 기회를 만듭니다.

④ 스크립트: "오늘 나는 내 배우자와 함께 주말을 보내기로 계획했습니다. 우리는 함께 요리를 하며 대화를 나눴고, 저녁 식사를 함께 즐겼습니다. 그 시간 동안 휴대폰을 끄고, 오직 우리의 대화와 감정에만 집중했습니다. 이 시간을 통해 우리는 서로에 대한 이해와 사랑을 더욱 깊게 할 수 있었습니다."

(4) 상호적 지지 제공하기: 어려움 속에서 서로 지지하기

① 목적: 의미 있는 관계에서 상대방의 어려움을 함께 나누고, 정서적・심리적 지지를 제공한다.

② 심리학적 배경: 사회적 지지 이론(Social Support Theory)에 따르면, 인간관계에서의 정서적 지지는 개인의 심리적 안정과 행복에 중요한 역할을 합니다. 어려운 상황에서 정서적 지지와 도움을 제공하는 것은 관계를 더욱 깊고 의미 있게 만듭니다. 이 과정에서 서로의 감정을 이해하고 공감하는 것이 중요합니다.

③ 실천 방법

- 상대방이 어려운 상황에 처했을 때 적극적으로 도움을 제공하고, 그들이 필요로 하는 정서적 지지를 제공합니다. "네가 지금 힘든 시기를 겪고 있다는 것을 알고 있어. 나는 항상 네 곁에 있을 거야"라는 말로 그들에게 안도감을 줍니다.
- 상대방이 필요할 때 경청하며, 비판하지 않고 그들의 감정을 받아들이는 자세를 가집니다.
- 서로의 어려움을 나누고, 함께 해결해 나가는 과정을 통해 관계를 더욱 깊게 만듭니다.

④ 스크립트: "오늘 내 친구가 직장에서 어려움을 겪고 있다는 소식을 듣고, 나는 그에게 전화를 걸어 그가 처한 상황에 대해 들어주었습니다. 나는 그의 이야기를 비판하지 않고 경청했고, 그가 필요한 정서적 지지를 제공했습니다. 우리는 이 과정을 통해 서로에게 더 큰 신뢰를 쌓을 수 있었습니다."

(5) 관계에 긍정적인 피드백 주기: 서로를 인정하고 격려하기

① 목적: 의미 있는 관계를 유지하기 위해 서로를 자주 인정하고, 긍정적인 피드백을 통해 관계의 질을 높인다.

② 심리학적 배경: 긍정적 피드백 이론(Positive Feedback Theory)에 따르면, 인간관계에서 긍정적인 피드백은 상대방의 자존감과 신뢰를 높이고, 관계를 더욱 건강하게 유지하는 데 중요한 역할을 합니다. 자주 긍정적인 피드백을 주고받는 관계는 더 큰 친밀감과 정서적 연결을 형성하게 됩니다.

③ 실천 방법

- 상대방이 한 노력이나 장점을 발견했을 때, 그에 대해 구체적인 칭찬과 긍정적인 피드백을 줍니다. 예를 들어, "너는 정말 책임감이 강해. 그 점이 항상 인상적이야"와 같은 말로 그들의 장점을 인정합니다.

- 상대방의 성과나 기여를 잊지 않고 칭찬하며, 그들의 존재와 역할이 얼마나 중요한지를 알려줍니다.
- 비판보다는 긍정적인 부분에 초점을 맞추고, 그들의 성장과 변화를 격려하는 피드백을 주기 위해 노력합니다.

④ 스크립트: "오늘 내 동료가 중요한 프로젝트를 성공적으로 마무리한 것을 보고, 나는 그에게 '너의 노력 덕분에 이 프로젝트가 잘 마무리될 수 있었어. 정말 대단해!'라고 말했습니다. 그의 얼굴에 미소가 번지며, 우리의 관계는 더욱 가까워졌습니다. 나는 앞으로도 자주 긍정적인 피드백을 통해 우리 관계를 지속적으로 유지할 것입니다."

3) 의미 있는 인간관계 유지하기

의미 있는 인간관계는 우리의 심리적 안정과 행복을 위해 필수적입니다. 관계는 시간이 지남에 따라 자연스럽게 소홀해질 수 있지만, 의도적인 노력과 실천을 통해 지속적으로 유지하고 발전시킬 수 있습니다. 정기적인 소통, 신뢰 형성, 질 높은 시간, 상호적 지지, 긍정적인 피드백을 통해 우리는 더 깊고 의미 있는 관계를 형성할 수 있습니다.

의미 있는 인간관계는 행복의 기초이며, 이를 통해 여러분은 더 충만한 삶을 살아갈 수 있습니다. 지속적으로 관계를 유지하는 데 노력을 기울이면, 여러분은 더 큰 만족감과 행복을 누릴 수 있을 것입니다.

제5부 신체적 행복: 건강한 몸, 행복한 마음

신체적 건강과 심리적 행복의 상호작용

신체적 건강과 심리적 행복은 긴밀하게 연결되어 있습니다. 운동(Exercise)은 우리의 신체적 건강뿐만 아니라 정신적 건강에도 긍정적인 영향을 미칩니다. 규칙적인 신체 활동은 엔도르핀(Endorphins)과 세로토닌(Serotonin) 같은 신경전달물질을 증가시켜, 기분을 좋게 하고 스트레스를 줄이는 효과가 있습니다. 연구에 따르면, 규칙적으로 운동을 하는 사람들은 더 높은 삶의 만족도를 경험하고, 불안과 우울감을 덜 느낍니다.

영양 관리(Nutrition) 또한 중요한 요소입니다. 우리가 섭취하는 음식은 신체적 건강뿐만 아니라 뇌의 기능과 감정에도 영향을 미칩니다. 균형 잡힌 식단은 우리의 기분을 안정시키고, 에너지를 높이며, 전반적인 웰빙을 향상시킵니다. 반면, 영양이 부족하거나 불균형한 식단은 정신적 피로와 감정적 불안정을 초래할 수 있습니다.

수면(Sleep) 역시 우리의 신체적, 정신적 건강에 필수적인 요소입니다. 충분한 수면을 취하지 않으면 신체적 피로뿐만 아니라 감정 조절이 어려워지고, 인지 기능과 정신 건강에도 부정적인 영향을 미칩니다.

마지막으로, 스트레스 관리(Stress Management)는 신체적, 정신적 행복을 유지하는 핵심 요소입니다. 스트레스는 신체에 여러 가지 부정적인 영향을 미치며, 장기적으로는 만성 질환과 정신 건강 문제를 유발할 수 있습니다. 그러나 적절한 스트레스 관리 기법을 통해 우리는 스트레스에 대한 저항력을 키우고, 신체적·정신적 건강을 유지할 수 있습니다.

41. 규칙적인 운동의 행복학

1) 심리학적 이론: 운동과 행복의 상관관계

규칙적인 운동(Regular Exercise)은 신체 건강뿐만 아니라 정신적 행복을 증진하는 강력한 도구입니다. 심리학 연구에 따르면, 운동은 우리의 뇌와 신체에 긍정적인 변화를 일으켜 행복 호르몬(Endorphins)을 분비하게 하며, 불안과 스트레스를 줄이는 데 매우 효과적입니다. 운동을 하면 기분이 좋아지는 이유는 뇌에서 분비되는 도파민(Dopamine), 세로토닌(Serotonin), 엔도르핀(Endorphins) 같은 신경전달물질 덕분입니다. 이러한 물질들은 기분을 고양시키고, 신체적 고통을 줄이며, 스트레스를 완화하는 역할을 합니다.

운동은 긍정 심리학(Positive Psychology)의 중요한 한 요소로, 심리적 웰빙에 직접적으로 기여합니다. 행동 활성화 이론(Behavioral Activation Theory)에 따르면, 몸을 움직이는 활동은 우리의 정서와 인지적 상태를 변화시켜, 우울감이나 불안감을 감소시키고 긍정적인 감정을 촉진하는 역할을 합니다. 또한, 운동은 자아효능감(Self-Efficacy)을 증진시키는 효과가 있습니다. 자신의 신체적 능력을 통해 목표를 달성하는 경험은 자신감을 높이고, 전반적인 삶의 만족도를 향상시킵니다.

신체-정신 상호작용 이론(Psychophysical Interaction Theory)에서는 신체적 활동과 정신적 상태가 긴밀하게 연결되어 있음을 강조합니다. 규칙적인 운동은 신체적 건강을 유지할 뿐만 아니라, 스트레스 해소, 정서적 안정, 그리고 심리적 회복력(Psychological Resilience)을 키우는 데 매우 중요합니다. 연구에 따르면, 규칙적으로 운동을 하는 사람들은 더 높은 수준의 행복감과 낮은 수준의 우울증 및 불안감을 경험합니다.

2) 구체적인 실천 방법 및 스크립트

(1) 작은 목표로 시작하기: 운동 습관 형성의 첫걸음

① 목적: 규칙적인 운동을 시작하는 데 있어서 부담을 줄이고, 작은 목표부터 실천하여 운동 습관을 형성한다.

② 심리학적 배경: 습관 형성 이론(Habit Formation Theory)에 따르면, 새로운 행동을 지속하기 위해서는 작은 목표부터 시작하여 점진적으로 습관을 형성하는 것이 중요합니다. 처음부터 과도한 목표를 세우면 금방 지치거나 포기할 가능성이 높습니다. 따라서 작은 성공을 통해 자신감을 쌓고, 지속적인 동기 부여를 얻는 것이 운동을 꾸준히 실천하는 비결입니다.

③ 실천 방법

- 처음에는 하루에 10~15분 정도의 짧은 운동부터 시작합니다. 산책, 가벼운 스트레칭, 짧은 홈 트레이닝 등 부담 없이 할 수 있는 운동을 선택하세요.
- 매주 조금씩 운동 시간을 늘리며, 자신의 신체 능력에 맞게 목표를 조정합니다. 예를 들어, 첫 주에는 15분, 두 번째 주에는 20분으로 점진적으로 늘려보세요.
- 운동 후 느끼는 신체적, 정신적 변화에 주의를 기울이고, 작은 성취에 대한 자부심을 느끼세요.

④ 연습 스크립트: "나는 오늘 운동을 시작하기로 결심했습니다. 처음에는 하루 10분간 산책을 하기로 했고, 그 시간을 꾸준히 지키며 조금씩 늘려가기로 했습니다. 작은 운동이라도 내 몸과 마음에 긍정적인 변화를 가져오고 있음을 느끼며, 나는 점차 더 큰 목표를 세울 준비가 되어 있습니다."

(2) 운동의 심리적 보상 찾기: 신체적, 정신적 혜택 인식하기

① 목적: 운동을 통해 얻는 심리적 혜택을 인식하고, 운동을 지속할 동기를 강화한다.

② 심리학적 배경: 행동주의 이론(Behaviorism)에 따르면, 보상을 통해 행동을 강화하면 그 행동을 지속할 가능성이 높아집니다. 운동을 통해 얻는 심리적 보상, 즉 기분 개선, 스트레스 감소, 성취감 등의 변화를 인식하고 이를 동기 부여의 요소로 삼으면, 규칙적인 운동을 유지하는 데 도움이 됩니다.

③ 실천 방법

- 운동을 한 후 느끼는 기분 변화와 정신적 안정감을 기록해봅니다. "오늘 운동을 하고 나니 기분이 한결 가벼워졌다"와 같은 긍정적인 변화를 일기나 메모에 적어보세요.

- 운동을 통해 스트레스가 줄어들고, 더 긍정적인 감정을 경험하는 순간을 의식적으로 인식합니다.
- 운동 후 느끼는 성취감과 신체적 변화를 스스로에게 칭찬하며, 그 기쁨을 반복적으로 경험할 수 있도록 운동을 지속합니다.

④ 연습 스크립트: "오늘 나는 20분 동안 산책을 하면서 몸이 한결 가벼워졌고, 스트레스가 줄어든 것을 느꼈습니다. 이 기분 좋은 변화를 기록하면서, 앞으로도 운동을 통해 더 많은 긍정적인 감정을 경험할 수 있겠다는 생각이 들었습니다. 나는 매일 작은 성취를 통해 내 몸과 마음을 더 건강하게 만들고 있습니다."

(3) 즐거운 운동 선택하기: 자신에게 맞는 운동 찾기

① 목적: 억지로 운동을 하는 것이 아니라, 즐거움을 느낄 수 있는 운동을 선택하여 꾸준히 실천할 수 있도록 한다.

② 심리학적 배경: 자기 결정 이론(Self-Determination Theory)에 따르면, 자율적이고 내적 동기에 의해 선택된 활동은 더 큰 만족감을 주고, 지속할 가능성이 높습니다. 운동을 의무감으로 하는 것이 아니라, 즐거움을 느끼는 활동을 찾으면 규칙적인 운동을 더 쉽게 실천할 수 있습니다.

③ 실천 방법

- 다양한 운동을 시도해보고, 자신에게 가장 즐겁고 적합한 운동을 선택합니다. 예를 들어, 춤, 요가, 자전거 타기, 수영, 등산 등 다양한 운동 중 자신이 즐거움을 느끼는 활동을 찾아보세요.
- 운동을 하면서 즐거움을 느끼는 순간에 집중하고, 그 운동이 신체적·정신적 건강에 미치는 긍정적인 영향을 인식합니다.
- 운동을 함께 즐길 수 있는 친구나 가족과 함께 운동하면, 운동을 더 즐겁게 실천할 수 있습니다.

④ 연습 스크립트: "나는 오늘 친구와 함께 자전거를 타기로 했습니다. 이 활동이 내게 얼마나 즐거움을 주는지 깨달았고, 운동이라는 느낌보다는 놀이처럼 느껴졌습니다. 나는 앞으로도 자전거 타기와 같은 즐거운 운동을 통해 규칙적인 신체 활동을 유지할 것입니다."

(4) 운동 루틴 만들기: 일상 속 규칙적인 운동 습관화

① 목적: 규칙적인 운동을 일상 속에서 자연스럽게 습관으로 만들고, 꾸준히 실천할 수 있도록 한다.

② 심리학적 배경: 습관 이론(Habit Theory)에 따르면, 일상 속에서 규칙적인 행동이 반복될 때 그 행동은 자동화되고 습관으로 자리 잡습니다. 운동을 습관화하기 위해서는 일상적인 일정에 운동을 포함시키고, 그 시간을 꾸준히 지키는 것이 중요합니다.

③ 실천 방법

- 운동할 시간을 일정에 포함시켜, 그 시간을 꾸준히 지키도록 합니다. 예를 들어, 매일 아침이나 저녁 시간 30분을 운동 시간으로 정해두세요.
- 운동을 시작하기 전, 스트레칭이나 간단한 준비 운동을 하여 몸을 풀고, 규칙적인 운동 루틴에 들어갈 준비를 합니다.
- 운동이 끝난 후에는 충분한 휴식과 물을 섭취하며 신체 회복에 신경 씁니다.

④ 연습 스크립트: "나는 오늘부터 매일 아침 30분 동안 운동을 하기로 계획했습니다. 이 시간을 정해두고, 다른 일정에 방해받지 않도록 꾸준히 지킬 것입니다. 운동을 하기 전 스트레칭을 하며 몸을 풀었고, 운동 후에는 충분한 물을 마시며 회복 시간을 가졌습니다. 나는 이 운동 루틴을 통해 내 삶에 규칙성을 더하고 있습니다."

(5) 사회적 지원 받기: 운동을 지속할 수 있는 지원 시스템 만들기

① 목적: 운동을 꾸준히 실천할 수 있도록 친구나 가족의 지지를 받고, 함께 운동을 즐기며 동기 부여를 강화한다.

② 심리학적 배경: 사회적 지지 이론(Social Support Theory)에 따르면, 다른 사람과 함께하는 활동은 동기 부여를 강화하고, 활동을 지속할 가능성을 높여줍니다. 운동도 혼자 하기보다 친구나 가족과 함께하면 더 쉽게 지속할 수 있으며, 서로를 지지하며 동기 부여를 받을 수 있습니다.

③ 실천 방법

- 친구나 가족과 함께 운동할 수 있는 시간을 계획하고, 서로가 지지하는 분

위기 속에서 운동을 합니다.

- 운동 목표를 설정하고, 그 목표를 함께 나누며 서로의 성취를 칭찬하고 격려합니다.
- 함께 운동하면서 즐거움을 나누고, 운동 후에도 대화를 통해 관계를 더욱 돈독히 만듭니다.

④ 연습 스크립트: "오늘 나는 친구와 함께 운동을 하기로 했습니다. 우리는 서로의 운동 목표를 나누고, 매주 함께 달성하기로 약속했습니다. 운동 중간중간 서로를 격려하며 즐거운 시간을 보냈고, 운동이 끝난 후에도 커피를 마시며 대화를 나눴습니다. 이 과정에서 나는 혼자서보다 더 큰 동기 부여를 느꼈고, 운동을 꾸준히 지속할 자신감을 얻었습니다."

3) 규칙적인 운동의 행복학

규칙적인 운동은 신체적 건강뿐만 아니라 정신적 행복을 증진시키는 가장 강력한 도구 중 하나입니다. 작은 목표로 시작하여 꾸준히 실천하면, 우리는 신체적으로나 정신적으로 긍정적인 변화를 경험할 수 있습니다. 즐거움을 느끼며 자신에게 맞는 운동을 선택하고, 이를 통해 얻는 성취감과 기쁨을 인식하는 것이 중요합니다. 또한, 사회적 지지를 통해 운동을 지속할 수 있는 환경을 만들면, 우리는 더욱 건강하고 행복한 삶을 살아갈 수 있습니다.

운동은 행복으로 가는 길이며, 이를 통해 여러분은 더 활기차고 충만한 삶을 누릴 수 있습니다.

42. 건강한 식습관 만들기

1) 심리학적 이론: 건강한 식습관과 정신적 행복의 상관관계

건강한 식습관(Healthy Eating Habits)은 신체적 건강뿐만 아니라 정신적 웰빙을 증진하는 데 중요한 역할을 합니다. 우리가 섭취하는 음식은 우리의 신체뿐 아니라 감정, 인지 기능, 그리고 전반적인 심리적 건강에 큰 영향을 미칩니다. 영양심리학(Nutritional Psychology) 연구에 따르면, 건강한 식습관은 정신 건강을 유지하고 개선하는 데 중요한 요소입니다. 특히, 건강한 지방, 비타민, 미네랄 등이 충분히 포함된 식단은 기분을 안정시키고, 우울증 및 불안감을 예방하는 데 효과적입니다.

자기결정 이론(Self-Determination Theory)에서는 자율적 선택과 내적 동기를 기반으로 한 행동이 더 지속 가능하고 만족감을 준다고 설명합니다. 식습관도 마찬가지로, 억지로 하기보다는 자신의 의지와 목적에 따라 식단을 선택할 때 더 오랫동안 유지될 수 있습니다. 행동주의 이론(Behavioral Theory)에서도 습관을 형성하는 것이 매우 중요하다고 강조하며, 식습관을 꾸준히 유지하기 위해서는 반복적인 실천과 작은 성공 경험이 필요합니다.

또한, 행동 활성화 이론(Behavioral Activation Theory)에 따르면, 건강한 식습관을 실천하는 것은 단순히 몸에 좋은 음식을 먹는 것이 아니라, 스스로를 돌보고 있는 행동으로 심리적 만족감을 높이는 과정입니다. 음식을 통해 우리 몸에 충분한 영양을 공급하면, 스트레스에 대한 저항력과 회복력이 강화되고, 기분 개선에도 큰 도움을 줍니다.

2) 구체적인 실천 방법 및 스크립트

(1) 작은 변화부터 시작하기: 실천 가능한 목표 설정

① 목적: 한꺼번에 큰 변화를 시도하기보다, 일상 속에서 작은 변화부터 시작하여 건강한 식습관을 형성한다.

② 심리학적 배경: 습관 형성 이론(Habit Formation Theory)에 따르면, 급격한

변화보다는 작은 목표부터 시작하는 것이 새로운 습관을 형성하고 유지하는 데 효과적입니다. 작은 성공 경험이 쌓이면 자신감이 생기고, 더 큰 변화를 시도할 수 있는 동기 부여가 됩니다.

③ 실천 방법

- 일상에서 작은 변화를 시도합니다. 예를 들어, 아침 식사에 과일이나 야채 한 가지를 추가하거나, 설탕이 들어간 음료 대신 물이나 허브차를 마셔보세요.
- 매일 한 가지 건강한 선택을 실천하며, 그 변화를 기록하고 자신에게 작은 보상을 줍니다.
- 점진적으로 더 많은 변화를 시도하고, 이러한 작은 변화들이 쌓이면 더 큰 건강한 식습관을 형성할 수 있습니다.

④ 스크립트: "오늘 나는 점심에 샐러드를 추가하고, 설탕이 들어간 음료 대신 물을 마시기로 결심했습니다. 처음에는 작은 변화였지만, 나는 이 선택이 나의 건강에 긍정적인 영향을 미칠 것을 기대하며, 매일 한 가지씩 더 건강한 선택을 실천해 나갈 것입니다."

(2) 균형 잡힌 식단 구성하기: 다양한 영양소 섭취하기

① 목적: 탄수화물, 단백질, 지방, 비타민, 미네랄 등 다양한 영양소가 포함된 균형 잡힌 식단을 구성한다.

② 심리학적 배경: 영양심리학(Nutritional Psychology) 연구에 따르면, 다양한 영양소를 골고루 섭취하는 것은 정신적 웰빙을 유지하는 데 매우 중요합니다. 특히, 비타민 D, 오메가-3 지방산, 비타민 B군은 기분을 안정시키고 스트레스를 완화하는 데 도움이 됩니다. 특정 영양소가 결핍되면 신체적 피로뿐만 아니라 감정적 불안정이 유발될 수 있습니다.

③ 실천 방법

- 매 끼니마다 다양한 식품군을 포함시키도록 노력합니다. 예를 들어, 채소, 과일, 단백질, 건강한 지방, 복합 탄수화물이 모두 포함된 식단을 구성합니다.
- 가공식품과 정제된 설탕을 줄이고, 자연 그대로의 식재료를 사용하여 영양소가 풍부한 음식을 섭취합니다.
- 매일 식사 전후에 내가 섭취한 영양소를 기록하고, 영양 균형을 체크합니다.

④ 연습 스크립트: "오늘 나는 아침 식사로 오트밀, 과일, 그리고 견과류를 함께 먹으며 다양한 영양소를 골고루 섭취했습니다. 채소와 단백질을 점심과 저녁 식단에도 포함시키면서, 내 몸과 마음이 더 균형 잡힌 영양소로 건강해지고 있음을 느끼고 있습니다."

(3) 마인드풀 이팅 실천하기: 음식을 느끼며 먹기

① 목적: 음식을 먹을 때 집중하여 천천히 먹고, 음식을 통해 몸과 마음에 어떤 변화를 느끼는지 인식한다.

② 심리학적 배경: 마음챙김 이론(Mindfulness Theory)에 따르면, 음식을 먹을 때 그 경험에 집중하고 느끼는 것이 신체적, 정신적 건강에 긍정적인 영향을 미칩니다. 마인드풀 이팅(Mindful Eating)은 음식을 천천히 먹고, 식사하는 동안 그 맛과 질감, 향에 집중하여 식사를 통해 더 큰 만족감과 즐거움을 느끼는 방법입니다. 이는 과식이나 무의식적 식습관을 예방하는 데도 효과적입니다.

③ 실천 방법

- 음식을 먹을 때 TV, 스마트폰 등을 피하고, 오로지 식사에만 집중합니다. 천천히 음식을 씹고, 각 한 입 한 입의 맛과 질감을 느껴봅니다.
- 포만감을 느끼는 순간을 인식하고, 음식을 더 이상 먹고 싶지 않을 때는 접시를 치웁니다.
- 식사를 통해 몸과 마음이 어떻게 변화하는지 기록하며, 음식을 통해 건강해지고 있다는 인식을 키웁니다.

④ 연습 스크립트: "오늘 나는 점심 식사 시간을 오롯이 내 자신에게 집중하며 보냈습니다. 천천히 음식을 씹으며 그 맛과 질감을 느꼈고, 식사 후 내 몸이 더 가벼워지는 것을 느꼈습니다. 나는 앞으로도 마인드풀 이팅을 통해 내 몸과 마음에 더욱 집중하며 건강한 식습관을 유지할 것입니다."

(4) 식사 계획 세우기: 일상에서 지속 가능한 건강한 식습관 만들기

① 목적: 건강한 식습관을 유지하기 위해 주간 식사 계획을 세우고, 식단을 미리 준비하여 실천한다.

② 심리학적 배경: 계획 행동 이론(Theory of Planned Behavior)에 따르면, 식습

관처럼 반복적이고 일상적인 행동을 계획할 때 그 행동이 더 쉽게 실천되고 지속될 가능성이 높습니다. 주간 식사 계획을 세우면 식단을 관리하기가 쉬워지고, 충동적인 식사 선택을 줄일 수 있습니다.

③ 실천 방법

- 매주 주말에 한 주간의 식사를 계획하고, 필요한 재료를 미리 구매합니다.
- 건강한 음식을 준비하고, 간편하게 먹을 수 있도록 주방에 건강한 간식이나 음료를 준비해 두세요.
- 계획대로 식사를 실천하면서, 식단을 점검하고 자신에게 맞게 조정합니다.

④ 연습 스크립트: "나는 이번 주 동안의 식사 계획을 세웠습니다. 매일 아침에는 오트밀과 과일을, 점심에는 샐러드와 단백질을 섭취하기로 계획했으며, 저녁에는 가볍게 야채 스프를 준비했습니다. 이 계획을 실천하면서 나는 내 식단을 더 쉽게 관리할 수 있었고, 건강한 선택을 꾸준히 유지할 수 있었습니다."

(5) 자기 자신을 존중하며 먹기: 죄책감 없이 건강한 관계 형성하기

① 목적: 음식을 단순히 칼로리나 영양소로만 보지 않고, 자신을 돌보는 행위로 받아들이며 긍정적인 식습관을 유지한다.

② 심리학적 배경: 자기 연민(Self-Compassion) 연구에 따르면, 식사에서 오는 죄책감이나 부정적인 감정을 줄이고, 스스로를 존중하며 음식을 즐기는 것이 건강한 식습관을 유지하는데 더 효과적입니다. 음식은 우리를 치유하고 건강하게 만드는 중요한 요소임을 인식하고, 식사에 대해 긍정적인 태도를 가질 필요가 있습니다.

③ 실천 방법

- 자신이 좋아하는 음식이나 건강한 음식을 먹을 때 그 음식을 통해 스스로를 돌보고 있음을 인식합니다.
- 과식하거나 건강하지 않은 선택을 했더라도 스스로를 비난하지 않고, 그 경험을 통해 더 나은 선택을 할 수 있는 기회를 얻습니다.
- 식사에 대한 죄책감이 아닌, 자기 자신을 존중하는 태도로 음식과 관계를 맺습니다.

④ 연습 스크립트: "나는 오늘 좋아하는 음식을 먹으며 스스로에게 긍정적인 메

시지를 전했습니다. '이 음식은 나를 돌보고 건강하게 만드는 중요한 선택이야'라고 스스로를 격려하며, 건강한 음식을 먹는 것이 나의 행복에 기여한다는 사실을 깨달았습니다. 나는 앞으로도 나를 존중하는 마음으로 건강한 식습관을 유지할 것입니다."

3) 건강한 식습관으로 행복한 삶 만들기

건강한 식습관은 단순히 체중을 관리하거나 영양소를 섭취하는 것이 아니라, 우리 몸과 마음을 돌보는 중요한 실천입니다. 작은 변화부터 시작하여, 균형 잡힌 식단을 구성하고, 음식을 통해 자신을 돌보는 마음챙김 실천은 우리의 정신적 웰빙과 직결됩니다.

식습관을 통해 우리는 더 건강한 몸과 마음을 가꿀 수 있으며, 이는 결국 우리의 행복을 증진시킵니다. 건강한 식습관은 행복의 기초이며, 이를 통해 더 충만한 삶을 살 수 있습니다.

43. 신선한 음식으로 몸과 마음을 채우기

1) 심리학적 이론: 신선한 음식이 신체와 정신에 미치는 영향

신선한 음식(Fresh Food) 섭취는 신체적 건강뿐만 아니라 정신적 웰빙에도 중요한 역할을 합니다. 현대 사회에서는 가공식품이나 인스턴트식품이 많이 소비되지만, 신선한 음식을 섭취하는 것은 우리가 정신적으로 안정되고, 신체적으로 활력을 찾는 데 도움이 됩니다. 영양심리학(Nutritional Psychology) 연구에 따르면, 신선한 과일, 채소, 통곡물, 건강한 단백질 등으로 구성된 식단은 우리의 기분을 긍정적으로 변화시키고, 스트레스와 우울감을 줄이는 데 효과적입니다.

건강한 음식 선택 이론(Healthy Eating Choice Theory)에서는 신선한 음식을 먹는 것이 심리적 만족을 높이고, 자아 존중감을 강화한다고 설명합니다. 신선한 음식을 통해 우리는 우리 자신을 더 잘 돌보고 있다는 인식을 갖게 되며, 이것이 심리적 안정을 가져다줍니다. 또한, 행동 활성화 이론(Behavioral Activation Theory)에 따르면, 건강한 선택을 반복하는 행동이 우리의 긍정적인 정서와 행동 변화를 촉진하여 더 나은 삶의 질을 유지할 수 있게 합니다.

신선한 음식을 섭취하는 것은 단순히 체중 관리나 영양 섭취의 문제가 아니라, 우리 몸과 마음에 직접적인 영향을 미치는 중요한 습관입니다. 연구에 따르면, 신선한 음식을 자주 섭취하는 사람들은 도파민(Dopamine)과 세로토닌(Serotonin) 같은 긍정적 신경전달물질의 분비가 증가하여 더 긍정적이고 에너지 넘치는 삶을 살 수 있습니다.

2) 구체적인 실천 방법 및 스크립트

(1) 가공식품 줄이기: 신선한 음식 우선 선택

① 목적: 가공식품을 줄이고 신선한 음식을 일상에서 더 자주 선택하여 신체적·정신적 건강을 증진한다.

② 심리학적 배경: 행동 변화 이론(Behavior Change Theory)에 따르면, 건강하지 않은 습관을 줄이고 건강한 선택을 반복하면 더 나은 심리적, 신체적 상태

로 변화를 이끌어낼 수 있습니다. 가공식품을 줄이고 신선한 음식을 섭취하면 에너지가 증가하고, 정신적 명확성이 향상되며, 기분이 더 안정적으로 유지됩니다.

③ 실천 방법

- 식사 때마다 가공식품을 피하고, 신선한 과일, 채소, 통곡물, 생선, 견과류 등을 선택하세요.
- 가공식품을 대체할 수 있는 간단한 신선한 식재료를 미리 준비해 두세요. 예를 들어, 간식으로 과자 대신 신선한 과일이나 견과류를 섭취합니다.
- 주기적으로 냉장고와 식료품 저장고를 정리하여 신선한 식재료를 채워 넣고, 가공식품의 구매를 제한합니다.

④ 스크립트: "나는 오늘 점심으로 가공식품 대신 신선한 샐러드와 통곡물을 선택했습니다. 처음에는 불편할 것 같았지만, 먹고 나니 몸이 훨씬 가벼워졌고, 기분도 상쾌해졌습니다. 앞으로도 가공식품을 줄이고, 신선한 음식을 더 자주 섭취하기로 결심했습니다."

(2) 현지 농산물과 제철 음식 섭취하기

① 목적: 현지에서 재배한 신선한 농산물과 제철 음식을 섭취하여 신선한 영양소를 충분히 섭취하고, 지역 경제에도 기여한다.

② 심리학적 배경: 환경 심리학(Environmental Psychology)에서는 지역에서 재배한 신선한 음식을 섭취하는 것이 심리적 만족감뿐만 아니라 지속 가능성에 대한 책임감을 높이는 데 기여한다고 설명합니다. 제철 음식(Seasonal Eating)을 먹는 것은 자연스러운 방법으로 신체에 최적의 영양소를 제공하며, 환경에도 긍정적인 영향을 미칩니다.

③ 실천 방법

- 지역 농산물을 판매하는 시장이나 농부 직거래 장터를 찾아, 신선한 제철 음식을 구매하세요.
- 제철 음식을 이용한 간단한 요리법을 찾아 실천하고, 그 음식을 통해 신선한 맛과 영양을 느껴보세요.
- 농산물의 출처와 생산 방법에 관심을 가지고, 신선하고 친환경적으로 재배

된 식재료를 선택하세요.

④ 연습 스크립트: "나는 오늘 현지 시장에서 제철 과일과 야채를 구매했습니다. 신선한 재료로 샐러드를 만들었고, 그 맛이 정말 풍부했습니다. 이 음식을 통해 내 몸이 자연으로부터 직접 얻은 영양을 섭취하고 있음을 느꼈고, 지역 경제에도 기여할 수 있다는 생각에 만족감을 느꼈습니다."

(3) 신선한 음식으로 마음챙김 식사 실천하기

① 목적: 음식을 통해 신체와 마음을 동시에 돌보는 마음챙김 식사 실천을 통해 식사에 대한 인식을 높인다.

② 심리학적 배경: 마음챙김 이론(Mindfulness Theory)에 따르면, 음식을 먹는 동안 음식의 신선함과 맛, 질감에 집중하는 것이 감정적 안정감과 심리적 만족을 증가시킵니다. 신선한 음식을 섭취하는 것은 몸에 영양을 공급하는 것뿐만 아니라, 그 순간에 집중하며 먹는 경험 자체가 정신적 웰빙을 향상시킵니다.

③ 실천 방법

- 신선한 음식을 준비하고, 식사 중 그 음식의 향, 맛, 색상, 질감 등에 주의를 기울입니다.
- 식사할 때는 천천히 음식을 씹으며, 음식이 몸과 마음에 어떤 변화를 가져오는지 느껴봅니다.
- 식사 후 느끼는 포만감과 만족감을 인식하고, 식사를 통해 몸과 마음이 영양을 섭취하고 회복하고 있음을 자각합니다.

④ 연습 스크립트: "나는 오늘 신선한 야채와 과일로 식사를 준비했고, 음식을 천천히 씹으며 그 맛과 질감에 집중했습니다. 식사 후 내 몸이 가볍고 마음이 안정된 것을 느끼며, 신선한 음식이 내 몸과 마음을 건강하게 채우고 있음을 깊이 인식했습니다."

(4) 신선한 식사 준비하기: 직접 요리로 건강한 습관 만들기

① 목적: 신선한 재료를 이용해 직접 요리함으로써 건강한 식습관을 형성하고, 식사에 대한 자부심과 만족감을 높인다.

② 심리학적 배경: 행동주의 이론(Behaviorism)에 따르면, 직접 요리하는 것은

우리가 음식을 선택하고 준비하는 과정에서 더 건강한 선택을 하게 만들며, 이는 자아 효능감(Self-Efficacy)을 강화하는 데 기여합니다. 직접 신선한 재료로 요리하면, 음식에 대한 통제력을 느끼며 자신감을 얻고, 식사 후 만족감이 더 높아집니다.

③ 실천 방법

- 신선한 재료를 구매해 간단한 요리부터 시작하세요. 매주 한 끼 이상 직접 신선한 음식을 준비하는 계획을 세웁니다.
- 요리 과정에서 신선한 재료의 향, 색깔, 질감 등을 즐기며, 그 재료들이 건강에 어떻게 기여하는지 생각해봅니다.
- 요리가 끝난 후 그 음식을 먹으며, 자신이 만든 건강한 음식에 대한 자부심을 느껴봅니다.

④ 연습 스크립트: "나는 오늘 저녁에 신선한 재료로 간단한 야채 볶음을 만들었습니다. 재료를 준비하고 요리하는 동안, 신선한 야채의 향과 색깔에 감탄했고, 그 과정을 통해 내 건강을 직접 챙기고 있다는 생각에 자부심을 느꼈습니다. 이 음식을 먹으며 내 몸과 마음이 건강해지고 있음을 느꼈습니다."

(5) 신선한 간식으로 에너지 충전하기: 일상 속 작은 실천

① 목적: 간식으로 가공식품 대신 신선한 과일, 견과류, 채소 등을 선택하여 일상에서 신선한 음식으로 에너지를 보충한다.

② 심리학적 배경: 즉각적 만족 이론(Immediate Gratification Theory)에 따르면, 가공식품은 짧은 시간 안에 높은 만족감을 주지만, 장기적으로는 신체적·정신적 건강에 부정적인 영향을 미칩니다. 반면, 신선한 간식은 즉각적인 에너지를 공급하면서도 장기적인 건강에도 긍정적인 영향을 미칩니다.

③ 실천 방법

- 간식으로 과자나 가공식품 대신 신선한 과일, 견과류, 채소 등을 준비해두세요.
- 에너지가 필요할 때마다 신선한 간식을 선택하여 몸에 건강한 에너지를 공급합니다.
- 간식을 먹을 때, 그 간식이 신체에 어떤 영향을 미치는지 인식하고, 신선한 음식을 통해 에너지가 충전되는 것을 느껴보세요.

④ 연습 스크립트: "나는 오늘 오후에 배가 고팠을 때 가공식품 대신 신선한 과일과 견과류를 선택했습니다. 그 간식을 먹은 후 몸이 가볍고 에너지가 충전되는 것을 느꼈고, 신선한 음식이 나의 신체와 정신에 좋은 영향을 미친다는 것을 실감했습니다."

3) 신선한 음식으로 몸과 마음을 채우기

신선한 음식을 섭취하는 것은 우리의 신체와 정신 건강에 동시에 긍정적인 영향을 미칩니다. 가공식품을 줄이고 신선한 과일, 채소, 통곡물, 건강한 단백질을 섭취함으로써 우리는 더 나은 에너지를 얻고, 심리적 안정과 기분 개선을 경험할 수 있습니다. 직접 신선한 음식을 준비하고 그 음식을 통해 자신을 돌보는 과정은 우리의 자아 효능감을 높이며, 몸과 마음을 동시에 채워주는 행복한 경험이 됩니다.

신선한 음식은 행복의 기본이며, 이를 통해 우리는 더 건강하고 활기찬 삶을 살 수 있습니다.

44. 충분한 수면으로 에너지 충전하기

1) 심리학적 이론: 수면과 심리적 · 신체적 건강의 상관관계

수면(Sleep)은 우리의 신체와 마음에 깊은 영향을 미치는 필수적인 과정입니다. 수면 과학(Sleep Science)과 심리학(Psychology) 연구는 충분한 수면이 신체적 회복뿐만 아니라 감정 조절, 인지 기능, 그리고 전반적인 심리적 웰빙에 필수적임을 강조합니다. 수면 부족(Sleep Deprivation)은 신경전달물질 불균형을 초래하여 감정 기복, 우울감, 불안감 등을 증가시킬 수 있으며, 신체적 에너지 수준도 현저히 떨어뜨립니다.

수면 이론(Sleep Theory)에 따르면, 수면 중에 우리 뇌는 정보를 정리하고, 신경망을 재조직하여 기억력과 학습 능력을 강화합니다. 또한, 수면 중에는 성장 호르몬(Growth Hormone)과 같은 중요한 신체적 회복 기능이 작동합니다. 수면이 부족할 경우 이러한 회복 과정이 방해받아 신체적 · 정신적 피로가 누적되고, 집중력, 판단력 등이 저하될 수 있습니다.

수면-심리 상호작용 이론(Psychophysical Interaction Theory)은 수면이 스트레스 관리와 감정 조절에 중요한 역할을 한다고 설명합니다. 충분한 수면을 취할 때 우리는 더 차분하고 이성적인 태도를 유지할 수 있으며, 스트레스를 더 잘 견딜 수 있는 정신적 회복력이 강화됩니다. 자율신경계(Autonomic Nervous System)의 균형을 회복하는 데도 수면이 핵심적인 역할을 하며, 이는 전반적인 행복에 큰 기여를 합니다.

2) 구체적인 실천 방법 및 스크립트

(1) 일정한 수면 시간 확보하기: 규칙적인 수면 패턴 유지

① 목적: 매일 일정한 시간에 자고 일어나 규칙적인 수면 패턴을 유지하여 생체 리듬을 안정화하고, 더 깊고 양질의 수면을 취한다.

② 심리학적 배경: 서카디안 리듬(Circadian Rhythm)은 우리의 몸이 일정한 주기에 따라 활동과 휴식을 조절하는 자연적인 리듬입니다. 일정한 수면 시간이

반복될 때, 이 리듬이 더 잘 유지되어 양질의 수면을 촉진합니다. 수면 패턴이 불규칙하면 생체 리듬이 혼란을 겪어 피로가 쉽게 누적됩니다.

③ 실천 방법

- 매일 같은 시간에 자고 일어나는 일정을 유지합니다. 주말과 주중에도 비슷한 시간에 일어나도록 노력하세요.
- 수면 시간이 일정하지 않으면 그날 느끼는 피로도와 집중력이 떨어질 수 있음을 인식하고, 그날의 컨디션에 주의를 기울이세요.
- 잠들기 30분 전부터 스마트폰, 컴퓨터, TV 등 청색광을 차단하고, 조용하고 어두운 환경을 만들어 수면 준비를 합니다.

④ 연습 스크립트: "나는 오늘부터 매일 밤 11시에 잠자리에 들고, 아침 7시에 일어나기로 결심했습니다. 일정한 수면 패턴을 유지하면서, 내 몸이 자연스럽게 이 리듬에 적응하는 것을 느낄 수 있었습니다. 오늘 하루도 맑은 정신과 에너지를 느끼며 시작했습니다."

(2) 편안한 수면 환경 조성하기: 수면의 질 향상

① 목적: 수면 환경을 최적화하여 수면의 질을 높이고, 더 깊고 안정적인 수면을 통해 몸과 마음을 회복한다.

② 심리학적 배경: 수면 환경 이론(Sleep Environment Theory)에 따르면, 수면의 질은 주변환경과 밀접한 관련이 있습니다. 소음, 빛, 온도 등은 수면의 깊이와 회복 과정에 영향을 미치며, 조용하고 어두운 환경에서 수면을 취할 때 수면의 질이 크게 향상됩니다. 또한, 적절한 온도와 편안한 침구는 수면을 방해하지 않고 깊은 잠에 빠지도록 도와줍니다.

③ 실천 방법

- 침실을 조용하고 어두운 공간으로 만들어 수면에 최적화된 환경을 조성합니다. 필요하면 귀마개나 안대를 사용하세요.
- 실내 온도는 18~20도 사이로 유지하고, 너무 덥거나 춥지 않도록 합니다.
- 편안한 침구와 베개를 사용하여 몸이 긴장하지 않도록 하고, 잠들기 전에 간단한 스트레칭으로 몸의 긴장을 풀어줍니다.

④ 연습 스크립트: "나는 오늘 침실을 조용하게 만들고, 침대 옆 램프를 꺼 어두운

환경에서 잠을 청했습니다. 방 안의 온도를 적절히 조정해 쾌적한 느낌을 유지하며, 편안한 베개와 담요 덕분에 깊고 편안한 수면을 취할 수 있었습니다."

(3) 수면 루틴 만들기: 잠들기 전 습관화된 행동 실천

① 목적: 매일 잠들기 전에 일정한 루틴을 실천하여 수면 신호를 몸에 전달하고, 더 빠르게 잠들 수 있도록 한다.

② 심리학적 배경: 습관 형성 이론(Habit Formation Theory)에 따르면, 일상에서 규칙적인 루틴을 만들면 그 행동이 신호로 작용해 뇌와 몸이 자연스럽게 그 행동에 반응하게 됩니다. 잠들기 전에 일정한 행동을 반복하면 수면 신호로 받아들여져 더 쉽게 잠에 들 수 있습니다.

③ 실천 방법

- 잠들기 전에 매일 같은 루틴을 실천합니다. 예를 들어, 따뜻한 차를 마시거나, 10분간의 독서, 명상, 그리고 간단한 스트레칭을 포함시킬 수 있습니다.
- 수면을 방해하는 자극적인 활동(스마트폰 사용, 뉴스 시청 등)을 피하고, 수면에 도움이 되는 루틴을 반복합니다.
- 이 루틴이 몸과 마음을 이완시키고, 수면으로 자연스럽게 이어질 수 있도록 실천해보세요.

④ 연습 스크립트: "오늘 잠들기 전에 따뜻한 허브티 한 잔을 마시고, 10분 동안 독서를 하며 마음을 진정시켰습니다. 매일 같은 루틴을 반복하면서, 내 몸이 이 신호에 반응해 더 쉽게 잠에 들 수 있었습니다."

(4) 낮 동안 활동량 늘리기: 수면의 깊이 향상

① 목적: 낮 동안의 활동량을 늘려 신체적 피로감을 높이고, 그로 인해 더 깊고 안정적인 수면을 유도한다.

② 심리학적 배경: 운동-수면 상관이론(Exercise-Sleep Correlation Theory)에 따르면, 신체활동이 증가하면 수면의 질도 함께 향상됩니다. 낮에 충분한 활동을 하면 몸이 자연스럽게 더 깊은 수면을 요구하게 되며, 이는 수면의 질을 크게 높입니다. 특히, 규칙적인 운동은 불면증을 완화하는 데 효과적입니다.

③ 실천 방법

- 하루에 최소 30분 정도의 신체 활동을 계획합니다. 산책, 가벼운 조깅, 또는 스트레칭 같은 활동도 수면의 질을 향상시킬 수 있습니다.
- 잠들기 3~4시간 전에는 격렬한 운동을 피하고, 이 시간에는 가벼운 신체 활동이나 명상을 통해 몸을 진정시킵니다.
- 운동을 통해 신체 피로를 느끼면, 수면으로 자연스럽게 이어질 수 있도록 낮 동안 충분한 활동을 유지합니다.

④ 연습 스크립트: "나는 오늘 낮에 30분 동안 산책을 했습니다. 신선한 공기를 마시며 몸을 움직인 후, 밤에 더 쉽게 깊은 잠에 빠질 수 있었습니다. 앞으로도 매일 규칙적인 운동을 통해 내 수면의 질을 향상시키기로 결심했습니다."

(5) 수면 중단원 관리하기: 불면증 완화 및 수면 중단 해결

① 목적: 불면증이나 수면 중 자주 깨는 문제를 해결하기 위한 전략을 세워 깊고 안정적인 수면을 유지한다.

② 심리학적 배경: 인지행동치료(Cognitive Behavioral Therapy for Insomnia, CBT-I)는 불면증을 해결하기 위한 가장 효과적인 방법 중 하나로, 수면에 대한 부정적 사고 패턴을 인식하고, 긍정적인 행동 변화로 수면 문제를 해결하는 데 중점을 둡니다. 이를 통해 불면증을 완화하고 수면의 질을 높일 수 있습니다.

③ 실천 방법

- 잠들지 못하거나 수면 중 자주 깨는 경우, 침대에서 일어나 다른 활동을 하며 몸이 다시 졸릴 때까지 기다립니다.
- 잠을 잘 수 없다는 부정적 생각을 의식적으로 차단하고, 대신 "나는 결국 잠들 수 있다"는 긍정적인 사고를 반복합니다.
- 낮잠을 피하고, 수면 주기가 일정하게 유지되도록 합니다.

④ 연습 스크립트: "나는 오늘 밤 잠들지 못했을 때 잠시 일어나 명상을 하며 마음을 진정시켰습니다. 수면에 대한 부정적인 생각을 버리고, 몸이 졸릴 때 다시 잠자리에 들었습니다. 이 방법이 내 불면증을 해결하는 데 큰 도움이 되었습니다."

3) 충분한 수면으로 에너지 충전하기

충분한 수면은 우리의 몸과 마음을 회복시키고, 다음 날을 활기차게 시작할 수 있게 하는 중요한 요소입니다. 일정한 수면 패턴을 유지하고, 편안한 수면 환경을 조성하며, 잠들기 전 루틴을 통해 몸에 수면 신호를 보내면, 우리는 더 깊고 안정적인 수면을 취할 수 있습니다. 또한, 낮 동안의 신체 활동을 통해 신체 피로를 느끼게 하고, 불면증이 있을 때는 인지행동적 접근을 통해 해결할 수 있습니다.충분한 수면은 행복의 기반이며, 이를 통해 우리는 더 나은 정신적, 신체적 웰빙을 누릴 수 있습니다.

45. 수분 섭취로 신체와 마음의 균형 찾기

1) 개념과 배경: 수분 섭취가 신체와 마음에 미치는 영향

수분 섭취는 우리 신체의 건강을 유지하는 데 필수적일 뿐만 아니라 정신적 안정과 감정 조절에도 큰 영향을 미칩니다. 우리 몸의 약 60%가 물로 이루어져 있으며, 물은 신체의 기본 기능인 소화, 순환, 체온 조절, 영양분 운반을 돕습니다. 또한, 두뇌 기능에 영향을 미쳐 기억력, 집중력, 감정 조절 등 중요한 정신적 능력에 영향을 미칩니다.

심리학적 연구에 따르면, 수분 부족은 우리의 기분과 인지 기능을 직접적으로 저하시킬 수 있습니다. 물을 충분히 섭취하지 않으면 피로감, 집중력 저하, 두통, 불안이 증가할 수 있으며, 이는 전반적인 심리적 웰빙에 부정적인 영향을 미칩니다. 반대로 충분한 수분 섭취는 두뇌에 충분한 산소와 영양분을 공급하여 우리의 정신 상태를 개선하고, 감정 조절 능력을 높입니다.

심리학적 이론 중에서도 인지 자원 모델(Cognitive Resource Theory)은 정신적 에너지가 한정되어 있다고 주장합니다. 수분 부족 상태에서 우리의 신체는 정신적 에너지를 유지하는 데 어려움을 겪고, 그로 인해 인지적 피로가 가중되며, 이는 스트레스와 불안의 증가로 이어질 수 있습니다. 이처럼 수분 섭취는 신체적 건강뿐만 아니라 정신적 균형을 유지하는 데 중요한 역할을 합니다.

2) 수분 섭취로 신체와 마음의 균형을 찾는 방법

(1) 매일 충분한 물 마시기

신체와 마음의 균형을 유지하기 위해서는 일정량의 물을 꾸준히 섭취하는 것이 중요합니다. 신체가 필요로 하는 수분을 공급하면 두뇌가 최적의 상태로 기능할 수 있게 도와줍니다.

- 일일 권장 수분 섭취량: 일반적으로 하루에 약 2~3리터의 물을 마시는 것이 권장됩니다. 이는 개인의 체중, 활동량, 기후 조건에 따라 달라질 수 있습니다. 특히 땀을 많이 흘리거나, 신체 활동이 많은 날에는 더 많은 수분 섭취가 필요

합니다.

- 물 섭취 습관 만들기: 일정한 시간에 물을 마시는 습관을 만들어보세요. 예를 들어, 아침에 일어나자마자 한 잔의 물을 마시고, 식사 전후, 운동 전후, 잠들기 전 등 주요 시간에 물을 마시는 습관을 들이세요.

(2) 수분 섭취와 정신적 건강의 상관관계 인식하기

물을 충분히 마시면 두뇌 기능과 감정 조절 능력이 개선됩니다. 수분 부족은 스트레스와 불안을 증가시킬 수 있으므로, 물을 충분히 섭취하여 정신적 안정을 유지하는 것이 중요합니다.

- 집중력 향상: 물을 충분히 마시는 것은 뇌의 집중력을 높이고, 기억력을 개선하는 데 효과적입니다. 집중력이 떨어지거나 피로감을 느낄 때는 물을 한 잔 마셔보세요.
- 기분 조절: 수분 섭취는 우리의 기분에도 영향을 미칩니다. 불안감이나 우울한 기분이 들 때는 먼저 물을 충분히 마시고, 심호흡을 통해 마음을 진정시켜 보세요. 수분을 유지하는 것만으로도 기분이 나아질 수 있습니다.

(3) 수분 섭취 루틴 만들기

신체와 정신의 균형을 유지하기 위해서는 꾸준히 물을 마시는 루틴을 만드는 것이 중요합니다. 하루 중 언제 물을 마실지 구체적으로 계획을 세우면, 자연스럽게 수분 섭취가 생활화됩니다.

- 휴대용 물병 사용하기: 항상 물병을 휴대하고 다니며, 목이 마르지 않더라도 수시로 물을 마시는 습관을 길러보세요. 물을 자주 마실 수 있도록 알람을 설정하거나, 일정한 시간마다 물을 마시는 규칙을 정하면 도움이 됩니다.
- 디지털 디톡스와 수분 섭취 결합하기: 디지털 기기를 자주 사용하는 동안, 화면을 한 번씩 끄고 그 시간을 물 한 잔을 마시는 시간으로 만들어보세요. 이는 눈과 뇌의 피로를 줄이고, 수분을 보충하는 좋은 습관이 될 수 있습니다.

(4) 물 이외의 수분 보충 방법

수분 섭취는 반드시 물만으로 이루어지지 않아도 됩니다. 수분이 풍부한 음식과 차 등을 통해 신체에 필요한 수분을 보충할 수 있습니다.

- 수분이 많은 음식 섭취: 오이, 수박, 셀러리, 오렌지, 딸기 등 수분이 많은 과일과 채소를 식단에 포함시키세요. 이러한 음식은 물을 충분히 섭취하지 못할 때 훌륭한 대안이 될 수 있습니다.
- 허브차와 보리차: 허브차나 보리차도 수분 섭취를 돕는 좋은 방법입니다. 이러한 차는 카페인이 없으며, 물과 같은 효과를 줄 수 있습니다. 특히 카모마일 차는 마음을 진정시키고 스트레스를 완화하는 데 효과적입니다.

(5) 수분 섭취와 명상 결합하기

수분 섭취는 단순히 물을 마시는 것뿐 아니라, 의식적인 수분 섭취를 통해 신체와 마음의 균형을 찾는 과정이 될 수 있습니다. 물을 마실 때 마음챙김 명상을 결합하면 더욱 효과적입니다.

- 마음챙김 수분 섭취: 물을 마실 때 단순히 물을 삼키는 것이 아니라, 물이 입에 들어가고 목을 지나 몸에 흡수되는 느낌을 천천히 느껴보세요. 물이 몸에 스며드는 과정을 의식적으로 관찰하며, 이를 통해 내면의 안정감을 느낄 수 있습니다.
- 수분 섭취와 깊은 호흡: 물을 마신 후, 깊은 호흡을 하며 신체가 수분을 흡수하는 과정을 느껴보세요. 이는 몸과 마음이 하나로 연결되어 심리적 안정을 유지하는 데 도움을 줄 수 있습니다.

3) 수분 섭취로 신체와 마음의 균형을 찾기 위한 실천 아이디어

(1) 하루 8잔 물 마시기 챌린지

하루에 8잔의 물을 마시는 챌린지를 시작해보세요. 매일 한 잔씩 마실 때마다 기록하고, 하루 목표를 달성하면 스스로에게 보상을 주는 방식으로 동기부여를 얻을 수 있습니다.

(2) 수분 섭취 알림 설정하기

휴대폰에 수분 섭취 알람을 설정해, 매시간 물을 마시는 습관을 만들어보세요. 알람이 울릴 때마다 물을 마시는 것은 건강한 수분 섭취 루틴을 만드는 좋은 방법입니다.

(3) 수분 섭취와 명상 결합하기

매일 아침 물을 마시면서 마음챙김 명상을 실천하세요. 물을 천천히 마시며, 그 순간에 집중하고, 물이 몸속으로 흡수되는 느낌을 의식적으로 느껴보세요.

(4) 수분이 많은 과일과 채소 추가하기:

식단에 수분이 많은 과일과 채소를 더 자주 포함시키세요. 수박, 오이, 오렌지 등을 간식으로 먹으며, 수분을 자연스럽게 보충할 수 있습니다.

(5) 수분 섭취와 기분 일기 쓰기

하루 동안 얼마나 많은 수분을 섭취했는지 기록하고, 그날의 기분이나 집중력 상태를 함께 기록해보세요. 이를 통해 수분 섭취가 정신적 웰빙에 미치는 긍정적인 영향을 더 명확하게 인식할 수 있습니다.

4) 수분 섭취로 정신적 안정과 신체적 활력을 찾은 사례

사례 1: 스트레스 관리에 성공한 영민

영민은 직장에서 스트레스를 많이 받고 있었으며, 두통과 집중력 저하로 어려움을 겪었습니다. 그는 물을 충분히 마시지 않는다는 사실을 깨닫고, 매일 아침과 오후에 물 2리터를 마시는 습관을 시작했습니다. 일주일 만에 그는 두통이 사라졌고, 집중력이 향상되었으며, 스트레스도 눈에 띄게 줄어들었습니다.

사례 2: 마음챙김 명상과 수분 섭취로 안정감을 찾은 주영

주영은 불안감으로 고통받고 있었지만, 수분 섭취와 명상을 결합한 마음챙김 루틴을 통해 개선을 보았습니다. 그녀는 매일 물을 마실 때마다 깊은 호흡을 하고, 물이 몸속으로 들어가는 과정을 상상하며 내면의 평온을 느꼈습니다. 이 실천을 통해 그녀는 불안을 줄이고 정신적 안정감을 찾을 수 있었습니다.

사례 3: 운동 후 수분 섭취로 에너지를 회복한 지안

지안은 운동 후 늘 피로감을 느꼈지만, 수분 섭취를 소홀히 하고 있었습니다. 그녀는 운동 전후로 충분한 물을 마시는 습관을 들이기 시작했고, 피로감이 줄어들고 신체적 에너지가 더 오래 지속됨을 느꼈습니다. 수분 섭취가 신체 회복에 얼마나 중요한지 깨달은 후, 그녀는 더 규칙적으로 물을 마시기 시작했습니다.

5) 수분 섭취로 얻는 신체적, 정신적 이점

(1) 정신적 명확성 향상

충분한 수분 섭취는 집중력과 기억력을 향상시키며, 인지적 피로를 줄여줍니다.

(2) 기분 조절과 감정 안정

물을 충분히 마시면 불안과 스트레스를 완화하는 데 도움이 되며, 감정 조절 능력이 개선됩니다.

(3) 에너지 증가

수분을 충분히 섭취하면 신체 에너지가 증가하고, 하루 종일 피로를 덜 느끼게 됩니다.

(4) 뇌 기능 최적화

물은 두뇌의 산소 공급을 원활하게 하여, 두뇌 기능을 최적화하고, 문제 해결 능력을 향상시킵니다.

(5) 신체 건강 개선

수분 섭취는 소화를 돕고, 독소 배출을 원활하게 하며, 전반적인 신체 기능을 개선합니다.

6) 수분 섭취로 신체와 마음의 균형을 찾는 법

수분 섭취는 단순한 물 마시기 이상의 의미를 가지고 있습니다. 이는 우리의 신체적 건강뿐만 아니라, 정신적 웰빙과 감정 조절에도 중요한 역할을 합니다. 충분한 수분 섭취를 통해 우리는 집중력, 기분, 에너지 수준을 모두 개선할 수 있으며, 이는 우리의 삶의 질을 높이는 중요한 요소가 됩니다.

매일 규칙적으로 물을 마시고, 마음챙김 명상을 결합한 수분 섭취 습관을 통해 내면의 평화와 신체적 활력을 동시에 얻으세요. 신체와 마음이 조화롭게 연결될 때, 우리는 더 행복하고 균형 잡힌 삶을 살아갈 수 있습니다.

46. 걷기 명상의 힘

1) 개념과 배경: 걷기 명상이란 무엇인가?

걷기 명상은 신체적인 움직임과 마음챙김을 결합한 명상 방식으로, 걷는 동안 몸과 마음을 연결하여 현재의 순간에 완전히 몰입하는 것을 목표로 합니다. 전통적인 명상은 주로 고요한 상태에서 이루어지지만, 걷기 명상은 동적인 활동을 통해 명상의 이점을 얻을 수 있도록 돕습니다.

심리학적 연구에 따르면, 걷기 명상은 우리의 정신적 집중력을 향상시키고 스트레스와 불안을 완화하는 데 큰 도움을 줍니다. 걷기 자체가 신체에 엔돌핀을 분비시켜 기분을 좋게 하고, 이를 통해 심리적 웰빙을 높일 수 있습니다. 또한, 걷기 명상은 마음을 진정시키는 동시에 신체적 건강을 증진시켜 신체와 정신의 균형을 찾는 데 효과적입니다.

불교에서 시작된 걷기 명상은 틱낫한(Thich Nhat Hanh)과 같은 많은 스승들에 의해 현대적으로 재해석되었습니다. 그들은 걷기 명상을 통해 일상적인 움직임 속에서 내면의 평화를 발견할 수 있다고 강조하며, 이를 통해 우리는 더 차분하고 안정된 마음 상태를 유지할 수 있습니다.

2) 걷기 명상을 실천하는 방법

걷기 명상은 걷는 동안 몸의 움직임과 호흡, 그리고 주위 환경에 집중하는 것을 의미합니다. 이 명상법을 제대로 실천하기 위해서는 특정한 기술과 마음챙김의 자세가 필요합니다.

(1) 걸음과 호흡에 집중하기

걷기 명상의 핵심은 걸음 하나하나에 집중하면서 현재 순간을 완전히 느끼는 것입니다. 걷는 동안 우리의 발이 땅에 닿는 감각, 몸이 움직이는 방식, 그리고 호흡의 리듬을 주의 깊게 관찰하는 것이 중요합니다.

- 천천히 걷기: 걷기 명상을 할 때는 평소보다 천천히 걷는 것이 중요합니다. 한 발씩 내딛을 때, 발이 땅에 닿는 감각을 느끼고, 발바닥이 땅을 딛는 순간을

주의 깊게 살펴보세요.

- 호흡과 걸음의 조화: 걸음에 맞춰 호흡을 조절하세요. 예를 들어, 네 걸음을 걸으면서 숨을 들이쉬고, 그다음 네 걸음 동안 숨을 내쉬는 리듬을 맞춰보세요. 이 과정에서 호흡과 걸음이 일치할 때 마음이 더 차분해질 수 있습니다.

(2) 주위 환경에 주의를 기울이기

걷기 명상 중에는 우리의 오감을 활용해 주위 환경을 느끼는 것도 중요합니다. 걷는 동안 자연 속 소리, 바람의 감촉, 햇볕의 따스함 등을 느끼며 현재 순간에 머무르는 것이 걷기 명상의 중요한 요소입니다.

- 소리에 집중하기: 걷는 동안 주변에서 들리는 새소리, 바람 소리, 사람들의 대화 소리 등 자연스럽게 들려오는 소리에 주의를 기울이세요. 이는 마음을 더욱 평온하게 만들어 줍니다.
- 주위 시각적 요소 느끼기: 눈으로 보이는 풍경이나 자연의 아름다움을 천천히 음미해보세요. 나뭇잎의 색깔, 하늘의 빛깔, 주변 사람들의 모습 등 작은 디테일에 주목하면서 시각적 자극을 명상에 통합할 수 있습니다.

(3) 마음에 떠오르는 생각 관찰하기

걷기 명상 중에는 자연스럽게 생각들이 떠오를 수 있습니다. 이때, 생각을 억누르거나 배제하려 하지 말고, 그저 관찰하는 자세를 취하세요. 생각이 떠오르면 그것을 바라보고, 다시 호흡과 걸음에 집중하는 연습을 반복하세요.

- 생각 흘려보내기: 걷는 동안 마음속에서 떠오르는 생각이나 감정들을 억제하지 않고 그저 바라보세요. 마치 구름이 흘러가는 것처럼 생각이 지나가도록 하며, 생각에 붙잡히지 않도록 의식적으로 거리 두기를 연습합니다.
- 다시 걸음에 집중하기: 생각이 흘러가면, 다시 발걸음과 호흡으로 돌아옵니다. 이렇게 생각과 주의가 흩어졌을 때마다 다시 현재로 돌아오는 훈련이 중요합니다.

(4) 일상 속에서 걷기 명상 실천하기

걷기 명상은 특별한 장소에서만 할 수 있는 것이 아닙니다. 일상 속에서 짧은 순간이라도 걷기 명상을 실천할 수 있습니다. 출근길이나 점심시간, 집 근처 산책 등 일상적인 걷는 시간을 명상 시간으로 활용해보세요.

- 출퇴근길 활용하기: 직장이나 학교로 가는 길에서도 짧은 걷기 명상을 실천할 수 있습니다. 휴대폰을 잠시 내려놓고, 발걸음과 호흡에만 집중하며 출퇴근길을 걸어보세요. 이는 하루를 시작하거나 마무리하는 데 좋은 명상법이 될 수 있습니다.
- 산책 명상 루틴 만들기: 매일 10~15분 동안 집 근처에서 산책 명상을 해보세요. 특별한 목적 없이 그저 주변을 걸으며, 발걸음과 호흡에 집중하는 시간을 가질 수 있습니다.

3) 걷기 명상을 실천하기 위한 아이디어

(1) 자연 속 걷기 명상 실천하기

자연이 주는 평화로움을 느끼며 걷기 명상을 실천해보세요. 주말이나 휴식 시간이 있을 때, 공원이나 숲, 해변 등 자연 속에서 걷기 명상을 하면 마음의 안정과 명료함을 더 쉽게 얻을 수 있습니다.

(2) 5분 걷기 명상 실전하기

하루 중 바쁜 순간에도 잠시 시간을 내어 5분 걷기 명상을 실천해보세요. 짧은 시간이라도 마음을 정리하고, 다시 일에 집중할 수 있는 힘을 기를 수 있습니다.

(3) 음악 없이 걷기

평소에 음악이나 팟캐스트를 들으면서 걷는 습관이 있다면, 이번에는 아무 소리도 듣지 않고 오로지 걸음과 호흡에만 집중하는 시간을 가져보세요. 외부 소리를 차단하면서 내면의 소리에 귀를 기울일 수 있습니다.

(4) 특정 주제로 걷기 명상하기

걷기 명상을 할 때, 자신의 삶에서 고민하거나 해결하고 싶은 주제를 가지고 명상에 임해보세요. 걷는 동안 그 주제에 대해 생각을 떠올리고 흘려보내는 방식으로 내면의 답을 찾을 수 있습니다.

(5) 걸음에 감사하는 시간 가지기

걷기 명상을 할 때, 걷는 행위 자체에 대해 감사하는 마음을 가져보세요. 건강한 신체로 걷는 것에 대한 감사함을 느끼며, 걸음 하나하나가 주는 기쁨을 음미하는 것입니다.

4) 걷기 명상을 통해 변화를 경험한 사례

사례 1: 스트레스를 줄인 영아

영아는 직장에서 많은 스트레스를 받고 있었고, 이로 인해 불면증까지 겪고 있었습니다. 어느 날 그는 매일 아침 10분 걷기 명상을 시작했고, 걸음에 맞춰 호흡을 조절하며 하루를 시작했습니다. 일주일 만에 그는 정신적 안정감을 느끼기 시작했고, 출근길의 긴장이 눈에 띄게 줄어들었습니다.

사례 2: 불안을 다스린 도윤

도윤은 만성 불안으로 인해 어려움을 겪고 있었지만, 틱낫한 스승의 걷기 명상을 배우고 이를 실천하기 시작했습니다. 그녀는 매일 저녁 공원에서 30분 걷기 명상을 실천하며, 호흡과 걸음을 맞추는 데 집중했습니다. 몇 주 후, 그녀는 불안이 현저히 줄어들었고, 마음속의 평온을 되찾게 되었습니다.

사례 3: 창의성을 되찾은 영석

영석은 예술가로서 창의적인 영감을 찾기 어려워하면서, 걷기 명상을 시작했습니다. 그는 매일 아침 자연 속에서 1시간 걷기 명상을 실천하며 머릿속을 비우고, 자연스러운 생각의 흐름을 따라갔습니다. 이를 통해 그는 창의성을 되찾았고, 새로운 작품을 구상하는 데 큰 도움을 얻었습니다.

5) 걷기 명상이 주는 이점

(1) 신체적 건강 개선

걷기 명상은 심혈관 건강을 유지하고, 근육을 단련하며, 신체 에너지를 활성화시키는 데 도움이 됩니다.

(2) 정신적 평온

걷기 명상은 마음의 소란스러움을 진정시키고, 정신적 안정을 찾는 데 매우 효과적입니다.

(3) 스트레스 완화

걷는 동안 호흡과 발걸음에 집중하면 스트레스가 줄어들고, 긴장이 풀리면서 마음이 가벼워집니다.

(4) 창의성 향상

걷기 명상은 우리의 사고 과정을 자유롭게 하여, 창의적인 아이디어와 문제 해결 능력을 촉진합니다.

(5) 감정 조절 능력

걷기 명상을 통해 우리는 마음의 평정을 유지하며 감정 조절 능력을 향상시킬 수 있습니다.

6) 걷기 명상의 힘으로 신체와 마음의 균형을 찾기

걷기 명상은 신체와 마음의 균형을 찾는 강력한 도구입니다. 단순한 움직임 속에서 마음챙김을 실천하면, 우리는 정신적 안정과 신체적 건강을 동시에 얻을 수 있습니다. 걷기 명상은 복잡한 삶 속에서 내면의 평화를 되찾고, 더 나은 삶의 질을 경험하게 해줍니다.

걸음과 호흡에 집중하며, 현재 순간을 온전히 느껴보세요. 걷기 명상을 통해 스트레스를 줄이고, 창의성을 향상시키며, 더 행복하고 의미 있는 삶을 살 수 있습니다.

47. 신체 이완과 스트레칭

1) 개념과 배경: 신체 이완과 스트레칭이란 무엇인가?

신체 이완과 스트레칭은 몸과 마음을 편안하게 만들고, 긴장과 스트레스를 완화하는 중요한 활동입니다. 스트레칭은 근육을 부드럽게 늘리고, 관절의 움직임을 개선하며, 전반적인 신체적 유연성을 향상시키는 것을 목적으로 합니다. 신체 이완은 긴장된 근육을 풀어주고, 몸의 자연스러운 회복 능력을 촉진하며, 이는 정신적 이완과 감정 조절에도 큰 도움을 줍니다.

신체 긴장은 스트레스, 잘못된 자세, 반복적인 움직임으로 인해 발생할 수 있으며, 이를 제때 해소하지 않으면 만성 피로, 두통, 근육통 등으로 이어질 수 있습니다. 스트레칭과 이완은 이러한 문제를 예방하고 해결하는 데 중요한 역할을 하며, 혈액 순환을 촉진하고, 근육의 피로를 풀어줍니다.

심리학적으로, 스트레칭은 몸의 긴장을 풀어주면서 자율신경계를 조절하여 교감신경을 진정시키고 부교감신경을 활성화합니다. 이는 불안감과 스트레스를 줄이고, 감정적 안정감을 높여줍니다. 진정 효과를 가진 이완과 스트레칭은 마음과 신체의 연결을 강화하며, 일상생활에서 더 많은 평온과 균형을 유지할 수 있게 도와줍니다.

2) 신체 이완과 스트레칭을 실천하는 방법

(1) 일상 스트레칭 루틴 만들기

스트레칭은 매일 일정한 시간을 정해 루틴으로 실천하는 것이 효과적입니다. 짧은 시간이라도 규칙적으로 스트레칭을 실천하면 근육의 긴장이 완화되고, 신체적 유연성이 향상됩니다.

- 목과 어깨 스트레칭: 장시간 앉아서 일하거나 컴퓨터를 사용할 경우 목과 어깨 근육이 긴장되기 쉽습니다. 목을 천천히 좌우로 돌리며, 어깨를 뒤로 돌리거나 깍지를 끼고 상체를 앞으로 당겨 어깨와 등 근육을 이완시켜보세요.
- 허리와 다리 스트레칭: 허리와 하체는 긴장을 풀기 위한 중요한 부위입니다.

앉은 상태에서 다리를 뻗고 상체를 앞으로 숙여 허리와 허벅지 근육을 늘리거나, 서서 한 다리씩 번갈아 들어 햄스트링과 종아리 근육을 스트레칭하세요.

(2) 신체 이완을 돕는 심호흡과 스트레칭 결합하기

스트레칭을 할 때 심호흡을 결합하면 신체 이완 효과가 더 크게 나타납니다. 호흡은 몸의 긴장을 풀어주고, 마음을 진정시키는 중요한 요소입니다.

- 복식 호흡: 스트레칭할 때 복식 호흡을 통해 숨을 깊게 들이마시고, 내쉴 때 신체가 더 깊이 이완되도록 유도합니다. 예를 들어, 상체를 숙이는 스트레칭 동작을 할 때, 숨을 깊이 들이마신 후 내쉬면서 상체가 더 자연스럽게 이완되도록 집중해보세요.
- 호흡에 맞춘 스트레칭: 스트레칭 동작 중 호흡과 리듬을 맞추세요. 예를 들어, 숨을 들이마시며 근육을 늘리고, 내쉬면서 그 근육이 자연스럽게 풀리도록 호흡과 동작을 연계합니다.

(3) 짧고 효과적인 스트레칭 실천하기

스트레칭은 오랜 시간 할 필요 없이, 짧은 시간에도 충분한 효과를 볼 수 있습니다. 하루 5~10분 정도라도 규칙적으로 실천하면 긴장을 해소할 수 있습니다.

- 짧은 스트레칭 세션: 매일 아침이나 저녁, 또는 업무 중간에 5분 스트레칭을 해보세요. 허리, 목, 어깨 등 자주 긴장되는 부위에 집중하여 짧은 스트레칭을 반복하면 근육이 경직되지 않고 신체가 더 유연하게 유지될 수 있습니다.
- 일과 중간에 스트레칭 알림 설정: 앉아서 장시간 일하는 사람들은 스트레칭 알람을 설정해보세요. 한 시간에 한 번씩 간단한 스트레칭을 하여 근육의 긴장을 풀어주는 습관을 기를 수 있습니다.

(4) 명상과 이완 스트레칭 결합하기

명상과 이완 스트레칭을 함께 실천하면 신체와 정신 모두 깊은 이완 상태를 경험할 수 있습니다. 몸과 마음을 동시에 이완시키는 방법으로 스트레칭을 하면서 마음챙김을 실천해보세요.

- 신체 감각에 집중하기: 스트레칭을 하면서 근육이 늘어나는 느낌, 관절이 움직

이는 느낌에 집중하세요. 몸에서 일어나는 변화를 의식하면서 스트레칭을 실천하면 신체뿐만 아니라 마음도 함께 이완됩니다.

- 긴장된 부위에 집중하기: 스트레칭을 하며 긴장된 부위를 의식적으로 찾아보고, 그 부위를 깊게 호흡하며 천천히 이완시키세요. 예를 들어, 어깨에 긴장이 쌓였을 경우, 어깨를 움직이며 그 부분이 점차 풀리는 느낌에 집중합니다.

(5) 규칙적인 스트레칭 습관 만들기

스트레칭은 일상적인 습관으로 실천할 때 가장 큰 효과를 발휘합니다. 규칙적으로 몸을 이완시켜주면 근육의 피로가 누적되지 않고, 더 오랫동안 신체적 균형을 유지할 수 있습니다.

- 하루 10분 스트레칭 시간 정하기: 매일 아침이나 저녁, 스트레칭 시간을 10분으로 정해 신체를 이완시키는 루틴을 만드세요. 하루 10분만으로도 몸과 마음의 피로를 효과적으로 풀 수 있습니다.
- 스트레칭 전후로 심호흡하기: 스트레칭을 시작하기 전과 마친 후에는 깊은 심호흡을 통해 신체와 마음을 정리하세요. 이를 통해 스트레칭 효과를 극대화할 수 있습니다.

3) 신체 이완과 스트레칭을 실천하기 위한 아이디어

(1) 아침 스트레칭으로 하루 시작하기

아침에 일어나서 간단한 스트레칭을 통해 하루를 시작하세요. 이 습관은 몸의 순환을 개선하고 에너지를 높여줍니다.

(2) 컴퓨터 앞에서 5분 스트레칭

장시간 컴퓨터를 사용하는 경우, 1시간에 한 번씩 5분 스트레칭을 실천해보세요. 목과 어깨, 허리를 주기적으로 풀어주는 것은 집중력과 생산성을 유지하는 데 효과적입니다.

(3) 스트레칭 알람 설정하기

휴대폰에 스트레칭 알람을 설정하여 하루 중 일정한 시간에 짧은 스트레칭을 실천하세요. 이를 통해 근육 경직을 예방하고, 더 나은 신체 상태를 유지할 수 있습니다.

(4) 스트레칭과 음악 결합하기

잔잔한 음악을 들으며 스트레칭을 해보세요. 편안한 음악은 신체 이완을 돕고 스트레칭 시간을 더 즐겁게 만들어 줍니다.

(5) 밤에 자기 전 스트레칭 실천하기

밤에 자기 전 15분간의 스트레칭을 통해 몸과 마음을 풀어주고, 더 깊고 편안한 수면을 유도해보세요.

4) 신체 이완과 스트레칭을 통해 변화를 경험한 사례

사례 1: 컴퓨터 작업으로 인한 긴장을 해소한 홍재

홍재는 하루 종일 컴퓨터 작업을 하면서 목과 어깨 통증을 겪었습니다. 그녀는 매일 10분씩 목과 어깨 스트레칭을 실천하기 시작했고, 일주일 후 통증이 현저히 줄어들고, 업무 중 더 편안하게 앉아 있을 수 있었습니다.

사례 2: 불안을 다스린 해성

해성은 만성 스트레스로 인해 수면 문제를 겪고 있었습니다. 그는 자기 전 15분간의 이완 스트레칭을 심호흡과 함께 실천하기 시작했고, 몇 주 후 불안감이 줄어들고 수면의 질이 개선되었습니다.

사례 3: 운동 후 회복력을 높인 지영

지영은 주 3회 운동을 하면서 근육이 뻐근한 느낌을 자주 겪었지만, 운동 전후로 10분 스트레칭을 추가한 후, 근육의 피로가 줄어들고 회복력이 크게 향상되었습니다.

5) 신체 이완과 스트레칭의 혜택

(1) 근육 긴장 완화

스트레칭은 긴장된 근육을 부드럽게 풀어주고, 근육의 유연성을 높입니다.

(2) 혈액 순환 촉진

스트레칭은 혈액 순환을 개선하여 산소 공급을 원활하게 하고, 피로를 해소합니다.

(3) 정신적 안정감

신체의 긴장이 풀리면 정신적 안정과 스트레스 해소에도 큰 도움이 됩니다.

(4) 유연성 향상

꾸준한 스트레칭은 신체의 유연성을 높여, 더 활동적이고 자유로운 움직임을 가능하게 합니다.

(5) 수면 질 개선

신체 이완 스트레칭은 수면의 질을 개선하고, 편안한 잠을 유도합니다.

6) 신체 이완과 스트레칭을 통한 건강한 삶

신체 이완과 스트레칭은 몸과 마음을 동시에 이완시키고, 더 건강하고 행복한 삶을 살아가는 데 중요한 역할을 합니다. 짧은 시간이라도 매일 꾸준히 스트레칭을 실천하면, 신체적 긴장을 해소하고 정신적 평온을 얻을 수 있습니다.

하루 10분 스트레칭을 통해 신체의 긴장을 풀고, 정신적 안정을 유지하는 것은 더 균형 잡힌 삶을 살기 위한 첫걸음이 될 수 있습니다.

48. 자연 속에서의 운동 효과

1) 개념과 배경: 자연 속에서 운동의 의미와 중요성

자연 속에서의 운동은 신체적 건강뿐만 아니라 정신적 웰빙을 증진시키는 중요한 방법입니다. 자연 환경에서 걷거나 뛰고, 심호흡을 하는 등의 활동은 우리의 신체를 강화하는 동시에 정신적 스트레스와 불안을 줄여줍니다. 자연 속에서 운동하는 것은 실내 운동보다 심리적 안정감을 제공하며, 우리 몸의 에너지를 회복하고 기분을 개선시키는 효과가 큽니다.

연구에 따르면, 자연 속에서 운동할 때 코티솔(스트레스 호르몬) 수치가 현저히 감소하고, 엔돌핀이 더 많이 분비되면서 긍정적인 감정과 행복감이 증가합니다. 심리학자 리처드 루브(Richard Louv)는 이를 자연 결핍 장애(Nature Deficit Disorder)라 부르며, 자연과의 연결이 부족할 때 생기는 정서적, 신체적 문제를 지적했습니다. 자연에서 시간을 보내고, 그 안에서 운동하는 것은 이러한 문제를 해결하고 삶의 만족도를 높이는 데 중요한 역할을 합니다.

또한, 자연은 우리의 인지 기능과 집중력을 향상시키고, 피로를 더 빠르게 해소시킵니다. 도시 환경보다 자연 환경에서 운동을 할 때 심박수가 더 안정되고, 혈압이 더 빨리 낮아지는 경향이 있다는 연구 결과도 있습니다.

2) 자연 속에서 운동을 실천하는 방법

(1) 걷기 및 하이킹

가장 간단하면서도 효과적인 자연 속 운동은 걷기와 하이킹입니다. 자연의 소리와 공기를 느끼며 걷는 것은 신체적으로 칼로리를 소모하고, 근육을 강화시키는 것 외에도 정신적 힐링을 제공합니다.

- 공원 걷기: 가까운 공원에서 산책하거나 조용한 길을 걷는 것은 매일 쉽게 실천할 수 있는 방법입니다. 하루 30분 정도의 산책은 스트레스 해소와 신체적 활력을 되찾는 데 큰 도움이 됩니다.
- 하이킹: 자연에서 하이킹을 하며 더 길고 험한 길을 걸으면, 심폐 기능이 강화

되고 근력과 지구력이 향상됩니다. 산길을 오르내리며 자연 속에서 신체적 도전을 경험할 수 있습니다.

(2) 자전거 타기

자전거 타기는 전신 운동으로, 다리 근육뿐 아니라 심장과 폐 기능을 강화합니다. 특히 자연 속에서 자전거를 타면, 빠르게 스쳐가는 풍경과 상쾌한 공기가 더해져 운동의 즐거움이 배가됩니다.

- 숲 속 자전거 타기: 숲이나 강가를 따라 자전거를 타는 것은 자연의 산소를 신체에 가득 채우는 좋은 방법입니다. 자전거 타기는 전신의 근육을 사용하는 운동이면서도 관절에 무리를 주지 않는 부드러운 운동입니다.
- 자전거 트레일 활용: 가까운 자전거 트레일을 활용해 주말마다 자연 속에서 운동을 즐기는 습관을 만들어보세요. 이는 심신의 균형을 유지하는 데 매우 효과적입니다.

(3) 야외 요가와 스트레칭

요가와 스트레칭은 자연 속에서 더욱 깊은 이완과 평온을 제공합니다. 자연의 소리와 바람 속에서 심호흡을 하며 몸을 늘리는 것은 마음챙김과 신체적 이완 모두에 긍정적인 영향을 줍니다.

- 야외 요가 세션: 공원이나 해변, 산 속에서 요가 매트를 깔고 야외 요가를 즐겨보세요. 자연의 소리에 집중하며 몸을 움직이는 것은 스트레스 해소와 정신적 평온을 가져다줍니다.
- 자연 속 심호흡 스트레칭: 아침이나 저녁 시간, 숲이나 해변에서 심호흡과 스트레칭을 결합한 운동을 실천해보세요. 자연의 공기를 깊이 마시며, 신체와 마음을 완전히 이완시키는 것이 핵심입니다.

(4) 트레일 러닝

트레일 러닝은 자연 속에서 달리는 운동으로, 자연의 언덕과 지형을 활용한 유산소 운동입니다. 일반적인 도로 달리기와 달리, 트레일 러닝은 다양한 지형에서 균형감각과 근지구력을 강화할 수 있습니다.

- 숲 속 트레일 러닝: 숲 속에서 달리면 청정한 공기를 마시며, 지형의 변화에 따라 다양한 근육을 사용하는 운동을 할 수 있습니다. 트레일을 달리며 자연과 하나가 되는 기분을 느낄 수 있습니다.
- 서서히 페이스 조절하기: 처음 트레일 러닝을 시작할 때는 천천히 달리며 지형에 익숙해지세요. 이후 페이스를 점점 빠르게 하며 심폐 기능을 강화하는 방법이 좋습니다.

3) 자연 속에서 운동을 실천하기 위한 아이디어

(1) 매주 한 번 자연 속 운동하기

매주 한 번은 가까운 공원, 산, 해변 등에서 자연 운동을 실천해보세요. 걷기, 자전거 타기, 요가 등 다양한 방법으로 자연에서 신체 활동을 즐기는 습관을 만들어보세요.

(2) 자연 속에서 운동하는 날 정하기

일주일 중 특정 요일을 정해 그날은 반드시 자연 속에서 운동을 실천하는 습관을 들이세요. 예를 들어, 매주 토요일은 숲 속에서 하이킹을 하거나, 해변에서 산책을 하는 날로 지정할 수 있습니다.

(3) 운동 친구와 함께 자연 즐기기

혼자 운동하는 것도 좋지만, 친구나 가족과 함께 자연 속에서 운동을 실전하면 더 즐겁고 꾸준히 할 수 있습니다. 서로의 운동 파트너가 되어 자연을 만끽하면서 건강한 시간을 보낼 수 있습니다.

(4) 운동 중 자연의 소리 듣기

운동을 할 때 인공적인 소리를 차단하고, 자연의 소리를 들어보세요. 새소리, 바람 소리, 나뭇잎의 소리 등 자연의 소리에 집중하면 더 큰 정신적 이완과 평온을 느낄 수 있습니다.

(5) 주변 자연 탐방하기

가까운 곳에 있는 자연 명소나 트레일을 탐방하면서 운동을 즐겨보세요. 다양한 자연 환경에서 운동을 실천하면 더 많은 새로운 에너지를 얻을 수 있습니다.

4) 자연 속에서 운동한 사람들의 사례

사례 1: 직장 스트레스를 풀기 위해 자연 속에서 걷기 운동을 한 홍재

홍재는 도시에서의 바쁜 생활과 직장 스트레스로 인해 피로를 느끼고 있었습니다. 그는 주말마다 가까운 숲에서 1시간 동안 걷기 운동을 실천하기 시작했습니다. 홍재는 숲의 조용함과 신선한 공기를 마시며 정신적 피로가 풀리고, 점차 심리적 안정감을 되찾았습니다.

사례 2: 트레일 러닝으로 건강과 기분을 개선한 승희

승희는 체중 감소와 기분 개선을 위해 트레일 러닝을 시작했습니다. 처음에는 힘들었지만, 매주 트레일을 따라 달리면서 점점 체력이 향상되었고, 자연 속에서 달리는 것은 그녀에게 큰 심리적 힐링을 주었습니다. 승희는 더 이상 운동이 스트레스가 아닌, 즐거운 활동이 되었다고 말합니다.

사례 3: 자연 속 요가로 불안을 극복한 서하

서하는 불안감과 우울증으로 인해 어려움을 겪고 있었습니다. 그녀는 공원에서의 요가를 통해 자연과 연결되며 몸과 마음을 동시에 이완시키기 시작했습니다. 서하는 자연 속에서 요가를 할 때마다 불안감이 줄어들고, 마음이 더 편안해짐을 느꼈습니다.

5) 자연 속에서 운동을 할 때 얻는 이점

(1) 스트레스 해소

자연 속에서 운동하면 스트레스 호르몬 수치가 감소하고, 평온함을 느낄 수 있습니다.

(2) 정신적 집중력 향상

자연 환경은 우리의 인지 기능을 향상시키고, 운동 후 집중력을 높여줍니다.

(3) 신체적 건강 증진

자연에서의 운동은 신선한 공기와 더불어 심폐 기능과 근지구력을 강화시켜줍니다.

(4) 기분 개선

자연에서 운동을 하면 더 많은 엔돌핀이 분비되며, 긍정적인 감정과 행복감이 증가합니다.

(5) 창의성 자극

자연 속 운동은 창의적인 생각을 자극하고, 문제 해결 능력을 향상시킵니다.

6) 자연 속에서 운동을 통한 행복과 건강

자연 속에서의 운동은 우리의 신체적 건강과 정신적 웰빙을 동시에 증진시킬 수 있는 강력한 도구입니다. 자연의 소리와 공기를 느끼며 걷고, 달리고, 스트레칭을 하는 활동은 신체를 활력 있게 만들고, 마음을 진정시키는 효과를 가져다줍니다.

자연과 함께하는 운동을 규칙적으로 실천함으로써, 우리는 더 건강하고, 더 행복한 삶을 살아갈 수 있습니다. 자연 속에서 운동을 실천해보세요. 이는 삶의 질을 높이고, 일상 속에서 행복과 균형을 찾는 중요한 방법이 될 것입니다.

49. 요가와 신체의 연결

1) 개념과 배경: 요가와 신체의 연결

요가는 단순한 신체 운동을 넘어 몸과 마음, 호흡을 하나로 연결하는 전인적 수련입니다. 요가의 철학은 신체적 움직임과 정신적 평온을 통해 자아 인식과 내적 성장을 촉진하는 데 중점을 둡니다. 요가를 실천함으로써 우리는 신체의 각 부분과 호흡, 마음이 어떻게 연결되어 있는지 인식하게 되며, 이를 통해 자기 자신과 더 깊이 연결될 수 있습니다.

요가의 어원인 산스크리트어 '유즈(Yuj)'는 결합하다 또는 연결하다는 의미로, 이는 신체와 마음, 영혼을 하나로 통합하는 것을 목표로 합니다. 신체의 자세(아사나), 호흡(프라나야마), 그리고 명상은 요가에서 중요한 요소로, 이를 통해 신체와 정신의 균형을 유지하고, 내적 평온과 집중력을 높일 수 있습니다.

심리학적 관점에서도 신체와 마음의 연결은 중요한 개념입니다. 신체의 움직임은 정신적 상태에 영향을 미치며, 근육의 이완은 정서적 긴장을 풀어줍니다. 심신일체의 관점에서, 요가는 우리의 몸과 마음이 하나로 연결되어 있음을 깨닫고, 몸의 감각을 더 깊이 인식함으로써 더 건강하고 행복한 삶을 살 수 있도록 돕습니다.

2) 요가와 신체의 연결을 실천하는 방법

(1) 신체 인식을 높이는 요가 자세(아사나)

아사나는 요가의 신체 자세로, 신체의 각 부분을 정렬하고 균형을 잡는 데 중점을 둡니다. 요가 자세를 통해 우리는 몸의 유연성과 힘을 기르며, 각 신체 부위의 감각을 명확하게 인식할 수 있습니다.

- 산 자세(Tadasana): 이 자세는 서 있는 상태에서 두 발을 가지런히 맞추고, 신체의 균형을 유지하는 기본 자세입니다. 몸의 정렬에 집중하면서, 발부터 머리까지 신체가 하나로 연결되어 있음을 느껴보세요. 이 자세는 균형감각을 높이고, 몸의 중심을 찾는 데 도움을 줍니다.
- 다운워드 도그 자세(Adho Mukha Svanasana): 엎드린 자세에서 엉덩이를 들어

올려 몸을 뒤집은 'V'자 형태를 만드는 자세입니다. 이 자세는 어깨, 팔, 다리의 힘을 강화하며, 척추를 길게 펴주는 역할을 합니다. 이 자세에서 몸의 각 부분이 어떻게 연결되어 있는지 느끼며, 호흡과 움직임을 조화롭게 유지하세요.

(2) 호흡과 신체의 연결 강화하기

요가는 호흡(프라나야마)과 신체의 연결을 강조합니다. 호흡은 신체의 움직임을 지원하고, 근육을 이완시키며, 마음을 안정시킵니다. 호흡에 집중하면 몸과 마음이 더욱 깊이 연결되는 경험을 할 수 있습니다.

- 복식 호흡: 요가 자세를 유지할 때 복식 호흡을 통해 깊은 숨을 들이마시고 내쉬면서, 신체 각 부위에 산소가 어떻게 공급되는지를 느껴보세요. 숨을 들이마실 때 몸이 확장되고, 내쉴 때 이완되는 느낌을 의식하며, 호흡과 신체가 조화롭게 움직이도록 합니다.
- 호흡과 동작의 연결: 요가에서 중요한 것은 호흡과 동작의 연계입니다. 예를 들어, 코브라 자세(Bhujangasana)에서 숨을 들이마시며 상체를 들어 올리고, 내쉬며 이완하는 과정에서 호흡과 동작을 일치시키세요. 호흡과 신체의 리듬을 맞추는 것은 정신적 집중력을 높이는 데 매우 효과적입니다.

(3) 신체와 마음의 연결을 강화하는 명상

명상은 요가 수련의 중요한 부분으로, 마음챙김을 통해 신체와 마음이 하나로 연결된 상태를 유지하는 것을 목표로 합니다. 명상을 통해 우리는 내면의 감정과 생각을 인식하고, 그로 인해 발생하는 신체적 반응을 조절할 수 있습니다.

- 신체 감각에 집중하는 명상: 앉아서 편안한 자세를 취한 후, 발끝부터 머리까지 몸의 각 부분을 차례로 느껴보세요. 각 신체 부위에 대한 감각을 인식하며, 긴장된 부분이 있다면 그곳에 호흡을 보내 이완시키는 느낌을 가집니다. 신체의 감각을 의식하는 것만으로도 신체와 마음의 연결이 강화됩니다.
- 호흡 명상: 호흡에 집중하면서 신체의 들숨과 날숨이 어떻게 몸을 통해 움직이는지 관찰하세요. 호흡이 들어오고 나가는 동안 신체가 어떻게 반응하는지 느끼고, 이를 통해 내면의 균형과 평온을 유지하는 방법을 배울 수 있습니다.

(4) 일상 속 요가 실천하기

요가는 특정한 시간과 장소에 제한되지 않습니다. 일상 속에서 간단한 요가 동작을 실천하며 신체와 마음의 연결을 유지하는 습관을 기를 수 있습니다.

- 아침 요가 루틴: 아침에 일어나 간단한 5분 요가 루틴을 통해 하루를 시작하세요. 산 자세나 고양이-소 자세(Cat-Cow Stretch)와 같은 동작을 통해 척추와 몸 전체를 이완시키고, 몸을 깨우는 데 집중하세요.
- 직장 내 간단한 스트레칭: 책상에서 일하다가 잠시 시간을 내어 목과 어깨 스트레칭을 해보세요. 고개를 천천히 좌우로 돌리며, 어깨를 위아래로 움직이는 동작을 통해 신체의 긴장을 풀어주고, 몸의 움직임에 대한 인식을 높일 수 있습니다.

(5) 요가와 심리적 균형 유지하기

요가는 신체적 유연성뿐만 아니라 정신적 균형을 유지하는 데도 매우 효과적입니다. 요가 동작을 통해 스트레스와 불안을 줄이고, 내면의 평온함을 얻을 수 있습니다.

- 균형 자세: 나무 자세(Vrksasana)와 같은 균형 자세는 몸의 중심을 찾고, 신체와 마음의 조화를 이루는 데 도움을 줍니다. 이 자세를 할 때, 한쪽 발로 서서 중심을 잡고, 호흡과 집중을 통해 내면의 평화를 찾아보세요.
- 이완 자세(Shavasana): 수련이 끝난 후, 시바아사나(Shavasana)로 몸을 완전히 이완시키는 시간을 가지세요. 이 자세는 신체의 긴장을 완전히 풀어주고, 마음을 고요하게 유지하는 데 매우 효과적입니다.

3) 요가와 신체 연결을 위한 실천 아이디어

(1) 매일 10분 요가 실천하기

하루에 10분씩 간단한 요가 동작을 실천하세요. 이를 통해 신체 인식을 높이고, 몸과 마음의 연결을 강화할 수 있습니다.

(2) 호흡과 동작의 일치 연습

요가 동작을 할 때, 호흡과 동작을 일치시키는 연습을 해보세요. 숨을 들이마실 때 신체를 확장하고, 내쉴 때 이완시키는 방법으로 호흡과 신체를 조화롭게 유지합니다.

(3) 스트레칭과 요가 결합

일상 속에서 간단한 스트레칭과 요가 동작을 결합하여 실천해보세요. 목과 어깨, 허리 등의 긴장을 풀어주는 요가 동작을 통해 신체적 피로를 줄이고, 정신적 안정을 얻을 수 있습니다.

(4) 요가 명상 실천하기

요가 동작 후, 짧은 명상 시간을 가지며 몸과 마음을 정리하세요. 명상을 통해 몸의 감각에 집중하고, 호흡에 주의를 기울이면 정신적 평온을 유지할 수 있습니다.

(5) 자연 속 요가 실천

자연에서 요가를 실천해보세요. 공원이나 해변에서 자연의 소리와 함께 요가를 하며, 신체와 자연, 마음이 하나로 연결되는 경험을 해보세요.

4) 요가와 신체 연결을 통해 변화를 경험한 사례

사례 1: 신체 인식을 높인 지원

지원은 요가를 시작하기 전에는 자신의 신체 감각에 둔감했습니다. 하지만 요가 수련을 통해 몸의 유연성을 향상시키고, 각 근육의 움직임을 더 깊이 인식하게 되었습니다. 요가를 통해 지원은 더 건강하고 균형 잡힌 몸을 가지게 되었으며, 자신의 신체를 더 잘 이해하게 되었습니다.

사례 2: 스트레스를 해소한 해성

해성은 직장에서의 스트레스로 인해 불안과 긴장을 자주 느꼈습니다. 그는 요가 수련을 통해 호흡과 신체 움직임을 조화롭게 맞추는 법을 배웠고, 이 과정에서 마음의 평온을 얻었습니다. 해성은 요가를 통해 스트레스가 줄어들고, 더 차분하고 긍정적인 사고를 하게 되었습니다.

사례 3: 정신적 균형을 찾은 서하

서하는 불안감을 극복하기 위해 요가와 명상을 결합한 수련을 시작했습니다. 그녀는 요가 수련 후 명상을 통해 신체와 마음의 균형을 유지하는 방법을 배웠고, 점차 내면의 평화를 찾았습니다. 요가는 그녀에게 정신적 안정을 되찾는 중요한 도구가 되었습니다.

5) 요가와 신체 연결을 통해 얻는 혜택

(1) 신체적 유연성 향상

요가 자세는 근육과 관절을 부드럽게 늘려주어, 신체적 유연성을 높입니다.

(2) 정신적 평온

요가 수련은 마음의 안정을 가져다주고, 스트레스와 불안을 해소하는 데 효과적입니다.

(3) 호흡과 신체 조화

요가를 통해 호흡과 신체의 움직임을 조화롭게 맞출 수 있으며, 이는 정신적 집중력과 자아 인식을 강화시킵니다.

(4) 근육 강화

요가는 유연성뿐만 아니라 근력을 강화하는 데도 효과적이며, 신체의 균형을 잡는 데 도움이 됩니다.

(5) 내면의 평화

요가 수련을 통해 우리는 내면의 평온과 행복감을 찾을 수 있으며, 더 나은 삶의 질을 경험할 수 있습니다.

50. 몸과 마음의 균형 잡기

1) 개념과 배경: 몸과 마음의 균형

몸과 마음의 균형이란 신체적 건강과 정신적 안정이 조화롭게 유지되는 상태를 의미합니다. 현대 사회에서는 스트레스, 일상적인 업무, 잘못된 생활 습관 등으로 인해 몸과 마음이 조화롭지 못한 상태로 흔들리기 쉽습니다. 몸과 마음이 불균형해지면 우리는 피로감, 집중력 저하, 불안, 우울감 등을 경험하게 되며, 신체적으로도 다양한 질병과 통증을 겪을 수 있습니다.

심신일체(心身一體)라는 개념처럼, 신체와 마음은 상호작용을 통해 우리의 전반적인 삶의 질에 큰 영향을 미칩니다. 신체적 건강이 정신에 영향을 미치고, 반대로 정신적 상태도 신체적 건강에 영향을 미치는 복합적 관계를 가지고 있습니다. 몸과 마음의 균형을 유지하기 위해서는 신체와 마음이 서로 조화를 이루도록 하는 것이 매우 중요합니다.

심리학적으로, 몸과 마음이 균형을 이룰 때 우리는 더 행복하고 안정적인 삶을 살 수 있습니다. 긍정 심리학에서도 몸과 마음의 균형을 통해 인간의 심리적 웰빙이 높아진다는 연구가 많습니다. 몸과 마음의 균형이 유지될 때, 우리는 더 높은 창의성, 집중력, 자기 효능감을 경험할 수 있습니다.

2) 몸과 마음의 균형을 잡는 방법

(1) 신체 활동과 운동을 통한 균형 잡기

신체 활동은 몸과 마음의 균형을 유지하는 가장 기본적인 방법 중 하나입니다. 운동은 스트레스를 줄이고, 신체적 활력을 회복하는 데 매우 효과적입니다. 운동은 엔돌핀이라는 행복 호르몬을 분비시켜 기분을 개선시키고, 불안과 우울감을 해소하는 데 도움을 줍니다.

- 규칙적인 운동 실천: 매일 20~30분씩 걷기, 요가, 달리기와 같은 가벼운 신체 활동을 실천하세요. 규칙적인 운동은 신체의 에너지 순환을 원활하게 하고, 정신적 피로를 풀어줍니다.

• 심신의 조화를 위한 요가: 요가는 몸의 유연성을 기르고, 호흡과 함께 신체와 마음을 동시에 이완시킬 수 있는 훌륭한 방법입니다. 호흡과 동작의 일치를 통해 몸과 마음이 하나로 연결되는 것을 경험할 수 있습니다.

(2) 마음챙김과 명상 실천

마음챙김(Mindfulness)과 명상은 마음의 안정을 유지하고, 신체와 정신이 균형을 이루도록 돕는 방법입니다. 명상은 우리를 현재 순간에 집중하게 하며, 과거의 후회나 미래의 걱정에서 벗어나 지금 여기에 머물도록 이끕니다. 이를 통해 우리는 내면의 평화를 찾고, 몸과 마음의 조화를 유지할 수 있습니다.

• 5분 명상 실천: 매일 아침이나 저녁, 5분 동안 조용한 곳에서 눈을 감고 호흡에 집중해보세요. 숨을 깊게 들이마시고 내쉬는 동안, 신체의 긴장이 풀리고, 마음의 불안도 차츰 커질 것입니다.
• 감사 명상: 하루를 마무리하며 감사한 일을 떠올리면서 명상을 해보세요. 이는 마음을 긍정적인 상태로 전환시키며, 몸과 마음의 균형을 회복하는 데 큰 도움이 됩니다.

(3) 건강한 식습관 유지

균형 잡힌 식습관은 몸과 마음의 건강을 유지하는 데 중요한 요소입니다. 우리가 먹는 음식은 뇌의 기능과 기분에 큰 영향을 미칩니다. 건강한 음식을 먹으면, 몸은 활력을 되찾고, 마음도 정서적 안정감을 얻을 수 있습니다.

• 영양소가 풍부한 음식 섭취: 식단에 채소, 과일, 단백질, 오메가3 지방산을 충분히 포함시키세요. 이러한 영양소는 뇌 기능을 촉진시키고, 스트레스와 불안을 줄여줍니다.
• 규칙적인 식사 시간: 식사 시간을 일정하게 유지하고, 과식이나 야식을 피하며 몸이 자연스럽게 리듬을 찾도록 도와주세요.

(4) 수면 패턴 조정

수면은 몸과 마음의 균형을 유지하는 데 가장 중요한 역할을 합니다. 충분한 수면을 취하지 않으면 신체적 피로가 쌓이고, 정신적 집중력이 떨어지며, 기분도 불안정해집니다. 규칙적인 수면 습관을 통해 신체와 마음이 회복될 수 있도록 도와주세요.

- 매일 같은 시간에 잠들기: 일정한 시간에 잠자리에 들고, 일어나는 패턴을 유지하세요. 규칙적인 수면 패턴은 몸의 자연스러운 리듬을 조절하는 데 필수적입니다.
- 전자기기 사용 줄이기: 잠들기 전에는 스마트폰이나 TV를 멀리하고, 몸과 마음을 편안하게 할 수 있는 명상이나 심호흡을 실천해보세요.

(5) 사회적 관계를 통한 정서적 균형

몸과 마음의 균형을 유지하기 위해서는 사회적 관계도 중요합니다. 가족, 친구, 동료와의 긍정적인 관계는 정서적 안정감을 제공하며, 우리의 행복감을 높여줍니다.

- 정서적 지지 받기: 친구나 가족과 정기적으로 진심 어린 대화를 나누고, 어려운 감정이나 고민을 함께 나누세요. 정서적 지지를 받는 것은 마음의 균형을 유지하는 데 매우 효과적입니다.
- 적극적인 경청 실천하기: 다른 사람의 이야기를 경청하고, 그들의 감정에 공감해주는 것은 서로의 정서적 균형을 유지하는 데 도움을 줍니다.

3) 몸과 마음의 균형을 잡기 위한 실천 아이디어

(1) 아침 스트레칭으로 하루 시작하기

매일 아침 일어나서 간단한 스트레칭으로 몸을 깨우고, 명상을 통해 마음을 정리하는 시간을 가져보세요. 이는 하루를 더 평온하고 균형 잡힌 상태로 시작하는 데 도움을 줄 수 있습니다.

(2) 감사 일기 쓰기

매일 자기 전에 감사 일기를 써보세요. 하루 동안 감사한 일이나 순간을 기록하는 것은 마음을 긍정적인 상태로 유지하고, 정신적 안정감을 제공할 수 있습니다.

(3) 심호흡과 명상 실천

바쁜 일상 중간에 잠시 심호흡과 짧은 명상을 실천해보세요. 이는 마음의 긴장을 풀고, 몸과 마음의 균형을 회복하는 데 큰 도움이 될 수 있습니다.

(4) 야외 운동 실천하기

주말이나 휴일에 자연 속에서 걷기나 자전거 타기 등의 활동을 통해 신체와 마음을 자연과 연결시키세요. 이는 몸과 마음을 동시에 회복시키는 좋은 방법입니다.

(5) 자신을 위한 휴식 시간 만들기

하루 중 짧게라도 자신만의 휴식 시간을 정하고, 그 시간 동안 몸과 마음을 돌보는 활동(책 읽기, 명상, 음악 듣기 등)을 실천해보세요.

4) 몸과 마음의 균형을 통해 변화를 경험한 사례

사례 1: 신체적 피로를 해소한 지영

지영은 직장 업무로 인한 피로와 스트레스로 신체적 피로를 자주 느꼈습니다. 그녀는 매일 아침 15분 요가를 실천하기 시작했고, 스트레칭과 호흡을 통해 몸과 마음이 차분하게 이완되는 경험을 했습니다. 한 달 후, 지영은 에너지가 증가하고, 업무에 대한 집중력도 높아졌습니다.

사례 2: 스트레스를 해소한 해성

해성은 일상적인 스트레스로 인해 불안을 자주 느꼈지만, 명상과 자연 속에서의 걷기 운동을 통해 마음의 평온을 되찾았습니다. 그는 매일 아침 10분간의 명상과 주말마다 자연 속에서 산책을 실천하며, 더 이상 스트레스에 쉽게 흔들리지 않는 안정된 마음을 가지게 되었습니다.

사례 3: 불면증을 극복한 주영

주영은 만성적인 불면증에 시달렸지만, 자기 전 명상과 심호흡을 실천하면서 점차 수면의 질이 개선되었습니다. 그녀는 이제 규칙적인 수면 습관을 유지하며, 더 편안한 수면을 경험하고 있습니다.

5) 몸과 마음의 균형을 잡으면 얻는 이점

(1) 정신적 안정

몸과 마음의 균형을 유지하면 스트레스와 불안이 줄어들고, 더 평온한 마음을 가질 수 있습니다.

(2) 신체적 건강 증진

규칙적인 운동과 건강한 식습관을 통해 몸의 활력이 증가하고, 전반적인 신체적 건강이 개선됩니다.

(3) 집중력 향상

몸과 마음이 균형을 이루면 집중력과 생산성이 높아지고, 일상에서 더 효율적으로 일할 수 있습니다.

(4) 정서적 안정

정서적 균형을 유지하는 것은 감정 조절 능력을 향상시키고, 더 긍정적인 인간관계를 유지할 수 있도록 도와줍니다.

(5) 삶의 질 향상

몸과 마음의 균형을 잡으면 전반적인 삶의 만족도가 높아지고, 더 건강하고 행복한 삶을 살 수 있습니다.

6) 몸과 마음의 균형을 통한 행복과 건강

몸과 마음의 균형은 건강하고 행복한 삶을 사는 데 필수적인 요소입니다. 운동, 명상, 건강한 식습관, 수면, 그리고 사회적 관계를 통해 우리는 신체와 정신이 조화롭게 연결된 상태를 유지할 수 있습니다.

몸과 마음이 균형을 이루면, 우리는 더 안정적이고 행복한 삶을 살 수 있으며, 더 나은 삶의 질을 경험하게 됩니다. 일상 속에서 신체와 마음의 조화를 이루는 활동을 꾸준히 실천해보세요. 이는 당신의 삶을 긍정적으로 변화시키는 중요한 첫걸음이 될 것입니다.

제6부 자연과의 조화: 자연에서 찾는 행복

이 장은 자연과의 교감이 인간에게 주는 심리적, 정서적, 신체적 혜택을 탐구하며, 일상 속에서 자연과 조화를 이루는 구체적인 방법을 소개합니다. 각각의 항목은 자연과의 연결을 통해 행복을 찾고 내면의 평화를 증진시키는 다양한 접근법을 제시합니다.

자연과의 조화는 인간의 삶에 깊은 영향을 미치는 중요한 요소입니다. 자연은 우리의 정신적 안정과 신체적 건강을 유지하는 데 필수적인 환경을 제공합니다. 자연 속에서 시간을 보내면, 우리는 더 평온하고 행복해질 수 있습니다. 자연과의 연결을 통해 현대 사회에서 흔히 느끼는 스트레스, 불안, 우울감 등을 완화할 수 있으며, 일상에서 느끼는 삶의 속도를 조절할 수 있습니다.

자연 속에서 경험하는 신선한 공기, 푸른 나무, 맑은 하늘은 우리의 정신과 신체를 회복시키는 강력한 도구입니다. 또한, 자연 속에서의 활동은 생명력을 증진시키고, 창의성을 자극하며, 우리에게 더 깊은 행복을 선사합니다.

자연 속에서 명상하기

자연에서의 명상이 마음을 정화하고 스트레스를 완화하는 효과를 강조합니다. 자연의 소리와 풍경 속에서 명상을 통해 내면의 평온을 찾는 방법을 다룹니다.

숲의 치유력

숲의 고요함과 신선한 공기를 통해 스트레스를 해소하고 심신의 치유를 경험하는 방법을 소개합니다. 숲에서의 산책이 주는 정서적 안정과 신체적 이점을 설명합니다.

바다의 평화로운 에너지 느끼기

바다의 고요한 물결과 청량한 공기가 마음의 평화를 가져오는 효과를 탐구하며, 해변을 찾거나 해양 활동을 통해 에너지를 재충전하는 법을 제시합니다.

햇빛이 주는 기분 전환

햇빛의 에너지가 기분을 전환시키고 긍정적인 심리 상태를 유도하는 효과를 다루며, 일상에서 햇볕을 쬐는 시간을 늘려 심신의 활력을 높이는 방법을 제안합니다.

바람과 함께 걷기

자연 속에서 신선한 바람을 맞으며 걷는 것이 주는 자유로움과 신체적 건강 증진 효과를 강조합니다. 바람의 에너지와 함께하는 산책이 주는 심리적 이점을 다룹니다.

별을 보며 마음의 평온 찾기

밤하늘의 별을 관찰하며 느끼는 고요함과 우주의 신비함을 통해 일상 속의 근심과 걱정을 내려놓는 방법을 설명합니다.

가드닝과 자연 재생의 즐거움

직접 식물을 기르고 자연 재생을 돕는 활동을 통해 성취감과 즐거움을 느끼는 방법을 제안하며, 가드닝이 주는 정서적 치유 효과를 설명합니다.

이 장에서는 자연과의 교감이 주는 다양한 이점을 강조하며, 일상에서 자연과 조화롭게 살아가는 실천적 방안을 통해 지속 가능한 행복을 추구하는 법을 구체적으로 제시합니다.

51. 자연 속에서 명상하기

1) 개념과 배경: 자연 속에서 명상의 의미

자연 속에서 명상은 신체와 마음을 자연과 하나로 연결하는 명상 방식으로, 자연의 소리와 풍경 속에서 내면의 평화를 찾고, 정신적 안정을 얻는 데 매우 효과적입니다. 명상을 실내에서만 하는 것과 달리, 자연의 소리, 공기, 풍경을 통해 우리는 더 깊고 풍요로운 정신적 휴식을 경험할 수 있습니다.

자연의 힘은 우리의 신체적 긴장을 완화하고, 마음을 진정시키며, 정신적 치유를 촉진합니다. 자연 속에서 명상할 때 우리는 현재 순간에 완전히 몰입하게 되고, 자연과의 연결을 통해 더 큰 평온과 안정감을 느낄 수 있습니다.

자연 명상은 우리의 뇌가 자연의 리듬과 조화를 이루며 코티솔(스트레스 호르몬) 수치를 낮추고, 심리적 피로를 해소하는 데 탁월한 효과를 발휘합니다. 특히 숲, 바다, 산 등 자연의 한가운데에서 명상을 실천하면, 자연이 주는 고요함과 치유력이 우리의 내면을 더욱 풍요롭게 만들어 줍니다.

2) 자연 속에서 명상하는 방법

(1) 자연의 소리와 풍경에 집중하기

자연 속에서 명상할 때는 주변의 소리, 풍경, 바람 등 자연의 요소에 주의를 집중합니다. 이때 우리는 오감을 통해 자연을 느끼며, 그 경험을 통해 더 깊은 명상 상태에 들어갈 수 있습니다.

- 자연 소리에 집중: 명상 중에 자연의 소리에 귀를 기울여보세요. 새소리, 물 흐르는 소리, 바람 소리에 집중하며 그 소리들이 마음을 평온하게 만드는 것을 느껴보세요. 자연의 소리를 통해 마음이 고요해지고, 몸이 이완되는 것을 경험할 수 있습니다.
- 자연의 풍경과 색에 주목: 눈을 감고 명상을 시작하기 전에 잠시 자연의 풍경을 바라보세요. 푸른 나무, 흐르는 물, 하늘의 구름 등을 천천히 바라보며, 자연이 주는 안정감과 평화를 느껴보세요. 그 이미지가 마음속에 평온을 가져다줍니다.

(2) 호흡과 자연의 리듬을 맞추기

자연 속에서 명상을 할 때는 호흡을 통해 자연과 하나가 되는 느낌을 경험할 수 있습니다. 호흡과 자연의 리듬을 맞추면, 우리는 더 깊이 자연과 연결되고, 마음의 평화를 얻을 수 있습니다.

- 자연과 함께하는 깊은 호흡: 자연 속에서 눈을 감고 깊게 숨을 들이마시고, 천천히 내쉬세요. 숨을 들이쉴 때 자연의 신선한 공기가 몸속으로 들어오는 것을 느끼고, 내쉴 때는 몸과 마음의 긴장이 자연으로 흘러나가는 것을 상상해보세요.
- 바람과 호흡 맞추기: 바람이 불 때마다 그 리듬에 맞춰 호흡해보세요. 바람이 불 때 숨을 들이마시고, 바람이 줄어들 때 천천히 내쉬는 방식으로 자연과 호흡이 하나가 되도록 합니다.

(3) 자연 속에서 걷기 명상

걷기 명상은 자연 속에서 걷는 동안 발걸음과 호흡, 신체 감각에 집중하는 명상 방식입니다. 자연의 리듬에 맞춰 천천히 걸으며, 신체와 자연이 하나로 연결되는 경험을 할 수 있습니다.

- 발걸음에 집중하기: 자연 속에서 천천히 걸으며 발바닥이 땅을 딛는 감각에 집중하세요. 한 걸음 한 걸음에 마음을 기울이고, 발이 닿는 땅의 감촉을 느끼며 걷습니다. 걷는 동안 자연의 냄새와 소리에도 주의를 기울이세요.
- 자연과 함께 걷기: 걷기 명상을 하며 자연과 대화하는 느낌을 가져보세요. 바람, 나무, 꽃, 흙 등 자연의 모든 요소와 연결되어 있음을 느끼며 자연의 리듬에 따라 발걸음을 옮깁니다.

(4) 자연 속에서 마음챙김 명상 실천하기

마음챙김 명상은 자연 속에서 더 쉽게 실천할 수 있습니다. 자연은 우리의 감각을 깨어나게 하고, 현재 순간에 완전히 몰입하도록 도와줍니다.

- 오감 자극하기: 자연 속에서 오감에 주의를 기울이며 명상을 실천하세요. 눈을 감고 주변의 냄새, 소리, 감촉을 느끼며 지금 이 순간에 완전히 몰입하는 것이 중요합니다. 자연의 온도, 바람, 햇빛 등 모든 감각을 통해 마음을 차분하게 만들어보세요.

- 자연의 변화를 느끼기: 명상 중에는 자연의 변화를 인식하세요. 바람이 불 때와 멈출 때, 해가 드는 순간과 구름이 가리는 순간 등, 자연의 흐름에 따라 마음의 흐름을 함께 느껴보세요.

3) 자연 속에서 명상하기 위한 실천 아이디어

(1) 자연 속 명상 루틴 만들기

매주 또는 매일 특정 시간을 정해 가까운 공원이나 숲에서 자연 명상을 실천해보세요. 매일 같은 시간에 자연을 접하며 명상을 하다 보면 자연과의 연결이 더 깊어질 수 있습니다.

(2) 명상 장소 탐색하기

집 근처에 명상하기 좋은 장소를 찾아보세요. 공원, 호수, 숲 속의 작은 공간 등 자연의 소리를 들으며 편안하게 명상을 할 수 있는 곳을 찾는 것이 중요합니다.

(3) 자연 소리로 명상하기

도시에서 살고 있다면, 집에서 자연의 소리(새소리, 물소리 등)를 틀어놓고 명상을 해보세요. 실제 자연에 있는 것 같은 기분으로 명상에 집중할 수 있습니다.

(4) 숲에서의 걷기 명상 실천하기

주말에 숲을 찾아 걷기 명상을 실천해보세요. 한 걸음 한 걸음에 집중하며 자연과 하나가 되는 경험을 할 수 있습니나.

(5) 명상 기록하기

자연 속에서 명상을 마친 후, 그때 느낀 감정이나 생각들을 일지로 기록해보세요. 이는 자신의 내면의 변화를 인식하고, 앞으로의 명상에 더 깊이 몰입할 수 있도록 도와줍니다.

4) 자연 속에서 명상한 사람들의 사례

사례 1: 자연 속 명상으로 불안을 극복한 홍재

홍재는 직장 스트레스로 인한 불안감과 수면 장애를 겪고 있었습니다. 그는 매주 주말마다 숲 속에서 명상을 실천하기 시작했고, 자연 속에서의 명상을 통해 점차 불안이 줄어들고, 마음의 평온을 되찾게 되었습니다.

사례 2: 걷기 명상을 통해 내면의 평화를 찾은 도윤

도윤은 과도한 일로 인해 신체적 피로와 정신적 스트레스를 겪고 있었지만, 자연 속에서의 걷기 명상을 통해 신체적 이완과 정신적 안정을 경험하게 되었습니다. 걷는 동안 자연의 소리와 바람을 느끼며 마음을 비우는 것은 그녀에게 큰 정신적 힐링이 되었습니다.

사례 3: 자연 속 명상으로 창의력을 되찾은 해성

해성은 창의적인 아이디어가 고갈되었다는 느낌에 시달렸지만, 자연에서 명상을 하면서 새로운 영감을 찾게 되었습니다. 숲에서의 명상을 통해 그는 더 명확하게 생각을 정리할 수 있었고, 창의적 사고를 다시 활성화할 수 있었습니다.

5) 자연 속에서 명상하면 얻는 이점

(1) 정신적 평온

자연은 우리의 마음을 차분하게 만들고, 불안과 스트레스를 해소하는 데 도움이 됩니다. 자연 속에서 명상하면 더 큰 정신적 안정감을 느낄 수 있습니다.

(2) 신체적 이완

자연에서 명상을 할 때 우리는 몸의 긴장을 풀고, 더 깊은 이완을 경험할 수 있습니다. 명상과 함께 자연의 신선한 공기를 마시면 몸과 마음이 동시에 회복됩니다.

(3) 정서적 치유

자연 속에서 명상은 감정 조절을 돕고, 내면의 평온을 찾아 감정적으로 더 안정된 상태로 만들어줍니다.

(4) 집중력과 창의성 향상

자연 속에서 명상을 하면 우리의 집중력이 향상되고, 더 창의적인 아이디어를 떠올릴 수 있습니다. 자연의 고요함 속에서 생각을 정리하고, 창의적 사고를 촉진할 수 있습니다.

(5) 삶의 질 향상

자연과의 연결을 통해 우리는 더 행복하고 균형 잡힌 삶을 살 수 있습니다. 자연 속에서 명상을 실천함으로써 삶의 질을 높이는 중요한 도구를 얻을 수 있습니다.

6) 자연 속에서 명상하며 찾는 행복과 평화

자연 속에서의 명상은 우리의 몸과 마음을 자연과 하나로 연결시켜주며, 정신적 평온과 신체적 이완을 동시에 제공합니다. 자연과의 연결을 통해 우리는 더 평온하고 행복한 삶을 살 수 있으며, 일상 속 스트레스와 불안을 극복할 수 있습니다.

매일 혹은 매주 자연 속에서 명상을 실천하며, 그 안에서 찾는 내면의 평화와 균형을 경험해보세요. 자연 속에서 명상을 할 때 우리는 더 나은 삶의 질을 추구하며, 더 깊은 행복을 찾을 수 있습니다.

52. 숲의 치유력

1) 개념과 배경: 숲의 치유력

숲의 치유력은 숲과 같은 자연환경에서 시간을 보내는 것이 우리의 정신적 및 신체적 건강에 미치는 긍정적인 영향을 의미합니다. 숲은 단순한 자연 공간을 넘어, 우리의 면역력을 강화하고, 스트레스와 불안을 줄이며, 정신적 평온을 회복하는 데 중요한 역할을 합니다. 숲 속에서 걷거나 시간을 보내는 활동은 숲 치유(Forest Therapy) 또는 숲 속 목욕(Shinrin-yoku)으로도 불리며, 이러한 경험을 통해 우리는 자연의 치유력을 몸과 마음으로 직접 체험할 수 있습니다.

일본에서 시작된 신린요쿠(Shinrin-yoku, Forest Bathing)는 숲을 거닐며 그 치유적 특성을 통해 몸과 마음의 균형을 회복하는 자연 치유법입니다. 연구에 따르면, 숲에서 시간을 보내면 우리의 코티솔 수치가 감소하고, 혈압과 심박수가 안정되며, 면역 기능이 강화됩니다. 또한 숲 속에서 느끼는 피톤치드(식물에서 나오는 자연 살균 물질)는 스트레스를 줄이고, 신체의 자연 치유 능력을 증진시키는 역할을 합니다.

숲은 우리에게 자연과의 연결을 다시 찾을 기회를 주며, 그 안에서 우리는 내면의 평온과 정신적 안정감을 회복할 수 있습니다.

2) 숲의 치유력을 실천하는 방법

(1) 숲에서 걷기 명상 실천하기

숲에서 걷기 명상은 신체와 마음을 이완시키고 자연과 깊이 연결되는 경험을 할 수 있는 효과적인 방법입니다. 숲의 소리와 향기, 풍경을 느끼며 걷는 것은 우리의 감각을 깨어나게 하고, 자연의 고요함 속에서 더 깊은 평화를 찾게 해줍니다.

- 천천히 걷기: 숲 속에서는 천천히 걸으며 자연의 모든 요소를 느껴보세요. 발이 땅을 딛는 감각, 바람의 느낌, 나뭇잎이 흔들리는 소리에 집중하세요. 걷기 명상을 통해 마음이 차분해지고, 몸의 긴장도 점차 풀리는 것을 느낄 수 있습니다.

- 호흡에 집중하기: 걸으면서 깊은 호흡을 통해 신선한 산소가 몸속으로 들어오는 것을 느껴보세요. 숨을 들이쉴 때마다 자연이 주는 신선함을 느끼고, 내쉴 때는 몸과 마음의 긴장을 숲 속으로 흘려보냅니다.

(2) 숲 속에서의 심호흡과 명상

숲 속에서의 명상은 그 자체로 강력한 정신적 회복의 수단이 될 수 있습니다. 자연의 고요함 속에서 호흡에 집중하며 명상을 하면, 더 깊은 마음의 평화와 정신적 안정을 경험할 수 있습니다.

- 숲 속 명상하기: 숲 속의 조용한 장소에 앉아 눈을 감고 명상해보세요. 주변의 자연 소리와 공기를 느끼며, 모든 잡념을 흘려보내고 현재 순간에만 집중하세요. 숲의 고요함이 마음을 차분하게 만들어줍니다.
- 자연 소리로 명상하기: 명상을 할 때는 자연의 새소리, 바람 소리, 나뭇잎 소리에 집중하세요. 자연의 소리가 우리의 내면의 소란을 가라앉히고, 정신적 안정감을 높여줍니다.

(3) 숲 속에서 신체 활동 실천하기

숲 속에서의 신체 활동은 숲의 치유력을 극대화할 수 있는 방법입니다. 걷기, 하이킹, 요가와 같은 활동을 자연 속에서 하면, 신체적 건강과 함께 정신적 활력도 얻을 수 있습니다.

- 숲 속 하이킹: 숲의 길을 따라 하이킹을 하면, 심폐 기능을 강화하고, 신체적 에너지를 회복할 수 있습니다. 하이킹을 할 때는 자연과의 연결을 느끼며, 신체의 피로가 해소되는 것을 느껴보세요.
- 자연 속 요가: 숲 속에서 요가를 실천하면, 신체적 유연성과 균형을 기를 수 있으며, 자연의 에너지를 받아들여 더 깊은 이완을 경험할 수 있습니다. 나무 아래에서 요가를 하며 숲의 고요함과 생명력을 몸으로 느껴보세요.

(4) 자연의 요소와 연결되기

숲 속에서는 오감을 활용하여 자연과 연결될 수 있습니다. 숲의 소리, 냄새, 촉감을 느끼며 자연과의 깊은 연결을 경험하는 것이 중요합니다.

- 피톤치드 느끼기: 숲에서 산책할 때 나무에서 방출되는 피톤치드를 마시며, 신체와 마음이 자연과 하나가 되는 느낌을 경험하세요. 피톤치드는 면역력을 높이고, 스트레스를 완화하는 데 큰 도움이 됩니다.
- 자연 속 냄새와 감촉 느끼기: 숲 속에서 나무 냄새, 흙 냄새, 풀 냄새를 맡아보세요. 이러한 자연의 향은 우리의 감각을 깨우고, 마음을 편안하게 만들어 줍니다. 손으로 나무를 만지거나, 흙을 만지며 자연의 촉감을 느끼는 것도 치유의 한 방법입니다.

3) 숲의 치유력을 실천하기 위한 아이디어

(1) 숲에서의 일일 명상 실천

하루에 20분씩 가까운 숲에서 명상하는 습관을 들이세요. 숲의 고요함 속에서 마음을 차분하게 가라앉히고, 신체적 긴장을 풀어보세요.

(2) 주말 숲 탐방

주말마다 시간을 내어 숲 속을 탐방하며 자연과 연결되는 시간을 가지세요. 새로운 숲을 탐험하며 자연의 치유력을 경험해보세요.

(3) 숲 속에서의 야외 운동

숲 속에서 걷기, 요가, 하이킹 등의 야외 운동을 실천해보세요. 신체 활동을 하면서 자연의 에너지를 몸에 채우고, 정신적 안정감을 찾을 수 있습니다.

(4) 숲의 소리 듣기

숲에 가지 못할 때는 숲의 소리를 들으며 명상을 실천하세요. 새소리, 바람 소리 등 자연의 소리를 들으면 집에서도 숲 속에서 명상하는 듯한 효과를 느낄 수 있습니다.

(5) 숲과의 정기적 연결

정기적으로 숲 속에서 시간을 보내며 자연과의 연결을 유지하세요. 이는 장기적으로 신체적, 정신적 건강에 큰 도움이 됩니다.

4) 숲의 치유력을 경험한 사례

사례 1: 스트레스를 극복한 영석

영석은 직장에서의 과도한 스트레스로 인해 신체적, 정신적 피로를 느끼고 있었습니다.

그는 매주 주말마다 숲 속에서 산책을 실천하기 시작했고, 숲의 고요함 속에서 점차 스트레스가 줄어들고 마음의 평온을 되찾았습니다.

사례 2: 숲 속에서 걷기 명상으로 건강을 회복한 영미

영미는 만성 피로와 불안감으로 어려움을 겪었지만, 숲 속에서의 걷기 명상을 통해 건강을 회복했습니다.

매일 아침 30분씩 숲 속에서 걷고 명상을 실천하며, 그녀는 신체적, 정신적으로 더 활력 있는 삶을 살게 되었습니다.

사례 3: 자연 속에서 창의력을 되찾은 해성

해성은 창의적인 작업에 어려움을 겪고 있었지만, 매주 숲에서 명상을 실천한 후 다시 창의적인 아이디어가 떠오르기 시작했습니다. 그는 숲 속에서 명상을 할 때마다 더 명확한 사고를 할 수 있었고, 스트레스가 줄어드는 것을 느꼈습니다.

5) 숲의 치유력으로 얻는 이점

(1) 스트레스 완화

숲은 우리의 스트레스 호르몬을 감소시키고, 정신적 긴장을 풀어줍니다. 자연 속에서의 시간은 마음을 차분하게 하고, 평온한 상태로 이끌어줍니다.

(2) 면역력 증진

숲에서 나오는 피톤치드는 우리의 면역 기능을 강화시키고, 신체의 자연 치유력을 높여줍니다.

(3) 신체적 회복

숲 속에서의 운동은 심폐 기능과 근력을 향상시키며, 신체적 피로를 해소하는 데 효과적입니다.

(4) 정신적 안정

숲은 우리의 정신적 안정감을 높이고, 더 깊은 내면의 평화를 찾도록 도와줍니다. 자연 속에서 명상을 실천하면 불안과 우울이 줄어듭니다.

(5) 삶의 만족도 향상

자연 속에서 시간을 보내면 우리의 삶의 질이 높아지고, 더 행복하고 균형 잡힌 삶을 살 수 있습니다.

6) 숲의 치유력을 통한 행복과 건강

숲의 치유력은 우리의 몸과 마음을 동시에 회복시키는 강력한 자연의 힘입니다. 숲 속에서의 시간은 스트레스를 줄이고, 정신적 안정감과 신체적 건강을 증진시키는 데 필수적입니다.

숲 속에서 걷고, 명상하고, 자연과 연결되며 자연의 치유력을 체험하세요. 자연과의 연결을 통해 더 행복하고 건강한 삶을 살 수 있습니다.

53. 바다의 평화로운 에너지 느끼기

1) 개념과 배경: 바다의 평화로운 에너지

바다는 우리에게 평온과 정화의 에너지를 제공합니다. 바다의 넓은 풍경과 파도 소리는 마음을 차분하게 만들어주며, 일상에서 쌓인 스트레스를 씻어내는 데 큰 도움이 됩니다. 바다의 에너지는 그 자체로 우리에게 심리적 안정감을 제공하며, 바닷가에서 시간을 보내는 것은 명상, 휴식, 정신적 힐링에 있어 탁월한 장소입니다.

해양심리학 연구에 따르면, 바다를 보는 것만으로도 사람들의 기분이 개선되고, 스트레스와 불안이 감소하는 효과가 있다고 합니다. 파도 소리는 우리 뇌의 알파파를 활성화시켜, 정신을 안정시키고, 내면의 평화를 찾게 합니다. 물 자체는 치유의 상징으로, 바다에서 시간을 보내는 것은 몸과 마음을 정화하는 강력한 도구로 작용합니다.

바다의 푸른 색감과 무한한 수평선은 인간에게 창의성과 자유로움을 느끼게 하며, 바다와의 교감은 우리를 더 차분하고 행복한 상태로 이끌어줍니다.

2) 바다의 평화로운 에너지를 실천하는 방법

(1) 파도 소리와 함께하는 명상

바다에서의 명상은 바다의 소리와 리듬을 통해 깊은 정신적 안정을 얻는 방법입니다. 파도가 밀려오는 소리는 자연의 규칙적인 리듬을 경험하게 하며, 그 리듬에 맞추어 호흡을 하면 마음이 점차 차분해집니다.

- 파도 소리에 집중: 바닷가에서 편안히 앉아 파도가 밀려오는 소리에 집중하세요. 눈을 감고 파도 소리가 들릴 때마다 숨을 들이마시고, 파도가 멀어질 때 숨을 내쉬는 방식으로 자연의 리듬과 호흡을 맞춰보세요. 이 과정을 통해 마음이 점차 고요해지고, 내면의 평화를 찾을 수 있습니다.
- 바다와 호흡 연결하기: 숨을 들이마실 때 바다에서 나오는 신선한 공기가 몸속으로 들어오는 것을 상상하고, 숨을 내쉴 때는 모든 스트레스와 부정적인 감정이 바다로 흘러가는 느낌을 가져보세요. 바다와 호흡이 하나가 되는 경험을 통

해 더욱 깊은 이완을 느낄 수 있습니다.

(2) 바다에서 걷기 명상 실천하기

걷기 명상은 바닷가에서 실천하면 더 큰 정신적 안정과 신체적 이완을 제공합니다. 바다의 모래 위를 천천히 걸으면서, 발이 모래에 닿는 감각과 파도의 소리에 집중하며 걷기 명상을 실천해보세요.

- 발걸음에 집중: 바다를 따라 천천히 걸으며 발이 모래에 닿는 감각에 주의를 기울여보세요. 한 걸음 한 걸음에 집중하면서 발바닥이 모래를 느끼고, 발자국이 남는 것을 관찰하세요. 바닷바람이 불어올 때마다 그 느낌을 신체로 받아들이며, 걷는 동안 자연과의 연결을 경험하세요.
- 바다의 풍경과 소리 느끼기: 걷는 동안 바다의 끝없는 수평선을 바라보고, 파도 소리와 함께 자연의 리듬을 느껴보세요. 이러한 감각에 집중하면서 걷는 것이 바다의 평화로운 에너지를 온전히 받아들이는 데 도움을 줍니다.

(3) 바다에서의 심호흡과 명상 실천

바닷가에서 심호흡을 통해 바다의 공기와 에너지를 신체에 가득 채우는 경험을 할 수 있습니다. 명상을 통해 마음을 차분하게 만들고, 바다와 함께하는 심호흡은 우리의 신체와 마음에 깊은 이완을 제공합니다.

- 바다 앞에서 심호흡: 바닷가에 서서 깊게 호흡하며 바다의 신선한 공기를 몸속으로 들이마시고, 내쉴 때는 몸과 마음의 긴장을 자연으로 흘려보냅니다. 바다의 공기는 우리의 정신적 피로를 해소하는 데 큰 도움이 됩니다.
- 바다의 소리와 연결된 호흡: 파도가 몰려올 때마다 천천히 숨을 들이마시고, 파도가 멀어질 때 숨을 내쉬는 방식으로 호흡과 바다의 리듬을 맞춰보세요. 이는 내면의 평화와 정서적 안정감을 강화해줍니다.

(4) 바다와의 시각적 연결

바다의 풍경과 색감은 우리 마음에 깊은 평온을 가져다줍니다. 바다를 바라보는 것만으로도 우리의 감각은 깨어나고, 더 큰 정신적 안정을 느낄 수 있습니다.

- 푸른 바다 바라보기: 바다의 푸른색은 심리학적으로 안정감을 주는 색입니다.

수평선을 바라보며, 바다의 끝없는 넓이와 깊이를 느껴보세요. 이는 우리의 사고를 열어주고, 내면의 불안을 씻어내는 데 큰 도움이 됩니다.

- 자연과 하나 되기: 바다의 무한한 수평선을 바라보면서, 자신이 자연의 일부임을 느끼세요. 바다와 함께 호흡하고, 바다와 하나가 되는 경험을 하며 내면의 고요를 찾아보세요.

3) 바다의 평화로운 에너지를 실천하기 위한 아이디어

(1) 바다에서 하루 시작하기

하루를 시작할 때 아침 바다에서 명상을 실천해보세요. 아침의 고요한 바다와 함께 시간을 보내면, 하루를 평온하고 차분한 상태로 시작할 수 있습니다.

(2) 바닷가 걷기 루틴 만들기

매주 한 번 이상 바닷가에서 걷기 명상을 실천하는 습관을 들여보세요. 바다와 모래, 바람의 느낌에 집중하며 걷다 보면, 스트레스가 풀리고 내면의 평화를 찾을 수 있습니다.

(3) 일몰 시간 바다에서 명상하기

일몰 시간에 바다에서 명상을 실천하며 일몰의 에너지와 함께 마음을 정리해보세요. 바다에 비치는 노을은 우리의 마음에 더 큰 평온을 가져다줍니다.

(4) 바다 소리로 명상히기

바다에 직접 가지 못할 때는 바다 소리를 들으며 명상을 실천해보세요. 파도 소리를 듣는 것만으로도 정신적 이완과 안정감을 느낄 수 있습니다.

(5) 바다와 함께하는 심호흡 루틴 만들기

바다를 바라보며 깊은 심호흡을 하는 시간을 만들어보세요. 바다의 신선한 공기를 들이마시고, 모든 긴장을 바다로 흘려보내는 경험은 우리의 신체적, 정신적 건강에 긍정적인 영향을 미칩니다.

4) 바다의 평화로운 에너지를 경험한 사례

사례 1: 바다에서 스트레스를 해소한 서하

서하는 직장에서의 스트레스로 인해 불안감을 자주 느꼈지만, 주말마다 바다에서 명상을 실천하면서 차츰 마음의 평온을 되찾았습니다. 파도 소리에 집중하며 호흡을 맞추는 명상 덕분에, 서하는 일상에서 더 차분하고 안정된 마음을 유지할 수 있게 되었습니다.

사례 2: 바다와의 걷기 명상으로 창의력을 회복한 해성

해성은 창의적인 일에 대한 영감을 잃었다고 느끼고 있었지만, 바닷가에서 걷기 명상을 실천하면서 다시 창의력을 되찾기 시작했습니다. 그는 바다의 끝없는 수평선을 바라보며, 자신의 생각이 더 자유롭게 흐르기 시작했다고 말합니다.

사례 3: 바다의 심호흡으로 불안을 극복한 영미

영미는 불안장애로 고생했지만, 바다에서의 심호흡을 통해 마음을 차분하게 만들 수 있었습니다. 바다의 공기와 함께 깊은 호흡을 할 때마다, 그녀는 점차 내면의 평화를 되찾고 정신적 안정감을 얻었습니다.

5) 바다의 평화로운 에너지를 통한 이점

(1) 정신적 안정감

바다의 소리와 풍경은 우리의 스트레스와 불안을 해소하는 데 탁월한 효과를 발휘하며, 정신적 안정감을 제공합니다.

(2) 신체적 이완

바닷가에서의 걷기와 심호흡은 신체의 긴장을 풀어주고, 신체적 피로를 해소하는 데 도움이 됩니다.

(3) 정서적 회복

바다는 우리의 감정을 정리하고, 감정적인 피로를 씻어내는 정서적 치유의 장소로 작용합니다.

(4) 집중력과 창의성 향상

바다의 평화로운 에너지는 우리의 창의적 사고와 집중력을 높여주며, 새로운 영감을 찾게 합니다.

(5) 삶의 균형 유지

바다와의 연결은 우리의 일상에서 정신적 균형을 유지하는 데 중요한 역할을 하며, 더 행복하고 건강한 삶을 살 수 있도록 돕습니다.

6) 바다의 평화로운 에너지를 통한 행복과 치유

바다의 평화로운 에너지는 우리의 몸과 마음을 치유하고, 더 깊은 내면의 평화를 찾아줍니다. 바다와의 연결을 통해 우리는 스트레스와 불안을 해소하고, 더 큰 정신적 안정감을 느낄 수 있습니다.

바다에서 명상하고, 걷고, 심호흡을 실천하며 자연과 하나 되는 시간을 가지세요. 이는 당신의 삶을 더 평온하게 만들어주고, 행복한 삶을 살아가는 데 큰 도움을 줄 것입니다.

54. 햇빛이 주는 기분 전환

1) 개념과 배경: 햇빛의 긍정적 영향

햇빛은 우리의 기분을 전환하고, 정신적 안정감을 주는 중요한 자연 요소입니다. 햇빛에 노출되면 우리 몸은 비타민 D를 생성하며, 이로 인해 신체와 정신 건강 모두에 긍정적인 영향을 미칩니다. 특히, 햇빛은 세로토닌이라는 행복 호르몬의 분비를 촉진하여 기분을 개선하고, 우울감을 줄이는 역할을 합니다.

햇빛은 또한 멜라토닌 생성에도 중요한 역할을 하여 우리의 수면 주기를 조절하고, 더 나은 수면의 질을 유지하도록 도와줍니다. 햇빛을 충분히 받지 않으면 계절성 정서 장애(SAD)와 같은 기분장애가 발생할 수 있으며, 이는 주로 겨울철 일조량이 부족할 때 자주 나타납니다. 햇빛 노출은 우리의 에너지 수준을 높이고, 더 긍정적이고 활기찬 상태를 유지하는 데 큰 도움을 줍니다.

2) 햇빛이 주는 기분 전환을 실천하는 방법

(1) 아침 햇빛으로 하루를 시작하기

하루를 시작할 때 아침 햇빛을 받는 것은 기분 전환에 매우 효과적입니다. 아침 햇빛은 우리의 생체 시계를 조정하여 몸과 마음이 하루를 활기차게 시작할 수 있도록 돕습니다.

- 아침 산책: 매일 아침 일어나서 20분 동안 산책하며 햇빛을 받아보세요. 아침 햇빛을 받으면 몸이 깨어나고, 세로토닌 수치가 높아져 하루를 긍정적인 에너지로 시작할 수 있습니다.
- 햇빛 아래에서 스트레칭: 햇빛이 드는 곳에서 간단한 스트레칭을 해보세요. 몸을 이완시키며 햇빛을 느끼면 기분이 더 밝아지고, 하루를 리프레시하는 데 도움이 됩니다.

(2) 햇빛을 받으며 짧은 휴식 시간 갖기

일상 속에서 짧은 햇빛 휴식 시간을 가지면 몸과 마음이 새로워집니다. 햇빛을 받으며 잠시 휴식하면 집중력과 에너지가 회복됩니다.

- 점심 시간 햇빛 즐기기: 점심 시간에 햇빛이 드는 곳에서 15분 동안 산책하거나, 햇빛 아래에서 간단한 명상을 실천해보세요. 이 시간 동안 햇빛을 받으면 업무 스트레스를 줄이고 기분 전환을 할 수 있습니다.
- 햇빛 아래서 커피나 차 마시기: 짧은 휴식 시간 동안 야외에서 커피나 차를 마셔보세요. 자연 속에서 햇빛을 느끼며 시간을 보내면 정신적 피로가 해소되고, 더 긍정적인 기운을 받을 수 있습니다.

(3) 햇빛을 활용한 운동 실천하기

야외에서 운동을 할 때 햇빛을 받으면 운동의 효과가 더욱 커집니다. 햇빛과 함께하는 운동은 우리의 신체적 건강뿐만 아니라 정신적 웰빙에도 좋은 영향을 미칩니다.

- 햇빛 속에서 조깅 또는 자전거 타기: 햇빛이 가득한 시간에 조깅이나 자전거 타기를 실천해보세요. 이 운동을 통해 신체 에너지가 활성화되고, 햇빛이 주는 긍정적인 영향을 함께 받을 수 있습니다.
- 야외 요가 또는 스트레칭: 공원이나 햇빛이 잘 드는 장소에서 요가나 스트레칭을 실천하면 마음이 차분해지고, 기분이 더욱 밝아집니다. 자연 속에서의 신체 활동은 햇빛과 함께 정신적 안정을 촉진합니다.

(4) 햇빛을 통해 기분을 전환하는 명상 실천

햇빛을 받으며 명상을 실천하면 정신적 에너지가 더욱 강화됩니다. 햇볕의 따뜻함과 함께 명상을 하면 내면의 평화를 찾고, 긍정적인 기운을 느낄 수 있습니다.

- 햇빛 명상: 햇빛이 드는 곳에 앉아 눈을 감고 호흡에 집중하세요. 햇볕의 따뜻함이 몸에 스며들고, 마음이 밝아지는 것을 상상하며 명상해보세요. 이는 스트레스와 부정적인 감정을 햇빛에 녹여버리는 경험을 제공합니다.
- 햇빛과 함께 호흡하기: 깊게 숨을 들이마시고 내쉬며, 햇빛이 주는 에너지가 몸에 들어오는 것을 느껴보세요. 햇빛과 호흡이 조화를 이루면 기분이 더욱 안정되고, 평온함을 느낄 수 있습니다.

3) 햇빛이 주는 기분 전환을 실천하기 위한 아이디어

(1) 매일 아침 햇빛 받기

아침에 일어나 15~20분간 햇빛 아래에서 시간을 보내는 습관을 들이세요. 이를 통해 하루를 상쾌하고 긍정적인 기운으로 시작할 수 있습니다.

(2) 야외에서 짧은 휴식 시간 갖기

일과 중간에 야외로 나가 햇빛을 받으며 짧은 휴식을 취하세요. 햇빛이 주는 에너지를 통해 집중력을 회복하고, 남은 시간을 더 효율적으로 보낼 수 있습니다.

(3) 햇빛 속에서 운동하기

가능한 한 야외에서 햇빛을 받으며 운동해보세요. 조깅, 자전거 타기, 요가 등 햇빛과 함께하는 운동은 정신적 및 신체적 활력을 모두 증진시킵니다.

(4) 햇빛과 함께하는 명상

햇빛이 잘 드는 곳에서 짧은 명상을 실천해보세요. 햇볕의 따뜻함을 느끼며 내면의 평온을 찾는 명상은 기분 전환에 매우 효과적입니다.

(5) 계절별 햇빛 시간 확인하기

계절에 따라 햇빛이 드는 시간을 체크하고, 일조량이 부족한 계절에는 더 의도적으로 햇볕을 쬐는 시간을 만들어보세요.

4) 햇빛이 주는 기분 전환을 경험한 사례

사례 1: 햇빛 산책으로 기분을 회복한 영석

영석은 일상적인 스트레스와 불안감으로 인해 기분이 가라앉아 있었습니다. 그는 매일 아침 햇빛이 드는 공원에서 30분 동안 산책을 하기 시작했고, 점차 기분이 밝아지고 에너지가 증가하는 것을 느꼈습니다. 햇빛 덕분에 그는 더 긍정적인 사고를 할 수 있게 되었습니다.

사례 2: 햇빛 명상으로 마음을 정리한 도윤

도윤은 일상 속에서 스트레스를 많이 느끼고 있었지만, 햇빛이 가득한 야외에서 명상을 실천하면서 마음이 차분해지고 내면의 평화를 찾을 수 있었습니다. 그녀는 매일 10분씩 햇빛 명상을 통해 기분 전환을 하고 있습니다.

사례 3: 햇빛 운동으로 활력을 되찾은 영미

영미는 코로나19 팬데믹 동안 실내에서 많은 시간을 보낸 후 에너지 부족을 느끼고 있었습니다. 그녀는 야외에서 조깅을 하며 햇빛을 받기 시작했고, 운동 후에는 몸이 가벼워지고 활기차진 것을 경험했습니다. 햇빛은 그녀의 기분을 밝게 만들어주었습니다.

5) 햇빛이 주는 기분 전환의 이점

(1) 기분 개선

햇빛은 세로토닌을 증가시켜 우리의 기분을 밝고 긍정적으로 만들어줍니다. 햇빛을 받으면 우울감이 감소하고, 더 행복한 감정을 느낄 수 있습니다.

(2) 에너지 향상

햇빛을 받으면 몸의 에너지가 증가하고, 활력이 넘치는 상태를 유지할 수 있습니다. 햇빛은 우리의 체력 회복에도 큰 도움을 줍니다.

(3) 면역력 강화

햇빛은 비타민 D 생성을 촉진하여 면역 체계를 강화하고, 신체적 건강을 증진시킵니다.

(4) 정신적 안정감

햇빛은 우리의 생체 리듬을 조정하여 더 나은 수면과 정신적 안정감을 제공합니다. 햇볕을 자주 쬐면 우리의 마음이 차분해지고, 스트레스가 줄어듭니다.

(5) 집중력과 생산성 향상

햇빛은 집중력과 생산성을 높여주며, 우리의 일상에서 효율성을 더해줍니다.

6) 햇빛이 주는 기분 전환을 통한 행복한 삶

햇빛은 우리의 정신적, 신체적 웰빙을 동시에 증진시켜주는 자연의 중요한 요소입니다. 햇빛을 통해 기분을 전환하고, 더 긍정적이고 행복한 삶을 살 수 있습니다. 매일 햇빛과 함께 시간을 보내며 몸과 마음에 밝은 에너지를 채워보세요. 햇빛은 우리의 기분을 전환하고, 삶을 더 활기차고 행복하게 만드는 강력한 도구입니다.

55. 바람과 함께 걷기

1) 개념과 배경: 바람이 주는 신체적, 정신적 치유

바람과 함께 걷기는 자연의 바람을 온몸으로 느끼며 걷는 것을 통해 정신적 안정감과 신체적 활력을 동시에 얻는 경험입니다. 바람은 우리의 몸과 마음을 새롭게 하고 정화하는 힘을 가지고 있습니다. 바람의 움직임은 자연의 흐름을 상징하며, 그 안에서 우리는 자유와 평온을 느낄 수 있습니다.

심리학적 연구에 따르면, 자연의 요소인 바람은 스트레스를 줄이고 우리의 기분을 고양시키며, 마음의 혼란을 가라앉히는 데 효과적입니다. 바람이 불 때 우리의 피부에 닿는 감촉, 머리카락을 흩날리는 느낌, 바람 소리가 가져다주는 청각적 자극은 모두 심리적 이완과 감각적 해방을 촉진하는 중요한 요소입니다. 이러한 경험은 우리의 내면에 쌓인 부정적인 에너지를 바람에 날려 보내고, 신체적으로도 자유롭고 경쾌한 느낌을 줄 수 있습니다.

2) 바람과 함께 걷기를 실천하는 방법

(1) 바람의 감촉에 집중하며 걷기

바람을 느끼며 걷는 것은 감각적 몰입을 통해 정신적 피로를 해소하고 평온을 찾는 방법입니다. 걷는 동안 바람이 피부에 닿는 느낌, 머리카락이 움직이는 감각에 집중하면 우리는 지금 이 순간에 완전히 몰입하게 됩니다.

- 바람에 집중하기: 걷는 동안 바람이 얼굴과 손에 닿는 감각에 주의를 기울여보세요. 눈을 감고 바람이 불 때마다 피부에 닿는 느낌을 더 깊이 인식해보세요. 바람이 가져다주는 자유로움과 상쾌함을 온몸으로 받아들입니다.
- 자연과 연결된 감각 경험: 바람이 나무를 흔들고, 나뭇잎을 움직이는 소리에 귀를 기울이며 걷습니다. 바람이 나무와 나뭇잎을 통해 자연과의 연결감을 강화하는 느낌을 느껴보세요. 이러한 연결을 통해 몸과 마음이 자연과 하나가 되는 심리적 안정을 얻을 수 있습니다.

(2) 바람과 호흡을 맞추며 걷기

바람과 함께 걷는 동안, 호흡과 바람의 리듬을 맞추면 더욱 평온한 상태를 경험할 수 있습니다. 바람이 불 때마다 깊은 호흡을 통해 신체와 마음을 정화하고 이완하는 시간을 가져보세요.

- 바람과 함께하는 심호흡: 바람이 불어올 때 깊은 숨을 들이마시고, 바람이 커질 때 천천히 내쉬어보세요. 바람이 몸을 통과하며 부정적인 감정이나 긴장감을 멀리 날려 보낸다고 상상하며 호흡을 조절합니다. 이는 신체적 긴장을 풀어주고, 마음을 차분하게 만들어줍니다.
- 자연의 리듬에 맞추는 걷기: 바람의 리듬에 맞춰 천천히 걷습니다. 바람이 세게 불 때는 조금 더 빠르게 걸어보고, 바람이 잦아들면 천천히 걷는 등의 변화를 주어 자연과의 리듬에 맞춰 몸을 움직여보세요. 이를 통해 신체와 자연의 조화를 경험할 수 있습니다.

(3) 바람과 함께하는 걷기 명상

걷기 명상은 걷는 동안 바람과 신체의 움직임에 주의를 기울이며, 현재 순간에 몰입하는 명상 방법입니다. 걷는 동안 바람이 가져다주는 감각을 느끼며 몸과 마음이 이완되는 경험을 할 수 있습니다.

- 발걸음에 집중하며 걷기: 한 걸음 한 걸음이 땅에 닿는 감각에 집중하며 걷습니다. 발바닥이 땅을 느끼는 감촉과 바람이 몸을 스치는 느낌에 몰입하세요. 바람의 리듬에 맞춰 천천히 걸으며, 바람이 가져다주는 차분함과 자유로움을 마음으로 받아들입니다.
- 바람 소리에 귀 기울이기: 걷는 동안 바람이 불 때 나는 소리에 집중하세요. 바람이 나뭇잎과 나무를 흔들며 내는 자연의 소리에 주의를 기울이며, 그 소리가 마음속 불안감을 가라앉히고 내면의 고요를 가져다주는 것을 느껴보세요.

(4) 바람과 함께하는 운동 실천하기

바람과 함께 걷는 것뿐만 아니라, 바람이 부는 날에 신체 활동을 하면 더 큰 활력을 얻을 수 있습니다. 야외에서 바람을 맞으며 운동을 하는 것은 신체적 건강과 정신적 기분 전환 모두에 큰 효과를 줍니다.

- 바람 속에서의 조깅: 바람이 부는 날, 야외에서 조깅을 해보세요. 바람이 몸을 가볍게 밀어주는 느낌을 받으며, 더 경쾌하고 활력 넘치는 경험을 할 수 있습니다. 바람과 함께 운동하면 신체의 스트레스가 해소되고, 기분이 더 밝아집니다.
- 바람 속에서 요가: 야외에서 바람이 부는 날 요가를 실천해보세요. 바람이 신체의 움직임에 영향을 주는 것을 느끼며 호흡과 동작을 자연의 흐름에 맞춰 조화롭게 이어가세요. 이는 몸과 마음을 더욱 유연하고 자유롭게 만들어줍니다.

3) 바람과 함께 걷기를 실천하기 위한 아이디어

(1) 매일 바람과 함께 걷기

하루 중 바람이 잘 부는 시간을 선택해 15분 동안 야외에서 걷기를 실천해보세요. 바람이 불 때마다 신체가 더 가벼워지고, 마음의 긴장이 풀리는 것을 느낄 수 있습니다.

(2) 바람이 부는 날 산책하기

바람이 부는 날이면 의도적으로 시간을 내어 산책을 즐기세요. 공원이나 강가, 해변에서 바람을 맞으며 걷다 보면 정신적 이완과 함께 새로운 에너지를 느낄 수 있습니다.

(3) 바람과 함께하는 운동 루틴 만들기

주말이나 시간이 날 때 바람을 맞으며 조깅, 자전거 타기, 요가 등 야외 운동을 해보세요. 바람의 힘을 받아 신체 활동을 더 즐겁고 활기차게 만들 수 있습니다.

(4) 바람 소리와 함께 명상하기

집 주변이나 공원에서 바람 소리에 집중하며 명상을 실천해보세요. 바람이 자연을 움직이며 내는 소리가 마음을 평온하게 만들고, 내면의 고요를 찾을 수 있도록 돕습니다.

(5) 새로운 장소에서 바람 느끼기

바람이 잘 부는 새로운 장소를 찾아 바람을 느끼며 시간을 보내보세요. 산 정상, 바닷가, 고지대 등에서 바람을 맞으면 새로운 환경에서의 자유로운 감각을 경험할 수 있습니다.

4) 바람과 함께 걷기를 통해 변화를 경험한 사례

사례 1: 바람 산책으로 스트레스를 해소한 해성

해성은 바쁜 직장 생활로 인해 스트레스가 많이 쌓여 있었지만, 매일 퇴근 후 바람이 부는 공원에서 산책을 하기 시작했습니다. 바람이 그의 몸과 얼굴을 스치는 감각을 느끼며 걷다 보니, 차츰 스트레스가 풀리고 정신적 안정감을 느낄 수 있었습니다.

사례 2: 바람 속에서의 걷기 명상으로 마음을 정리한 영미

영미는 마음이 혼란스러울 때마다 바람이 부는 날 걷기 명상을 실천했습니다. 바람이 불 때마다 깊은 숨을 들이마시고 내쉬며, 바람에 모든 걱정과 고민을 날려 보냈습니다. 그 결과, 영미는 더욱 차분하고 명료한 상태로 문제를 바라볼 수 있게 되었습니다.

사례 3: 바람과 함께하는 운동으로 활력을 되찾은 영석

영석은 운동 부족으로 인해 신체적 피로감을 많이 느끼고 있었지만, 바람이 부는 날마다 야외에서 조깅을 시작한 후 활력을 되찾았습니다. 바람을 맞으며 조깅을 할 때마다 몸이 더 가벼워지고, 마음도 긍정적인 에너지로 가득 차는 것을 경험했습니다.

5) 바람과 함께 걷기의 이점

(1) 정신적 이완

바람은 우리의 스트레스와 불안을 줄여주며, 걷는 동안 정신적으로 더 차분하고 안정감을 느낄 수 있도록 돕습니다.

(2) 신체적 활력 증진

바람과 함께 걷거나 운동을 하면 신체가 더 경쾌하고 활기차게 움직이게 됩니다. 바람의 에너지가 신체에 긍정적인 영향을 미칩니다.

(3) 자유로운 감각 경험

바람은 우리에게 자유로움을 선사합니다. 바람이 신체를 스치며 느껴지는 감각은 우리의 감정적 억압을 풀어주고, 해방된 느낌을 줍니다.

(4) 자연과의 연결 강화

바람과 함께 걷는 것은 자연과의 연결을 강화하는 좋은 방법입니다. 바람이 나무와 자연을 움직이는 모습을 보며 자연과 하나가 되는 심리적 안정감을 느낄 수 있습니다.

(5) 창의력과 영감 자극

바람이 불 때 우리의 마음은 더 자유로운 사고를 하게 됩니다. 바람과 함께 걷는 동안 우리는 더 창의적이고 영감을 자극받는 상태를 경험할 수 있습니다.

6) 바람과 함께 걷기를 통한 자유와 행복

바람과 함께 걷기는 우리의 몸과 마음을 새롭게 하는 강력한 자연의 도구입니다. 바람을 통해 우리는 더 자유로운 감각을 느끼고, 정신적 이완과 신체적 활력을 동시에 경험할 수 있습니다.

바람이 부는 날, 자연 속에서 바람과 함께 걷기를 실천하며 내면의 평화와 자유로움을 찾아보세요. 이는 당신의 삶을 더 밝고 활기차게 만들어줄 것입니다.

56. 별을 보며 마음의 평온 찾기

1) 개념과 배경: 별이 주는 평온과 위안

별을 바라보는 것은 인류가 오랜 세월 동안 평온과 위안을 찾아온 방법 중 하나입니다. 밤하늘을 수놓은 별들은 우리의 삶의 순간들을 되돌아보게 하고, 우주의 넓이와 무한함을 느끼게 하며 내면의 평화를 찾도록 도와줍니다. 별을 보는 것은 단순한 시각적 경험을 넘어, 우리 마음속의 불안을 가라앉히고, 삶의 미묘한 아름다움을 다시금 느끼게 합니다.

심리학적 연구에 따르면, 자연 속에서의 경험은 우리 정신에 긍정적인 영향을 미치며, 별을 보는 것은 스트레스를 줄이고 평온을 느끼게 하는 강력한 도구가 됩니다. 특히, 밤하늘을 바라보는 것은 우리의 일상적 문제에서 벗어나 더 큰 우주의 리듬과 연결될 수 있는 기회를 제공합니다. 어둠 속에서 반짝이는 별은 우리의 마음을 차분하게 하고, 더 깊은 명상 상태로 이끌어 줍니다.

2) 별을 보며 마음의 평온을 찾는 방법

(1) 밤하늘의 별을 바라보는 명상

별을 바라보며 명상을 실천하는 것은 우리의 마음을 차분하게 하고 내면의 고요를 찾는 방법입니다. 별빛이 우리의 시선을 사로잡을 때, 우리는 더 깊은 자아 성찰과 평화를 경험할 수 있습니다.

- 밤하늘을 바라보며 명상하기: 맑은 밤, 야외로 나가 편안히 앉아 별이 빛나는 하늘을 바라보세요. 천천히 깊은 호흡을 하며 별을 바라보면서, 당신의 마음이 우주와 연결되는 느낌을 상상해보세요. 별들이 점점 더 가까워지는 느낌을 받으며 마음속 불안이나 걱정이 커지는 것을 느낄 수 있습니다.
- 별의 빛과 호흡 맞추기: 별을 바라보며 호흡에 집중하세요. 숨을 들이쉴 때 별빛이 몸속으로 들어오고, 내쉴 때 모든 부정적인 에너지가 우주로 흩어지는 느낌을 가져보세요. 별의 반짝임과 함께 호흡을 조절하면 더 깊은 평온을 경험할 수 있습니다.

(2) 별이 빛나는 밤 산책

별이 가득한 밤하늘 아래에서 걷는 것은 감각을 깨우고, 더 차분한 마음을 유지하는 좋은 방법입니다. 밤하늘을 바라보며 걷다 보면, 우리의 몸과 마음은 더 평화로운 상태에 도달하게 됩니다.

- 별을 바라보며 걷기: 별이 잘 보이는 밤, 자연 속에서 천천히 산책을 즐기세요. 발걸음을 옮기면서 별을 바라보는 순간에 집중하고, 하늘의 넓이와 그 속의 별들이 주는 신비로움을 느끼며 걷습니다. 이때 자연의 소리와 밤의 고요함에 귀를 기울이며 마음을 더욱 차분하게 만들어보세요.
- 걷기 명상과 함께하는 별 보기: 별빛을 바라보며 걷기 명상을 실천하세요. 한 걸음 한 걸음 발이 땅에 닿는 감각에 집중하고, 고개를 들어 별이 빛나는 하늘을 바라보면서 우주의 리듬과 함께 걷는 느낌을 경험해보세요. 걷는 동안 생각을 비우고, 그저 별의 아름다움에 몰입해보세요.

(3) 별을 보며 감사와 소망을 느끼기

감사와 소망을 떠올리며 별을 보는 것은 우리의 마음을 긍정적인 상태로 바꿔주는 좋은 방법입니다. 별을 보며 감사한 순간을 떠올리고, 별을 향해 소망을 빌어보세요.

- 감사 명상: 별을 바라보며 오늘 하루 동안 감사한 일들을 떠올려보세요. 별빛이 당신의 감사한 마음을 더욱 밝게 비추는 느낌을 상상해보세요. 이 순간에 대한 감사함을 느끼며, 마음이 차분해지고 평온을 찾을 수 있습니다.
- 별을 향한 소망 빌기: 별을 보며 소망을 빌어보세요. 별이 당신의 희망과 꿈을 들으며 우주로 퍼져나가는 상상을 해보세요. 이러한 경험은 우리의 내면의 긍정적인 에너지를 높이고, 더 큰 희망과 행복을 느끼게 합니다.

(4) 별의 패턴과 우주의 신비 느끼기

별의 패턴을 관찰하며 그 속에서 우주의 신비를 느끼는 것은 우리의 사고를 확장하고, 더 넓은 삶의 의미를 깨닫는 데 도움을 줍니다.

- 별자리 관찰하기: 별자리를 관찰하며 그 속에서 우주의 패턴과 질서를 느껴보세요. 별자리가 어떻게 자연의 일부분인지, 그리고 그 속에서 우주의 흐름을

경험하는지 인식해보세요. 이를 통해 내면의 평온과 더불어 삶의 넓이를 깨닫게 될 수 있습니다.

- 우주의 크기를 상상하기: 별을 바라보며 우주의 크기와 그 속에서 우리 삶이 차지하는 작은 부분을 상상해보세요. 이러한 관찰은 우리의 문제나 걱정이 얼마나 작은 것인지 깨닫게 하고, 더 큰 내적 안정감을 제공할 수 있습니다.

3) 별을 보며 마음의 평온을 찾기 위한 실천 아이디어

(1) 별이 잘 보이는 장소 찾기

도심에서 벗어나 별이 잘 보이는 고요한 장소를 찾아보세요. 숲, 해변, 산과 같은 장소에서 별을 보면 더 평온한 경험을 할 수 있습니다.

(2) 밤하늘 명상 루틴 만들기

매주 일정한 시간에 밤하늘 명상을 실천하는 습관을 들이세요. 별을 바라보며 깊은 호흡과 함께 명상을 하다 보면 점점 더 내면의 평화를 쉽게 찾을 수 있습니다.

(3) 밤하늘 일기 쓰기

별을 보며 명상을 한 후, 그때 느낀 감정과 생각을 일지에 기록해보세요. 이를 통해 자신이 별과 교감하면서 어떤 변화를 경험하는지 더 깊이 이해할 수 있습니다.

(4) 별과 함께 소망 실천

매일 밤 별을 보며 감사와 소망을 빌어보세요. 별을 바라보며 자신이 이루고 싶은 목표나 꿈을 생각하면, 더 큰 동기와 긍정적인 에너지를 얻을 수 있습니다.

(5) 가족 또는 친구와 함께 별 보기

때로는 가족이나 친구와 함께 별을 바라보며 대화하는 것도 좋습니다. 서로의 감사함과 소망을 나누며 더 큰 심리적 위안을 얻을 수 있습니다.

4) 별을 보며 평온을 찾은 사례

사례 1: 밤하늘 명상으로 스트레스를 극복한 영석

영석은 직장에서 쌓인 스트레스로 인해 불안감을 느끼고 있었지만, 매주 금요일마다 별을 바라보며 밤하늘 명상을 실천한 후, 점차 마음의 평온을 되찾을 수 있었습니다.

별을 바라보며 호흡을 맞추는 명상 덕분에, 영석은 더 차분하고 안정된 마음으로 일상을 이어갈 수 있었습니다.

사례 2: 별과 함께 소망을 빌며 희망을 얻은 영미

영미는 자신이 이루고자 하는 목표가 막막하게 느껴졌지만, 매일 밤 별을 보며 소망을 빌기 시작했습니다. 별을 바라보며 소망을 생각하는 동안 영미는 마음의 평화를 찾았고, 점차 자신의 목표에 대한 확신을 가지게 되었습니다.

사례 3: 별이 빛나는 밤 산책으로 마음을 치유한 서하

서하는 깊은 슬픔에 빠져 있었지만, 별이 빛나는 밤에 산책을 하며 그 슬픔을 치유할 수 있었습니다. 별을 보며 걸을 때마다 마음속 무거운 감정이 점차 커지고, 대신 평화와 안도를 느끼게 되었습니다.

5) 별을 보며 마음의 평온을 찾는 것의 이점

(1) 정신적 이완

별을 바라보는 것은 우리의 불안과 스트레스를 줄여주고, 더 차분하고 안정된 상태로 이끌어줍니다.

(2) 삶의 새로운 관점 제공

별을 보며 우주의 크기와 삶의 무한함을 느끼면, 우리의 문제나 걱정이 상대적으로 작게 느껴지고, 더 긍정적인 사고를 할 수 있게 됩니다.

(3) 감사와 희망의 감정 강화

별을 보며 감사와 소망을 떠올리는 것은 우리의 마음을 긍정적인 상태로 유지하는 데 도움이 됩니다.

(4) 내면의 평온 찾기

별빛의 고요함 속에서 우리는 내면의 평온을 찾고, 마음의 혼란이 줄여지며 더 차분한 삶의 리듬을 경험할 수 있습니다.

(5) 자연과의 연결

별을 보는 것은 우리를 자연과 더 깊이 연결시켜주며, 이를 통해 정신적 치유와 감정적 안정을 얻을 수 있습니다.

6) 별을 보며 마음의 평온을 찾는 행복한 삶

별을 바라보며 마음의 평온을 찾는 것은 우리에게 정신적 안정감과 더 큰 삶의 의미를 제공합니다. 별이 빛나는 하늘을 바라보는 것은 우리의 마음을 정화하고, 일상에서 느끼는 불안과 스트레스를 해소하는 데 효과적인 방법입니다.

매일 밤 별을 보며 시간을 보내고, 명상과 감사를 통해 내면의 평온을 찾아보세요. 이는 당신의 삶을 더 행복하고 풍요롭게 만들어줄 것입니다.

57. 나무와 대화하기

1) 개념과 배경: 나무와의 대화가 주는 정신적 평온

나무와 대화하기는 단순히 나무를 관찰하는 것을 넘어, 나무와 감정적으로 교감하며 정신적 안정과 내면의 평화를 찾는 방법입니다. 나무는 수백 년, 심지어 수천 년 동안 살아오면서 자연의 변화를 겪고, 끊임없이 성장하며 그 자리를 지킵니다. 이러한 나무와의 교감은 우리가 인내, 지속성, 그리고 자연의 지혜를 배울 수 있는 중요한 방법입니다.

심리학적 연구에 따르면, 자연 속에서의 상호작용은 스트레스를 줄이고, 감정적 균형을 찾도록 도와줍니다. 특히 나무와의 교감은 우리 마음의 불안을 해소하고, 마음의 고요함을 가져다주는 강력한 도구입니다. 나무는 자연에서 안정감과 생명력의 상징으로, 우리가 나무와 대화를 나누고 그 존재와 연결될 때, 우리는 더 깊은 정서적 안정과 평화를 경험할 수 있습니다.

2) 나무와 대화하는 방법

(1) 나무와 연결되기 위한 준비

나무와 대화를 시작하려면 먼저 자연 속에서 고요한 장소를 찾는 것이 중요합니다. 나무가 있는 숲, 공원, 정원 등을 찾아 나무와의 교감을 준비합니다.

- 자연 속 고요함 찾기: 주변이 고요하고 평온한 곳에서 자신이 끌리는 나무를 찾아보세요. 큰 나무일 수도 있고, 작은 나무일 수도 있지만, 그 나무가 당신에게 안정감을 주고 편안한 느낌을 주는지 중요합니다.
- 나무에게 마음 열기: 나무 앞에서 잠시 눈을 감고 깊게 호흡을 하며, 마음을 차분하게 만들어보세요. 이 순간 나무에게 마음의 문을 여는 것이 중요합니다. 나무와의 교감을 위해 몸과 마음을 이완하고 개방하는 자세를 취합니다.

(2) 나무와의 대화 시작하기

나무와의 대화는 자연과의 교감을 통해 우리의 내면에 쌓인 감정이나 생각들을 나무에게 털어놓고, 나무가 주는 지혜와 평온을 받는 과정입니다.

- 나무에게 이야기하기: 나무 앞에 서서 조용히 마음속의 감정이나 생각을 나무에게 말해보세요. 그 감정이 걱정일 수도 있고, 고민일 수도 있습니다. 나무에게 자신의 고민이나 스트레스를 말하면, 나무가 그 모든 것을 포용하고 받아들이는 느낌을 받을 수 있습니다.
- 나무의 에너지 느끼기: 나무가 내뿜는 고요한 에너지와 안정감을 느껴보세요. 나무는 우리의 고민이나 슬픔을 들어주고도 흔들리지 않는 존재입니다. 나무의 뿌리처럼 당신도 그 자리에서 안정을 찾고 균형을 유지하는 법을 배울 수 있습니다.

(3) 나무와의 감각적 연결

나무와의 대화를 할 때, 감각을 활용하는 것은 중요한 과정입니다. 나무를 통해 우리는 자연의 촉감, 향기, 에너지를 느낄 수 있습니다.

- 나무를 만져보기: 나무의 껍질을 만져보고 그 질감을 느껴보세요. 나무의 거칠거나 부드러운 감촉은 우리의 감각을 깨우며, 더 깊은 연결을 가능하게 합니다. 손으로 나무를 부드럽게 쓰다듬거나 나무의 두꺼운 줄기에 손을 대고 그 고요한 에너지를 받아보세요.
- 나무 아래에서 쉼 찾기: 나무 아래에 앉아 그늘에 머무르며, 나무가 주는 보호감과 안정감을 느껴보세요. 나무의 위대한 존재 속에서 우리는 보호받고, 더 큰 안도감을 느낄 수 있습니다. 그 아래에서 명상하거나 휴식을 취해보세요.

(4) 나무와의 내적 대화와 감사

나무와의 대화는 감사와 내적 교감을 통해 더 큰 평온을 얻는 중요한 도구입니다. 나무에게 말할 때, 그 나무가 오랫동안 자연을 지키며 성장해 온 존재임을 기억하며 감사의 마음을 느껴보세요.

- 감사하기: 나무의 존재와 그 나무가 당신에게 주는 안정감에 대해 감사해보세요. 나무의 뿌리가 땅을 지탱하고, 나뭇잎이 빛을 받으며, 나무가 오랜 세월을 지키며 살아온 것에 대해 감사한 마음을 가져보세요.
- 나무와 대화한 후 기록하기: 나무와의 대화를 마친 후, 느낀 점이나 생각을 일

지에 적어보세요. 나무와의 교감을 통해 어떤 감정 변화나 내면의 평온을 얻었는지 기록하는 것은 자신의 정서적 성장을 인식하는 데 도움이 됩니다.

3) 나무와 대화를 실천하기 위한 아이디어

(1) 매주 나무와의 시간 가지기

일주일에 한 번 이상 자신만의 나무를 찾아 대화를 나누는 시간을 가져보세요. 매주 같은 나무와 교감하며 감정의 변화를 느낄 수 있습니다.

(2) 나무와의 명상 실천

나무 앞에서 짧게라도 명상을 실천해보세요. 나무의 에너지를 받으며 호흡을 정리하고, 마음을 차분하게 만드는 시간을 가지세요.

(3) 나무와의 산책

자연 속에서 산책을 하며 나무와 대화를 나누는 습관을 들여보세요. 걷는 동안 주변 나무를 관찰하고, 그 나무들에게 짧은 감사의 마음을 전하는 것이 좋습니다.

(4) 나무 일지 작성하기

나무와 대화를 나눈 후, 그때 느꼈던 감정과 생각을 일기나 노트에 기록해보세요. 나무와의 교감이 당신에게 준 정서적 변화를 인식하는 데 큰 도움이 됩니다.

(5) 다양한 나무와 교감하기

다른 나무들과도 다양한 교감을 시도해보세요. 나무마다 주는 에너지가 다를 수 있으니, 여러 장소에서 나무와 대화를 시도하며 각각의 나무가 주는 안정감을 느껴보세요.

4) 나무와 대화하며 평온을 찾은 사례

사례 1: 나무와 대화로 스트레스를 극복한 영석

영석은 회사에서 겪은 스트레스를 나무와 대화를 통해 해소했습니다. 그는 회사 근처 공원에서 매주 한 번씩 나무와 대화를 나누며, 자신의 감정과 고민을 나무에게 털어놓았습니다. 그 결과, 영석은 나무와의 대화를 통해 정신적 안정감을 찾았고, 스트레스가 점점 줄어드는 것을 경험했습니다.

사례 2: 나무와의 감각적 교감으로 마음의 고요를 찾은 서하

서하는 자연 속에서 나무와의 감각적 교감을 통해 마음의 평화를 찾았습니다. 그녀는 매일 나무 아래에서 명상을 실천하며, 나무의 고요함과 에너지를 받아들이는 시간을 가졌습니다. 서하는 이 과정에서 점점 더 차분해지고, 삶의 스트레스를 더 잘 관리할 수 있게 되었습니다.

사례 3: 나무와의 대화로 감정 해소를 경험한 영미

영미는 가족과의 갈등으로 힘든 시간을 보내고 있었지만, 매일 저녁 나무와 대화를 나누며 감정을 해소했습니다. 나무에게 자신의 고민과 분노를 말하면서 점차 그 감정들이 줄어지고, 대신 평온과 안정을 찾게 되었습니다.

5) 나무와 대화하는 것이 주는 이점

(1) 정신적 안정

나무는 우리의 고민과 감정을 받아들이는 역할을 하며, 우리는 나무와의 대화를 통해 마음의 안정을 찾을 수 있습니다.

(2) 감정 해소

나무에게 자신의 감정이나 스트레스를 털어놓으면, 그 감정들이 해소되고 마음이 가벼워집니다.

(3) 자연과의 연결감 강화

나무와 교감하는 것은 우리가 자연과 더 깊이 연결되어 있다는 것을 느끼게 하며, 이는 내면의 평화를 가져옵니다.

(4) 감각 자극을 통한 마음 정화

나무를 만지고, 그 아래에서 명상을 하면 우리의 감각이 깨어나며, 마음이 더 깊이 정화됩니다.

(5) 내면의 고요 찾기

나무는 끊임없는 존재이자 자연의 일부로, 나무와의 대화는 우리의 마음을 더 깊이 평온하게 만듭니다.

6) 나무와 대화를 통해 찾는 내면의 평온

나무와 대화하기는 우리의 마음을 차분하게 만들고, 더 큰 정서적 안정감을 가져다주는 자연의 힘입니다. 나무는 우리의 고민과 감정을 받아들이며, 그 속에서 우리는 더 깊은 평온과 행복을 찾을 수 있습니다.

자연 속에서 나무와 대화하는 시간을 가지며, 내면의 고요를 찾아보세요. 이는 당신의 삶을 더 균형 있고 안정된 상태로 이끌어줄 것입니다.

58. 자연의 소리 듣기

1) 개념과 배경: 자연의 소리가 주는 평온과 치유

자연의 소리 듣기는 우리가 자연 속에서 들을 수 있는 새소리, 바람소리, 물소리 등의 소리를 통해 정신적 평온과 심리적 치유를 얻는 활동입니다. 자연의 소리는 우리에게 고요함을 제공하고, 일상의 소음에서 벗어나 내면의 안정감을 되찾는 데 도움을 줍니다.

연구에 따르면, 자연의 소리는 우리의 뇌에 긍정적인 신경 반응을 유도하며, 스트레스 호르몬을 줄여줍니다. 자연 소리의 리듬과 패턴은 우리의 신경계를 안정시키고, 특히 마음의 긴장을 풀고 정서적 균형을 유지하는 데 탁월한 효과를 줍니다. 자연 속에서 느끼는 소리들은 인위적 소음과 달리 뇌의 알파파(평온함과 관련된 뇌파)를 활성화시키며, 우리는 더 깊은 심리적 안정감을 느끼게 됩니다.

2) 자연의 소리 듣기를 실천하는 방법

(1) 자연 속에서 감각을 깨우기

자연의 소리를 들으며 감각을 열고, 소리에 완전히 집중하는 것이 중요합니다. 이를 통해 우리의 마음이 고요해지고, 내면의 불안이 줄어드는 것을 경험할 수 있습니다.

- 소리 중심으로 명상하기: 자연 속에서 편안한 자리에 앉아 눈을 감고 주변 소리에 집중하세요. 새소리, 나뭇잎이 흔들리는 소리, 바람소리 등 주변의 자연 소리를 하나씩 인식하고, 그 소리가 어떻게 마음을 편안하게 만드는지 느껴보세요. 이러한 과정은 당신의 심리적 안정감을 높이고 정서적 균형을 유지하는 데 도움을 줍니다.
- 자연 소리 관찰하기: 각 소리의 출처와 그 소리가 어떤 감정을 불러일으키는지 느껴보세요. 새소리는 자유로움을, 물소리는 흐름과 정화를, 바람소리는 변화와 유연함을 상징할 수 있습니다. 그 소리들 속에서 자신만의 평온한 리듬을 찾는 것이 중요합니다.

(2) 물소리와 바람소리에 집중하기

물소리와 바람소리는 특히 정신적 안정감을 제공하는 자연 소리입니다. 이 두 가지 소리는 심리적으로 불안을 가라앉히고, 더 차분한 마음 상태로 이끌어 줍니다.

- 바람소리 듣기: 바람이 불어오는 곳에서 눈을 감고 바람이 나무를 흔드는 소리에 집중하세요. 바람이 세게 불 때와 약하게 불 때의 차이를 느끼며, 그 소리가 주는 자연의 리듬에 몸과 마음을 맡겨보세요. 이 과정에서 마음의 긴장이 풀리고 내면의 고요를 경험할 수 있습니다.
- 물소리 듣기: 강가나 폭포, 바다에서 흐르는 물소리는 우리에게 깊은 정서적 안정감을 제공합니다. 물이 흐르는 소리를 듣고, 그 물소리가 모든 불안과 스트레스를 씻어내는 상상을 해보세요. 물소리와 함께 깊은 호흡을 하면, 마음속에 차분함이 가득해집니다.

(3) 자연 소리와 호흡 맞추기

자연의 소리와 호흡을 맞추는 것은 우리의 마음을 더 깊이 안정시키고, 명상 상태로 이끌어 가는 효과적인 방법입니다.

- 자연의 리듬에 맞춰 숨쉬기: 자연의 소리, 특히 물소리나 바람소리와 호흡을 맞추며 명상해보세요. 물이 흐를 때 숨을 들이마시고, 파도가 밀려오거나 바람이 불 때 숨을 내쉬는 방식으로 호흡을 조절하면, 마음이 차분해지고 내면의 평화를 찾을 수 있습니다.
- 자연 수리 속에서 깊게 호흡하기: 자연 소리 속에서 깊은 복식 호흡을 실천하세요. 숨을 들이마실 때 자연이 주는 신선한 에너지가 몸 안으로 들어오고, 내쉴 때는 모든 긴장이 자연 속으로 흘러나가는 상상을 하면서 호흡을 반복합니다.

(4) 자연의 소리를 활용한 수면 유도

자연의 소리는 수면 유도에도 탁월한 효과가 있습니다. 자연 소리를 들으며 잠자리에 들면, 일상에서 느꼈던 스트레스와 불안이 완화되어 더 깊고 편안한 수면을 할 수 있습니다.

- 자연 소리 배경 음악 듣기: 집에서 수면 전 새소리, 물소리, 바람소리 등의 자연 소리를 배경으로 한 음악을 틀어보세요. 자연의 소리가 방 안을 채우면, 마

음이 점점 이완되고 수면 준비를 하게 됩니다. 이는 불면증이나 스트레스로 인한 수면 장애를 완화하는 데 도움을 줍니다.

- 수면 전 자연 소리 명상: 잠들기 전에 눈을 감고 자연의 소리를 들으며 짧은 명상을 실천해보세요. 자연 소리와 함께 깊은 호흡을 하며, 그 소리가 당신의 몸과 마음을 이완시키고, 더 편안한 수면 상태로 이끄는 것을 느껴보세요.

3) 자연의 소리 듣기를 실천하기 위한 아이디어

(1) 자연 소리 산책

숲이나 공원에서 산책을 하며, 걷는 동안 주변 소리에 집중해보세요. 걷는 동안 새소리, 바람소리, 물소리를 하나씩 주의 깊게 들으며, 마음속 잡념이 사라지는 것을 느껴보세요.

(2) 자연 소리 명상 루틴 만들기

하루 중 짧은 시간을 정해 자연 소리 명상을 실천해보세요. 창문을 열어 자연의 소리를 들으며 명상을 하거나, 자연 속에서 직접 자연 소리를 들으며 명상하는 것이 좋습니다.

(3) 자연 소리와 함께 하는 일상

일상에서 일을 하거나 공부할 때 자연 소리를 배경으로 틀어보세요. 이는 집중력을 높이고, 일상에서 느끼는 스트레스를 줄여줍니다.

(4) 야외에서 자연 소리 감상하기

주말에는 야외로 나가 자연의 소리를 직접 듣는 시간을 가져보세요. 숲속이나 바닷가에서 새소리, 파도 소리 등을 들으며 마음의 평온을 찾는 시간을 만드세요.

(5) 수면 전 자연 소리 활용하기

밤에 잠들기 전에 자연 소리를 배경으로 틀어놓고, 그 소리를 들으며 깊은 호흡을 실천하세요. 이는 더 나은 수면을 도와줍니다.

4) 자연의 소리 듣기를 통해 변화된 사례

사례 1: 자연 소리로 스트레스를 해소한 해성

해성은 일상에서 많은 스트레스를 겪었지만, 매일 저녁 자연의 소리를 들으며 명상을 시작한 후 마음이 점점 차분해졌습니다. 그는 새소리와 물소리를 들으면서 마음속 잡념이 사라지고, 더 차분하게 하루를 마무리할 수 있었습니다.

사례 2: 자연 소리로 불면증을 극복한 영미

영미는 불면증으로 고생했지만, 수면 전 자연 소리를 들으며 수면 명상을 실천한 후 더 깊고 편안한 수면을 경험하게 되었습니다.

그녀는 물소리와 바람소리를 들으며 잠들 때마다 마음이 편안해지고, 더 쉽게 잠에 들 수 있었습니다.

사례 3: 자연 소리와 걷기 명상으로 마음의 고요를 찾은 서하

서하는 감정적으로 혼란스러운 시기를 겪었지만, 자연 속에서 걷기 명상을 실천하며 점차 마음의 평온을 찾게 되었습니다. 걷는 동안 자연의 소리에 집중하면서 그녀는 마음속 불안을 해소하고 더 차분해질 수 있었습니다.

5) 자연의 소리 듣기가 주는 이점

(1) 정신적 이완

자연의 소리는 우리의 긴장과 스트레스를 줄여주고, 더 차분하고 안정된 상태로 이끌어줍니다.

(2) 수면의 질 향상

자연 소리는 수면 유도에 도움이 되며, 더 깊고 편안한 수면을 취할 수 있도록 돕습니다.

(3) 집중력 증진

자연 소리를 배경으로 일하거나 공부하면 집중력과 생산성이 향상됩니다.

(4) 정서적 균형 유지

자연 소리를 들으며 명상하거나 산책을 하면 감정적으로 더 균형 잡힌 상태를 유지할 수 있습니다.

(5) 자연과의 연결 강화

자연의 소리를 듣는 것은 우리가 자연과 연결되어 있다는 느낌을 강화시키고, 더 깊은 내면의 평화를 찾을 수 있게 도와줍니다.

6) 자연의 소리 듣기를 통한 평온한 삶

자연의 소리 듣기는 우리의 정신적 안정감을 높이고, 더 깊은 내면의 평온을 찾는 강력한 도구입니다. 자연 속에서 들리는 소리들은 우리의 마음을 고요하게 만들고, 일상에서 느끼는 스트레스를 줄여줍니다.

자연의 소리를 통해 삶의 조화와 안정감을 느끼고, 일상에서 자연과 하나 되는 경험을 하세요. 이는 당신의 삶을 더 풍요롭고 행복하게 만들어줄 것입니다.

59. 자연 속에서 쉼 찾기

1) 개념과 배경: 자연 속에서 쉼을 찾는 것의 중요성

자연 속에서 쉼을 찾기는 현대인의 스트레스와 일상적 피로를 해소하기 위한 매우 효과적인 방법입니다. 자연은 우리에게 심리적 안정감을 제공하고, 신체적으로도 재충전할 수 있는 공간입니다. 특히, 바쁜 도시 생활과 끊임없는 디지털 연결 속에서 우리는 종종 고요함과 평온을 잃게 되지만, 자연은 이러한 상태를 회복시켜 줍니다.

자연 속에서 쉼을 찾는 활동은 우리의 신경계를 진정시키고, 정신적인 피로를 덜어주는 데 탁월합니다. 연구에 따르면, 자연 속에서 시간을 보내면 코티솔(스트레스 호르몬) 수치가 낮아지고, 면역력이 향상되며, 정신적 집중력도 높아집니다. 또한, 자연의 조용함과 풍경은 우리의 마음을 평화롭게 만들며, 일상에서 벗어나 심리적 안식을 제공합니다.

2) 자연 속에서 쉼을 찾는 방법

(1) 자연 속에서 명상 실천하기

자연은 명상을 실천하기에 최적의 장소입니다. 자연의 고요한 소리와 공기, 풍경은 우리의 정신적 긴장을 풀어주고, 내면의 평화를 더 쉽게 찾도록 돕습니다.

- 자연 속 명상하기: 숲이나 공원, 강가와 같은 자연 속에서 편안하게 앉아 눈을 감고 호흡에 집중해보세요. 자연의 소리와 풍경에 몰입하여, 자신을 둘러싼 모든 자연의 요소와 연결되어 있음을 느껴보세요. 이를 통해 우리의 마음은 더 깊은 안정감을 느끼게 되고, 일상에서 쌓인 스트레스가 자연스럽게 풀리게 됩니다.
- 호흡 명상: 자연 속에서 천천히 깊은 호흡을 하며, 신선한 공기가 몸 속으로 들어오고, 긴장과 스트레스가 내쉴 때마다 낮아지는 것을 상상해보세요. 자연의 신선한 공기와 청량한 환경은 호흡 명상을 더욱 효과적으로 만들어 줍니다.

(2) 자연 속 걷기와 쉼

걷기는 자연 속에서 신체적과 정신적으로 쉼을 찾는 데 매우 효과적인 방법입니다. 걷는 동안 자연과 함께 호흡하고 신체의 움직임에 집중하면, 몸과 마음이 조화를 이루며 더 큰 편안함을 느낄 수 있습니다.

- 자연 속에서 걷기 명상: 숲길이나 공원에서 걷는 동안 발걸음과 호흡에 집중해 보세요. 한 걸음 한 걸음에 신경을 쓰고, 발이 땅에 닿을 때의 감각을 느끼며 걷습니다. 걷는 동안 주변의 소리와 냄새에 주의를 기울이면서, 모든 감각을 자연에 집중하면 마음이 더 차분해집니다.
- 휴식 공간 찾기: 자연 속에서 걷다가 마음에 드는 나무 아래나 강가에 자리를 잡고 잠시 앉아보세요. 몸을 자연스럽게 이완시키고, 주변의 고요한 자연 환경 속에서 마음의 쉼을 찾아보세요. 이 순간, 생각을 멈추고 자연이 주는 평화로움을 마음껏 느껴보는 것이 중요합니다.

(3) 자연 속에서 감각을 깨우기

자연 속에서 쉼을 찾기 위해서는 감각을 활성화시키는 것이 중요합니다. 자연은 우리에게 시각, 청각, 촉각, 후각 등 모든 감각을 깨우며, 신체와 마음이 하나로 연결되는 경험을 제공합니다.

- 자연의 소리에 집중하기: 새소리, 바람소리, 물소리 등 자연의 소리를 들어보세요. 자연의 리듬과 조화에 몸을 맡기고, 그 소리가 마음속에서 고요함을 가져다주는 것을 느껴보세요.
- 자연의 냄새 맡기: 나무의 냄새, 흙냄새, 신선한 풀 향기 등을 맡으며 자연 속에서 후각을 자극해보세요. 이 냄새들은 우리의 감각적 기억을 깨우고, 마음속에 더 큰 평온함을 가져다줍니다.
- 촉각을 활용한 자연과의 교감: 나뭇잎을 만지거나, 나무의 질감, 물의 차가움을 느껴보세요. 자연과의 감각적 교감은 우리의 긴장을 풀어주고, 더 평화로운 상태로 이끌어줍니다.

(4) 자연 속에서의 휴식과 수면

자연은 휴식과 수면의 질을 높이는 데도 매우 효과적입니다. 자연의 조용함과 차분함은 우리의 수면을 도와주며, 더 나은 재충전을 가능하게 합니다.

- 자연 속에서 낮잠 자기: 햇빛이 드는 곳이나 나무 그늘 아래에서 잠시 눈을 감고 낮잠을 자보세요. 자연 속에서 짧게라도 눈을 붙이는 것이 피로를 풀고, 정신적 안정감을 주는 데 큰 도움이 됩니다.
- 자연 소리로 수면 유도: 밤에는 자연 소리를 틀어놓고 잠을 청해보세요. 파도 소리, 바람 소리, 새소리와 같은 소리는 우리의 신경계를 진정시키고, 더 깊고 평화로운 수면 상태로 이끌어줍니다.

3) 자연 속에서 쉼을 찾기 위한 실천 아이디어

(1) 자연 속에서 하루 시작하기

아침에 일어나서 자연 속에서 짧은 산책을 하거나, 창문을 열어 자연의 소리와 공기를 느끼며 하루를 시작해보세요. 이는 신체와 마음을 활기차게 만들어 줍니다.

(2) 주말 자연 속 피크닉

주말에는 가까운 공원이나 숲에서 피크닉을 즐기며 자연 속에서 시간을 보내세요. 도시에서 벗어나 휴식과 쉼을 찾는 시간을 가지면, 한 주 동안 쌓인 피로가 풀립니다.

(3) 자연 속에서의 저녁 명상

해가 질 무렵 자연 속에서 저녁 명상을 실천해보세요. 자연의 고요함과 함께 호흡을 조절하며 마음을 차분하게 만들면, 하루의 피로가 자연스럽게 해소됩니다.

(4) 자연 소리와 함께 일상 속 쉼 찾기

일상에서 자연 소리 음악을 틀어놓고 잠시 눈을 감고 호흡해보세요. 자연 속에서 쉼을 찾는 것처럼, 일상에서도 이러한 순간을 만들어 몸과 마음을 이완시키는 것이 중요합니다.

(5) 자연 속에서 나만의 공간 만들기

정원이나 집 근처에 작은 자연 공간을 만들어보세요. 작은 화분이나 나무, 초록의 식물들을 배치하고, 그 속에서 매일 짧게라도 자연과 교감하는 시간을 가지세요.

4) 자연 속에서 쉼을 찾은 사례

사례 1: 자연 속에서 마음의 고요를 찾은 영석

영석은 바쁜 직장 생활로 인해 피로가 쌓였지만, 주말마다 가까운 숲을 찾아 걷기 명상을 실천하며 점차 마음의 고요를 찾게 되었습니다. 나무 사이를 걸으며, 자연의 소리와 냄새에 몰입하는 동안 그는 마음의 안정감을 되찾았고, 일상 속 스트레스를 해소할 수 있었습니다.

사례 2: 자연에서 감각을 깨우며 정서적 안정감을 얻은 영미

영미는 감정적으로 지친 상태였지만, 자연 속에서 감각을 깨우는 활동을 통해 정서적 안정감을 되찾았습니다. 나무를 만지거나, 새소리를 들으며 영미는 자연과의 교감을 통해 마음의 평화를 되찾았고, 감정적으로 더 안정된 상태로 회복되었습니다.

사례 3: 자연 속에서 휴식을 취하며 에너지를 회복한 서하

서하는 직장에서의 피로를 풀기 위해 주말마다 자연 속에서 시간을 보내며 짧은 낮잠을 자곤 했습니다. 자연 속에서의 휴식과 짧은 잠은 그녀에게 큰 에너지를 회복할 수 있는 기회를 제공해 주었고, 더 활기차게 일상으로 돌아갈 수 있게 해 주었습니다.

5) 자연 속에서 쉼을 찾는 것의 이점

(1) 정신적 안정감

자연 속에서 시간을 보내는 것은 우리의 정신적 안정감을 높여주며, 스트레스를 줄여줍니다. 자연의 고요함은 우리의 긴장을 풀어주고 내면의 평화를 찾게 합니다.

(2) 신체적 회복

자연은 신체적으로 에너지를 재충전할 수 있는 공간입니다. 자연 속에서 걷거나 명상을 하면 신체의 피로가 회복되고, 더 건강한 상태로 돌아갈 수 있습니다.

(3) 감각 활성화

자연은 우리의 감각을 깨워줍니다. 자연의 소리, 냄새, 촉감 등을 통해 우리의 감각이 활발해지며, 이는 마음의 안정을 더 깊이 찾는 데 도움을 줍니다.

(4) 정서적 안정과 치유

자연은 우리의 감정을 치유하는 힘을 가지고 있습니다. 자연 속에서 시간을 보내는 것은 감정적으로 어려운 상황에서 벗어나, 더 차분하고 안정된 마음 상태를 유지하게 합니다.

(5) 더 나은 수면과 휴식

자연의 소리는 우리의 수면을 유도하며, 더 깊고 편안한 수면 상태를 경험할 수 있게 도와줍니다. 자연 속에서 짧은 휴식만으로도 일상 속 피로가 풀립니다.

6) 자연 속에서 쉼을 찾는 행복한 삶

자연 속에서 쉼을 찾는 것은 우리의 신체와 마음을 동시에 치유하는 강력한 방법입니다. 자연의 고요함 속에서 우리는 더 깊은 내면의 평온을 찾고, 일상에서 쌓인 피로를 해소할 수 있습니다.

자연 속에서 자신만의 쉼을 찾고, 자연이 주는 치유의 에너지로 몸과 마음을 충전해보세요. 이는 당신의 삶을 더 행복하고 건강하게 만들어줄 것입니다.

60. 가드닝과 자연 재생의 즐거움

1) 개념과 배경: 가드닝이 주는 행복과 자연 재생

가드닝은 단순히 식물을 키우는 활동을 넘어, 심리적 안정감, 창의성, 자연과의 연결을 증진시키는 활동입니다. 정원 가꾸기는 우리의 정신적, 신체적 건강을 개선할 뿐만 아니라, 자연 재생의 과정에 참여하면서 삶의 의미를 찾고, 자연 순환의 일부로서 환경 보존에도 기여할 수 있습니다.

연구에 따르면, 가드닝은 코티솔 수치(스트레스 호르몬)를 낮추고 행복 호르몬인 세로토닌과 도파민 분비를 촉진시켜 기분을 좋게 만듭니다. 또한, 가드닝을 통해 우리는 자연과 상호작용하고, 손으로 흙을 만지며 신체적 움직임을 통해 스트레스를 줄일 수 있습니다. 이러한 활동은 우리의 정신적 피로를 덜어주고, 자연과 연결됨을 느끼게 하며, 더 큰 삶의 만족감을 제공합니다.

가드닝은 자연 재생의 중요한 부분이기도 합니다. 우리가 직접 식물을 심고 돌보는 과정을 통해 자연 회복에 기여하며, 환경 보호에도 참여할 수 있습니다. 특히, 도시에서 작은 정원을 가꾸거나 커뮤니티 가든에 참여하는 것은 지속 가능한 환경을 만들고, 우리의 환경적 책임감을 높이는 좋은 방법입니다.

2) 가드닝과 자연 재생을 실천하는 방법

(1) 가드닝을 시작하기 위한 준비

가드닝을 시작하기 위해서는 자신의 공간과 필요에 맞는 식물을 선택하고, 그 식물을 돌보는 기초적인 방법을 배우는 것이 중요합니다.

- 작은 공간에서 시작하기: 가드닝을 시작하기 위해 큰 정원이 필요하지 않습니다. 작은 발코니나 창가에서 화분을 활용해 간단한 식물 키우기를 시작할 수 있습니다. 허브, 다육식물, 작은 화분에 심을 수 있는 꽃과 같은 식물을 선택하면 누구나 쉽게 시작할 수 있습니다.
- 필요한 도구 준비: 가드닝을 위해서는 기본적인 도구가 필요합니다. 흙, 화분, 물뿌리개, 식물 가위 등을 준비하고, 자신이 돌보는 식물에 맞는 비료나 씨앗도

선택하세요. 자연에 가까운 환경을 제공하기 위해 친환경 비료를 사용하는 것도 추천됩니다.

(2) 가드닝으로 자연과 교감하기

가드닝은 우리가 직접 손으로 식물을 돌보는 과정에서 자연과 교감하고, 그 안에서 정서적 안정감과 치유를 얻을 수 있습니다.

- 식물과의 연결감 느끼기: 식물을 심고 돌보는 과정에서 그들의 성장과 변화를 관찰하며 자연과의 연결감을 느껴보세요. 물을 주고, 햇빛을 보게 하며 식물이 자라는 모습을 볼 때 우리는 자연의 생명력을 체험할 수 있습니다. 이는 삶의 긍정적인 에너지를 키워줍니다.
- 자연의 순환을 이해하기: 가드닝을 통해 우리는 자연의 순환을 배우게 됩니다. 씨앗을 심고, 그것이 자라 꽃을 피우고 열매를 맺는 과정에서 자연의 주기성과 변화를 목격할 수 있습니다. 이러한 자연의 흐름을 이해하고 존중하는 것은 우리의 삶의 균형을 맞추는 데도 도움이 됩니다.

(3) 환경 보호와 자연 재생을 위한 가드닝 실천

가드닝은 자연 재생에 중요한 역할을 할 수 있습니다. 우리가 심고 돌보는 식물은 환경을 보호하고, 생태계 회복에 기여할 수 있습니다.

- 지속 가능한 가드닝: 친환경 비료와 물 절약 기술을 사용하여 가드닝을 할 때 지속 가능한 방법을 실천할 수 있습니다. 예를 들어, 빗물을 모아 식물에 물을 주거나, 자연 분해되는 비료를 사용하여 화학적 오염을 줄일 수 있습니다. 이는 환경 보호에 기여하며, 더 건강한 자연 생태계를 유지하는 데 도움을 줍니다.
- 지역 생태계 지원: 지역 생태계를 보호하기 위해 토종 식물을 심거나 벌과 나비 같은 곤충들이 서식할 수 있는 공간을 만들 수 있습니다. 이는 생태계의 다양성을 유지하고, 지역 환경의 건강성을 지키는 데 기여합니다.

(4) 커뮤니티 가드닝 참여하기

커뮤니티 가드닝은 지역 사회에서 공동으로 정원을 가꾸는 활동입니다. 이러한 활동은 사회적 연결감을 높이고, 함께 자연을 가꾸며 지속 가능한 환경을 만드는 데 기여할 수 있습니다.

- 커뮤니티 가든 참여: 지역의 커뮤니티 가든에 참여해보세요. 이곳에서 다른 사람들과 함께 식물을 가꾸고, 서로의 경험을 나누며 사회적 유대감을 쌓을 수 있습니다. 커뮤니티 가드닝은 자연과의 연결뿐만 아니라 사람들과의 연결을 통해 더 큰 행복을 느낄 수 있는 기회를 제공합니다.
- 도시농업 참여: 도시 속에서 식물을 키우고, 작은 농장을 가꾸는 도시농업 프로그램에 참여해보세요. 이 활동은 도시 생활 속에서도 자연 재생과 환경 보호에 기여할 수 있는 기회를 제공합니다.

3) 가드닝과 자연 재생을 실천하기 위한 아이디어

(1) 창가에서 작은 허브 정원 시작하기

집 안의 창가에서 간단한 허브를 키워보세요. 바질, 민트, 로즈마리와 같은 허브는 관리가 쉬우며, 요리에도 활용할 수 있어 실용적입니다.

(2) 재활용 화분 활용하기

버려진 플라스틱 병이나 깡통을 화분으로 재활용하여 식물을 심어보세요. 이는 자원을 절약하는 동시에 창의적으로 가드닝을 즐길 수 있는 방법입니다.

(3) 친환경 비료 사용하기

화학 비료 대신 퇴비나 친환경 비료를 사용하여 가드닝을 실천해보세요. 직접 퇴비를 만들어 사용하는 것도 환경에 이로운 가드닝 실천 방법입니다.

(4) 곤충 친화적인 정원 만들기

정원에 벌과 나비가 좋아하는 꽃을 심어보세요. 이는 지역 생태계의 건강성을 높이는 데 도움이 됩니다.

(5) 커뮤니티 가드닝 모임 참여하기

지역 커뮤니티 가드닝 프로그램에 참여해보세요. 함께 식물을 가꾸고, 자연 속에서 사회적 교류를 하며 더 큰 만족감을 얻을 수 있습니다.

4) 가드닝과 자연 재생의 즐거움을 경험한 사례

사례 1: 가드닝으로 마음의 평화를 찾은 영석

영석은 가드닝을 시작하면서 스트레스를 해소하고, 정신적 평화를 찾았습니다. 매일 아침 그는 정원을 돌보며, 식물들이 자라는 모습을 보며 삶의 희망과 안정감을 느낄 수 있었습니다. 가드닝을 통해 영석은 일상 속 스트레스를 줄이고, 더 긍정적인 태도를 가질 수 있었습니다.

사례 2: 자연 재생을 위한 가드닝을 실천한 영미

영미는 도시에서 커뮤니티 가든에 참여하며 자연 재생에 기여하고 있습니다. 그녀는 지역 생태계에 이로운 토종 식물을 심고, 나비와 벌을 위한 서식지를 만들어 생태계를 보호하는 데 기여하고 있습니다. 이를 통해 영미는 환경 보호에 대한 책임감을 느끼고, 더 큰 삶의 의미를 찾을 수 있었습니다.

사례 3: 가족과 함께 가드닝을 즐기는 서하

서하는 가족과 함께 작은 도시 정원을 가꾸며 자연 재생의 즐거움을 경험하고 있습니다. 그녀는 아이들과 함께 식물을 심고 돌보면서 자연의 소중함과 성장의 기쁨을 나누고 있습니다. 가족과 함께 가드닝을 하는 것은 그들에게 가족 간의 유대감을 높이는 기회가 되었습니다.

5) 가드닝과 자연 재생의 이점

(1) 정신적 안정감

가드닝은 우리의 마음을 차분하게 만들어 주고, 자연과의 교감을 통해 내면의 평화를 찾게 도와줍니다.

(2) 신체적 건강 증진

가드닝은 신체 활동을 요구하기 때문에, 신체의 건강을 증진시키고 체력을 유지하는 데 기여합니다.

(3) 창의성 발달

식물을 어떻게 심고 배치할지 고민하며 창의적인 사고를 발달시킬 수 있습니다.

(4) 환경 보호와 자연 재생 기여

가드닝을 통해 우리는 자연 재생에 참여하고, 지속 가능한 환경을 만들며 생태계를 보호할 수 있습니다.

(5) 사회적 유대 강화

커뮤니티 가드닝에 참여하면 사람들과의 유대가 강화되고, 사회적 연결감을 통해 더 큰 행복을 느낄 수 있습니다.

6) 가드닝과 자연 재생을 통해 찾는 행복

가드닝과 자연 재생은 우리의 정신적, 신체적, 환경적 행복을 동시에 증진시키는 활동입니다. 자연을 가꾸고 재생하는 과정에서 우리는 삶의 의미를 찾고, 더 깊은 정서적 만족과 평화를 경험할 수 있습니다.

작은 정원을 시작하고, 자연과 연결되는 기쁨을 느껴보세요. 이 과정은 당신의 삶을 더 풍요롭고 행복하게 만들어 줄 것입니다.

제7부 문화와 예술: 창조적 행복의 비밀

제7부에서는 문화와 예술을 통해 창조적 행복을 찾는 방법을 다룹니다. 예술적 활동과 문화적 경험이 일상에 어떻게 긍정적인 영향을 미칠 수 있는지 설명하며, 창의적인 삶을 통해 행복을 증진시키는 다양한 접근법을 제시합니다.

다양한 전통에서 배우는 지혜

다양한 문화와 전통에서 얻을 수 있는 삶의 지혜를 통해 행복을 추구하는 방법을 소개합니다.

예술 속에서 자기 발견

예술 활동을 통해 자신의 내면을 탐색하고 자아를 발견하는 과정을 설명합니다.

창조적 활동을 통한 내면의 충만함

창조적 표현을 통해 얻을 수 있는 만족감과 내면의 충실함을 강조합니다.

지속 가능한 생활 방식

환경을 고려한 창조적 활동이 삶에 어떤 가치를 더할 수 있는지 다룹니다.

미니멀리즘의 행복

단순한 생활을 통해 얻을 수 있는 정신적 평화와 행복의 의미를 탐색합니다.
환경 보호와 마음의 평화: 예술적 활동과 환경 보호가 마음의 평화에 기여하는 방법을 설명합니다.

자원의 절약과 심리적 만족

자원을 절약하는 생활 방식이 주는 심리적 만족감을 다룹니다.

자연과의 상생을 위한 노력

자연과 공존하며 예술을 통해 자연을 존중하고 보호하는 방법을 제시합니다.

지역 사회와 함께 하는 삶

예술과 문화 활동을 통해 지역 사회와의 관계를 강화하고, 이를 통한 행복을 논의합니다.

이 장에서는 예술과 문화적 접근을 통해 내면의 성장과 행복을 추구하며, 창의적이고 지속 가능한 생활 방식을 실천하는 방법을 구체적으로 다루고 있습니다.

창조적 활동을 통한 내면의 충만함

창의적 활동을 통해 얻게 되는 내면의 만족감과 행복을 논의하며, 일상 속에서 창조적인 삶을 실천하는 방법을 제시합니다.

이 장은 예술과 문화가 개인의 행복에 미치는 긍정적인 영향을 강조하며, 창조적 활동을 통해 내면의 충만함과 자아 성장, 그리고 삶의 기쁨을 추구하는 다양한 방법을 구체적으로 제시합니다.

61. 음악이 주는 정서적 치유

1) 개념과 배경: 음악의 정서적 치유력

음악은 인간의 감정과 마음에 깊이 영향을 미치는 강력한 도구로, 우리의 정서적 상태를 치유하고 내면의 평화를 찾는 데 중요한 역할을 합니다. 음악 치료는 현대 심리학과 정신 건강 분야에서 인정받고 있으며, 특정한 음악을 들을 때 우리의 신경계가 반응하여 스트레스를 완화하고, 행복 호르몬을 분비해 기분을 개선시킵니다. 음악은 기쁨, 슬픔, 분노, 평온함 등 다양한 감정을 표현하며, 감정이 억압된 상태에서 이를 안전하게 해소할 수 있는 공간을 제공합니다.

음악은 우리의 감정적 피로를 덜어주고, 기억과 경험을 되살리며, 마음의 상처를 치유하는 데 도움을 줍니다. 특히, 슬픈 음악은 감정적 해방을, 기쁨을 주는 음악은 활력을 불어넣고, 편안한 음악은 마음을 진정시킵니다. 이러한 다양한 정서적 치유 효과 덕분에, 음악은 일상생활 속에서 마음을 다스리고 정신적 안정감을 유지하는 데 큰 도움이 됩니다.

2) 음악을 통한 정서적 치유 방법

(1) 감정에 맞는 음악 선택하기

음악은 우리의 감정 상태에 맞추어 선택하면 더 큰 정서적 치유 효과를 발휘할 수 있습니다. 감정을 억누르지 않고 음악을 통해 표현하고 해소하는 방법을 배워 보세요.

- 슬픈 감정을 다루기 위한 음악: 감정적으로 힘든 순간에는 슬픈 음악을 선택해 보세요. 슬픈 음악은 우리의 감정을 억누르기보다는 공감을 통해 감정적으로 해방될 수 있게 도와줍니다. 음악 속에서 느껴지는 슬픔과 자신의 감정을 동일시하면서, 슬픔을 안전하게 표출할 수 있습니다.
- 기쁨과 활력을 위한 음악: 기분을 끌어올리고 싶을 때는 활기찬 리듬과 기쁜 멜로디의 음악을 선택하세요. 이는 우리의 세로토닌과 도파민 수치를 증가시켜 더 큰 행복감과 에너지를 제공합니다.

- 평온함과 이완을 위한 음악: 스트레스가 많은 날에는 잔잔한 음악을 들으며 몸과 마음을 이완시키는 것이 좋습니다. 피아노 음악이나 자연 소리와 결합된 음악은 심신을 편안하게 만들어주며, 불안과 긴장을 완화해줍니다.

(2) 음악과 함께하는 명상 실천하기

음악을 들으며 명상을 실천하면 우리의 마음을 더 깊이 차분하게 만들고, 내면의 평화를 찾는 데 큰 도움이 됩니다.

- 음악 명상: 음악이 흐르는 가운데 눈을 감고 편안하게 앉아 호흡에 집중하세요. 음악의 리듬과 멜로디에 맞춰 호흡을 천천히 들이마시고 내쉬면서, 그 소리가 몸과 마음에 스며들도록 합니다. 특히, 자연의 소리나 잔잔한 클래식 음악은 우리의 마음을 더욱 고요하게 만들어줍니다.
- 심신 안정 음악 듣기: 소리치료나 심신 안정 음악은 우리의 뇌파를 알파파(평온한 상태)로 전환시켜 더 큰 이완 효과를 줍니다. 이러한 음악은 정신적 피로를 풀어주고, 마음속 불안이나 걱정이 줄어지도록 돕습니다.

(3) 감정 해소를 위한 음악 감상

음악을 통해 감정을 해소하는 것은 정서적 해방과 치유에 큰 효과를 줍니다. 특정한 감정을 억누르기보다는 음악을 통해 자연스럽게 표출하는 것이 중요합니다.

- 감정 일치 음악 선택하기: 현재 느끼고 있는 감정에 맞는 음악을 선택하여 그 감정에 몰입해보세요. 음악을 들으며 감정적으로 해방되는 순간을 느낄 수 있을 것입니다. 예를 들어, 분노가 느껴질 때는 강렬한 비트의 음악을 들으며 그 감정을 표현해도 좋습니다.
- 음악과 함께하는 감정 일기 쓰기: 음악을 들으며 감정 일기를 작성해보세요. 음악이 감정 해소에 도움을 줄 뿐 아니라, 글로 감정을 표현하는 것도 치유 과정에 큰 도움이 됩니다.

(4) 음악과 함께하는 신체 활동

춤이나 움직임을 동반한 음악 활동은 정서적 치유를 증대시키는 중요한 방법입니다. 음악에 맞춰 신체를 움직이면 감정적인 에너지를 신체적으로 표현하고, 그 과정을 통해 정신적 해방을 경험할 수 있습니다.

- 음악에 맞춰 춤추기: 음악을 들으며 자유롭게 움직이거나 춤을 춰보세요. 이 과정에서 억눌린 감정이나 스트레스가 풀리고, 신체적 활동을 통해 엔도르핀이 분비되어 기분이 좋아집니다. 춤을 통해 자신의 감정을 표현하고 몸을 더 자유롭게 느껴보세요.
- 음악과 함께 스트레칭하기: 스트레칭을 하면서 편안한 음악을 배경으로 틀어보세요. 음악의 리듬에 맞춰 몸을 천천히 늘이고 움직이면서 긴장된 근육을 풀어보면, 신체와 마음이 동시에 이완되는 것을 경험할 수 있습니다.

3) 음악을 통한 정서적 치유를 실천하기 위한 아이디어

(1) 기분별 음악 리스트 만들기

자신의 감정 상태에 맞는 음악 플레이리스트를 미리 만들어보세요. 기쁠 때, 슬플 때, 스트레스가 많을 때 들을 수 있는 음악 리스트를 마련해 두면, 필요할 때 바로 활용할 수 있습니다.

(2) 매일 짧게라도 음악 감상 시간 가지기

매일 10분이라도 음악 감상 시간을 만들어보세요. 출퇴근길, 점심시간, 자기 전에 듣는 간단한 음악은 우리의 마음을 차분하게 만들고 하루의 스트레스를 덜어줄 수 있습니다.

(3) 음악과 함께 명상 습관 만들기

주 2~3회, 조용한 음악을 틀어놓고 짧은 명상을 실천해보세요. 이는 일상 속에서 정서적 안정을 찾는 데 매우 효과적인 습관이 될 수 있습니다.

(4) 감정이 힘들 때 음악으로 감정 표현하기

억눌린 감정이 있을 때 음악을 듣거나, 음악과 함께 일기 쓰기를 실천하세요. 음악은 당신의 감정을 안전한 방식으로 표현하고 해소하는 데 큰 도움이 될 것입니다.

(5) 특정 주제에 맞춘 음악 감상 모임 참여

음악 감상 모임에 참여해 다른 사람들과 음악을 통한 정서적 교류를 나누며 더 큰 공감과 치유의 경험을 할 수 있습니다.

4) 음악을 통한 정서적 치유를 경험한 사례

사례 1: 슬픔을 음악으로 치유한 서하

서하는 힘든 개인사를 겪으며 우울함과 슬픔에 빠져 있었지만, 슬픈 음악을 들으며 그 감정에 공감하고 해소하는 경험을 했습니다.

음악을 들으며 울기도 하고, 마음의 무거움을 표현하면서 그녀는 점차 슬픔에서 벗어나 내면의 평화를 찾을 수 있었습니다.

사례 2: 음악 명상으로 스트레스를 줄인 해성

해성은 매일 업무로 인해 스트레스를 많이 받았지만, 편안한 클래식 음악을 들으며 명상을 실천한 후 마음의 안정감을 되찾았습니다. 음악 명상 덕분에 그는 업무 중 느끼던 긴장이 점차 해소되고, 더 차분하게 하루를 마무리할 수 있었습니다.

사례 3: 춤으로 에너지를 되찾은 영미

영미는 힘든 날일수록 집에 돌아와 활기찬 음악을 틀고 춤을 춥니다. 그 과정에서 그녀는 스트레스를 신체적 움직임을 통해 발산하고, 음악의 에너지를 흡수하며 긍정적인 기운을 다시 채울 수 있었습니다.

5) 음악이 주는 정서적 치유의 이점

(1) 감정 해소와 치유

음악은 억눌린 감정을 표현하고 해소할 수 있는 안전한 공간을 제공합니다. 이는 감정적 상처를 치유하는 데 큰 도움이 됩니다.

(2) 정신적 이완

음악은 우리의 스트레스와 긴장을 줄여주고, 심리적 이완을 통해 더 깊은 내면의 평온을 찾게 합니다.

(3) 에너지와 활력 증진

활기찬 음악은 우리의 기분을 좋게 하고, 신체적 에너지와 정신적 활력을 증진시키는 데 기여합니다.

(4) 수면의 질 개선

편안한 음악을 들으면 불안이 줄어들고, 더 나은 수면을 도울 수 있습니다. 자연스럽게 심신을 진정시키며, 더 깊은 수면 상태로 이끌어줍니다.

(5) 창의력과 몰입 향상

음악은 우리의 창의력을 자극하고, 집중력을 높여주는 효과도 있습니다. 이를 통해 예술적 작업이나 일상 업무에 몰입할 수 있게 돕습니다.

6) 음악을 통한 정서적 치유로 행복을 찾기

음악을 통한 정서적 치유는 우리의 감정을 다스리고, 마음의 평화를 찾는 데 매우 강력한 도구입니다. 음악은 우리의 일상 속 스트레스를 해소하고, 더 큰 행복감과 심리적 안정감을 제공하며, 삶을 더욱 풍요롭고 의미 있게 만들어줍니다.

일상 속에서 음악을 활용해 감정적 균형을 찾고, 정서적 치유를 경험해보세요. 이는 당신의 삶을 더욱 행복하고 평온하게 만드는 데 기여할 것입니다.

62. 미술과 표현의 자유

1) 개념과 배경: 미술이 주는 표현의 자유와 치유

미술은 인간이 내면의 감정을 표현하고 해방할 수 있는 강력한 도구입니다. 우리는 말이나 글로 표현하기 어려운 감정이나 생각을 시각적인 이미지로 표현할 수 있으며, 이를 통해 내면의 갈등을 풀고 자아를 발견하는 과정을 경험할 수 있습니다. 미술은 언어적 장벽이 없기 때문에 감정과 생각을 자유롭게 표현할 수 있는 공간을 제공합니다.

미술 치료는 심리학에서 감정적 어려움을 겪고 있는 사람들에게 자주 사용되는 치유 방법입니다. 그림을 그리거나 색칠하는 행위는 우리가 느끼는 감정과 상처를 시각적으로 표출하는 과정이며, 이를 통해 억눌린 감정을 해소하고 정서적 안정감을 찾는 데 도움을 줍니다. 미술을 통해 우리는 자신의 감정과 상처를 더 깊이 이해할 수 있고, 이를 긍정적인 에너지로 전환할 수 있는 기회를 갖게 됩니다.

미술은 또한 창의적 표현을 통해 자아를 더욱 확장시키고, 스스로를 새로운 시각으로 바라보게 합니다. 자유로운 표현의 공간에서 우리는 어떠한 틀에 얽매이지 않고 창조적 자아를 마음껏 발휘할 수 있습니다.

2) 미술을 통한 표현의 자유 실천 방법

(1) 감정을 그림으로 표현하기

그림을 그리면서 자신의 감정을 자유롭게 표현하는 것은 미술이 주는 가장 중요한 치유 방법 중 하나입니다. 그림을 통해 우리는 말로 표현하지 못했던 감정을 색과 형태로 나타내며, 이를 통해 감정적 해방을 경험할 수 있습니다.

- 감정 그림 그리기: 현재 자신이 느끼는 감정을 그림으로 표현해보세요. 슬픔, 분노, 기쁨 등 다양한 감정들을 표현할 때 색깔과 형태를 사용하여 자유롭게 그려보세요. 예를 들어, 분노를 표현할 때는 강렬한 붉은 색이나 날카로운 선을 사용하고, 기쁨을 표현할 때는 밝은 색깔과 부드러운 선을 사용할 수 있습니다. 중요한 것은 작품의 완성도가 아니라 감정을 표현하는 과정입니다.

- 색칠하기로 감정 치유하기: 이미 그려진 그림을 색칠하는 행위는 우리의 정서적 긴장을 풀어주고 마음을 안정시키는 데 효과적입니다. 자신이 좋아하는 색을 선택해 천천히 색칠하면서 마음속에 있는 감정과 연결되도록 해보세요. 이 과정에서 자신도 모르게 억눌린 감정이 해소되는 것을 느낄 수 있습니다.

(2) 창의적 자아 탐색을 위한 자유로운 표현

자유로운 표현은 창의성을 자극하고 자아를 확장하는 중요한 과정입니다. 미술을 통해 자신을 새로운 방식으로 표현하면서 자신의 가능성을 탐색할 수 있습니다.

- 자유롭게 낙서하기: 특정한 주제나 목표 없이 종이에 자유롭게 낙서를 해보세요. 손이 가는 대로 무작위로 선을 긋고, 다양한 모양과 패턴을 만들어보세요. 이러한 과정에서 자신도 몰랐던 창의적 자아가 드러날 수 있습니다.
- 무의식의 표현: 종이에 눈을 감고 무작위로 선을 그려보세요. 그리고 그 선을 보며 자신이 느끼는 감정이나 생각을 반영해 그림을 완성시켜보세요. 이 방법은 우리의 무의식적 감정을 시각적으로 드러내는 데 효과적입니다.

(3) 미술과 함께하는 감정 일기 쓰기

미술을 통해 감정을 표현한 후, 그 경험을 감정 일기로 기록하는 것은 정서적 치유에 큰 도움이 됩니다. 미술로 드러낸 감정을 글로 표현하는 것은 감정에 대한 더 깊은 이해와 성찰을 가능하게 합니다.

- 감정 일기 쓰기: 미술 작업을 마친 후, 그때 느꼈던 감정과 생각을 감정 일기로 남겨보세요. 왜 그 그림을 그렸고, 어떤 감정이 그 안에 담겼는지를 적어보세요. 그림과 글쓰기를 병행하면 자신의 감정을 더욱 명확하게 이해할 수 있습니다.
- 작품에 대한 해석: 자신이 그린 그림을 보고, 그 안에서 보이는 감정적 상징이나 메시지를 해석해보세요. 이 과정에서 내면의 감정에 대한 더 깊은 통찰을 얻게 될 것입니다.

(4) 공동 창작을 통한 사회적 유대감 형성

공동 미술 창작은 다른 사람들과 함께 창의적인 활동을 하면서 사회적 유대감을 형성하는 데 큰 역할을 합니다. 협력적 창작은 우리가 서로의 감정과 생각을 나누고, 예술을 통해 더 깊이 연결될 수 있는 기회를 제공합니다.

- 공동 작품 만들기: 여러 사람이 함께 한 도화지에 각자의 방식으로 자유롭게 그리기를 해보세요. 그 과정에서 서로의 창의적인 표현을 존중하고, 작품이 어떻게 완성되는지를 지켜보며 사회적 유대감을 형성할 수 있습니다.
- 미술 모임 참여: 지역에서 진행되는 미술 워크숍이나 공동 창작 프로젝트에 참여해보세요. 다른 사람들과 함께 미술을 하면서 감정과 창의성을 나누는 것은 심리적 안정감과 더불어 사회적 교류를 통한 행복감을 증진시킵니다.

3) 미술을 통한 표현의 자유를 실천하기 위한 아이디어

(1) 감정 스케치북 만들기

자신만의 감정 스케치북을 만들어 일상 속에서 느끼는 다양한 감정을 그림으로 표현해보세요. 매일 또는 일주일에 한 번씩 스케치북에 그리면서 감정적으로 스스로를 이해하는 시간을 가져보세요.

(2) 매일 10분 자유 낙서 시간 갖기

매일 10분 동안 자신에게 주제를 주지 않고 자유롭게 낙서를 해보세요. 이 시간은 창의적 에너지를 발산하고, 스트레스와 억눌린 감정을 해소하는 데 큰 도움이 됩니다.

(3) 주제별 미술 일기 쓰기

한 주제에 대해 생각하고, 그 주제를 그림과 글로 표현해보세요. 예를 들어, "오늘 느낀 가장 큰 감정"이라는 주제를 설정하고, 그 감정을 그림으로 그린 후 이에 대해 글로 설명해보는 것입니다.

(4) 자연에서 영감을 받아 그림 그리기

자연은 우리의 감정과 생각을 자유롭게 할 수 있는 영감의 원천입니다. 자연을 관찰하며 자신이 느낀 감정과 자연의 요소를 결합해 그림을 그려보세요.

(5) 지역 미술 전시회나 워크숍 참여

미술을 통해 사회적 교류를 원한다면, 지역 미술 전시회나 워크숍에 참여해보세요. 그곳에서 다른 사람들의 작품을 보고 영감을 얻고, 자신의 미술적 표현을 확장할 수 있습니다.

4) 미술을 통한 표현의 자유를 경험한 사례

사례 1: 미술을 통해 감정 치유를 경험한 영미

영미는 자신이 겪었던 감정적 상처를 미술을 통해 치유했습니다. 처음에는 말로 표현하기 어려웠던 감정들을 캔버스에 풀어내면서, 억눌린 슬픔과 분노가 점차 해소되었습니다. 영미는 미술 작업을 통해 자신을 이해하고 감정적으로 더 성숙해졌습니다.

사례 2: 공동 미술 창작으로 사회적 유대감을 형성한 영석

영석은 지역 커뮤니티 미술 모임에 참여하며 여러 사람들과 함께 공동 창작을 경험했습니다. 그 과정에서 영석은 자신을 더 개방하고, 예술을 통해 다른 사람들과 깊이 연결되는 경험을 하며 더 큰 사회적 유대감을 느꼈습니다.

사례 3: 낙서를 통해 창의적 자아를 발견한 서하

서하는 매일 10분 동안 자유롭게 낙서를 하면서 자신도 몰랐던 창의적 자아를 발견했습니다. 처음에는 단순한 선과 모양을 그리며 시작했지만, 시간이 지나면서 그녀는 더 다양한 방식으로 자신을 표현하게 되었고, 미술을 통해 스스로에게 깊은 만족감을 얻게 되었습니다.

5) 미술이 주는 표현의 자유의 이점

(1) 감정적 해방과 치유

미술을 통해 억눌린 감정을 시각적으로 표현하고 해소할 수 있으며, 이를 통해 정서적 치유를 경험할 수 있습니다.

(2) 창의적 자아 발견

미술은 우리의 창의성을 자극하며, 창조적 자아를 자유롭게 발현할 수 있는 기회를 제공합니다.

(3) 정신적 안정감

그림을 그리고 색칠하는 행위는 심리적 안정과 긴장 완화에 효과적이며, 우리의 내면에 평온함을 가져다줍니다.

(4) 자아 성찰

미술은 우리의 감정을 시각화하고, 이를 통해 자신을 이해하는 데 도움을 주는 중요한 도구입니다.

(5) 사회적 교류와 유대감

공동 미술 활동을 통해 다른 사람들과의 사회적 유대감을 강화하고, 예술을 통해 사회적 교류를 증진시킬 수 있습니다.

6) 미술과 표현의 자유로 행복을 찾기

미술을 통한 표현의 자유는 우리에게 감정적 해방과 정서적 치유를 제공하며, 삶에서 더 깊은 행복감을 느낄 수 있게 합니다. 미술을 통해 우리는 자신을 새로운 방식으로 이해하고, 자유로운 창의적 표현을 통해 정신적 안정감과 자아 성찰의 기회를 가질 수 있습니다.

63. 글쓰기를 통해 마음을 표현하기

1) 개념과 배경: 글쓰기가 주는 정서적 치유와 자기표현

글쓰기는 우리의 내면을 들여다보고, 감정과 생각을 명확하게 표현하는 강력한 도구입니다. 우리가 느끼는 복잡한 감정이나 일상에서 마주하는 고민들을 글로 풀어내면, 그것이 정서적 치유로 이어질 수 있습니다. 글쓰기를 통해 우리는 자신의 감정을 구조화하고, 이를 외부로 표출함으로써 감정적 해방과 안정을 경험하게 됩니다.

글쓰기는 현대 심리학에서도 자주 활용되는 감정 표현의 방법입니다. 특히 저널링(일기 쓰기)은 스트레스 관리와 자기 성찰을 돕는 유용한 방법으로 인정받고 있습니다. 글쓰기는 자아 탐색의 도구이자, 자기 치유의 기회를 제공하며, 감정을 시각적으로 표현하는 과정에서 더 큰 심리적 안정감을 느끼게 합니다.

글쓰기를 통해 우리는 감정을 정리하고, 마음속 깊이 자리 잡은 무의식적 생각을 표출하며, 이를 통해 자신을 더 잘 이해하게 됩니다. 글쓰기는 또한 우리가 직면한 문제들을 객관화하고, 그것들을 해결할 실마리를 찾는 데도 도움을 줍니다.

2) 글쓰기를 통한 마음 표현 방법

(1) 감정 일기 쓰기

감정 일기는 자신의 감정 상태를 솔직하게 기록하는 것으로, 감정의 흐름을 정리하고 표현하는 데 매우 효과적입니다.

- 자신의 감정 기록하기: 매일 감정 일기를 써보세요. 오늘 하루 동안 느낀 감정, 특정 사건에 대해 어떻게 반응했는지 등을 기록합니다. 이때 감정의 세부적인 표현에 주목해보세요. 기분이 좋았다면 왜 그랬는지, 슬펐다면 무엇이 원인인지 자세하게 적어봅니다. 감정을 글로 표현하면서 우리는 자신의 감정 패턴을 더 잘 이해할 수 있습니다.
- 감정을 색으로 표현하기: 일기를 쓸 때, 자신이 느낀 감정을 색깔로 표현해보세요. 예를 들어, 슬픈 감정은 파란색, 기쁨은 노란색으로 적어보는 방법입니다. 감정을 색으로 시각화하면 자신의 감정 상태를 더 명확하게 파악할 수 있습니다.

(2) 특정 주제에 대한 에세이 쓰기

주제를 정하고 그에 대해 자신의 생각과 감정을 자유롭게 풀어내는 것은 우리의 사고력을 확장시키고, 내면을 깊이 탐구하는 좋은 방법입니다.

- 주제 설정하기: 매주 하나의 주제를 정해 글을 써보세요. 주제는 감정적 이슈가 될 수도 있고, 철학적 질문일 수도 있습니다. 예를 들어, "내가 가장 행복했던 순간", "슬픔을 마주했을 때의 내 감정", "내 인생에서 중요하다고 생각하는 가치"와 같은 주제는 자신을 더 깊이 이해할 수 있는 좋은 기회를 제공합니다.
- 에세이 쓰기: 주제를 정한 후, 그 주제에 대해 자유롭게 글을 써보세요. 이때 논리적이거나 완벽한 구조에 얽매일 필요는 없습니다. 중요한 것은 자신의 생각과 감정을 솔직하게 표현하는 것입니다. 글을 쓰는 동안 자신이 어떤 감정을 느끼는지, 그 감정이 어디서 비롯되었는지 성찰해보는 과정이 중요합니다.

(3) 편지 쓰기

편지 쓰기는 우리가 직접 대화하기 어려운 사람에게 자신의 감정이나 생각을 전달하는 감정 해소의 중요한 방법입니다. 이를 통해 우리는 직접 대면하지 않고도 감정을 정리하고 해소할 수 있습니다.

- 감정 해소 편지 쓰기: 현재 자신이 대면하고 있는 감정적 갈등이나 문제가 있는 사람에게 편지를 써보세요. 실제로 보내지 않더라도, 이 과정을 통해 마음속 억눌린 감정이 해소되고 정서적 치유를 경험할 수 있습니다. 예를 들어, 화나거나 상처받은 감정을 그 사람에게 솔직하게 적어보는 것은 내면의 갈등을 해소하는 데 큰 도움이 됩니다.
- 미래의 나에게 편지 쓰기: 미래의 자신에게 편지를 써보는 것도 좋은 방법입니다. 미래의 자신이 어떤 모습일지 상상하고, 그때 느끼고 싶은 감정이나 바라는 모습에 대해 적어보세요. 이를 통해 우리는 현재의 자신을 동기부여하고, 더 나은 삶을 계획하는 기회를 갖게 됩니다.

(4) 문제 해결을 위한 글쓰기

글쓰기는 단순한 감정 표현을 넘어서 문제 해결의 도구로도 활용될 수 있습니다. 우리가 직면한 문제나 고민을 글로 풀어내면 그것을 객관적으로 볼 수 있게 되고,

그에 대한 해결책을 찾는 데 도움이 됩니다.

- 문제 해결 일기 쓰기: 현재 고민하고 있는 문제를 구체적으로 글로 풀어내세요. 예를 들어, “내가 이 문제로 인해 느끼는 감정은 무엇인지”, “이 문제를 어떻게 해결할 수 있을지”, “내가 할 수 있는 첫 번째 작은 행동은 무엇인지”를 적어보세요. 이 과정을 통해 문제를 더 명확하게 파악하고 해결 방향을 설정할 수 있습니다.
- 글을 통한 목표 설정: 문제를 해결하기 위해 실행 가능한 목표를 글로 설정해보세요. 각 목표에 도달하기 위한 작은 단계들을 구체적으로 적어보고, 그 목표가 자신에게 주는 의미를 성찰해보는 것이 중요합니다.

3) 글쓰기를 통한 마음 표현을 실천하기 위한 아이디어

(1) 매일 짧은 감정 일기 쓰기

하루에 5분이라도 자신의 감정을 간단하게 기록하는 습관을 들여보세요. 이는 정서적 스트레스를 해소하고, 자신을 더 잘 이해하는 데 큰 도움이 됩니다.

(2) 주제별 에세이 도전하기

매주 하나의 주제를 정해 자신만의 에세이를 써보세요. 다양한 감정적 주제나 철학적 질문에 대해 글을 쓰는 것은 창의성을 자극하고, 내면의 생각을 정리하는 데 효과적입니다.

(3) 감정 편지 쓰기

감정적으로 힘든 순간이 있을 때, 그 감정을 편지 형식으로 풀어내는 습관을 가져보세요. 실제로 보내지 않아도, 편지 쓰기는 감정 해소와 치유에 큰 도움을 줄 수 있습니다.

(4) 미래의 자신에게 편지 쓰기

가끔씩 미래의 나에게 편지를 써보는 것도 좋습니다. 지금 느끼고 있는 감정과 생각을 적고, 미래에 어떤 감정을 느끼고 싶은지에 대해 적어보세요.

(5) 문제 해결을 위한 글쓰기

고민이 생길 때마다 그것을 글로 정리하고, 그 문제에 대한 해결책을 글로 찾아보세요. 이는 문제를 객관적으로 바라보고, 해결할 수 있는 능력을 키우는 데 도움이 됩니다.

4) 글쓰기를 통해 마음을 표현한 사례

사례 1: 감정 일기로 마음의 안정을 찾은 서하

서하는 감정적으로 어려운 시기에 감정 일기를 쓰기 시작했습니다. 매일 자신의 감정을 기록하면서 그녀는 자신이 왜 특정 상황에서 불안감을 느끼는지 더 잘 이해하게 되었고, 일기를 통해 정서적으로 안정감을 찾을 수 있었습니다.

사례 2: 편지 쓰기를 통해 화를 해소한 영석

영석은 직장에서 갈등을 겪으며 화가 많이 났지만, 그것을 바로 표현하기 어려웠습니다. 그래서 그는 상대방에게 편지를 써서 자신의 감정을 정리하고, 그 과정을 통해 마음이 가벼워지고 화가 해소되는 것을 경험했습니다.

사례 3: 문제 해결 글쓰기로 목표를 달성한 영미

영미는 커리어와 관련된 문제를 글쓰기를 통해 정리했습니다. 문제를 글로 풀어내면서 그녀는 그것을 객관적으로 보게 되었고, 해결책을 더 명확하게 찾을 수 있었습니다. 이후 그녀는 작은 목표들을 설정하고 차근차근 실행하면서 더 큰 성취감을 느낄 수 있었습니다.

5) 글쓰기를 통한 마음 표현의 이점

(1) 정서적 해방

글쓰기는 우리가 내면에 억눌린 감정을 자유롭게 표출할 수 있는 안전한 공간을 제공합니다.

(2) 자아 성찰

글쓰기를 통해 우리는 자신의 감정과 생각을 더 깊이 탐구하고 이해할 수 있으며,

이를 통해 더 큰 성숙을 이룰 수 있습니다.

(3) 문제 해결 능력 증진

글쓰기는 문제를 객관적으로 파악하고, 그에 대한 해결책을 찾아내는 데 매우 유용한 도구입니다.

(4) 스트레스 완화

감정이나 고민을 글로 풀어내는 것은 정신적인 스트레스를 줄이고, 정서적 안정을 가져다줍니다.

(5) 창의력 향상

글쓰기는 우리의 창의적 사고를 자극하며, 다양한 주제에 대해 사고의 폭을 넓히는 데 도움을 줍니다.

6) 글쓰기를 통해 마음을 표현하는 행복한 삶

글쓰기를 통한 마음의 표현은 우리의 내면을 들여다보고, 감정적으로 자유로워지는 중요한 방법입니다. 글쓰기를 통해 우리는 더 깊은 자아 성찰과 정서적 안정감을 찾을 수 있으며, 이는 우리의 삶의 질을 크게 향상시킵니다.

일상에서 글쓰기를 실천하며 감정을 표현하고, 더 행복하고 안정된 마음을 가꾸어보세요. 글쓰기는 당신의 삶을 더 풍요롭고 의미 있게 만들어 줄 것입니다.

64. 춤으로 에너지를 발산하기

1) 개념과 배경: 춤이 주는 에너지 발산과 정서적 치유

춤은 우리 몸과 마음을 통해 에너지를 발산하고, 내면에 억눌린 감정이나 스트레스를 해소할 수 있는 강력한 도구입니다. 춤은 단순한 신체적 운동을 넘어 정신적, 감정적 표현의 수단으로, 우리가 언어로 표현할 수 없는 감정들을 몸으로 표현하고 해방하는 과정입니다. 춤을 추는 동안 우리는 자신을 새롭게 발견하고, 내면의 에너지를 자유롭게 표현하며 정서적 해방을 경험하게 됩니다.

심리학 연구에 따르면, 춤은 우리의 정신 건강을 증진시키고 스트레스를 줄여줍니다. 춤을 출 때 우리 몸은 엔도르핀(행복 호르몬)을 분비하며, 기분을 고양시키고 긍정적인 에너지를 높여줍니다. 춤을 통한 신체적 움직임은 근육 긴장을 완화하고, 몸과 마음이 하나로 연결되면서 더 큰 행복감을 경험하게 합니다. 특히 춤은 자유로운 표현을 통해 우리의 창의성을 자극하고, 신체적 에너지를 발산하는 동시에 정서적 균형을 유지하게 도와줍니다.

2) 춤으로 에너지를 발산하는 방법

(1) 자유롭게 움직이며 감정 표현하기

자유로운 춤은 몸과 마음을 해방시키는 가장 효과적인 방법 중 하나입니다. 특정한 동작이나 리듬에 얽매이지 않고 자신의 감정에 따라 자유롭게 움직이는 춤은 억눌린 감정이나 스트레스를 자연스럽게 풀어줍니다.

- 감정에 따라 춤추기: 특정한 규칙 없이 감정에 따라 몸을 자유롭게 움직여보세요. 슬픔, 분노, 기쁨, 불안 등 현재 느끼는 감정을 몸으로 표현해보는 것이 중요합니다. 음악에 맞춰 몸을 자유롭게 흔들거나, 바닥에 누워서 자신의 감정을 손과 발로 표현해보세요. 이 과정에서 우리는 자신의 내면의 소리에 귀 기울이며, 그것을 춤으로 표현하는 해방감을 느낄 수 있습니다.
- 즉흥 춤추기: 집에서 혼자 음악을 틀고 즉흥적으로 춤을 춰보세요. 어떤 춤을 춰야 한다는 부담감 없이 음악의 리듬에 몸을 맡기고 즉흥적으로 몸을 움직이

는 것은 감정적 스트레스를 풀고 에너지를 발산하는 좋은 방법입니다.

(2) 음악과 함께하는 춤으로 에너지 끌어올리기

음악은 춤의 리듬과 에너지를 끌어올리는 중요한 역할을 합니다. 활기찬 음악에 맞춰 춤을 추면, 우리의 신체적 에너지가 극대화되고 정신적으로도 더 활기차게 느껴지게 됩니다.

- 활기찬 음악에 맞춘 춤: 에너지가 넘치는 음악을 선택해보세요. 예를 들어, 팝 음악, 라틴 음악, 댄스 음악 등은 기분을 고양시키고 몸을 더 활기차게 움직이게 만듭니다. 리듬이 빠르고 경쾌한 음악에 맞춰 강렬한 동작을 시도하며 에너지를 최대한 발산해보세요.
- 느린 음악에서 에너지 발산하기: 느린 음악을 틀고 천천히 움직이며 에너지를 발산할 수도 있습니다. 느린 음악에 맞춰 몸의 모든 움직임에 집중하고, 그 속에서 몸이 어떻게 느껴지는지 관찰하며 움직이는 것은 신체의 긴장 완화와 감정적 안정감을 가져다줍니다.

(3) 다양한 춤 스타일 체험하기

다양한 춤 스타일을 경험하는 것은 우리의 신체적 표현력을 확장시키고, 더 큰 에너지를 발산할 수 있게 도와줍니다.
각 춤 스타일은 고유의 리듬과 동작을 가지고 있으며, 이를 통해 우리의 감정과 신체적 에너지를 더 잘 표현할 수 있습니다.

- 라틴 댄스: 살사, 바차타, 탱고 같은 라틴 댄스는 강렬한 리듬과 에너지가 넘치는 춤 스타일입니다. 이러한 춤을 추면 우리는 자연스럽게 몸의 유연함과 활력을 끌어올리며, 신체적 에너지를 발산할 수 있습니다.
- 현대 무용: 현대 무용은 감정과 동작을 자유롭게 표현하는 춤 스타일로, 억압된 감정이나 스트레스를 몸을 통해 자유롭게 풀어낼 수 있는 좋은 방법입니다.
- 댄스 피트니스: 줌바와 같은 댄스 피트니스 프로그램은 신체적 건강과 동시에 정신적 활력을 제공하는 활동입니다. 빠른 리듬에 맞춰 춤을 추며 체력을 키우고, 에너지를 발산할 수 있는 좋은 방법입니다.

(4) 그룹 댄스를 통한 에너지 공유

그룹 댄스는 다른 사람들과 함께 에너지를 나누며 사회적 유대감과 에너제틱한 분위기를 형성하는 좋은 방법입니다. 함께 춤을 추는 과정에서 우리는 감정적 교류와 정서적 안정감을 경험하게 됩니다.

- 그룹 댄스 클래스 참여: 살사, 줌바, 케이팝 댄스 등 그룹으로 함께 춤을 배우고 추는 클래스에 참여해보세요. 사람들과 함께 에너지를 나누고 같은 리듬에 맞춰 몸을 움직이는 것은 더욱 강렬한 신체적 에너지를 발산하게 도와줍니다.
- 댄스 파티: 친구들이나 가족들과 함께 댄스 파티를 열고, 함께 자유롭게 춤을 춰보세요. 집에서 음악을 틀어놓고, 자유롭게 서로의 동작을 따라 하거나 즉흥적으로 춤을 추며 에너지를 공유하는 것은 행복감을 높이는 데 큰 도움이 됩니다.

3) 춤을 통해 에너지를 발산하는 실천 아이디어

(1) 하루 10분 춤추기

매일 10분 정도 집에서 자유롭게 음악에 맞춰 춤을 춰보세요. 아침에 활기찬 음악을 틀고 몸을 움직이거나, 스트레스가 많은 날에는 즉흥적으로 춤을 춰보며 마음의 긴장을 풀어줄 수 있습니다.

(2) 댄스 클래스 참여

살사, 줌바, 현대무용 등 다양한 춤 클래스를 찾아 참여해보세요. 새로운 춤 스타일을 배우는 것은 신체적, 정신적 에너지를 발산하는 좋은 방법입니다.

(3) 주말 댄스 파티

주말에 친구들과 함께 댄스 파티를 열어보세요. 집에서 즐길 수 있는 작은 파티를 열고, 음악에 맞춰 자유롭게 춤을 추는 것은 스트레스를 해소하고, 에너지를 충전하는 좋은 기회입니다.

(4) 야외에서 춤추기

공원이나 해변 같은 자연 속에서 음악을 틀어놓고 춤을 춰보세요. 자연과 함께하는 춤은 신체적 에너지를 발산하는 동시에 자연의 에너지를 흡수하는 좋은 방법입니다.

(5) 자신만의 춤 루틴 만들기

자신만의 춤 루틴을 만들어 아침이나 저녁에 실천해보세요. 몸의 움직임에 따라 에너지를 발산하고, 하루를 시작하거나 마무리하는 좋은 습관이 될 수 있습니다.

4) 춤으로 에너지를 발산한 사례

사례 1: 춤으로 스트레스를 해소한 영미

영미는 직장에서 받은 스트레스를 풀기 위해 즉흥 춤을 추기 시작했습니다. 매일 저녁 집에서 자신이 좋아하는 음악을 틀고 자유롭게 춤을 추면서, 스트레스를 해소하고 기분을 전환할 수 있었습니다. 그녀는 춤을 통해 정서적 안정감과 행복감을 느꼈습니다.

사례 2: 그룹 댄스를 통해 활력을 되찾은 영석

영석은 주말마다 친구들과 함께 댄스 클래스에 참여하며 몸과 마음을 리프레시했습니다. 함께 춤을 추는 과정에서 사회적 유대감을 느끼고, 춤을 통해 활력을 되찾으며 더 긍정적인 에너지를 얻을 수 있었습니다.

사례 3: 자연 속에서 춤으로 평화를 찾은 서하

서하는 자연 속에서 춤을 추는 시간을 즐겼습니다. 공원에서 잔잔한 음악을 틀어놓고 천천히 몸을 움직이면서 자연의 에너지를 흡수하고, 내면의 평온함을 되찾을 수 있었습니다. 춤을 통해 그녀는 몸과 마음이 하나로 연결되는 것을 경험했습니다.

5) 춤을 통해 에너지를 발산하는 것의 이점

(1) 정서적 해방

춤은 억눌린 감정과 스트레스를 자유롭게 표출하는 정서적 해방의 강력한 도구입니다.

(2) 신체적 건강 증진

춤은 신체의 모든 근육을 움직여 체력을 향상시키고, 심혈관 건강에도 긍정적인 영향을 미칩니다.

(3) 정신적 활력 증대

춤을 추면 엔도르핀과 도파민이 분비되어 긍정적인 기분과 활력을 느낄 수 있습니다.

(4) 자유로운 자기 표현

춤을 통해 우리는 신체적 움직임을 통해 자유롭게 자신을 표현할 수 있으며, 이는 자신감과 창의성을 높여줍니다.

(5) 사회적 유대감 강화

함께 춤을 추는 그룹 활동은 사회적 유대를 강화하고, 더 큰 행복감을 느끼게 해줍니다.

6) 춤을 통해 에너지를 발산하고 행복을 찾기

춤으로 에너지를 발산하는 것은 우리의 신체적, 정신적, 감정적 에너지를 한 번에 해방하는 강력한 방법입니다. 춤을 통해 우리는 내면의 스트레스와 긴장을 풀고, 더 큰 행복감과 자유로움을 경험하게 됩니다.

일상 속에서 자유롭게 춤을 추며 내면의 에너지를 발산하고, 더 행복하고 활기찬 삶을 만들어 보세요. 춤은 당신의 삶을 풍요롭게 만들고, 몸과 마음의 균형을 유지하는 데 기여할 것입니다.

65. 연극과 감정의 해소

1) 개념과 배경: 연극을 통한 감정의 해소와 자기 표현

연극은 우리의 감정을 해소하고 자기 표현을 자유롭게 할 수 있는 강력한 도구입니다. 연극은 단순히 공연을 위한 예술 활동을 넘어, 우리가 내면에 쌓인 감정을 표출하고, 이를 통해 정서적 치유와 자기 이해를 돕는 역할을 합니다. 심리극이나 연극 치료는 이러한 감정 해소와 자기 성찰을 촉진하는 중요한 방법으로, 개인의 감정적 억압을 풀어주는 데 큰 효과를 발휘합니다.

연극을 통해 우리는 가상의 캐릭터를 연기하며 자신의 감정을 객관화하고, 안전한 공간에서 억눌렸던 감정을 자유롭게 표출할 수 있습니다. 이는 일상에서 표현하지 못한 감정들을 해소하는 데 중요한 역할을 합니다. 또한, 연극은 다른 사람의 입장에서 생각하고 행동할 수 있는 기회를 제공해, 자신의 감정뿐만 아니라 타인의 감정에 대한 공감 능력을 향상시킵니다. 이를 통해 우리는 더 넓은 정서적 관점을 가지게 되고, 감정적 성숙을 경험하게 됩니다.

2) 연극을 통한 감정 해소 방법

(1) 감정 연기를 통한 감정 해소

연극에서의 감정 연기는 억눌린 감정이나 복잡한 감정을 안전하게 표출하는 강력한 도구입니다. 연기자는 캐릭터를 통해 감정을 극대화하여 표현할 수 있으며, 그 과정에서 감정이 해소되고 심리적 안정감을 얻을 수 있습니다.

- 감정 장면 연기: 특정한 감정(예: 분노, 슬픔, 기쁨 등)을 강조한 장면을 연기해 보세요. 극 중 인물이 느끼는 감정을 극대화해 표현하면서 자신의 감정을 더 깊이 이해하고 해소할 수 있습니다. 예를 들어, 분노를 느끼는 장면에서 최대한 그 분노를 실제처럼 연기하면서 억눌린 감정을 해방해보는 것입니다.
- 즉흥 감정 연기: 즉흥 연기는 어떤 대본이나 지시 없이 즉석에서 자신의 감정과 생각을 표현하는 방식입니다. 즉흥 연기를 할 때 자신의 감정에 집중하고, 그 감정이 어떻게 몸과 행동으로 표현되는지 탐구해보세요. 즉흥적 감정 연기

는 감정 해소뿐만 아니라 자기 표현 능력도 크게 향상시킬 수 있습니다.

(2) 감정 대체를 통한 타인의 감정 이해하기

연극에서는 다른 사람의 역할을 맡고 그들의 감정을 느끼는 과정이 중요한 부분입니다. 이를 통해 우리는 타인의 감정을 더 깊이 이해하고, 공감 능력을 기를 수 있습니다.

- 다른 캐릭터 연기하기: 자신과는 다른 배경이나 성격을 가진 캐릭터를 연기해보세요. 그 캐릭터가 어떤 감정을 느끼는지, 왜 그런 감정을 갖는지 탐구하면서 감정 이입을 시도해보는 것입니다. 이를 통해 자신의 감정뿐만 아니라 타인의 감정도 더 넓은 관점에서 바라볼 수 있습니다.
- 역할 바꾸기 연기: 두 사람 이상의 역할을 맡아 서로의 입장을 바꾸어 연기해보세요. 예를 들어, 친구와 역할을 바꾸어 대화하거나 행동을 연기하는 것은 타인의 감정을 이해하는 데 큰 도움이 됩니다. 이 과정에서 상대방의 감정적 상태를 공감하고, 더 깊이 이해하는 경험을 할 수 있습니다.

(3) 심리극을 통한 감정 표현과 치유

심리극(Psychodrama)은 감정적 문제나 갈등을 연극적 방식으로 해결하는 치유 기법입니다. 심리극에서는 개인이 직접 자신의 감정을 연기하며, 그 과정에서 감정적 해방과 심리적 치유를 경험하게 됩니다.

- 자신의 문제 연기하기: 자신의 실제 문제나 갈등 상황을 연기해보세요. 예를 들어, 직장에서의 갈등이나 가족과의 문제를 연극적으로 표현하면서 그 감정을 연기하는 것입니다. 이러한 과정을 통해 억눌린 감정을 안전한 환경에서 표현하고, 그로 인해 더 큰 감정적 해방을 경험할 수 있습니다.
- 감정 대화하기: 심리극에서는 자신의 내면의 감정을 직접 말로 표현하는 대사로 연기하는 것도 중요합니다. 자신의 내면에서 일어나는 갈등이나 감정을 대화 형식으로 풀어내면서 그 감정에 대한 이해와 치유를 이끌어낼 수 있습니다.

(4) 그룹 연극을 통한 감정 공유와 해소

그룹 연극은 여러 사람이 함께 참여하여 감정적 경험을 공유하고, 각자의 역할을 연기하면서 감정을 해소하는 중요한 방법입니다. 이러한 그룹 활동은 사회적 유대감을 강화하고, 서로의 감정을 나누는 과정에서 더 깊은 감정적 치유를 경험하게 됩니다.

- 그룹 감정 연기: 그룹으로 특정한 감정적 장면을 연기하는 활동을 시도해보세요. 각자의 감정을 서로 연기하고, 그 감정을 서로 공유하는 과정에서 감정적 해소를 경험할 수 있습니다. 예를 들어, 그룹 내에서 서로의 역할을 바꾸어 감정 교류를 해보는 것입니다.
- 연극 모임 참여: 지역에서 진행되는 연극 모임이나 심리극 워크숍에 참여해보세요. 다양한 사람들이 모여 감정을 나누고, 연극을 통해 서로의 감정 상태를 이해하며 정서적 교류를 나누는 것은 감정적 안정감을 제공하는 좋은 방법입니다.

3) 연극을 통한 감정 해소를 실천하기 위한 아이디어

(1) 매일 짧은 감정 연기 실천하기

매일 짧게나마 자신이 느끼는 감정을 연기로 표현해보세요. 혼자서라도 분노, 슬픔, 기쁨 등의 감정을 연기하면서 그 감정이 어떻게 자신에게 영향을 주는지 느껴보는 것이 중요합니다.

(2) 즉흥 연기 모임 참여

지역의 즉흥 연기 모임에 참여해 즉흥적으로 감정 표현을 연습해보세요. 즉흥 연기는 감정 해소뿐만 아니라 창의력과 자기 표현 능력을 키우는 좋은 방법입니다.

(3) 역할 놀이를 통한 감정 연기

가족이나 친구들과 함께 역할 놀이를 하며 감정을 표현해보세요. 일상 속에서 상대방의 입장을 연기하거나, 가상의 캐릭터를 만들어 그 캐릭터의 감정을 연기하는 것은 서로의 감정 상태를 더 깊이 이해하는 데 도움이 됩니다.

(4) 심리극 워크숍 참여

감정적 갈등이 심할 때, 심리극 워크숍에 참여하여 자신의 감정을 연극적으로 표현하고 해소하는 기회를 가져보세요.

(5) 감정 일기와 연극 결합하기

감정 일기를 쓸 때, 그 감정을 연기로 표현하는 연습도 해보세요. 일기에서 기록한 감정을 직접 연기로 표현하면서 자신의 감정을 더 명확하게 이해할 수 있습니다.

4) 연극을 통해 감정을 해소한 사례

사례 1: 분노를 연극으로 해소한 영미

영미는 직장 내 갈등으로 인해 큰 분노를 느끼고 있었지만, 이를 해소할 방법이 없었습니다.

그러다 연극 모임에 참여하게 되었고, 분노를 표출하는 캐릭터를 연기하면서 그동안 억눌렸던 분노를 해소할 수 있었습니다. 연기를 통해 영미는 감정적 해방을 경험하고, 스트레스가 줄어드는 것을 느꼈습니다.

사례 2: 그룹 연극을 통해 사회적 유대감을 느낀 영석

영석은 연극 모임에서 그룹과 함께 감정 연기를 시도했습니다. 각자가 자신의 감정을 자유롭게 연기하며 서로의 감정을 이해하고 공유하는 과정을 통해, 영석은 사회적 유대감과 정서적 안정감을 경험하게 되었습니다.

사례 3: 심리극으로 내면의 갈등을 해결한 서하

서하는 가족과의 갈등으로 오랜 시간 힘들어했지만, 심리극 워크숍에 참여한 후 자신의 내면에서 느끼던 갈등을 연극적으로 풀어내며 마음의 평화를 찾았습니다. 심리극에서 자신의 갈등 상황을 연기하면서, 그녀는 그 감정을 더 깊이 이해하고 치유할 수 있었습니다.

5) 연극을 통한 감정 해소의 이점

(1) 감정적 해방

연극을 통해 우리는 억눌린 감정을 안전한 공간에서 자유롭게 표현하고 해소할 수 있습니다.

(2) 정서적 치유

감정 연기와 심리극은 우리의 정서적 갈등을 풀어주고, 그 과정을 통해 정서적 치유를 경험하게 합니다.

(3) 자기 이해 증진

연극은 자신의 감정을 객관화하고, 이를 더 잘 이해하는 과정을 제공합니다.

(4) 사회적 유대감 강화

그룹으로 연극을 하면 감정적 교류가 이루어지며, 사람들과의 사회적 유대감이 강화됩니다.

(5) 공감 능력 향상

타인의 감정을 연기하며 감정 이입을 경험하고, 이를 통해 타인에 대한 공감 능력이 향상됩니다.

6) 연극을 통해 감정을 해소하고 행복을 찾기

연극을 통한 감정 해소는 우리가 자유롭게 감정을 표현하고, 정서적 치유를 경험할 수 있는 중요한 방법입니다. 연극을 통해 우리는 억눌린 감정을 해방하고, 더 큰 행복과 정서적 안정감을 찾을 수 있습니다.

66. 영감을 주는 사람들과의 만남

1) 개념과 배경: 영감을 주는 사람들과의 만남이 주는 영향

영감을 주는 사람들과의 만남은 우리의 삶에 긍정적인 변화를 불러일으키고 새로운 시각을 열어주는 중요한 경험입니다. 이런 만남은 우리의 자기 성장을 촉진하고, 창의성을 자극하며, 더 나은 삶의 방향으로 이끌어 줍니다. 영감을 주는 사람들은 자신의 경험과 지식을 나누며, 우리의 생각과 마음에 변화를 일으키고, 자신감과 동기부여를 제공합니다.

심리학에서는 인간이 사회적 상호작용을 통해 성장하고 발전할 수 있다고 말합니다. 긍정적이고 영감을 주는 인물과의 만남은 우리의 정신적 성장과 정서적 안정에 큰 영향을 미칩니다. 그들과의 대화를 통해 새로운 가능성을 발견하고, 자신의 잠재력을 더욱 발휘할 수 있게 됩니다. 또한, 그들의 삶의 경험과 지혜는 우리가 직면한 문제를 다른 시각에서 바라보고 해결할 수 있는 힌트를 제공해줍니다.

영감을 주는 사람들과의 만남은 단순한 정보 교류를 넘어, 정신적 성장을 위한 강력한 도구로 작용합니다. 이 만남을 통해 우리는 더 깊이 사고하고, 삶에 대한 열정을 되찾으며, 목표를 재설정할 수 있습니다.

2) 영감을 주는 사람들과 만남을 실천하는 방법

(1) 영감을 주는 멘토 찾기

멘토는 경험을 통해 지혜를 전수하고, 우리의 삶에 긍정적인 영향을 주는 중요한 역할을 합니다. 멘토와의 만남은 우리의 성장을 촉진하고, 더 나은 결정을 내릴 수 있도록 도와줍니다.

- 멘토를 찾는 방법: 자신이 발전시키고 싶은 특정 분야에서 영감을 주는 사람을 찾는 것이 중요합니다. 이는 직장에서의 선배일 수도 있고, 삶에서 의미 있는 조언을 줄 수 있는 삶의 멘토일 수도 있습니다. 멘토에게 조언을 구하고 정기적으로 대화를 나누며, 그들의 경험에서 배우는 자세를 갖는 것이 중요합니다.
- 멘토와의 관계 구축하기: 멘토와의 관계는 상호 신뢰를 기반으로 해야 합니다.

주기적으로 그들과 연락하며, 대화를 나누는 시간을 가지세요. 멘토에게 자신의 고민을 솔직하게 털어놓고, 그들의 피드백을 적극적으로 받아들이는 자세가 필요합니다.

(2) 영감을 주는 모임이나 커뮤니티에 참여하기

영감을 주는 사람들은 특정한 분야나 관심사에 대한 커뮤니티에서 만날 수 있습니다. 이 모임이나 커뮤니티는 우리의 생각을 확장시키고, 동기부여를 얻을 수 있는 훌륭한 장소입니다.

- 영감을 주는 모임 찾기: 자신이 관심 있는 분야(예: 예술, 비즈니스, 자기계발)에서 영감을 줄 수 있는 커뮤니티나 모임을 찾아보세요. 예를 들어, 책을 통해 영감을 얻는 독서 모임, 성공한 창업가들과 교류하는 비즈니스 네트워크 등이 있습니다. 이러한 모임은 새로운 사람들과 연결될 수 있는 기회를 제공합니다.
- 모임에서의 교류 방법: 모임에서는 열린 마음으로 다른 사람들의 이야기를 경청하고, 자신의 생각도 공유하는 것이 중요합니다. 특히, 자신의 분야에서 성공한 사람들의 경험을 듣고, 그들의 사고 방식이나 행동 패턴에서 배울 수 있는 점을 찾아 실천해보세요.

(3) 인생에 영감을 줄 수 있는 인물과 대화하기

영감을 주는 사람들과의 대화는 우리의 생각을 깊이 있게 하고, 삶의 새로운 방향을 제시해 줄 수 있습니다. 이러한 대화는 우리의 자기 성장을 돕고, 새로운 목표를 설정하는 데 큰 역할을 합니다.

- 자주 대화하기: 영감을 주는 사람들과 자주 대화를 나누세요. 그들의 경험, 삶의 철학, 문제 해결 방법에 대해 물어보고, 그 대화 속에서 자신이 얻을 수 있는 교훈을 찾아보세요. 이런 대화는 단순한 대화를 넘어, 성찰과 성장을 이끄는 중요한 계기가 될 수 있습니다.
- 적극적으로 피드백 받기: 영감을 주는 사람들로부터 피드백을 받을 때는 겸손한 자세로 받아들이고, 그것을 자신의 삶에 어떻게 적용할 수 있을지 고민해보세요. 그들의 피드백을 통해 자신을 돌아보고, 발전할 수 있는 구체적인 방법을 찾는 것이 중요합니다.

(4) 영감을 줄 수 있는 도서나 강연 듣기

책이나 강연을 통해서도 영감을 줄 수 있는 사람들과 만날 수 있습니다. 그들의 지혜와 경험을 배울 수 있는 책이나 강연을 통해 간접적으로 교류할 수 있습니다.

- 영감을 주는 책 읽기: 자신이 성장하고자 하는 분야나 관심 있는 주제에 대해 영감을 주는 책을 찾아 읽어보세요. 책을 읽으며 저자의 경험과 생각을 흡수하고, 그 속에서 자신의 삶에 적용할 수 있는 교훈을 찾아보는 것이 중요합니다.
- 강연 참석하기: 자신이 존경하는 인물의 강연이나 세미나에 참여해보세요. 그들의 말을 직접 듣고, 그들의 경험을 통해 동기부여를 받을 수 있습니다. 특히 TEDx와 같은 강연은 전 세계적으로 영감을 주는 사람들의 경험과 지혜를 접할 수 있는 좋은 기회입니다.

3) 영감을 주는 사람들과의 만남을 실천하기 위한 아이디어

(1) 주기적으로 멘토와 만남 가지기

멘토와의 만남을 주기적으로 설정하고, 피드백을 받는 시간을 가지세요. 그들의 경험에서 배우고, 그들이 제시하는 조언을 자신의 목표 설정에 반영해보세요.

(2) 영감을 주는 커뮤니티에 참여하기

자신이 영감을 받을 수 있는 커뮤니티에 가입하거나, 모임에 참석하여 다양한 사람들과의 교류를 통해 성장할 수 있는 기회를 만드세요.

(3) 책에서 영감을 찾기

매달 한 권의 영감을 주는 책을 읽고, 그 책에서 얻은 교훈을 자신의 삶에 적용해보세요. 독서 후 감상을 기록하고, 그 내용을 바탕으로 자신의 목표를 다시 설정하는 것도 좋은 방법입니다.

(4) 강연과 세미나 참석

영감을 받을 수 있는 사람들의 강연에 참석해보세요. 그들의 이야기를 통해 자신의 동기부여와 비전 설정을 강화할 수 있습니다.

(5) 자신에게 영감을 주는 사람에게 감사 표현하기

자신의 삶에 긍정적인 영향을 준 사람에게 감사를 표현하고, 그들의 경험을 더 배우기 위한 대화를 이어가보세요.

4) 영감을 주는 사람들과의 만남을 통해 성장한 사례

사례 1: 멘토의 조언으로 성장한 영석

영석은 직장 생활에서 성장에 대한 갈망을 느끼던 중, 멘토와의 만남을 통해 많은 조언을 받았습니다. 매달 멘토와의 만남을 통해 자신이 겪는 문제에 대한 피드백을 받고, 그 조언을 실천하면서 직장 내에서 더 큰 성공을 이루게 되었습니다.

사례 2: 커뮤니티에서 동기부여를 얻은 영미

영미는 자신의 창의성을 더욱 발전시키기 위해 예술 커뮤니티에 가입했습니다. 그곳에서 만난 영감을 주는 사람들과의 교류를 통해 그녀는 더 깊은 창의적 성취를 이뤄냈으며, 그들과의 대화를 통해 새로운 아이디어와 비전을 얻게 되었습니다.

사례 3: 책을 통해 삶의 목표를 재설정한 서하

서하는 인생의 목표를 잃고 방황하던 시기에 영감을 주는 책을 읽고 큰 변화를 경험했습니다. 책에서 얻은 교훈을 바탕으로 자신의 목표를 다시 설정하고, 새로운 동기부여를 통해 더욱 활기찬 삶을 살게 되었습니다.

5) 영감을 주는 사람들과의 만남의 이점

(1) 정신적 성장

영감을 주는 사람들과의 만남은 우리의 사고를 확장시키고, 더 큰 정신적 성숙을 이끌어냅니다.

(2) 창의력 자극

그들의 경험과 지혜를 통해 우리의 창의력이 자극되고, 새로운 아이디어를 얻을 수 있습니다.

(3) 동기부여와 자신감 강화

영감을 주는 사람들과의 대화는 동기부여를 강화하고, 자신감을 높여줍니다.

(4) 새로운 시각과 목표 설정

그들의 조언과 경험을 통해 새로운 시각을 얻고, 삶의 목표를 재정비할 수 있습니다.

(5) 사회적 유대감 강화

이러한 만남을 통해 긍정적인 사회적 유대를 형성하고, 더 나은 인간관계를 구축할 수 있습니다.

6) 영감을 주는 사람들과의 만남으로 행복 찾기

영감을 주는 사람들과의 만남은 우리의 삶에 긍정적인 영향을 주고, 더 큰 성장과 행복을 경험하게 만듭니다. 이러한 만남을 통해 우리는 정신적, 창의적 자극을 받고, 삶에 대한 동기부여를 강화할 수 있습니다.

일상 속에서 영감을 줄 수 있는 사람들과 교류하며 더 나은 삶을 만들어보세요. 그 만남은 당신의 행복과 성장을 위한 중요한 계기가 될 것입니다.

67. 문화 체험을 통한 새로운 시각

1) 개념과 배경: 문화 체험이 주는 새로운 시각

문화 체험은 우리가 일상에서 벗어나 새로운 시각과 경험을 얻을 수 있는 중요한 방법입니다. 다른 나라의 문화, 예술, 생활 방식을 경험하는 것은 우리의 고정관념을 깨고, 새로운 사고를 하게 만들어줍니다. 문화적 다양성을 체험하면 더 넓은 시야로 세상을 바라보고, 우리의 가치관과 삶의 태도에도 긍정적인 영향을 미칠 수 있습니다.

심리학적으로도 다른 문화와의 접촉은 우리의 인지적 유연성과 창의성을 향상시키는 것으로 입증되었습니다. 한정된 사고 방식에서 벗어나, 다른 문화를 경험하면서 우리는 자신이 속한 문화와의 차이를 발견하고, 그 과정에서 자신의 고유한 정체성을 다시 정의하게 됩니다. 또한, 새로운 문화적 환경에서 경험한 것이 우리의 감정적 유연성을 길러주고, 삶의 다양한 문제를 해결하는 데 있어 더 나은 해결책을 찾게 도와줍니다.

문화 체험은 단순한 관광이나 여행이 아닙니다. 이는 새로운 사고 방식을 받아들이고, 다양한 문화적 가치에 대한 존중을 배우며, 우리의 삶을 더욱 풍요롭게 만드는 중요한 경험입니다. 새로운 문화를 경험하면 자아 성찰과 개인적 성장을 통해 더 깊은 행복을 찾을 수 있습니다.

2) 새로운 시각을 열기 위한 문화 체험 방법

(1) 다양한 나라의 음식 체험하기

음식은 한 문화의 중요한 일부분이며, 이를 체험하는 것은 그 문화를 이해하는 첫걸음입니다. 다른 나라의 음식을 경험함으로써 우리는 그들의 식습관과 문화적 배경을 느끼고, 이를 통해 새로운 시각을 얻을 수 있습니다.

- 새로운 음식을 경험하기: 가까운 이국적인 레스토랑을 방문해보거나, 직접 새로운 요리를 만들어보세요. 각 나라의 전통 음식이나 길거리 음식을 체험하면서 그 나라의 생활 방식을 더 깊이 이해하게 됩니다. 음식을 통해 그들의 역사

와 문화적 배경을 느낄 수 있습니다.

- 음식 문화 교류 모임 참여: 다양한 음식 문화를 체험할 수 있는 교류 모임에 참여해보세요. 이러한 모임에서는 새로운 사람들과 어울리며, 다양한 음식을 맛보는 동시에 그들의 문화에 대해 이야기할 기회를 가질 수 있습니다.

(2) 전통 예술과 공연 관람하기

전통 예술과 공연은 한 나라의 역사와 가치관을 반영하는 중요한 문화적 요소입니다. 다른 나라의 전통 음악, 춤, 연극을 감상하는 것은 그들의 삶의 방식을 이해하는 데 큰 도움을 줍니다.

- 전통 공연 관람하기: 현지에서 열리는 전통 공연을 찾아 관람해보세요. 예를 들어, 일본의 노(能) 공연, 인도의 카타칼리 무용 등을 직접 보는 것은 그 나라의 문화적 유산을 느끼는 좋은 방법입니다. 공연을 통해 그들의 가치관과 미적 기준을 이해할 수 있습니다.
- 전통 미술 전시 관람하기: 미술관에서 열리는 전통 미술 전시회를 방문해보세요. 그림, 조각, 공예 등 예술품을 감상하면서 그들의 문화적 정체성과 미적 감각을 경험할 수 있습니다.

(3) 다른 나라의 축제와 명절 참여하기

축제와 명절은 한 나라의 정체성과 사회적 가치를 가장 잘 보여주는 문화적 행사입니다. 이들 행사에 참여하는 것은 그 나라 사람들의 삶의 철학과 공동체 의식을 느끼는 중요한 기회가 됩니다.

- 해외 축제 참여하기: 기회가 된다면 해외의 전통 축제나 명절 행사에 참여해보세요. 예를 들어, 브라질의 카니발이나 인도의 홀리 축제는 그들의 문화적 배경과 사회적 가치를 이해할 수 있는 좋은 경험입니다.
- 현지 전통 의상 입어보기: 그들의 축제에 맞는 전통 의상을 입고 참여해보세요. 의상 또한 중요한 문화적 요소이며, 이를 통해 더 깊은 문화적 몰입을 경험할 수 있습니다.

(4) 문화적 교류 프로그램에 참여하기

문화 교류 프로그램은 다양한 문화적 배경을 가진 사람들과의 직접적인 소통을 통해 서로의 문화를 이해하는 중요한 기회를 제공합니다. 이러한 프로그램은 우리의 시각을 넓히고, 다양성을 존중하는 태도를 길러줍니다.

- 교환 학생 프로그램: 교환 학생 프로그램이나 문화 교류 여행을 통해 다른 나라에서 생활하며 그들의 문화를 체험하는 것은 우리의 사고방식을 바꾸는 데 매우 큰 영향을 미칩니다. 다른 나라에서 생활하면서 그들의 일상과 문화를 경험하는 것은 깊은 문화적 통찰을 제공합니다.

(5) 여행 중 현지인들과의 교류 확대

여행은 문화를 체험하는 가장 일반적인 방법이지만, 단순한 관광지를 돌아다니는 것보다 현지인들과의 교류를 통해 더 깊은 문화를 경험할 수 있습니다. 그들의 일상 속으로 들어가고 직접적인 대화를 나누는 것은 우리의 시각을 더욱 확장시킵니다.

- 현지인들과 대화하기: 여행 중 현지인과의 대화를 통해 그들이 살아가는 방식을 배워보세요. 그들의 일상과 가치관에 대해 물어보고, 그들의 문화를 깊이 이해하려는 자세를 가지는 것이 중요합니다.
- 현지 가정 방문하기: 가능한 경우 현지 가정을 방문하여 그들의 생활 방식을 직접 경험해보세요. 그들이 먹는 음식, 생활 습관, 가족 구조 등 다양한 측면을 경험하면서 더 깊이 그들의 문화를 이해할 수 있습니다.

3) 새로운 시각을 열기 위한 문화 체험 실천 아이디어

(1) 매월 새로운 문화 체험하기

매월 한 가지 새로운 문화를 체험해보세요. 음식, 공연, 언어, 여행 등 다양한 분야에서 새로운 경험을 통해 우리의 시각을 확장시킬 수 있습니다.

(2) 문화 관련 강연이나 세미나 참석

다른 문화에 대한 강연이나 세미나에 참여해 그들의 역사, 사회적 배경을 배우고,

이해의 폭을 넓히는 것도 좋은 방법입니다.

(3) 문화 체험을 기록하고 공유하기

각 문화 체험을 일기로 기록하거나, 사진과 글을 통해 SNS에서 공유해보세요. 이를 통해 자신의 경험을 돌아보고, 다른 사람들과 교류할 수 있는 기회도 얻게 됩니다.

(4) 지역에서 다양한 문화 행사 참여

가까운 곳에서 열리는 다문화 축제나 국제 음식 페스티벌에 참여하여 다양한 문화를 경험할 수 있는 기회를 만들어보세요.

(5) 새로운 문화를 배워보는 취미 활동

새로운 문화를 체험할 수 있는 취미 활동을 시작해보세요. 예를 들어, 새로운 언어를 배우거나, 특정 문화의 전통 춤이나 음악을 배워보는 것도 좋은 방법입니다.

4) 문화 체험을 통해 새로운 시각을 얻은 사례

사례 1: 다른 나라의 음식을 통해 시각을 넓힌 영석

영석은 매주 새로운 나라의 음식을 경험하기로 결심하고, 다양한 이국적인 레스토랑을 방문했습니다. 그 과정에서 그는 각국의 음식 문화뿐만 아니라 그들의 역사와 가치관을 더 잘 이해하게 되었고, 음식이 각 나라의 문화적 표현이라는 사실을 깨달았습니다.

사례 2: 현지 축제에서 새로운 시각을 얻은 영미

영미는 스페인의 라 토마티나 축제에 참여하면서 스페인 사람들의 공동체 의식과 삶의 즐거움을 경험했습니다. 축제에 참여하면서 그들이 어떻게 일상 속의 즐거움을 소중히 여기고, 공동체로서 함께하는 문화를 느끼며 더 넓은 시각을 갖게 되었습니다.

사례 3: 문화 교류 프로그램을 통해 성장한 서하

서하는 대학 시절 교환 학생 프로그램을 통해 일본에서 6개월간 생활하면서 일본의 전통 문화와 현대적 가치를 모두 경험할 수 있었습니다. 그 과정에서 그녀는 일본 사회의 질서와 예절에 대해 배우고, 자신의 생활 방식에 대한 새로운 시각을 갖게 되었습니다.

5) 문화 체험을 통한 새로운 시각의 이점

(1) 고정관념에서의 해방

문화 체험은 우리의 사고방식을 확장시키고, 고정관념에서 벗어나 더 유연한 사고를 하도록 도와줍니다.

(2) 창의성 증진

다른 문화를 체험하면 우리의 창의적 사고가 자극받고, 새로운 아이디어를 더 쉽게 떠올릴 수 있습니다.

(3) 자아 성찰과 성장

새로운 문화를 경험하면서 우리는 자아 성찰의 기회를 얻고, 자신을 더 깊이 이해하며 성장할 수 있습니다.

(4) 감정적 유연성 향상

다양한 문화를 접하면 더 다양한 관점에서 삶을 바라보게 되며, 감정적으로 더 유연해지는 효과를 얻게 됩니다.

6) 문화 체험을 통해 새로운 시각과 행복 찾기

문화 체험은 우리의 삶을 더욱 풍요롭게 하고, 새로운 시각을 열어주는 중요한 경험입니다. 이를 통해 우리는 더 넓은 세계를 이해하고, 자신의 한계를 넘어서 더 큰 성장과 행복을 경험할 수 있습니다.

새로운 문화를 경험하며 삶의 다양한 가능성을 탐색하고, 자신만의 시각을 확장시켜 보세요. 이는 당신의 삶을 더욱 풍요롭고 행복한 방향으로 이끌어줄 것입니다.

68. 다양한 전통에서 배우는 지혜

1) 개념과 배경: 전통에서 배우는 지혜

전 세계 각국에는 수천 년 동안 이어져 온 전통과 관습이 있습니다. 이러한 전통은 그 사회의 역사, 문화, 삶의 방식을 반영하며, 지혜를 담고 있습니다. 전통은 단순한 과거의 유물이 아니라, 오늘날 우리가 행복과 평화를 추구하는 데 있어 중요한 교훈을 제공합니다. 여러 나라의 전통에서 발견할 수 있는 삶의 원리와 가치는 우리의 일상 속에서 평온함과 행복을 찾는 데 도움을 줍니다.

심리학적으로도 오랜 전통과 지혜는 사람들에게 안정감을 주고, 정서적 지지를 제공하며, 자신의 삶을 더 깊이 이해하는 데 도움을 줍니다. 전통에서 나오는 규범과 가르침은 우리가 삶의 의미를 찾고, 정신적 성장을 이루는 데 중요한 역할을 합니다. 예를 들어, 북유럽의 휘게(Hygge) 철학은 소박한 행복을 강조하며, 인도의 이키가이(Ikigai) 개념은 삶의 목적을 찾는 데 초점을 맞춥니다. 전통 속에서 우리는 삶의 본질을 발견하고, 더 깊은 내면의 평화와 행복을 느낄 수 있습니다.

2) 다양한 전통에서 배우는 지혜 실천 방법

(1) 북유럽의 '휘게(Hygge)' 철학: 소박한 일상의 행복

휘게(Hygge)는 덴마크에서 온 철학으로, 소박한 일상에서 행복을 찾는 것을 의미합니다. 휘게는 따뜻한 분위기와 소소한 즐거움을 통해 마음의 평온과 안정감을 추구하는 생활 방식입니다.

- 휘게 실천 방법: 소박하고 아늑한 공간을 만들어보세요. 따뜻한 조명, 편안한 소파, 향초 등을 통해 집 안에서 편안하고 아늑한 분위기를 조성하는 것이 휘게의 핵심입니다. 소소한 일상 속에서 차 한잔의 여유를 즐기고, 가족과 함께 보내는 시간을 소중히 여기세요.
- 휘게의 교훈: 휘게는 크고 거창한 행복이 아닌, 일상의 소소한 순간에서 행복을 찾는 법을 가르쳐줍니다. 우리의 삶에서 작은 것에 만족하는 법을 배우는 것은 중요한 지혜입니다.

(2) 일본의 '이키가이(Ikigai)': 삶의 목적 찾기

이키가이(Ikigai)는 삶의 목적을 의미하며, 일본에서 온 철학입니다. 이키가이는 우리가 사랑하는 것과 잘하는 것, 세상에 필요한 것을 조화롭게 결합시켜 의미 있는 삶을 사는 것을 목표로 합니다.

- 이키가이 실천 방법: 자신의 삶의 목적을 찾는 시간을 가지세요. 내가 사랑하는 일은 무엇인지, 내가 잘하는 일은 무엇인지, 세상에 기여할 수 있는 일은 무엇인지 곰곰이 생각해보고, 그 세 가지가 겹치는 영역을 발견하는 것이 중요합니다. 이를 통해 자신만의 이키가이를 찾고, 더 의미 있는 삶을 살아보세요.
- 이키가이의 교훈: 삶은 단순히 살아가는 것이 아니라, 목적과 의미를 가지고 살아가는 것입니다. 이키가이는 우리의 삶을 더 깊고 의미 있게 만들기 위한 중요한 지혜를 제공합니다.

(3) 인도의 '아힘사(Ahimsa)': 비폭력과 평화

아힘사(Ahimsa)는 비폭력을 의미하며, 모든 생명체에 대한 존중과 평화를 강조하는 인도의 철학입니다. 아힘사는 마음속 폭력도 해롭다고 여기며, 우리의 생각, 말, 행동에서 비폭력을 실천하는 것을 목표로 합니다.

- 아힘사 실천 방법: 비폭력적인 사고와 행동을 실천해보세요. 다른 사람에게 해를 끼치지 않도록 마음속 화나 분노를 다스리는 연습을 하고, 타인을 존중하는 말을 사용하는 것이 중요합니다. 또한, 채식과 같이 생명을 존중하는 식습관을 실천하는 것도 아힘사의 중요한 부분입니다.
- 아힘사의 교훈: 우리는 평화를 이루기 위해 외부의 폭력뿐만 아니라 내면의 폭력도 제거해야 합니다. 아힘사는 우리의 마음의 평화와 타인에 대한 존중을 통해 더 나은 사회를 만드는 데 기여하는 지혜를 가르쳐줍니다.

(4) 한국의 '정(Jeong)': 따뜻한 인간관계

정(Jeong)은 한국의 전통적인 개념으로, 사람들 사이의 따뜻한 정서적 유대와 배려심을 의미합니다. 정은 단순한 인간관계를 넘어 깊은 감정적 교류와 서로에 대한 신뢰를 기반으로 합니다.

- 정 실천 방법: 가족과 친구들에게 더 따뜻하게 다가가보세요. 그들의 감정을

이해하고, 작은 배려를 실천해보는 것이 중요합니다. 친구나 이웃에게 소소한 선물을 하거나, 식사를 함께하며 따뜻한 대화를 나누는 것이 정을 실천하는 방법입니다.

- 정의 교훈: 인간관계에서 진정한 행복은 단순한 물질적인 것에서 오지 않고, 감정적 유대와 배려에서 옵니다. 정은 우리의 삶을 더 따뜻하고 의미 있는 관계로 채우는 중요한 지혜입니다.

(5) 중국의 '타오(Tao)': 자연과의 조화

타오(Tao)는 자연과의 조화를 강조하는 중국의 철학입니다. 타오는 자연의 흐름에 따라 억지로 무언가를 강요하지 않고, 자연스러운 상태에서 균형을 찾는 것을 목표로 합니다. 타오의 지혜는 평온한 삶과 자연스러운 흐름에 대한 깊은 이해를 제공합니다.

- 타오 실천 방법: 자연 속에서 시간을 보내고, 자연의 리듬에 맞춰 살아보세요. 억지로 일을 추진하기보다는, 자연스럽게 흐름을 따르며 삶의 균형을 찾는 것이 중요합니다. 예를 들어, 산책이나 명상을 통해 자연의 에너지를 느끼고, 자연과의 조화를 이루는 시간을 가져보세요.

3) 다양한 전통에서 배운 지혜를 실천하기 위한 아이디어

(1) 매일 5분씩 자신만의 휘게 시간 가지기

하루 5분이라도 따뜻한 조명 아래에서 차 한잔의 여유를 즐기며 아늑한 분위기를 느껴보세요.

(2) 이키가이 다이어리 쓰기

자신이 사랑하는 일, 잘하는 일, 세상에 필요한 일을 적고, 그 교차점에서 삶의 목적을 찾아보는 다이어리를 시작해보세요.

(3) 비폭력적인 사고 연습

매일 한 가지씩 비폭력적인 행동이나 말을 실천하고, 평화를 유지하는 방식을 연습하세요.

(4) 정을 나누는 시간 갖기

가족이나 친구들에게 따뜻한 메시지를 보내거나, 함께하는 시간을 더 많이 가져보세요. 그들의 감정에 귀 기울이고, 작은 배려를 실천해보세요.

(5) 자연과의 조화 찾기

주말마다 자연 속에서 산책이나 명상을 하며, 자연의 리듬에 맞춰 마음의 평온을 찾는 시간을 가져보세요.

4) 다양한 전통에서 지혜를 얻은 사례

사례 1: 휘게를 통해 소소한 행복을 찾은 영미

영미는 매일 저녁, 작은 촛불을 켜고 따뜻한 조명을 켜놓은 상태에서 차를 마시는 시간을 가졌습니다. 이 작은 변화는 그녀의 스트레스를 줄여주었고, 소소한 일상 속에서 더 큰 행복을 찾을 수 있게 해주었습니다.

사례 2: 이키가이로 삶의 목적을 찾은 영석

영석은 자신이 사랑하는 일과 세상에 기여할 수 있는 일을 결합해 삶의 목적을 재정비했습니다. 그는 자신의 직업에서 더 큰 만족감과 의미를 느끼며, 이키가이를 통해 더 행복한 삶을 살고 있습니다.

사례 3: 아힘사로 평화를 찾은 서하

서하는 아힘사의 원리를 일상 속에서 실천하며, 내면의 평화를 찾았습니다. 그녀는 분노나 불안감을 느낄 때마다 비폭력적인 사고를 실천하며, 사람들과의 관계에서 더 큰 평온함을 느꼈습니다.

5) 다양한 전통에서 배우는 지혜의 이점

(1) 정서적 안정

전통에서 배운 지혜는 우리의 마음을 더 평온하게 하고, 정서적 안정감을 제공합니다.

(2) 삶의 의미 찾기

전통적 가르침을 통해 우리는 삶에서 의미와 목적을 더 잘 찾을 수 있습니다.

(3) 내면의 평화

전통은 우리에게 내면의 평화와 균형을 찾는 방법을 가르쳐줍니다.

(4) 삶의 풍요로움

다양한 전통에서 배운 교훈을 일상에 적용하면, 우리의 삶이 더 풍요롭고 의미 있는 방향으로 나아갈 수 있습니다.

(5) 인간관계 개선

전통적 지혜는 타인과의 관계에서 더 큰 배려와 이해를 실천하게 도와줍니다.

6) 다양한 전통에서 지혜를 배우고 행복을 찾기

다양한 전통에서 배우는 지혜는 우리의 삶을 더 깊이 있고 행복하게 만드는 중요한 요소입니다. 전통은 단순한 과거의 유물이 아닌, 오늘날 우리가 내면의 평화와 행복을 찾는 데 도움을 주는 지혜의 보고입니다.

일상 속에서 이러한 전통의 지혜를 실천하고, 삶의 의미와 행복을 더 깊이 찾아보세요. 이는 당신의 삶을 더 풍요롭고 균형 잡힌 방향으로 이끌어줄 것입니다.

69. 예술 속에서 자기 발견

1) 개념과 배경: 예술을 통해 자기 발견하기

예술은 우리가 자신의 내면을 깊이 들여다보고, 감정과 생각을 자유롭게 표현하는 중요한 수단입니다. 예술을 통해 우리는 자신이 몰랐던 감정이나 의식을 발견하고, 그것을 시각적, 청각적, 혹은 신체적으로 표현함으로써 자기 인식을 넓히게 됩니다. 그림을 그리거나, 음악을 연주하거나, 춤을 추는 것은 우리의 창의성을 발휘할 수 있는 기회를 제공하며, 이를 통해 정신적 해방과 더불어 자아 발견의 기회를 얻게 됩니다.

심리학적으로도 예술 활동은 우리 내면의 감정을 해소하고, 자기 성찰을 돕는 치유적 도구로 사용됩니다. 예술 치료(Art Therapy)는 감정을 시각화하고, 억눌린 감정을 표현하게 하여 정신적 고통을 줄여주는 데 효과적입니다. 또한 예술은 우리의 창의성을 자극하고, 새로운 관점에서 세상을 바라보게 해줍니다. 예술 활동을 통해 우리는 자신의 진정한 욕망과 잠재력을 발견할 수 있으며, 자아의 성숙과 정서적 안정을 경험할 수 있습니다.

2) 예술을 통한 자기 발견 실천 방법

(1) 자유로운 그림 그리기

그림 그리기는 우리의 감정과 무의식적인 생각을 시각적으로 표현할 수 있는 강력한 도구입니다. 우리가 무엇을 그리고 어떻게 그리는지를 통해 내면의 감정 상태를 들여다볼 수 있습니다.

- 자유로운 그림 그리기: 특정 주제 없이 자유롭게 그려보세요. 무엇을 그릴지 정하지 않고, 마음이 가는 대로 색과 모양을 선택해보는 것입니다. 이를 통해 자신의 내면 상태와 감정 흐름을 시각적으로 표현할 수 있으며, 그 결과물에서 자신의 감정을 발견하게 됩니다.
- 추상화 그리기: 현실적인 사물을 그리는 대신, 추상적인 선과 색을 사용해 자신의 감정을 표현해보세요. 예를 들어, 분노는 강렬한 붉은색으로, 평온함은 부드

러운 파란색으로 표현할 수 있습니다. 이러한 추상적 표현은 우리의 감정을 자유롭게 표출하게 도와줍니다.

(2) 음악으로 감정 표현하기

음악은 우리의 감정을 음표와 리듬으로 표현할 수 있는 도구입니다. 음악은 우리의 감정적 상태를 반영하며, 그 과정을 통해 자기 발견의 기회를 제공합니다.

- 즉흥 연주: 악기를 다룰 수 있다면, 악기를 통해 즉흥적으로 연주해보세요. 피아노나 기타 같은 악기를 이용해 자신이 느끼는 감정에 맞는 리듬과 멜로디를 만들어보세요. 이 과정에서 자신의 감정이 어떻게 흘러가는지 느끼고, 그 안에서 자신의 내면을 발견하게 됩니다.
- 음악 감상과 감정 기록: 좋아하는 음악을 들으면서, 그 음악이 자신에게 어떤 감정을 불러일으키는지 적어보세요. 어떤 부분에서 감정이 고조되거나, 어떤 가사가 자신의 마음에 와 닿는지 기록하면서 자신이 느끼는 감정의 깊이를 탐구할 수 있습니다.

(3) 조각이나 공예로 내면 표현하기

조각이나 공예는 손을 통해 물질을 다루면서 우리의 내면을 형태화할 수 있는 방법입니다. 손으로 무언가를 만들거나 조각하는 과정에서 감정과 생각을 시각적 형상으로 표현할 수 있습니다.

- 점토 조각: 점토나 도자기와 같은 재료를 사용해 자유롭게 조각해보세요. 손으로 점토를 만지며 자신의 감정을 그 형태로 표현하는 것은 매우 강력한 감정 해소와 자기 발견의 방법이 될 수 있습니다.
- 공예 활동: 목공예, 비즈 공예 등을 통해 실용적인 물건을 만들면서 그 안에 자신의 감정과 이야기를 담아보세요. 예를 들어, 나무 조각을 통해 자신이 느끼는 평온함이나 강인함을 표현할 수 있습니다.

(4) 글쓰기를 통한 자기 성찰

글쓰기는 우리의 내면을 가장 구체적으로 드러낼 수 있는 표현 도구입니다. 글을 쓰는 과정에서 우리는 자신의 감정과 생각을 논리적으로 정리하게 되고, 그것을 통해 자신의 진정한 모습을 발견하게 됩니다.

- 감정 일기 쓰기: 매일 자신이 느낀 감정에 대해 솔직하게 기록해보세요. 글을 쓰는 동안 그날 겪었던 일과 그것에 대한 자신의 감정을 적음으로써 감정적 정리와 자기 이해가 가능합니다.
- 자유 글쓰기: 특정한 주제나 형식 없이 자유롭게 글을 써보세요. 생각나는 대로 글을 쓰면서 내면의 감정이 자연스럽게 흘러나오도록 하는 것입니다. 이 과정에서 자신이 의식하지 못했던 진정한 감정이나 욕구를 발견하게 될 것입니다.

(5) 춤을 통해 신체적 자기 표현하기

춤은 신체를 통해 감정을 표현하는 가장 직관적인 예술 형태입니다. 우리는 춤을 추면서 감정을 몸으로 풀어내며, 신체적 해방과 동시에 정신적 해방을 경험할 수 있습니다.

- 즉흥 춤 추기: 음악을 틀고 즉흥적으로 춤을 춰보세요. 특별한 동작을 배우거나 따라 하지 않고, 몸이 가는 대로 자연스럽게 움직이는 것이 중요합니다. 이 과정에서 몸을 통해 감정이 흘러나오고, 이를 통해 자신의 내면을 느끼고 발견할 수 있습니다.
- 감정에 따라 춤추기: 자신이 느끼는 감정에 맞는 음악을 선택하고, 그 감정에 따라 몸을 움직여보세요. 예를 들어, 슬픔을 느낄 때는 부드러운 음악에 맞춰 천천히 움직이고, 기쁨을 느낄 때는 활기찬 음악에 맞춰 춤을 추는 것입니다. 춤을 통해 우리는 자신의 감정에 더 깊이 연결될 수 있습니다.

3) 예술을 통한 자기 발견 실천 아이디어

(1) 매일 10분씩 자유롭게 그림 그리기

매일 10분씩 종이와 연필을 들고 아무 생각 없이 그림을 그려보세요. 추상적이든 구체적이든 자신이 느끼는 대로 표현하는 것이 중요합니다.

(2) 감정에 맞는 음악을 틀고 춤추기

그날의 감정 상태에 맞는 음악을 틀고 즉흥적으로 춤을 춰보세요. 몸의 움직임을 통해 감정을 해소하고 자신을 표현해보는 것입니다.

(3) 자유 글쓰기 시간 갖기

매주 한 번, 특정 주제 없이 자유롭게 글을 써보세요. 생각나는 대로 글을 쓰면서 내면의 감정을 글로 풀어내는 시간을 가져보세요.

(4) 미술 공예 체험하기

점토나 나무, 비즈 등의 재료를 사용해 손으로 만드는 공예 활동을 해보세요. 손을 통해 감정과 생각을 물리적으로 표현하는 것은 깊은 정서적 안정을 제공합니다.

(5) 창작 일기 쓰기

매일 또는 일주일에 한 번, 자신이 경험한 예술 활동을 일기로 기록하고, 그 과정에서 느낀 감정과 생각을 적어보세요. 이를 통해 자신의 예술적 경험을 더 깊이 성찰할 수 있습니다.

4) 예술을 통해 자기 발견을 한 사례

사례 1: 그림을 통해 내면의 감정을 발견한 서하

서하는 스트레스가 많던 시기에 자유롭게 그림을 그리기 시작했습니다. 처음에는 아무 생각 없이 그리기 시작했지만, 시간이 지날수록 자신의 그림 속에서 억눌린 감정이 표현되고 있음을 발견했습니다. 이를 통해 그녀는 자신의 감정 상태를 더 잘 이해하게 되었고, 더 깊은 정서적 안정감을 찾을 수 있었습니다.

사례 2: 즉흥 춤을 통해 감정을 해방한 영석

영석은 음악에 맞춰 춤을 추는 것을 통해 감정적 해방을 경험했습니다. 그는 스트레스가 쌓일 때마다 즉흥적으로 춤을 추며 자신의 감정을 신체적으로 표현했고, 그 결과 정신적 스트레스가 줄어들며 더 큰 행복을 느끼게 되었습니다.

사례 3: 글쓰기를 통해 자기 이해를 얻은 영미

영미는 매일 감정 일기를 쓰는 습관을 들이면서 자신을 더 깊이 이해하게 되었습니다. 그녀는 글을 통해 자신의 감정 패턴을 파악하고, 자신이 어떤 상황에서 불안함을 느끼는지 알게 되었습니다. 이를 통해 더 나은 감정 조절 능력을 갖게 되었고, 더 큰 내면의 평화를 찾을 수 있었습니다.

5) 예술을 통한 자기 발견의 이점

(1) 감정적 해소

예술 활동은 우리의 억눌린 감정을 자유롭게 표출할 수 있는 안전한 공간을 제공합니다.

(2) 자아 성찰

예술을 통해 우리는 자신의 내면을 더 깊이 들여다보고, 자아 성찰의 기회를 얻게 됩니다.

(3) 정서적 안정감

예술은 우리의 정서적 균형을 유지하고, 스트레스 해소에 도움을 줍니다.

(4) 창의성 향상

예술 활동은 우리의 창의적 사고를 자극하며, 새로운 시각에서 문제를 해결하는 능력을 길러줍니다.

(5) 자기 표현력 강화

예술을 통해 우리는 자신의 감정과 생각을 더 명확하게 표현할 수 있는 능력을 키우게 됩니다.

6) 예술을 통해 자기 발견과 행복을 찾기

예술 속에서 자기 발견은 우리의 삶을 더욱 깊이 있고 의미 있게 만들어주는 중요한 과정입니다. 예술은 우리의 내면을 자유롭게 탐구하고, 억눌린 감정을 해소하는 동시에 창의적인 자기 표현을 가능하게 합니다.

일상 속에서 예술 활동을 실천하며 자신의 내면을 더 깊이 탐구하고, 행복한 삶을 만들어보세요. 예술은 당신의 삶에 평온과 자유로움을 가져다줄 것입니다.

70. 창조적 활동을 통한 내면의 충만함

1) 개념과 배경: 창조적 활동이 주는 내면의 충만함

창조적 활동은 우리의 내면을 풍요롭게 하고, 정서적 만족감과 행복을 제공하는 강력한 도구입니다. 창의적인 작업은 단순히 무언가를 만들어내는 행위 이상의 의미를 가지며, 우리의 감정, 생각, 그리고 에너지를 표현하고 해방하는 과정입니다. 이를 통해 우리는 삶에서의 목표와 의미를 새롭게 발견하게 되고, 내면의 충만함을 느끼게 됩니다.

심리학적으로 창조적 활동은 스트레스를 해소하고, 자아 성찰을 돕는 중요한 역할을 합니다. 미하이 칙센트미하이(Mihaly Csikszentmihalyi)의 '몰입(flow)' 이론에 따르면, 우리가 창조적인 활동에 몰입할 때 시간 감각을 잃고, 완전한 집중 상태에서 심리적 행복감을 경험하게 됩니다. 이 과정에서 우리는 자아실현을 경험하며, 자신의 내면 세계와 더 깊이 연결되게 됩니다.

창조적 활동은 미술, 글쓰기, 음악, 춤, 요리 등 다양한 형태로 나타날 수 있으며, 각 활동은 우리의 정서적 및 정신적 건강을 강화하고, 창의적인 자아를 발전시키는 기회를 제공합니다. 창조적인 경험은 자신의 내면의 목소리를 표현하는 과정에서 더 큰 성취감과 충만함을 가져다줍니다.

2) 창조적 활동을 통한 내면의 충만함 실천 방법

(1) 글쓰기로 자기 표현하기

글쓰기는 가장 강력한 자기 표현의 도구 중 하나로, 우리의 생각과 감정을 단어와 문장으로 표현하는 과정을 통해 내면의 충만함을 얻을 수 있습니다. 글을 쓰면서 우리는 자신이 무엇을 느끼고 있는지 더 명확하게 이해하게 되며, 그것을 통해 자기 인식과 정서적 치유를 경험할 수 있습니다.

- 자유 글쓰기: 주제 없이 자신의 생각과 감정을 자유롭게 글로 풀어보세요. 형식이나 문법에 얽매이지 않고, 머릿속에 떠오르는 대로 글을 써 내려가는 과정에서 감정이 해소되고 내면의 충만함을 느낄 수 있습니다.

• 창작 글쓰기: 자신의 상상력을 활용해 이야기를 써보세요. 소설, 시, 에세이 등 자신이 쓰고 싶은 글의 형태를 선택하고, 그 글을 통해 자신만의 창의적인 세계를 표현하세요. 이를 통해 더 큰 몰입감과 성취감을 얻을 수 있습니다.

(2) 미술을 통해 감정 표현하기

미술은 우리의 감정을 시각적 이미지로 표현하는 활동입니다. 그림을 그리거나, 조각을 하거나, 색칠을 하는 과정을 통해 우리는 자신의 내면을 자유롭게 표현하고, 그 결과물에서 자신의 감정과 생각을 발견할 수 있습니다.

• 추상적 그림 그리기: 특정한 사물을 그리는 것이 아니라, 자신의 감정 상태를 색과 모양으로 표현해보세요. 이 과정에서 자신의 내면 상태가 자연스럽게 드러나며, 이를 시각적으로 표현하는 것이 큰 정서적 해방을 가져다줍니다.
• 콜라주 만들기: 잡지나 신문에서 잘라낸 이미지와 단어를 조합하여 콜라주를 만들어보세요. 다양한 이미지와 텍스트가 섞이면서 자신의 내면의 다양한 감정과 생각이 새로운 형태로 표현될 수 있습니다.

(3) 음악으로 감정 해방하기

음악은 우리의 감정을 가장 직접적으로 표현할 수 있는 창조적 도구입니다. 음악을 연주하거나 노래를 부르는 활동은 우리의 정서적 흐름을 자연스럽게 풀어주고, 감정적으로 자유로워지는 데 도움을 줍니다.

• 즉흥 연주: 특정한 악기를 연주할 수 있다면, 악기를 통해 자신이 느끼는 감정을 즉흥적으로 표현해보세요. 악기의 소리를 통해 감정을 표출하는 과정에서 감정적 해방과 내면의 충만함을 느낄 수 있습니다.
• 노래 부르기: 좋아하는 노래를 불러보거나 직접 노래를 만들어보세요. 음악과 노랫말을 통해 자신의 감정을 자유롭게 표현하는 것은 큰 정서적 만족감을 가져다줍니다.

(4) 요리로 창의성 발휘하기

요리는 우리의 감각을 창의적으로 자극할 수 있는 활동입니다. 재료를 다루고, 음식을 준비하는 과정에서 우리는 감각적 즐거움을 느끼며, 요리를 완성하는 과정에서 성취감을 경험하게 됩니다.

- 새로운 요리 시도하기: 익숙하지 않은 새로운 레시피를 시도하거나, 자신의 창의적인 요리법을 개발해보세요. 요리를 통해 자신만의 창조성을 표현하고, 그 결과물로 인해 더 큰 내면의 충만함을 느낄 수 있습니다.
- 다양한 재료로 실험하기: 다양한 재료를 사용해 즉흥적인 요리를 만들어보세요. 냉장고에 있는 재료를 이용해 자신만의 레시피를 만들어보는 것은 창의성을 발휘하는 좋은 방법입니다.

(5) 춤으로 몸과 감정 연결하기

춤은 신체를 통해 감정과 생각을 표현하는 예술 활동입니다. 춤을 추는 과정에서 우리는 자신의 몸과 감정이 연결되는 경험을 하게 되고, 이를 통해 내면의 해방과 충만함을 느낄 수 있습니다.

- 즉흥 춤 추기: 음악을 틀고 특별한 동작 없이 즉흥적으로 춤을 춰보세요. 몸이 가는 대로 자유롭게 움직이며, 자신이 느끼는 감정을 신체적으로 표현하는 것이 중요합니다.
- 리듬에 맞춰 춤추기: 신나는 음악에 맞춰 춤을 추면서 에너지를 발산하고, 감정적으로 해방된 상태에서 내면의 충만함을 경험할 수 있습니다.

3) 창조적 활동을 통한 내면의 충만함 실천 아이디어

(1) 매일 짧은 창조적 활동 실천하기

매일 10분이라도 글쓰기, 그림 그리기, 음악 연주 등의 창조적 활동을 해보세요. 꾸준히 창조적 시간을 가지는 것이 내면의 충만함을 느끼는 데 큰 도움이 됩니다.

(2) 새로운 창조적 활동 도전하기

아직 시도해보지 않은 창조적 활동을 도전해보세요. 예를 들어, 점토 조각이나 다양한 악기 연주를 배워보는 등 새로운 활동을 통해 자신의 창의성을 발견하는 기회를 가지세요.

(3) 창작물 기록하기

자신의 창조적 활동을 기록하고, 그 과정에서 느낀 감정과 생각을 일기나 노트로 남겨보세요. 창작물을 되돌아보는 과정에서 자신이 얼마나 성장했는지 확인할 수 있습니다.

(4) 창조적 활동을 나누기

자신이 만든 창작물이나 경험을 친구나 가족과 공유해보세요. 창조적 활동을 나누는 것은 자신의 성취감을 더 크게 느끼고, 더 많은 영감을 얻을 수 있는 기회가 됩니다.

(5) 창조적 모임 참여하기

지역에서 열리는 창조적 워크숍이나 예술 모임에 참여해보세요. 다른 사람들과 함께 창조적 작업을 하며 영감을 얻고, 내면의 충만함을 더 깊이 경험할 수 있습니다.

4) 창조적 활동을 통해 내면의 충만함을 얻은 사례

사례 1: 글쓰기를 통해 자아를 발견한 영미

영미는 매일 15분씩 글을 쓰는 습관을 들였습니다. 주제 없이 자유롭게 글을 쓰면서 그녀는 자신의 감정을 더 잘 이해하게 되었고, 그 과정에서 더 깊은 자아 인식을 경험했습니다. 글쓰기를 통해 영미는 내면의 충만함과 정서적 안정을 느낄 수 있었습니다.

사례 2: 요리로 창의성을 발휘한 영석

영석은 요리를 통해 자신의 창의성을 발휘하고 내면의 충만함을 경험했습니다. 그는 매주 새로운 요리를 시도하며 다양한 재료와 레시피를 사용해 창조적인 요리법을 개발했습니다. 이 과정을 통해 영석은 더 큰 만족감과 성취감을 느끼게 되었습니다.

사례 3: 즉흥 춤을 통해 감정적 해방을 경험한 서하

서하는 매일 저녁 음악을 듣고 즉흥적으로 춤을 추며 감정적 해방을 경험했습니다. 그녀는 춤을 통해 자신의 감정을 자유롭게 표현할 수 있었고, 그 과정에서 더 깊은 내면의 평화와 충만함을 느낄 수 있었습니다.

5) 창조적 활동을 통한 내면의 충만함의 이점

(1) 감정적 해방

창조적 활동은 억눌린 감정을 해방시키고, 정서적 균형을 유지하는 데 도움을 줍니다.

(2) 자아 성찰

창조적 작업을 통해 우리는 자신의 감정과 생각을 더 깊이 탐구하며, 자아 성찰의 기회를 얻게 됩니다.

(3) 정신적 충만함

창조적 활동을 통해 내면의 충만함을 느끼고, 행복감과 만족감을 경험할 수 있습니다.

(4) 창의성 개발

창조적 작업은 우리의 창의적 사고를 자극하고, 문제를 새로운 시각에서 해결할 수 있는 능력을 키워줍니다.

(5) 성취감과 만족감

창조적 작업을 완성하는 과정에서 우리는 큰 성취감과 만족감을 경험하게 됩니다.

6) 창조적 활동을 통해 내면의 충만함과 행복 찾기

창조적 활동은 우리의 삶을 더욱 풍요롭고 의미 있게 만들어주는 중요한 도구입니다. 글쓰기, 미술, 음악, 춤, 요리 등 다양한 창조적 작업을 통해 우리는 내면의 감정을 해방시키고, 더 깊은 정서적 만족감을 얻을 수 있습니다.

일상 속에서 창조적 활동을 실천하며 자신의 내면을 탐구하고, 더 큰 행복과 충만한 삶을 경험해보세요. 창조적 활동은 당신의 삶을 풍요롭고 의미 있게 만들어 줄 것입니다.

제8부 미래의 행복: 지속 가능한 삶

미래의 행복을 위해 우리는 개인적 차원에서뿐만 아니라 사회적, 환경적 차원에서도 지속 가능한 삶을 추구해야 합니다. 지속 가능한 삶이란 현재 우리가 누리는 행복이 미래 세대의 행복을 희생시키지 않으면서 지속될 수 있는 방식을 의미합니다. 이는 우리의 행동과 선택이 장기적으로 환경, 사회, 경제에 긍정적인 영향을 미치도록 하는 삶의 방식을 포함합니다.

개념과 배경

지속 가능한 삶은 자연 환경, 사회적 책임, 경제적 안정성이라는 세 가지 주요 요소를 고려합니다. 우리가 환경에 미치는 영향을 최소화하고, 공동체와 사회에 대한 책임을 다하며, 경제적으로도 균형 잡힌 선택을 할 때, 우리의 삶은 장기적으로 더 지속 가능하고 행복하게 유지될 수 있습니다.

환경을 보호하는 생활 습관

지속 가능한 행복은 환경을 보호하는 데서 시작됩니다. 작은 실천이라도 에너지 절약, 재활용, 친환경 제품 사용 등 일상에서 환경을 생각하는 선택을 할 때, 우리는 더 깨끗한 미래를 위한 기반을 다질 수 있습니다.

사회적 책임을 다하는 선택

지속 가능한 삶은 개인의 행복뿐만 아니라 사회적 유대와 공동체의 번영을 목표로 합니다. 이를 위해 우리는 기부, 봉사 활동, 공정 무역 상품 구매 등 사회적 책임을 다하는 선택을 해야 합니다.

경제적 지속 가능성

미래의 행복을 위해 우리는 경제적 안정도 중요하게 생각해야 합니다. 과소비를 줄이고, 자원을 절약하며, 장기적인 재정 계획을 세워야 합니다. 경제적으로 균형 잡힌 생활 습관을 유지하는 것은 더 큰 심리적 안정감을 줍니다.

미래의 행복을 위해 우리는 지속 가능한 삶을 선택해야 합니다. 환경을 보호하고, 사회적 책임을 다하며, 경제적으로 균형 잡힌 선택을 함으로써 개인과 공동체의 장기적 행복을 추구할 수 있습니다. 작은 실천들이 모여 더 큰 미래의 행복을 만들어낼 것입니다.

71. 지속 가능한 생활 방식

1) 개념과 배경: 지속 가능한 생활 방식이란?

지속 가능한 생활 방식은 우리의 일상에서 자원을 효율적으로 사용하고, 환경적, 사회적, 경제적 영향을 고려하여 장기적인 행복을 추구하는 생활 태도입니다. 이는 우리가 환경에 미치는 부정적인 영향을 줄이고, 미래 세대를 위한 자원을 보호하며, 동시에 개인의 정신적, 육체적 행복을 극대화하는 방법입니다. 지속 가능한 생활 방식은 단순히 환경 보호를 넘어서, 더 균형 잡힌 삶을 지향하고, 사회적 책임과 경제적 안정성을 함께 고려하는 것을 목표로 합니다.

심리학적으로 보면, 지속 가능한 생활 방식은 개인의 심리적 안정감을 강화하고, 행동의 일관성을 통해 더 큰 만족감을 제공합니다. 지속 가능한 선택을 할 때, 우리는 가치 있는 삶을 살고 있다는 자부심을 느끼고, 더 큰 목적 의식을 가지게 됩니다. 또한, 환경과 사회적 책임을 생각하는 삶은 우리의 정신적 건강에 긍정적인 영향을 미치며, 더 의미 있는 삶을 살 수 있도록 도와줍니다.

2) 지속 가능한 생활 방식 실천 방법

(1) 에너지 절약과 친환경 소비 실천

지속 가능한 삶을 실천하는 첫걸음은 일상에서 에너지를 절약하고, 친환경적인 소비 습관을 기르는 것입니다. 에너지 소비를 줄이면 탄소 배출을 감소시키고, 친환경 제품을 사용하면 지구 자원의 낭비를 줄일 수 있습니다.

- 에너지 절약 실천 방법: 집에서 전기나 물을 아껴 사용하세요. 필요하지 않은 조명은 끄고, 가전제품은 사용하지 않을 때 플러그를 뽑는 습관을 가지세요. 또한, 냉난방을 적정 온도로 설정하고, 에너지 효율이 높은 가전제품을 사용하는 것도 중요한 실천 방법입니다.
- 친환경 제품 사용: 비닐봉투 대신 에코백을 사용하고, 일회용 플라스틱을 줄이는 노력을 해보세요. 친환경 세제나 재활용이 가능한 제품을 사용하는 것도 환경 보호에 도움이 됩니다. 로컬 푸드를 소비하는 것은 지역 경제를 지원하며,

환경적 영향을 줄이는 데 효과적입니다.

(2) 물과 자원의 절약

물과 같은 자원은 한정되어 있으며, 지속 가능한 생활을 위해 이를 절약하는 것은 매우 중요합니다. 물 사용을 줄이고, 자원을 아껴 쓰는 습관은 환경을 보호하는 데 큰 도움을 줍니다.

- 물 절약 방법: 샤워 시간을 줄이고, 설거지나 빨래 시 물을 절약하세요. 물이 새는 곳이 있으면 바로 고치고, 물 절약형 수도꼭지를 사용하는 것도 좋은 방법입니다. 또한, 빗물을 모아 정원에 사용하는 등 자연 자원을 재활용할 수 있는 방법을 찾아보세요.
- 자원 절약: 종이, 유리, 플라스틱 등을 재활용하고, 재사용 가능한 물건을 사용하는 습관을 기르세요. 낭비를 줄이고, 오래 사용할 수 있는 내구성이 좋은 제품을 선택하는 것이 중요합니다.

(3) 지속 가능한 이동 수단 사용

지속 가능한 교통 수단을 선택하는 것은 우리의 탄소 발자국을 줄이는 중요한 방법입니다. 자동차를 덜 이용하고, 대중교통이나 자전거, 도보를 선택하면 환경에 긍정적인 영향을 미칠 수 있습니다.

- 대중교통 이용: 가능한 한 대중교통을 사용하고, 가까운 거리는 자전거나 도보로 이동하세요. 이는 환경에 미치는 영향을 줄이고, 동시에 신체 활동을 통해 건강을 유지할 수 있는 좋은 방법입니다.
- 카풀과 전기차 사용: 자동차를 이용할 때는 여러 사람이 함께 카풀을 하거나, 전기차와 같은 친환경 자동차를 선택하여 탄소 배출을 줄이세요.

(4) 지속 가능한 식습관 실천

지속 가능한 식습관은 우리의 건강뿐만 아니라 환경에도 큰 영향을 미칩니다. 지나친 고기 섭취를 줄이고, 채식 위주의 식단을 선택하거나, 로컬 푸드와 유기농 식재료를 사용하는 것이 지속 가능한 식생활을 위한 첫걸음입니다.

- 채식 위주의 식단: 고기 대신 채식 위주의 식단을 실천해보세요. 과도한 고기

소비는 환경에 부담을 주므로, 채소, 과일, 곡물 중심의 식단을 통해 더 건강하고 환경에 긍정적인 영향을 미칠 수 있습니다.

- 로컬 푸드 소비: 지역에서 생산된 로컬 푸드를 구매함으로써 운송 과정에서 발생하는 탄소 배출을 줄이고, 지역 경제를 지원하세요.

(5) 의식 있는 소비 습관 기르기

지속 가능한 생활을 위해 우리는 필요 없는 소비를 줄이고, 의식 있는 소비를 해야 합니다. 경제적 소비 패턴을 조정하면 환경에 미치는 영향을 줄이고, 재정적 안정성을 유지할 수 있습니다.

- 필요 없는 소비 줄이기: 불필요한 물건을 충동적으로 구매하지 말고, 필요한 것만 소비하는 습관을 들이세요. 옷이나 가전제품을 구매할 때는 중고 제품을 고려하거나, 내구성이 높은 친환경 제품을 선택하세요.
- 지속 가능한 패션: 친환경 섬유나 재활용 소재로 만든 의류를 구매하고, 오래 입을 수 있는 옷을 선택하세요. 패스트 패션을 지양하고, 필요한 옷만 구입하며, 옷을 아껴 입는 것이 중요합니다.

3) 지속 가능한 생활 방식을 실천하기 위한 아이디어

(1) 한 달에 한 번 에너지 사용 점검하기

매달 전기, 가스, 물 사용량을 확인하고, 에너지를 줄일 수 있는 방법을 고민해보세요. 이를 통해 에너지 절약 목표를 세울 수 있습니다.

(2) 일주일에 하루 채식하기

매주 한 끼 또는 하루를 완전 채식으로 지정하여 고기 소비를 줄여보세요. 이는 환경에도 긍정적이며, 건강에도 이롭습니다.

(3) 지역 농산물 직거래 장터 방문하기

지역 농산물 직거래 장터에서 신선한 로컬 푸드를 구매해보세요. 이는 환경 보호뿐만 아니라 지역 경제를 지원하는 데에도 큰 도움이 됩니다.

(4) 다회용 제품 사용하기

일회용 플라스틱 대신 다회용 용기와 컵, 식기를 사용해보세요. 이를 통해 매일 발생하는 쓰레기 양을 줄일 수 있습니다.

(5) 카풀 앱 사용하기

출퇴근 시 카풀 서비스를 이용하거나, 가까운 거리는 자전거나 도보로 이동해보세요. 이는 환경 보호뿐만 아니라 운동에도 좋습니다.

4) 지속 가능한 생활 방식을 실천한 사례

사례 1: 에코 라이프스타일을 실천한 영미

영미는 집에서 사용되는 에너지를 절약하기 위해 태양광 패널을 설치하고, 에너지 절약형 가전제품을 사용하며 친환경 생활을 실천했습니다. 또한, 그녀는 일주일에 한 번 채식 식단을 실천하며 환경에 기여하고 있습니다.

사례 2: 로컬 푸드 소비로 지속 가능한 식생활을 유지한 영석

영석은 지역 농부가 생산한 유기농 농산물을 구매하여 로컬 푸드 소비를 실천했습니다. 그는 가족과 함께 지역 직거래 장터를 자주 방문하고, 건강한 식생활을 유지하면서 환경 보호에도 기여하고 있습니다.

사례 3: 대중교통을 이용한 지속 가능한 이동을 선택한 서하

서하는 출퇴근 시 대중교통을 이용하며, 탄소 발자국을 줄이는 데 기여하고 있습니다. 또한, 주말에는 자전거를 타고 가까운 거리를 이동하면서 건강을 유지하고 있습니다.

5) 지속 가능한 생활 방식의 이점

(1) 환경 보호

지속 가능한 생활 방식을 실천함으로써 우리는 탄소 배출을 줄이고, 지구 자원을 절약할 수 있습니다.

(2) 심리적 만족감

자신이 환경과 사회에 긍정적인 영향을 미친다는 의미 있는 행동은 더 큰 행복감과 만족감을 줍니다.

(3) 경제적 안정

과소비를 줄이고, 자원을 절약하는 생활 습관은 우리의 재정적 건강을 유지하는 데 기여합니다.

(4) 사회적 책임

지속 가능한 소비와 행동은 사회에 긍정적인 영향을 미치며, 더 나은 미래를 위한 사회적 책임을 다하는 데 도움이 됩니다.

6) 지속 가능한 생활 방식으로 미래의 행복 추구

지속 가능한 생활 방식은 개인의 행복뿐만 아니라 환경, 사회, 경제의 균형을 유지하며 더 나은 미래를 위한 책임 있는 선택을 실천하는 방법입니다. 작은 실천에서부터 시작해 환경을 보호하고, 더 큰 삶의 목적을 찾으며 지속 가능한 행복을 추구해보세요.

지속 가능한 삶을 실천하는 것은 단순한 선택이 아니라 미래 세대를 위한 지속적인 책임이며, 더 행복한 삶을 위한 중요한 과정입니다.

72. 미니멀리즘의 행복

1) 개념과 배경: 미니멀리즘이 주는 행복

미니멀리즘은 불필요한 것들을 제거하고, 오로지 필요한 것들만으로 삶을 꾸리는 방식을 말합니다. 이는 단순히 소유물을 줄이는 것을 넘어서, 삶의 본질에 집중하고, 진정한 행복을 찾는 철학적 생활 방식입니다. 미니멀리즘은 물질적 소비로부터 해방되어, 우리가 정말로 소중히 여겨야 할 것들—관계, 경험, 자기 성장—에 더 많은 시간을 투자하게 해줍니다.

심리학적으로 미니멀리즘은 우리의 정신적, 정서적 부담을 줄이고, 더 큰 심리적 자유를 제공합니다. 물질적인 것에서 벗어나 자아 성찰과 정신적 충만함에 집중하게 되며, 심플한 삶을 통해 만족감과 행복을 경험할 수 있습니다. 또한, 미니멀리즘은 우리의 스트레스를 줄이고, 불필요한 것에 대한 집착에서 벗어나 자유로운 삶을 추구하는 데 도움을 줍니다.

2) 미니멀리즘을 통한 행복 실천 방법

(1) 불필요한 물건 정리하기

미니멀리즘의 첫걸음은 우리 주위의 불필요한 물건들을 제거하는 것입니다. 집안에 쌓인 물건들이 정신적 부담이 될 수 있으며, 이를 정리함으로써 우리는 더 심플하고 깔끔한 환경을 만들 수 있습니다.

- 정리의 첫 단계: 집안의 물건을 한 번에 모두 정리하려 하지 말고, 한 번에 한 공간씩 차근차근 진행하세요. 옷장, 책상, 주방, 거실 등 각 공간에서 더 이상 필요하지 않거나 쓰지 않는 물건을 정리해보세요.
- 물건을 나누는 기준: 각 물건이 나에게 얼마나 의미가 있는지 평가해보세요. '이 물건이 정말 필요한가?', '이 물건이 나에게 기쁨을 주는가?'라는 질문을 통해 불필요한 물건을 버리거나 기부할 수 있습니다. 설레임을 주지 않는 물건이라면 과감히 정리하는 것이 중요합니다.

(2) 소유 대신 경험을 중시하기

미니멀리즘은 물질적 소유를 줄이고, 대신 경험에 더 많은 가치를 두는 생활 방식입니다. 소유하는 물건을 줄이는 대신, 더 많은 시간을 여행, 배움, 취미 활동 같은 경험에 투자해보세요.

- 경험을 중시하는 생활: 물건을 사는 대신, 새로운 경험을 통해 삶을 더 풍요롭게 만들어보세요. 예를 들어, 여행을 통해 새로운 문화를 체험하거나, 새로운 기술을 배우는 시간에 집중하세요. 이는 일시적인 만족이 아니라 지속적인 행복을 가져다줍니다.
- 소유에 대한 욕구 조절: 새로운 물건을 사기 전에, '이것이 나에게 정말로 필요한가?'라는 질문을 던져보세요. 물건을 소유하는 것보다는 경험을 통해 얻는 만족이 더 크다는 점을 기억하세요.

(3) 간소한 생활 습관 유지하기

미니멀리즘은 일상에서의 간소한 생활 습관을 의미합니다. 의도적으로 단순한 삶을 추구하고, 삶의 불필요한 복잡함에서 벗어나 핵심적인 가치에 집중하는 것이 미니멀리즘의 본질입니다.

- 단순한 식습관: 복잡한 식단 대신, 간단하고 건강한 식사를 준비해보세요. 불필요한 재료나 화려한 음식을 지양하고, 신선한 식재료로 만든 간소한 식단을 통해 몸과 마음의 건강을 유지할 수 있습니다.
- 시간 관리의 단순화: 하루 일정도 불필요한 일들로 가득 채우지 말고, 정말 중요한 일들에 집중해보세요. 하루 중 가장 중요한 3가지 목표를 설정하고, 그 목표에만 집중하는 방식으로 일정을 간소화하세요.

(4) 디지털 미니멀리즘 실천하기

오늘날 우리는 디지털 기기에 많은 시간을 보내고 있습니다. 미니멀리즘을 실천하려면 디지털 소음을 줄이고, 의미 있는 온라인 활동에만 시간을 투자하는 것이 필요합니다.

- 디지털 기기 정리: 스마트폰이나 컴퓨터에서 불필요한 앱, 파일, 알림 등을 정리하세요. 소셜 미디어 사용 시간을 줄이고, 디지털 기기를 사용하는 시간을 제한

해보세요. 이를 통해 더 많은 시간을 현실적인 경험에 투자할 수 있습니다.

- 디지털 디톡스: 주말이나 하루 중 일정 시간을 정해 디지털 기기를 완전히 꺼두는 디지털 디톡스를 실천해보세요. 이 시간을 통해 책을 읽거나, 산책을 하며 자연 속에서 자신을 돌아보는 시간을 가질 수 있습니다.

(5) 관계의 미니멀리즘

미니멀리즘은 인간관계에서도 적용할 수 있습니다. 불필요한 인간관계에서 벗어나, 의미 있고 진실한 관계에 집중하는 것이 중요합니다. 관계의 수보다는 질을 중시하세요.

- 불필요한 관계 정리: 스트레스와 부담을 주는 관계는 과감히 정리하세요. 그 대신, 진정한 유대감을 느낄 수 있는 사람들과 시간을 보내는 것이 중요합니다.
- 깊이 있는 대화 나누기: 진정한 관계는 깊이 있는 대화에서 비롯됩니다. 단순히 많은 사람들과 얕은 관계를 맺기보다는, 소수의 사람과 깊은 대화를 나누며 서로의 삶을 공유하는 것이 미니멀리즘적인 인간관계입니다.

3) 미니멀리즘 실천 아이디어

(1) 한 달에 한 번 정리하기

매달 한 공간씩 정리하는 정리 데이를 정해보세요. 물건을 버리거나 기부하면서 생활 공간을 단순하게 유지할 수 있습니다.

(2) 주말마다 디지털 디톡스

주말마다 몇 시간씩 디지털 기기를 꺼두고, 자연 속에서 산책하거나 책을 읽는 시간을 가져보세요.

(3) 한 달에 한 번 물건 구입 제한하기

한 달에 필요한 물건 외에는 추가로 구매하지 않는 노 쇼핑 데이를 실천해보세요. 물질적인 것에서 벗어나 더 많은 경험을 즐길 수 있습니다.

(4) 간단한 식단 계획

일주일에 한 번, 간단하고 건강한 식단을 미리 계획하여 복잡함을 줄이고, 건강을 유지하세요.

(5) 의미 있는 관계에 집중하기

친밀한 친구나 가족과의 깊이 있는 대화 시간을 정기적으로 가지며, 진정한 유대감을 키우세요.

4) 미니멀리즘을 통해 행복을 찾은 사례

사례 1: 불필요한 물건을 정리한 영미

영미는 집안에 쌓인 불필요한 물건을 정리하면서 더 심플한 환경을 만들었습니다. 물건을 정리한 후 그녀는 마음의 평온을 찾았고, 중요한 일에 더 많은 시간을 투자할 수 있게 되었습니다.

사례 2: 소유 대신 경험에 집중한 영석

영석은 물건을 소유하는 대신 여행과 취미 활동에 집중했습니다. 새로운 경험을 통해 그는 더 큰 만족감과 행복을 느꼈고, 더 이상 물질적인 것에 집착하지 않게 되었습니다.

사례 3: 디지털 디톡스를 통해 정신적 평온을 찾은 서하

서하는 일주일에 한 번 디지털 디톡스를 실천하며, 디지털 소음에서 벗어나 책을 읽고 자연 속에서 산책을 즐겼습니다. 그녀는 이 시간을 통해 더 큰 정신적 평온과 행복을 느낄 수 있었습니다.

5) 미니멀리즘의 이점

(1) 정신적 해방

불필요한 물질적 소유와 관계에서 벗어나 정신적 자유를 얻을 수 있습니다.

(2) 스트레스 감소

불필요한 복잡함을 줄이고, 간소한 삶을 통해 스트레스를 감소시킬 수 있습니다.

(3) 집중력 향상

더 중요한 일에 집중할 수 있는 시간을 얻고, 집중력이 향상됩니다.

(4) 재정적 자유

소비를 줄이고, 필요 없는 물건을 사지 않음으로써 재정적 여유를 얻을 수 있습니다.

(5) 심리적 안정

물질과 외부적인 요소에서 벗어나, 내면의 안정감과 행복을 느낄 수 있습니다.

6) 미니멀리즘을 통해 행복한 삶 찾기

미니멀리즘은 우리의 삶에서 불필요한 것들을 제거하고, 오로지 중요한 것에 집중하여 진정한 행복을 찾는 생활 방식입니다.

물질적인 것에서 벗어나 경험, 관계, 자기 성장에 더 많은 시간을 투자하며 내면의 평온과 충만함을 느껴보세요. 미니멀리즘은 더 의미 있고 행복한 삶을 위한 지름길이 될 것입니다.

73. 환경 보호와 마음의 평화

1) 개념과 배경: 환경 보호가 마음의 평화로 이어지는 이유

환경 보호는 우리의 지구를 더 건강하고 지속 가능하게 만드는 데 필수적인 행동이지만, 동시에 우리의 정신적 안정과 마음의 평화를 얻는 중요한 방법이기도 합니다. 환경을 보호하는 일은 단순히 지구의 자원을 보존하는 것이 아니라, 자연과 조화로운 관계를 맺음으로써 우리의 내면에서도 균형과 평온을 찾을 수 있게 해줍니다.

심리학적으로 자연은 우리에게 정서적 안정감을 주고, 스트레스를 줄이며, 정신적인 회복을 도와줍니다. 자연과의 연결을 통해 우리는 더 깊은 심리적 평화를 느낄 수 있으며, 환경 보호를 실천하면서 의미 있는 행동을 한다는 만족감과 목적 의식을 얻게 됩니다. 자연을 돌보는 것은 결국 나 자신을 돌보는 일과 같습니다. 우리가 자연을 보호할 때, 우리의 마음도 건강하고 안정되며, 더 큰 행복을 경험할 수 있습니다.

2) 환경 보호와 마음의 평화를 위한 실천 방법

(1) 자연과의 연결을 느끼며 시간을 보내기

자연과의 연결을 통해 우리의 심리적 안정감을 키울 수 있습니다. 환경 보호를 위해 자연 속에서 시간을 보내며, 자연의 소중함을 느끼는 것은 마음의 평화로 이어집니다.

- 산책과 명상: 가까운 공원이나 산에서 산책을 하거나, 자연 속에서 명상을 실천해보세요. 나무, 바람, 새소리 같은 자연의 요소에 주의를 기울이며, 현재의 순간에 집중하는 마음 챙김 명상은 큰 정서적 안정감을 가져다줍니다.
- 자연 관찰: 정원이나 공원에서 시간을 보내며 나무와 꽃, 곤충들을 관찰해보세요. 자연의 변화를 느끼고, 생태계의 순환에 대해 생각하는 것은 우리의 삶에 대한 새로운 통찰과 평화를 제공합니다.

(2) 에너지 절약을 통해 환경 보호 실천하기

에너지를 절약하는 것은 환경 보호의 핵심 중 하나입니다. 작은 실천들이 모이면 큰 변화를 만들 수 있으며, 그 과정에서 우리는 더 큰 책임감과 내면의 평온을 느끼게 됩니다.

- 에너지 절약 실천 방법: 집에서 사용하는 전기와 물을 절약하세요. 필요하지 않은 전등을 끄고, 가전제품을 절약 모드로 설정하거나 사용하지 않을 때는 플러그를 뽑는 습관을 길러보세요. 이러한 작은 실천이 환경에 긍정적인 영향을 미치고, 우리의 일상에서 의식적인 행동을 할 수 있도록 도와줍니다.
- 재생 가능 에너지 사용: 가능하다면 태양광 패널이나 전기차와 같은 재생 가능 에너지를 사용하는 방법을 고려해보세요. 이는 지구에 더 적은 부담을 주며, 에너지 자원을 보호하는 데 기여합니다.

(3) 쓰레기 줄이기와 재활용 실천하기

쓰레기를 줄이고 재활용하는 것은 우리가 매일 실천할 수 있는 중요한 환경 보호 방법입니다. 쓰레기를 줄이면서 환경에 대한 책임을 다할 때 우리는 마음속에서 더 큰 만족감과 목적 의식을 느끼게 됩니다.

- 일회용품 줄이기: 일회용 컵, 플라스틱 포크, 비닐봉투 사용을 줄이고 다회용품을 사용하는 습관을 들이세요. 개인 텀블러와 가방을 휴대하는 작은 행동이 지구에 미치는 영향은 큽니다.
- 재활용 습관 기르기: 쓰레기를 분리수거하고, 가능한 한 재활용할 수 있는 물건들을 활용하세요. 가정에서 나오는 플라스틱, 종이, 유리 등을 잘 분리하여 재활용하는 것은 환경 보호에 큰 기여를 합니다.

(4) 친환경적인 소비 습관 기르기

친환경 소비는 우리가 매일 하는 선택이 환경에 미치는 영향을 줄일 수 있는 중요한 방법입니다. 지속 가능한 제품을 선택하고, 필요한 만큼만 소비하는 습관을 통해 우리는 환경을 보호하고 동시에 내면의 충만함을 느낄 수 있습니다.

- 친환경 제품 사용: 재활용 소재로 만든 제품이나 유기농 제품을 선택하세요. 이를 통해 환경에 미치는 영향을 줄이고, 더욱 지속 가능한 생활 방식을 유지

할 수 있습니다.

- 불필요한 소비 줄이기: 필요한 것만 소비하고, 충동 구매를 피하세요. 물건을 소유하는 것이 아닌, 경험에 더 가치를 두고 생활해보세요. 이는 경제적으로도, 환경적으로도 지속 가능한 선택입니다.

(5) 공동체와 함께 환경 보호 활동에 참여하기

환경 보호는 개인의 실천뿐만 아니라, 공동체와 함께할 때 더 큰 효과를 발휘합니다. 지역 사회의 환경 보호 활동에 참여하거나, 함께 환경에 대한 인식을 높이는 활동을 실천하면서 더 큰 만족감을 느낄 수 있습니다.

- 자원봉사 참여: 지역에서 진행하는 환경 보호 자원봉사 활동에 참여해보세요. 해변 청소, 나무 심기, 재활용 캠페인 등에 참여하면서 환경에 대한 책임감을 실천할 수 있습니다.
- 환경 보호 교육 및 인식 높이기: 자신이 배우고 실천한 환경 보호 습관을 친구나 가족에게 공유하세요. 이를 통해 더 많은 사람들이 환경 보호에 동참하게 만들고, 공동체의 지속 가능성을 높일 수 있습니다.

3) 환경 보호와 마음의 평화를 위한 실천 아이디어

(1) 주말마다 자연에서 시간을 보내기

매주 주말 자연 속에서 시간을 보내며 자연의 소리와 풍경에 집중해보세요. 이를 통해 일상의 스트레스를 해소하고, 더 큰 마음의 평화를 얻을 수 있습니다.

(2) 에너지 사용 줄이기 도전

한 달 동안 가정에서 사용되는 에너지를 줄이기 위한 목표를 설정해보세요. 전기 사용량을 줄이거나, 대중교통을 더 많이 이용하는 등의 도전이 있습니다.

(3) 일회용품 사용 자제

일주일 동안 일회용품 사용을 전혀 하지 않기에 도전해보세요. 텀블러, 다회용 컵, 에코백을 사용하며 쓰레기 발생을 줄이는 습관을 길러보세요.

(4) 친환경 제품으로 전환하기

매달 한 가지씩 집에서 사용하는 제품을 친환경 제품으로 교체해보세요. 세제, 식기, 청소용품 등을 더 친환경적인 제품으로 전환하는 것이 가능합니다.

(5) 환경 보호 이벤트 참여

지역에서 열리는 환경 보호 이벤트나 캠페인에 참여해 다른 사람들과 함께 지구를 보호하는 기쁨을 누려보세요.

4) 환경 보호와 마음의 평화를 찾은 사례

사례 1: 에코 라이프스타일을 실천한 영미

영미는 매일 집에서 나오는 쓰레기를 줄이고, 재활용을 생활화하는 습관을 들였습니다. 또한, 매주 주말 자연 속에서 산책을 하며 자연과 연결된 느낌을 받았고, 이를 통해 큰 정신적 평온과 만족감을 얻었습니다.

사례 2: 에너지 절약으로 환경 보호에 기여한 영석

영석은 집에서 전력 소비를 줄이기 위해 태양광 패널을 설치하고, 전기 사용량을 지속적으로 점검하며 에너지를 절약했습니다. 그 결과, 영석은 지구를 보호하는 동시에 재정적 절약도 경험할 수 있었고, 마음의 안정과 책임감을 느꼈습니다.

사례 3: 지역 환경 캠페인에 참여한 서하

서하는 지역 사회에서 주최하는 나무 심기 자원봉사에 참여하며, 자연과의 연결을 더욱 느끼게 되었습니다. 그녀는 환경 보호에 직접적으로 기여한다는 목적 의식을 통해 큰 행복을 느끼게 되었습니다.

5) 환경 보호와 마음의 평화의 이점

(1) 정신적 안정

자연과의 연결을 통해 마음의 평온과 정서적 안정감을 얻을 수 있습니다.

(2) 스트레스 감소

자연에서 시간을 보내거나 환경을 보호하는 활동은 우리의 스트레스를 줄이고, 심리적으로 더 큰 만족감을 줍니다.

(3) 책임감과 만족감

환경을 보호하는 행동은 우리의 목적 의식을 강화하고, 의미 있는 삶을 살고 있다는 만족감을 제공합니다.

(4) 사회적 기여

환경 보호 활동을 통해 사회와 공동체에 긍정적인 영향을 미칠 수 있으며, 이는 더 큰 사회적 유대를 형성하게 합니다.

(5) 건강 증진

환경을 보호하는 활동은 우리의 신체적 건강과 정신적 건강을 모두 증진시키는 데 기여합니다.

6) 환경 보호를 통해 마음의 평화와 행복 찾기

환경 보호는 단순히 지구를 위한 행동이 아니라, 우리 자신의 정신적 건강과 행복을 위한 필수적인 선택입니다. 자연과 연결되고, 환경을 보호하는 과정에서 우리는 더 큰 심리적 안정감과 내면의 평온을 경험할 수 있습니다.

작은 실천에서부터 시작해보세요. 에너지를 절약하고, 쓰레기를 줄이며, 자연 속에서 시간을 보내는 습관을 통해 더 행복한 삶을 만들어가세요. 지속 가능한 선택은 우리의 미래뿐만 아니라, 지금 이 순간에도 평온과 만족을 가져다줄 것입니다.

74. 재사용과 재활용의 기쁨

1) 개념과 배경: 재사용과 재활용의 의미와 중요성

재사용과 재활용은 우리가 소비하는 자원을 최대한 활용해 환경에 미치는 영향을 줄이는 지속 가능한 생활 방식의 핵심입니다. 재사용은 기존의 물건을 새로운 용도로 활용하거나 그대로 다시 사용하는 것을 의미하며, 재활용은 폐기물을 새로운 자원으로 변환해 다시 사용하는 과정을 뜻합니다.

이러한 활동은 자원을 절약하고, 쓰레기 발생을 줄이며, 탄소 배출을 감소시키는 데 큰 기여를 합니다. 하지만 환경적 이점 외에도 재사용과 재활용은 우리의 정신적 만족감과 행복에도 긍정적인 영향을 미칩니다. 환경 보호를 위한 책임 있는 행동을 실천할 때, 우리는 목적 있는 삶을 살고 있다는 자부심을 느끼고, 더 큰 성취감을 경험할 수 있습니다. 심리적으로도 재사용과 재활용을 실천하면, 자원을 아끼고 효율적으로 사용하는 지혜로운 삶을 살고 있다는 만족감을 얻을 수 있습니다.

2) 재사용과 재활용의 기쁨을 위한 실천 방법

(1) 물건을 오래 사용하고 창의적으로 재사용하기

재사용의 핵심은 필요 없는 물건을 버리는 대신, 그것을 다른 방식으로 활용해 새로운 용도를 찾는 것입니다. 창의적인 생각을 통해 물건을 재사용하면 환경에도 도움이 되고, 새로운 기쁨을 느낄 수 있습니다.

- 옷과 가구 재사용: 더 이상 입지 않는 옷을 새로운 스타일로 리폼하거나, 헌 가구를 리모델링해보세요. 작은 수선이나 디자인 변화를 통해 오래된 물건을 다시 유용하게 활용할 수 있습니다. 예를 들어, 낡은 셔츠는 장바구니로 바꾸고, 오래된 책상은 페인트를 칠해 새로운 가구로 사용할 수 있습니다.
- 포장재 재사용: 택배 상자나 포장지를 재사용해 정리함이나 수납 용도로 활용할 수 있습니다. 특히 종이 상자는 가정에서 쉽게 재사용할 수 있는 자원입니다. 상자를 꾸미거나 새롭게 변형해 창고 정리함으로 사용하는 것도 좋은 방법입니다.

(2) 재활용 습관 기르기

재활용은 가정에서 매일 실천할 수 있는 중요한 환경 보호 활동 중 하나입니다. 각종 폐기물을 재활용함으로써 자원을 다시 사용하는 지속 가능한 순환을 만들 수 있습니다.

- 폐기물 분리수거: 집에서 나오는 종이, 플라스틱, 유리, 금속 등을 구분하여 재활용 쓰레기통에 버리는 습관을 들이세요. 재활용 가능한 것과 그렇지 않은 것을 구분하는 것이 중요합니다. 재활용품은 깨끗하게 씻어서 배출하는 것이 더욱 효과적입니다.
- 재활용 창의력 발휘: 버려질 물건들을 창의적으로 업사이클링해보세요. 예를 들어, 빈 병을 꽃병으로 사용하거나, 낡은 책을 책꽂이로 변형할 수 있습니다. 이러한 업사이클링은 단순히 재활용 이상의 창의적 기쁨을 선사합니다.

(3) 다회용 제품 사용하기

다회용 제품을 사용하는 것은 환경 보호뿐만 아니라, 장기적으로도 경제적으로 유리합니다. 일회용 제품을 사용하는 대신 오래 사용할 수 있는 제품을 선택해 쓰레기를 줄이고, 더 큰 만족감을 얻을 수 있습니다.

- 텀블러와 에코백 사용: 일회용 컵이나 비닐봉투 대신, 다회용 텀블러와 에코백을 사용하세요. 매일 사용하는 이 작은 물건들이 일회용 쓰레기를 줄이고, 환경 보호에 기여합니다.
- 다회용 식기와 용기 사용: 일회용 플라스틱 접시나 컵 대신, 다회용 식기를 사용하고, 남은 음식을 보관할 때는 유리나 스테인리스 용기를 사용하세요. 이는 쓰레기를 줄일 뿐만 아니라, 음식의 맛과 질도 유지하는 데 도움이 됩니다.

(4) 물건 기부와 나눔으로 자원 순환

더 이상 사용하지 않는 물건을 기부하거나 나누는 것은 자원을 순환시키는 좋은 방법입니다. 필요한 사람에게 물건을 나누어 줄 때 우리는 기쁨과 보람을 느낄 수 있으며, 물건이 새로운 삶을 살아가는 것을 볼 때 성취감을 얻게 됩니다.

- 기부 활동: 사용하지 않는 옷이나 가구를 기부 단체에 보내거나, 주변 이웃들에게 나누어줄 수 있습니다. 물건이 필요로 하는 사람에게 전달되면서 우리는 사

회적 책임을 다하고, 의미 있는 행동을 실천하는 기쁨을 얻을 수 있습니다.

- 물물 교환: 가족, 친구, 이웃 간에 필요하지 않은 물건을 교환하는 것도 재사용의 좋은 방법입니다. 새로운 물건을 구입하는 대신, 이미 사용된 물건을 서로 나누면서 자원의 낭비를 줄일 수 있습니다.

(5) 재사용과 재활용을 통한 창의적 프로젝트 참여

재사용과 재활용은 창의적인 프로젝트로 이어질 수 있습니다. 폐기물이나 오래된 물건들을 새롭게 변형하거나, 새로운 제품으로 탄생시키는 과정에서 창의성을 발휘할 수 있습니다.

- DIY 재활용 프로젝트: 집에서 쉽게 할 수 있는 DIY 재활용 프로젝트에 도전해보세요. 빈 유리병으로 정원 조명을 만들거나, 오래된 나무판자로 벽 장식을 만들어보는 것도 재미있는 방법입니다.
- 업사이클링 제품 만들기: 재활용 가능한 물건들로 새로운 제품을 만들어보세요. 예를 들어, 낡은 가죽 가방을 액세서리로 변형하거나, 폐지로 노트를 만드는 등 업사이클링을 통해 새롭게 탄생한 물건은 큰 성취감을 줍니다.

3) 재사용과 재활용 실천 아이디어

(1) 일주일에 한 번 집안 정리

일주일에 한 번 집에서 불필요한 물건을 정리하고, 재사용할 수 있는 물건을 찾아보세요. 이를 통해 물건의 가치를 다시 발견할 수 있습니다.

(2) 친구와 물물 교환 파티 열기

친구나 이웃과 함께 물물 교환 파티를 열어, 서로 필요한 물건을 나누어보세요. 이는 새로운 물건을 얻는 기쁨과 동시에 환경 보호에 기여하는 재미있는 활동입니다.

(3) 재활용품을 활용한 창의적 공예

주말마다 재활용품을 활용해 공예품을 만들어보세요. 예를 들어, 빈 캔을 꾸며 연필꽂이로 만들거나, 낡은 신문지를 사용해 종이 공예를 해보세요.

(4) 헌 옷 리폼하기

입지 않는 헌 옷을 리폼해 새로운 옷으로 변신시켜보세요. 셔츠를 새롭게 디자인하거나, 청바지를 짧게 잘라 반바지로 만드는 등 창의적으로 물건을 재사용할 수 있습니다.

(5) 지역 재활용 캠페인 참여

지역에서 진행하는 재활용 캠페인에 참여해보세요. 플라스틱 병을 모으거나, 지역 주민들과 함께 쓰레기 줄이기 운동을 실천하면서 더 큰 공동체적인 기쁨을 느낄 수 있습니다.

4) 재사용과 재활용의 기쁨을 느낀 사례

사례 1: 물건을 창의적으로 재사용한 영미

영미는 집에서 사용하지 않던 헌 가구를 리모델링하여 새로운 가구로 활용했습니다. 오래된 책상을 다시 칠하고 손잡이를 교체하면서, 그녀는 물건에 새로운 생명을 불어넣었고, 그 과정에서 성취감과 기쁨을 느꼈습니다.

사례 2: 재활용을 실천한 영석

영석은 가정에서 나오는 플라스틱과 유리를 철저히 재활용하며, 매달 배출되는 쓰레기 양을 절반으로 줄이는 데 성공했습니다. 영석은 자신이 환경 보호에 기여하고 있다는 책임감을 느끼며, 더 큰 내면의 평화를 얻었습니다.

사례 3: 물물 교환을 통해 기쁨을 느낀 서하

서하는 친구들과 함께 물물 교환 파티를 열고, 사용하지 않는 옷과 책을 교환했습니다. 그녀는 새로운 물건을 얻는 동시에 친구들과 더 친밀한 유대를 형성하며, 공유의 기쁨을 느꼈습니다.

5) 재사용과 재활용의 기쁨의 이점

(1) 환경 보호

재사용과 재활용을 통해 자원을 절약하고, 쓰레기 배출을 줄여 지구 환경을 보호할 수 있습니다.

(2) 심리적 만족감

불필요한 물건을 재활용하거나 재사용하는 과정에서 창의성을 발휘하고, 그로 인한 만족감과 성취감을 얻을 수 있습니다.

(3) 경제적 절약

새로운 물건을 사지 않고, 기존 물건을 재사용함으로써 경제적 절약을 실현할 수 있습니다.

(4) 사회적 기여

기부나 나눔을 통해 물건을 재사용함으로써 사회적 책임을 다하고, 더 큰 공동체적 행복을 경험할 수 있습니다.

(5) 자원 순환

재활용을 통해 자원을 다시 사용할 수 있어, 자원 고갈을 방지하고 더 지속 가능한 미래를 위한 기여를 할 수 있습니다.

6) 재사용과 재활용을 통한 행복한 삶

재사용과 재활용은 우리의 일상 속에서 쉽게 실천할 수 있는 행복의 비결입니다. 물건을 새롭게 활용하고, 자원을 다시 사용하는 것은 환경 보호뿐만 아니라, 우리의 내면에도 충만한 기쁨을 줍니다.

75. 자원의 절약과 심리적 만족

1) 개념과 배경: 자원을 절약하면 심리적 만족을 얻을 수 있는 이유

자원의 절약은 단순히 경제적 이익을 넘어, 환경 보호와 심리적 만족감을 제공하는 중요한 생활 방식입니다. 자원을 아끼는 행동은 우리가 살고 있는 지구를 보호하고, 지속 가능한 미래를 만드는 데 기여합니다. 하지만 그 이상으로, 자원을 절약하는 것은 우리 스스로에게도 내면의 평온과 심리적 만족을 줍니다.

심리학적으로 보면, 자원을 절약하는 행동은 의미 있는 목표를 추구하고 있다는 자부심을 느끼게 합니다. 우리의 일상에서 낭비를 줄이고 자원을 아낄 때, 우리는 더 의식적인 삶을 살고 있다는 책임감과 만족감을 얻게 됩니다. 또한, 자원을 절약하면서 환경에 긍정적인 영향을 미치고 있다는 사실은 심리적 안정감을 제공하며, 더 행복하고 균형 잡힌 삶을 살아갈 수 있도록 돕습니다.

2) 자원의 절약을 통한 심리적 만족 실천 방법

(1) 물 절약하기

물은 매우 중요한 자원이며, 이를 절약하는 습관은 환경 보호와 심리적 만족을 동시에 가져옵니다. 물 절약은 작지만 실천 가능한 방법으로, 우리의 행동이 환경에 큰 영향을 미친다는 책임감을 느끼게 합니다.

- 샤워 시간 줄이기: 샤워 시간을 10분 이내로 줄이고, 샴푸나 비누를 사용하는 동안에는 물을 잠가 불필요한 낭비를 막는 것이 중요합니다.
- 빗물 재사용: 정원이나 화단을 가꿀 때는 빗물을 모아 사용해보세요. 자연 자원을 재활용하는 습관은 물 낭비를 줄이고, 환경 보호에 기여한다는 만족감을 줍니다.

(2) 에너지 절약 실천하기

전기와 에너지를 절약하는 것은 환경에 긍정적인 영향을 미칠 뿐만 아니라, 일상에서의 심리적 만족을 증가시킵니다. 에너지 절약은 우리의 행동이 지구에 어떤 영향을 미치는지 의식하게 만들고, 더 나은 미래를 위한 선택을 할 수 있게 합니다.

- 불필요한 전기 끄기: 사용하지 않는 조명과 가전제품을 끄고, 플러그를 뽑는 습관을 들이세요. 전등을 LED로 교체해 에너지 효율을 높이는 것도 좋은 방법입니다.
- 에너지 사용 줄이기 목표 세우기: 한 달 동안 전기 사용량을 절감할 수 있는 목표를 설정하고, 이를 달성할 때마다 느끼는 성취감은 심리적 만족을 크게 높여줍니다.

(3) 식량 낭비 줄이기

음식물 쓰레기를 줄이는 것은 자원 절약과 환경 보호에 큰 기여를 할 뿐만 아니라, 삶의 만족감을 높이는 중요한 실천 방법입니다. 식량 낭비를 줄이면서 우리는 자신의 소비 패턴을 더 의식적으로 관리하게 되고, 경제적 이익뿐만 아니라 심리적 안정감도 얻을 수 있습니다.

- 식재료 계획 세우기: 일주일치 식단을 미리 계획하고, 필요한 만큼만 구매하세요. 불필요한 음식물 낭비를 줄이면 더 건강한 식습관과 환경 보호를 실천할 수 있습니다.
- 남은 음식 재사용: 남은 음식을 버리지 않고 다른 요리로 변형해 재사용하는 습관을 기르세요. 예를 들어, 남은 야채를 이용해 수프나 샐러드를 만들 수 있습니다. 이는 식량 낭비를 줄이는 동시에, 창의적인 요리를 통해 만족감을 느낄 수 있습니다.

(4) 재활용과 업사이클링 실천하기

재활용과 업사이클링은 자원을 절약하는 가장 중요한 방법 중 하나입니다. 이러한 활동은 자원 낭비를 줄이는 동시에 창의적 성취감을 느끼게 해줍니다. 재활용을 실천할 때 우리는 자신의 행동이 환경에 긍정적인 영향을 미친다는 책임감을 느끼게 되고, 이는 더 큰 행복으로 이어집니다.

- 재활용 습관 들이기: 플라스틱, 종이, 금속, 유리 등을 재활용하는 습관을 기르세요. 각종 폐기물을 재활용하는 것은 지구 자원을 보호할 뿐만 아니라, 심리적 보람을 제공합니다.

- 업사이클링 프로젝트 참여: 오래된 물건을 새로운 용도로 재탄생시키는 업사이클링에 도전해보세요. 예를 들어, 낡은 가구를 리폼하거나 빈 병을 화병으로 사용하는 등, 새로운 창작 활동을 통해 더 큰 성취감을 얻을 수 있습니다.

(5) 불필요한 소비 줄이기

불필요한 소비를 줄이는 것은 자원을 절약하는 가장 직관적인 방법입니다. 더 이상 필요 없는 물건을 구입하지 않고, 필요한 것만 소유하는 습관을 기르면 심리적 만족감과 경제적 안정을 함께 얻을 수 있습니다.

- 필요한 물건만 구입하기: 물건을 구매하기 전에 '이것이 나에게 정말로 필요한가?'라는 질문을 던져보세요. 의식적인 소비는 자원을 절약하면서도 만족감을 느끼게 합니다.
- 중고 제품 사용: 새로운 제품을 사는 대신 중고 제품을 사용하는 것은 자원을 절약하고, 환경을 보호하는 좋은 방법입니다. 중고 가구나 전자제품을 구매하는 것은 경제적 이득뿐만 아니라, 자원 순환에 기여한다는 보람을 줍니다.

3) 자원의 절약을 통한 심리적 만족 실천 아이디어

(1) 한 달에 한 번 자원 절약 목표 세우기

매달 전기, 물, 음식 등의 사용량을 절감할 수 있는 목표를 설정하고, 이를 달성했을 때 느끼는 성취감을 통해 심리적 만족을 경험해보세요.

(2) 재활용 DIY 프로젝트 시작하기

재활용품을 활용해 업사이클링 프로젝트를 진행해보세요. 예를 들어, 빈 유리병으로 화병을 만들거나, 낡은 가구를 새롭게 꾸며보세요.

(3) 음식물 낭비 줄이기

일주일 동안 음식물 쓰레기를 전혀 발생시키지 않기 도전을 실천해보세요. 남은 음식을 새로운 요리로 재사용하거나, 필요한 만큼만 식재료를 구매하는 습관을 길러보세요.

(4) 일주일간 무소비 챌린지

일주일 동안 불필요한 소비를 완전히 멈추고, 기존의 자원만으로 생활하는 무소비 챌린지에 도전해보세요. 이를 통해 소비의 습관을 되돌아보고, 절약에서 오는 만족감을 느낄 수 있습니다.

(5) 빗물 재활용 시스템 설치

정원이나 화단에 물을 줄 때, 빗물을 모아 사용하는 시스템을 설치해보세요. 자연 자원을 활용하는 기쁨과 자원 절약의 만족감을 동시에 얻을 수 있습니다.

4) 자원의 절약과 심리적 만족을 느낀 사례

사례 1: 물 절약을 실천한 영미

영미는 매일 샤워 시간을 줄이고, 세탁기 사용을 줄이며 물 절약을 실천했습니다. 그녀는 매달 사용되는 물의 양이 줄어드는 것을 보며 책임감을 느끼고, 환경 보호에 기여하고 있다는 자부심을 얻게 되었습니다.

사례 2: 음식물 쓰레기 줄이기를 실천한 영석

영석은 가정에서 나오는 음식물 쓰레기를 절반으로 줄이기 위해 일주일치 식단을 계획하고, 남은 음식을 재사용하는 습관을 길렀습니다. 그는 식량 낭비를 줄임으로써 더 의식적인 소비 습관을 갖게 되었고, 동시에 경제적 절약과 심리적 만족을 얻었습니다.

사례 3: 재활용과 업사이클링을 실천한 서하

서하는 오래된 가구를 리폼하고, 집안에서 나오는 폐기물을 재활용하는 업사이클링 프로젝트를 시작했습니다. 그녀는 자원을 절약하는 과정에서 창의적인 만족감을 느끼며, 더 큰 심리적 안정을 얻을 수 있었습니다.

5) 자원의 절약과 심리적 만족의 이점

(1) 심리적 안정

자원을 절약하는 행동은 목적 있는 삶을 살고 있다는 심리적 안정감을 줍니다.

(2) 책임감과 성취감

자원을 아끼고 절약하는 작은 실천들은 큰 책임감과 성취감을 느끼게 해주며, 이는 더 큰 만족감으로 이어집니다.

(3) 경제적 이익

자원을 절약함으로써 경제적 안정을 얻을 수 있으며, 장기적으로 더 건강한 재정 계획을 세울 수 있습니다.

(4) 환경 보호

자원을 절약함으로써 우리는 환경 보호에 기여하며, 더 지속 가능한 미래를 위한 기여를 하게 됩니다.

(5) 의식적인 소비 습관 형성

자원 절약을 실천하면 더 의식적인 소비 습관을 기르게 되고, 물질적인 것보다 더 중요한 가치를 추구하는 삶을 살 수 있습니다.

6) 자원의 절약을 통해 심리적 만족과 행복 찾기

자원의 절약은 우리의 삶을 더 의미 있게 만들고, 심리적 만족과 행복을 가져다주는 중요한 실천입니다. 물, 에너지, 식량 낭비를 줄이고, 재활용과 재사용을 실천함으로써 우리는 더 의식적이고 책임감 있는 삶을 살 수 있습니다.

작은 변화에서 시작하세요. 매일 실천할 수 있는 작은 절약 습관을 만들어가며 내면의 평온과 심리적 만족을 경험하세요. 이는 더 행복한 삶과 지속 가능한 미래를 위한 길이 될 것입니다.

76. 자연과의 상생을 위한 노력

1) 개념과 배경: 자연과의 상생이란 무엇인가?

자연과의 상생은 인간이 자연과 조화를 이루며 살아가는 삶의 방식을 의미합니다. 이는 자연을 보호하고 보존하며, 자연이 제공하는 자원을 지속 가능하게 사용하는 동시에, 우리가 자연으로부터 정신적, 신체적 혜택을 받는 상호작용을 뜻합니다. 자연과의 상생은 단순히 환경 보호 이상의 개념으로, 자연의 일부로서 우리 자신을 인식하고, 이를 통해 내면의 평화와 행복을 찾는 것입니다.

심리학적으로 자연과의 상생은 인간의 정서적 안정감을 높이고, 스트레스를 줄이며, 웰빙을 촉진하는 데 도움을 줍니다. 자연과 함께 살아가는 삶을 실천할 때, 우리는 삶의 균형을 유지하고, 더 깊은 목적 의식을 갖게 됩니다. 자연을 보호하는 행동은 우리의 마음에 책임감과 만족감을 제공하며, 더 지속 가능한 미래를 위한 기여라는 자부심을 가져다줍니다.

2) 자연과의 상생을 위한 실천 방법

(1) 일상 속에서 환경 보호 실천하기

자연과의 상생은 일상 속에서부터 시작됩니다. 작은 실천 하나하나가 자연에 긍정적인 영향을 미치며, 우리가 자연과 조화를 이루는 데 기여할 수 있습니다.

- 자연 자원 절약하기: 물, 전기, 가스를 절약하는 것은 자연과 상생하는 첫걸음입니다. 물 절약을 위해 샤워 시간을 줄이고, 세탁기나 식기세척기를 최대한 효율적으로 사용하세요. 전기와 가스도 필요할 때만 사용하고, 사용하지 않는 전기 기기는 항상 꺼두는 습관을 기르세요.
- 쓰레기 줄이기: 일회용 플라스틱 사용을 줄이고, 쓰레기를 최소화하는 생활 방식을 실천하세요. 재활용 가능한 물건을 사용하고, 가능한 한 다회용 제품을 사용해 환경에 미치는 영향을 줄여보세요.

(2) 자연 보호 활동에 참여하기

지역 사회나 환경 단체에서 진행하는 자연 보호 활동에 참여하는 것도 자연과 상생하는 좋은 방법입니다. 이를 통해 자연에 대한 책임감을 실천하고, 더 나은 미래를 위한 기여를 할 수 있습니다.

- 나무 심기 활동: 지역 사회에서 진행하는 나무 심기 캠페인에 참여해보세요. 나무는 탄소를 흡수하고 공기를 정화하며, 지구의 건강을 지키는 중요한 자원입니다. 직접 나무를 심는 것은 환경에 직접적인 기여를 할 수 있는 가장 효과적인 방법 중 하나입니다.
- 지역 자연 청소: 해변이나 공원에서 쓰레기 줍기 자원봉사에 참여해보세요. 이러한 활동은 자연을 깨끗하게 유지하는 데 도움을 주고, 자연 속에서 시간을 보내며 정신적 안정과 행복을 느낄 수 있습니다.

(3) 자연 친화적인 생활 습관 기르기

자연과 상생하기 위해 우리의 생활 습관을 자연 친화적인 방식으로 전환하는 것이 중요합니다. 자연 친화적인 삶은 자원을 절약하고, 자연에서 얻는 기쁨을 더 크게 느낄 수 있는 기회를 제공합니다.

- 친환경 제품 사용: 유기농이나 재활용 소재로 만들어진 친환경 제품을 사용하세요. 이를 통해 환경에 미치는 영향을 줄이고, 지속 가능한 소비 습관을 가질 수 있습니다.
- 에너지 효율적 가전제품 사용: 에너지 효율이 높은 가전제품을 사용함으로써 에너지 소비를 줄이고 자연 자원을 보존하세요. 오래된 가전제품을 교체하고, 가능한 한 태양광이나 풍력 에너지를 활용한 재생 가능 에너지를 사용하는 것도 좋은 방법입니다.

(4) 자연에서 얻는 기쁨과 평화 찾기

자연은 우리의 심리적, 신체적 건강에 큰 영향을 미칩니다. 자연 속에서 시간을 보내고, 자연의 아름다움을 경험하는 것은 마음의 평화와 행복을 얻는 중요한 방법입니다.

- 자연 속 산책과 명상: 가까운 공원이나 산에서 산책을 하거나 명상을 실천해보

세요. 자연의 소리와 냄새, 바람을 느끼며, 현재의 순간에 집중하는 것은 큰 정서적 안정을 가져다줍니다.

- 자연과 함께하는 취미 생활: 등산, 캠핑, 정원 가꾸기 등 자연과 함께하는 취미를 즐겨보세요. 자연 속에서 신체를 움직이거나, 식물을 가꾸는 활동을 통해 더 큰 심리적 만족감을 얻을 수 있습니다.

(5) 자원의 지속 가능성에 대한 교육과 인식 확산

지속 가능한 삶을 위해 우리는 자연과의 상생을 실천하는 방법을 교육하고, 인식을 확산하는 역할을 해야 합니다. 더 많은 사람이 자연 보호의 중요성을 인식할 때, 우리는 함께 자연을 보호할 수 있습니다.

- 자연 보호 교육 참여: 학교나 지역 사회에서 진행하는 환경 보호 교육에 참여하거나, 다른 사람들에게 자연 보호의 중요성을 알리는 활동을 해보세요. 교육을 통해 자연에 대한 책임 의식을 공유할 수 있습니다.
- 온라인 캠페인: 소셜 미디어나 블로그를 통해 환경 보호와 자연과의 상생을 주제로 한 캠페인을 펼쳐보세요. 이를 통해 더 많은 사람들이 자연 보호에 동참할 수 있도록 영감을 줄 수 있습니다.

3) 자연과의 상생을 위한 실천 아이디어

(1) 하루에 한 번 자연 속 산책하기

매일 10분이라도 자연 속에서 산책하며 자연과의 연결을 느껴보세요. 이를 통해 스트레스를 해소하고, 자연과 조화를 이루는 기쁨을 경험할 수 있습니다.

(2) 일주일에 한 번 쓰레기 줍기 활동

가까운 공원이나 해변에서 쓰레기 줍기 활동에 참여해보세요. 이는 자연을 깨끗하게 유지하는 데 기여하고, 더 큰 책임감과 성취감을 느낄 수 있습니다.

(3) 친환경 소비 습관 만들기

한 달에 한 가지씩 친환경 제품을 구입해보세요. 세제, 가전제품, 의류 등 일상에서 사용하는 제품을 지속 가능한 제품으로 교체하는 습관을 기르면 자연과 상생하는 삶을 실천할 수 있습니다.

(4) 나무 심기 프로젝트 시작하기

집 주변이나 지역 사회에서 나무를 심는 프로젝트를 시작해보세요. 나무를 심고 돌보는 과정에서 자연과의 관계를 더 깊이 이해할 수 있습니다.

(5) 자연 보호 관련 책 읽기

한 달에 한 권씩 자연 보호와 지속 가능한 생활에 대한 책을 읽고, 이를 바탕으로 자신의 삶에 적용해보세요. 자연과의 상생을 위한 지식을 얻고, 더 깊은 이해를 통해 지속 가능한 삶을 만들어갈 수 있습니다.

4) 자연과의 상생을 실천한 사례

사례 1: 지역 사회에서 나무 심기 활동을 한 영미

영미는 지역 사회의 나무 심기 프로젝트에 참여하며 직접 나무를 심고, 그 나무가 자라는 모습을 지켜보며 자연에 기여하는 보람을 느꼈습니다. 그녀는 자연을 돌보는 과정에서 더 큰 심리적 안정과 행복을 경험했습니다.

사례 2: 정원 가꾸기를 통해 자연과 교감한 영석

영석은 자신의 정원에서 유기농 식물을 가꾸며 자연과 교감했습니다. 그는 식물을 돌보는 시간이 자신에게 심리적 평온을 가져다주고, 자연과 함께하는 삶의 기쁨을 느꼈습니다.

사례 3: 쓰레기 줍기 활동에 참여한 서하

서하는 매달 한 번씩 해변 청소 자원봉사에 참여하며 자연 보호 활동을 실천했습니다. 그녀는 깨끗한 자연을 만드는 데 기여하고 있다는 자부심을 느끼며, 더 나은 미래를 위해 작은 실천이 큰 변화를 가져올 수 있음을 경험했습니다.

5) 자연과의 상생의 이점

(1) 성신적 안정

자연과 조화를 이루는 삶은 우리의 정서적 안정감과 평온함을 제공합니다.

(2) 행동의 일관성

자연을 보호하고 보존하는 행동은 우리의 삶에 일관성을 주며, 더 목적 있는 삶을 살 수 있게 합니다.

(3) 사회적 책임감

자연과 상생하는 삶은 우리가 사회적 책임을 다하고 있음을 느끼게 해주며, 더 큰 만족감과 자부심을 가져다줍니다.

(4) 환경 보호

자연과의 상생을 실천함으로써 지구 환경을 보호하고, 미래 세대를 위한 더 나은 자연 환경을 제공할 수 있습니다.

(5) 신체적 건강 증진

자연 속에서 시간을 보내고, 자연과 함께하는 활동은 우리의 신체적 건강을 증진시키는 데 큰 도움이 됩니다.

6) 자연과의 상생을 통해 행복한 삶 만들기

자연과의 상생은 우리의 일상에서 작은 실천을 통해 이루어질 수 있습니다. 자연과 함께하는 삶을 실천할 때 우리는 더 큰 내면의 평화와 행복을 경험하게 됩니다.

자연을 보호하고, 자원 절약을 실천하며, 자연 속에서 삶의 기쁨을 찾는 것은 우리가 지구와 조화롭게 살아가는 가장 중요한 방법입니다. 작은 행동으로 시작해 보세요. 자연을 돌보고, 그로부터 얻는 행복을 느끼는 과정은 더 지속 가능하고 풍요로운 삶을 가져다줄 것입니다.

77. 지역 사회와 함께 하는 삶

1) 개념과 배경: 지역 사회와 함께 하는 삶이란?

지역 사회와 함께 하는 삶은 개인이 속한 지역 공동체 내에서 상호작용하고, 기여하며, 함께 성장하는 생활 방식을 말합니다. 이는 사회적 유대감을 강화하고, 더 큰 심리적 안정감과 소속감을 통해 행복을 증진하는 중요한 요소입니다. 우리는 지역 사회를 통해 지원과 연대를 경험하며, 개인의 성장뿐만 아니라 지역 전체의 발전을 도모할 수 있습니다.

심리학적으로 지역 사회와의 연계는 우리의 정서적 웰빙에 중요한 역할을 합니다. 인간은 사회적 존재로서 관계 속에서 안정감과 목적 의식을 찾습니다. 공동체 활동에 참여함으로써 우리는 더 큰 소속감을 느끼고, 이를 통해 행복감을 증대시킬 수 있습니다. 또한 지역 사회와의 연결은 사회적 지지를 형성하며, 위기 상황에서도 심리적 회복력을 높여줍니다.

2) 지역 사회와 함께하는 삶을 위한 실천 방법

(1) 지역 봉사 활동 참여하기

지역 사회에서 봉사 활동에 참여하는 것은 소속감과 사회적 기여를 느낄 수 있는 중요한 방법입니다. 봉사는 지역 사회를 지원하면서 자신의 능력을 나누고, 그 과정에서 보람과 만족감을 느낄 수 있습니다.

- 음식 나누기 봉사: 지역 내 무료 급식소나 푸드 뱅크에서 봉사하며 도움이 필요한 사람들에게 음식을 나누어 주는 활동을 실천해보세요. 이는 지역 사회의 취약 계층을 도울 수 있는 직접적인 방법입니다.
- 지역 행사 지원: 마을 축제, 음악회, 지역 스포츠 경기 등 지역 행사를 지원하는 자원봉사에 참여하세요. 이러한 활동을 통해 지역 주민들과 유대감을 형성하고, 더 큰 소속감을 느낄 수 있습니다.

(2) 지역 자원을 활용한 친환경 생활 실천하기

지역 사회에서 나는 자원을 활용한 친환경 생활은 지역 경제를 활성화하고, 동시에 지속 가능한 삶을 실천하는 방법입니다. 이는 지역 사회와의 연대를 강화하는 동시에 자연을 보호하는 책임 있는 소비로 이어집니다.

- 로컬 푸드 구매: 지역 농산물 직거래 장터에서 식재료를 구매함으로써 지역 농가를 지원하고, 환경적으로 지속 가능한 소비를 실천하세요. 이를 통해 신선한 식재료를 사용할 수 있을 뿐만 아니라, 지역 경제에도 기여할 수 있습니다.
- 친환경 모임 참여: 지역 내에서 진행하는 친환경 워크숍이나 커뮤니티 모임에 참여해 지속 가능한 삶을 배우고 공유해보세요. 이를 통해 지역 주민들과 함께 환경 보호를 실천하고, 지구와 지역 사회를 위해 기여할 수 있습니다.

(3) 지역 경제 활성화를 위한 참여

지역 사회와 함께 성장하는 삶은 지역 경제를 활성화하는 데에도 기여합니다. 지역 상점을 이용하고, 지역의 중소기업을 지원함으로써 경제적 연대를 형성할 수 있습니다.

- 지역 상점 이용하기: 대형 마트보다는 지역 상점에서 쇼핑을 하며, 지역 경제를 활성화하세요. 지역 내 소상공인을 지원함으로써 지역의 경제적 성장에 기여할 수 있습니다.
- 지역 예술가와 소상공인 지원: 지역에서 활동하는 예술가나 공예가의 작품을 구매하거나, 그들의 활동을 지원해보세요. 이는 예술과 창작을 통해 지역 문화 발전에도 기여할 수 있는 좋은 방법입니다.

(4) 지역 커뮤니티와의 소통과 참여

지역 사회의 커뮤니티 활동에 참여하는 것은 지역 주민들과의 소통과 연결을 강화하고, 더 큰 행복감을 느낄 수 있는 중요한 요소입니다. 이웃과의 관계를 유지하고, 정기적인 소통을 통해 더 큰 소속감을 경험할 수 있습니다.

- 지역 모임 참여: 지역에서 열리는 동네 모임이나 커뮤니티 회의에 참석해보세요. 새로운 사람들과 교류하고, 지역 사회에서 해결해야 할 문제에 대해 의견을 나누며 소통할 수 있는 기회입니다.

- 이웃과의 유대 강화: 이웃과 정기적으로 소통하며, 서로 돕고 지지하는 관계를 형성하세요. 특별한 기념일에 이웃에게 작은 선물을 하거나, 이웃의 필요를 살펴보는 작은 배려도 큰 유대감을 만들어냅니다.

(5) 지역 문화와 전통 유지하기

지역 사회의 문화와 전통을 지키는 것은 공동체의 유대감을 강화하고, 정체성을 유지하는 데 중요한 역할을 합니다. 지역 사회의 문화와 전통을 존중하고, 이를 계승하려는 노력이 필요합니다.

- 지역 전통 축제 참여: 지역에서 열리는 전통 축제에 적극적으로 참여하세요. 지역의 문화와 역사를 배우고, 전통을 계승하며 주민들과 문화적 유대를 강화할 수 있습니다.
- 지역 문화 발전에 기여: 지역 예술 공연이나 전시회에 참여하거나, 문화 프로그램을 후원함으로써 지역 문화 발전에 기여해보세요. 이를 통해 지역 사회의 문화적 정체성을 유지하고 확장하는 데 도움을 줄 수 있습니다.

3) 지역 사회와 함께하는 삶을 위한 실천 아이디어

(1) 일주일에 한 번 지역 봉사 활동 참여

한 달에 한 번 지역 사회에서 진행되는 자원봉사 활동에 참여해보세요. 작은 실천이 지역 사회에 큰 도움을 줄 수 있으며, 이를 통해 더 큰 보람을 느낄 수 있습니다.

(2) 로컬 푸드 주간 실천

일주일 동안 로컬 푸드만 소비하는 주간을 실천해보세요. 지역 농산물만으로 식단을 꾸리며, 환경 보호와 지역 경제 활성화에 기여할 수 있습니다.

(3) 이웃과 정기적으로 소통하기

이웃과 정기적인 모임이나 커피 타임을 통해 소통의 기회를 만들어보세요. 작은 대화가 쌓이면 큰 신뢰와 유대감으로 발전할 수 있습니다.

(4) 지역 상점 지원하기

한 달 동안 대형 마트 대신 지역 상점에서만 쇼핑을 해보세요. 이를 통해 지역 경제를 활성화하고, 지역 주민들과 더 깊은 유대를 형성할 수 있습니다.

(5) 지역 예술 후원하기

지역 예술가나 공예가의 작품을 구매하거나, 그들의 전시나 공연을 후원해보세요. 예술을 통한 문화적 소통이 가능해집니다.

4) 지역 사회와 함께하는 삶을 실천한 사례

사례 1: 지역 봉사 활동에 꾸준히 참여한 영미

영미는 지역 내 푸드 뱅크 봉사 활동에 꾸준히 참여하며 도움이 필요한 이웃들에게 음식을 나누었습니다. 그녀는 지역 사회에 기여하고 있다는 보람을 느끼며, 새로운 친구들도 사귀며 더 큰 행복감을 경험했습니다.

사례 2: 로컬 푸드로 식단을 꾸린 영석

영석은 일주일에 한 번 지역 농산물 직거래 장터를 방문해 식재료를 구매했고, 그를 통해 지역 농부들과 교류하게 되었습니다. 신선한 식재료를 사용하는 기쁨을 느끼는 동시에, 지역 농가를 지원하는 데 큰 만족감을 얻었습니다.

사례 3: 지역 상점을 애용한 서하

서하는 한 달 동안 대형 마트 대신 지역 상점에서만 쇼핑을 했습니다. 그녀는 지역 상점 주인들과 더 친밀한 관계를 형성했고, 지역 경제 활성화에 작은 기여를 할 수 있음을 느꼈습니다. 또한 서하는 이 과정에서 지역 사회와 더 강한 유대감을 형성했습니다.

5) 지역 사회와 함께하는 삶의 이점

(1) 심리적 안정감

지역 사회와 연결될 때 우리는 소속감과 정서적 안정감을 경험하며, 심리적으로 더 큰 행복을 느낄 수 있습니다.

(2) 사회적 기여

지역 사회를 위한 봉사와 참여는 우리의 사회적 책임감을 충족시키며, 더 큰 만족감과 보람을 가져다줍니다.

(3) 공동체 유대감 강화

이웃과의 소통과 공동체 활동을 통해 우리는 더 깊은 유대감을 형성하며, 이는 개인적 성장뿐만 아니라 공동체의 발전에도 기여합니다.

(4) 지역 경제 활성화

지역 상점과 자원을 활용하는 것은 지역 경제를 활성화하고, 지속 가능한 경제적 연대를 형성합니다.

(5) 문화적 정체성 유지

지역 문화와 전통을 지키고 계승함으로써 우리는 지역 사회의 정체성을 유지하고, 더 나은 공동체를 만드는 데 기여할 수 있습니다.

6) 지역 사회와 함께하는 삶으로 행복 찾기

지역 사회와 함께하는 삶은 단순한 개인적 행복을 넘어, 공동체의 발전과 지속 가능한 사회를 만드는 중요한 과정입니다. 작은 봉사와 참여에서부터 시작해, 지역 사회와의 연결을 강화하며 더 큰 행복과 소속감을 경험해보세요.

지역 사회와 함께 성장하는 삶을 통해 우리는 더 풍요롭고 의미 있는 삶을 살 수 있으며, 더 나은 미래를 위한 기여를 실천할 수 있습니다. 작은 실천이 더 큰 변화를 만들어냅니다.

78. 생태계 복원과 정신적 성장

1) 개념과 배경: 생태계 복원과 정신적 성장의 관계

생태계 복원이란 인간의 활동으로 인해 훼손되거나 손상된 자연 환경을 원래 상태로 되돌리기 위해 노력하는 것을 말합니다. 이 과정에는 숲 복원, 습지 재생, 토양 복구, 멸종 위기 종 보호 등이 포함됩니다. 생태계를 복원하는 활동은 지구를 건강하게 유지하는 데 중요한 역할을 하며, 우리의 미래 세대를 위한 자연 자원을 보존하는 방법입니다.

하지만 생태계 복원은 단지 환경적 목표에 그치지 않고, 우리의 정신적 성장에도 큰 기여를 합니다. 자연과의 조화로운 관계를 회복하려는 노력은 우리의 삶에 책임감과 목적 의식을 부여하며, 정서적 안정과 심리적 만족감을 가져다줍니다. 자연을 돌보면서 우리는 내면의 평화와 성장을 경험하게 되고, 더 균형 잡힌 삶을 살 수 있습니다. 자연을 복원하는 과정은 자아 성찰의 기회가 되어, 자연과의 관계뿐만 아니라 자기 자신과의 관계도 깊어집니다.

2) 생태계 복원과 정신적 성장을 위한 실천 방법

(1) 지역 생태계 복원 프로젝트 참여

생태계 복원 프로젝트에 참여하는 것은 자연을 돌보며 동시에 정신적 성장을 이룰 수 있는 좋은 방법입니다. 이러한 활동에 참여함으로써 우리는 자연에 기여하고, 스스로의 성장을 촉진할 수 있습니다.

- 나무 심기 활동: 나무는 탄소를 흡수하고, 산소를 생산하며, 생태계의 균형을 유지하는 중요한 역할을 합니다. 지역 사회에서 진행되는 나무 심기 활동에 참여하여 숲을 복원하는 데 기여하고, 자연과 연결되는 경험을 해보세요. 나무를 심고 돌보는 과정에서 책임감과 성취감을 느낄 수 있습니다.
- 습지 복원 활동: 습지는 다양한 생물의 서식지로서 중요한 역할을 합니다. 습지 복원 프로젝트에 참여해 생태계의 다양한 생명체들이 다시 살아날 수 있도록 돕는 것은 우리가 자연과 더 깊이 연결되는 방법입니다. 이러한 활동은 정

신적 평화를 가져다줍니다.

(2) 자연 보호를 통한 정서적 안정 찾기

자연 보호 활동에 참여하는 것은 우리에게 정서적 안정과 심리적 만족을 제공합니다. 자연을 돌보는 과정을 통해 우리는 내면의 평화와 정신적 성장을 경험할 수 있습니다.

- 자연 정화 활동: 공원, 해변, 산림에서 쓰레기 줍기 활동에 참여해보세요. 자연을 깨끗하게 유지하고 보존하는 과정에서 우리는 내면의 정화와 같은 경험을 할 수 있습니다. 쓰레기를 제거하고 깨끗해진 자연을 보며 우리의 마음도 더 맑고 가벼워집니다.
- 멸종 위기 동식물 보호: 멸종 위기에 처한 동식물의 서식지를 보호하고, 그들의 생존을 돕는 활동에 참여해보세요. 이를 통해 우리는 생명에 대한 책임감과 연민을 기르고, 자신의 역할에 대한 자부심을 느낄 수 있습니다.

(3) 자연과의 깊은 연결을 위한 마음 챙김 실천

자연 속에서 마음 챙김을 실천하는 것은 정신적 성장을 촉진하는 데 중요한 역할을 합니다. 자연의 소리, 냄새, 감각에 집중하면서 현재의 순간에 머무르면 더 깊은 정신적 평온을 느낄 수 있습니다.

(4) 자연 속 명상

숲, 공원, 해변 등 자연 환경에서 명상을 실천해보세요. 자연의 소리에 귀 기울이고, 바람과 나무의 움직임을 느끼며, 내면의 평화를 찾을 수 있습니다. 자연과 함께하는 명상은 우리의 정신적 성장을 촉진하는 데 도움을 줍니다.

(5) 자연 속 산책

산책을 할 때 자연의 모든 요소에 집중해보세요. 발바닥이 땅을 딛는 감각, 바람의 차가움, 나무의 잎사귀 움직임에 주의를 기울이며 걷는 것은 마음 챙김과 정신적 성장의 좋은 방법입니다.

(6) 생태계 복원에 대한 교육과 인식 확산

생태계 복원의 중요성을 교육하고 인식을 확산하는 것은 우리가 함께 자연을 보호하고 복원하는 데 중요한 역할을 합니다. 다른 사람들과 정보를 공유함으로써 더 많은 사람들이 자연 보호에 동참하도록 독려할 수 있습니다.

- 지역 학교와 단체에서 생태 교육 제공: 지역 학교나 환경 단체에서 생태계 복원에 대한 교육 프로그램을 제공하거나, 강연을 통해 자연의 중요성을 알리세요. 이를 통해 지역 사회의 환경 의식을 높이고, 자연 복원 활동에 참여할 수 있는 동기를 부여할 수 있습니다.
- 소셜 미디어 캠페인: 소셜 미디어에서 생태계 복원의 중요성과 우리가 할 수 있는 작은 실천 방법들을 알리는 캠페인을 진행해보세요. 더 많은 사람들이 자연 보호의 중요성을 깨닫고, 작은 실천으로 더 큰 변화를 만들 수 있게 됩니다.

(7) 자연과의 연결을 통한 개인의 정신적 성장 도모

생태계 복원을 위해 자연과의 연결을 강화하면 우리는 내면의 성장을 경험하게 됩니다. 자연 속에서 시간을 보내며 자아 성찰의 기회를 갖고, 더 큰 정신적 성숙을 도모할 수 있습니다.

- 정기적인 자연 속 시간 보내기: 매주 한 번 자연 속에서 명상하거나 산책하며 자연과 연결되는 시간을 가져보세요. 이러한 시간은 스트레스 해소와 정신적 성장에 크게 기여할 수 있습니다.
- 자연과 교감하는 취미 생활: 정원 가꾸기, 캠핑, 등산과 같은 활동을 통해 자연과 깊이 교감해보세요. 자연과 가까이 있는 시간을 통해 자신의 내면을 들여다보고, 더 깊은 성장을 경험할 수 있습니다.

3) 생태계 복원과 정신적 성장을 위한 실천 아이디어

(1) 지역 생태 복원 봉사 활동

한 달에 한 번 생태계 복원 활동에 참여해보세요. 나무를 심거나, 습지를 복원하는 활동에 참여하면서 자연과 연결되고, 정신적 성장을 경험할 수 있습니다.

(2) 자연 속 명상과 산책

매주 자연 속에서 명상을 실천하거나 마음 챙김 산책을 해보세요. 자연의 소리에 귀 기울이고, 현재 순간에 집중하면서 내면의 평화를 찾고 성장하는 기회를 가져보세요.

- 환경 교육 프로그램 진행: 지역 사회나 학교에서 생태계 복원의 중요성을 알리는 환경 교육 프로그램을 조직하거나 참여해보세요. 더 많은 사람들이 자연 복원에 동참하도록 돕는 것은 당신의 정신적 성장을 촉진할 수 있습니다.
- 정원 가꾸기 시작: 집에서 정원을 가꾸며 자연과 교감하는 시간을 가져보세요. 씨앗을 심고, 식물이 자라는 과정을 보면서 자연과 함께 성장하는 경험을 할 수 있습니다.
- 소셜 미디어를 통한 생태계 복원 캠페인: 소셜 미디어를 통해 생태계 복원의 중요성과 개인이 할 수 있는 실천 방법을 공유하세요. 더 많은 사람들이 자연 복원에 동참할 수 있도록 영감을 주는 활동을 펼쳐보세요.

4) 생태계 복원과 정신적 성장을 경험한 사례

사례 1: 나무 심기 활동에 참여한 영미

영미는 지역 사회에서 진행하는 나무 심기 프로젝트에 참여하며 매달 나무를 심었습니다. 그녀는 나무가 자라는 모습을 보며 성취감과 내면의 평화를 느꼈고, 자연과의 연결을 통해 더 깊은 정신적 성장을 경험했습니다.

사례 2: 정원 가꾸기를 통한 자연과의 교감

영석은 자신의 집 정원에서 유기농 식물을 가꾸며 자연과 교감했습니다. 식물을 돌보는 과정을 통해 그는 자신이 자연의 일부임을 깨달았고, 이는 그의 정신적 성숙을 촉진하는 중요한 경험이 되었습니다.

사례 3: 생태계 복원 캠페인을 펼친 서하

서하는 소셜 미디어에서 생태계 복원 캠페인을 진행하며 많은 사람들에게 자연 복원의 중요성을 알렸습니다. 그녀는 캠페인을 통해 더 많은 사람들이 자연 보호에 동참하게 되는 것을 보고 보람을 느꼈고, 이를 통해 자신이 더 책임 있는 삶을 살고 있음을 깨달았습니다.

5) 생태계 복원과 정신적 성장의 이점

(1) 정신적 평화

자연 복원을 실천하는 과정에서 정서적 안정과 내면의 평화를 얻을 수 있습니다.

(2) 자아 성찰

자연과의 연결을 통해 자신을 돌아보는 기회를 얻고, 더 깊은 정신적 성숙을 이룰 수 있습니다.

(3) 책임감과 성취감

자연을 보호하고 복원하는 행동은 우리의 삶에 책임감을 부여하고, 더 큰 성취감을 느끼게 해줍니다.

(4) 환경 보호

생태계 복원을 통해 우리는 자연 환경을 보호하고, 미래 세대를 위한 더 나은 지구를 만들 수 있습니다.

(5) 공동체 유대감

생태계 복원 활동에 참여하는 것은 지역 사회와 유대감을 형성하고, 공동체 내에서 더 큰 연결을 경험할 수 있습니다.

6) 생태계 복원과 정신적 성장을 통해 행복한 삶 찾기

생태계 복원은 우리의 자연을 되살리고, 정신적 성장을 도모하는 중요한 과정입니다. 자연을 복원하는 실천을 통해 우리는 더 큰 내면의 평화와 성숙을 경험할 수 있으며, 동시에 지속 가능한 미래를 위한 기여를 할 수 있습니다.

79. 일상 속에서 환경 실천하기

1) 개념과 배경: 일상 속 환경 실천이 중요한 이유

일상 속에서 환경을 실천한다는 것은 우리의 생활 속에서 자원을 절약하고, 환경에 미치는 영향을 줄이기 위해 작은 행동들을 지속적으로 실천하는 것을 의미합니다. 이러한 활동은 우리 개인의 환경적 책임을 다하는 동시에, 더 건강한 지구를 만들기 위한 중요한 단계입니다.

환경 문제는 전 세계적으로 중요한 과제이지만, 이를 해결하기 위해서는 작은 실천이 모여야 합니다. 일상에서 실천할 수 있는 작은 변화들이 모이면 더 큰 변화를 만들어낼 수 있습니다.

심리학적으로도 환경을 보호하는 행동은 우리의 심리적 안정과 만족감을 높여주며, 목적 있는 삶을 살고 있다는 자부심을 느끼게 합니다. 또한, 일상에서 환경 보호를 실천하는 것은 우리의 삶의 질을 향상시키고, 더 균형 잡힌 생활을 할 수 있도록 돕습니다.

2) 일상 속에서 환경 실천을 위한 방법

(1) 물 절약 습관 들이기

물은 우리가 일상에서 가장 많이 사용하는 자원 중 하나로, 이를 절약하는 것은 환경 보호의 첫걸음입니다. 물 사용을 줄이고 절약하는 작은 실천이 지구의 자원 보호에 큰 기여를 할 수 있습니다.

- 짧은 샤워: 샤워 시간을 줄여 하루에 사용하는 물의 양을 줄이세요. 또한, 샴푸나 비누를 사용할 때는 물을 잠그고, 필요할 때만 물을 틀어 물 낭비를 줄일 수 있습니다.
- 빗물 재사용: 빗물을 모아 정원이나 화분에 물을 줄 때 활용해보세요. 빗물을 재사용함으로써 물 자원을 절약할 수 있으며, 자연 순환에 더 가까운 생활을 실천할 수 있습니다.

(2) 에너지 절약 실천하기

에너지를 절약하는 것은 환경 보호에서 가장 중요한 부분 중 하나입니다. 전기와 가스의 사용을 줄이면 탄소 배출량을 줄일 수 있으며, 이는 지구 온난화와 환경 오염을 감소시키는 데 기여합니다.

- 불필요한 전기 끄기: 방을 떠날 때는 전등을 끄고, 사용하지 않는 가전제품의 플러그를 뽑는 습관을 기르세요. 전기 사용을 줄이면 에너지를 절약할 수 있습니다.
- 에너지 효율적인 가전제품 사용: 오래된 가전제품 대신 에너지 효율이 높은 제품으로 교체하세요. 에너지 효율 등급이 높은 제품은 전력 소비를 줄이기 때문에 환경에 긍정적인 영향을 줍니다.

(3) 재사용과 재활용 생활화하기

재사용과 재활용은 자원을 절약하고, 쓰레기 배출을 줄이는 가장 직접적인 방법입니다. 불필요한 낭비를 줄이고 자원을 효율적으로 사용하는 습관은 환경 보호에 큰 기여를 할 수 있습니다.

- 일회용품 줄이기: 텀블러나 다회용 용기를 사용해 일회용 플라스틱 컵이나 병의 사용을 줄여보세요. 일회용 플라스틱을 줄이면 해양 오염과 쓰레기 문제 해결에 도움이 됩니다.
- 재활용 생활화: 종이, 유리, 플라스틱, 금속 등을 재활용할 수 있는 재료로 구분하여 재활용 쓰레기통에 분리 배출하세요. 재활용 습관은 자원을 재사용할 수 있게 도와줍니다.

(4) 친환경 소비 습관 기르기

친환경 제품을 소비하는 것은 환경 보호에 중요한 영향을 미칩니다. 지속 가능한 제품을 선택하고, 지역에서 생산된 제품을 구입하면 탄소 배출을 줄이고 환경에 대한 부담을 줄일 수 있습니다.

- 로컬 푸드 소비: 지역에서 생산된 유기농 식품이나 로컬 푸드를 구매함으로써 운송 과정에서 발생하는 탄소 발자국을 줄이고, 지역 농업을 지원할 수 있습니다.
- 친환경 제품 선택: 화학 성분이 적거나 재활용 소재로 만들어진 제품을 사용해

보세요. 이러한 제품을 사용하는 것은 환경에 미치는 영향을 줄이는 데 도움이 됩니다.

(5) 일상 속에서 작은 환경 실천

작은 변화가 큰 변화를 만들어냅니다. 일상에서 실천할 수 있는 환경 보호 방법을 찾아보고, 꾸준히 실천하는 것이 중요합니다.

- 걷기나 자전거 이용: 가까운 거리를 이동할 때는 자동차 대신 걷기나 자전거를 이용해보세요. 이는 탄소 배출을 줄이고 건강에도 도움이 됩니다.
- 음식물 쓰레기 줄이기: 음식물 쓰레기를 줄이기 위해 식사 계획을 세우고, 필요한 만큼만 구매하는 습관을 길러보세요. 남은 음식을 재사용해 새로운 요리로 활용하는 것도 좋은 방법입니다.

3) 일상 속에서 환경 실천을 위한 아이디어

(1) 에코 챌린지 참여

일주일 동안 일회용 플라스틱을 사용하지 않는 에코 챌린지에 참여해보세요. 작은 변화가 큰 성과를 가져올 수 있으며, 이를 통해 일회용품 사용을 줄이는 습관을 기를 수 있습니다.

(2) 재활용 DIY 프로젝트

집에서 사용하지 않는 물건을 활용해 재활용 DIY 프로젝트를 진행해보세요. 빈 유리병을 꽃병으로 활용하거나, 낡은 옷을 새로운 패션 아이템으로 변형할 수 있습니다.

(3) 에너지 절약 챌린지

한 달 동안 전기 사용량을 줄이기 위한 에너지 절약 챌린지를 실천해보세요. 전기 사용량을 점검하고, 전기를 절약한 만큼의 성취감을 느낄 수 있습니다.

(4) 텀블러와 에코백 사용 습관 기르기

외출할 때는 텀블러와 에코백을 꼭 챙기는 습관을 기르세요. 일회용 컵과 비닐봉투 사용을 줄이면 환경 보호에 큰 기여를 할 수 있습니다.

(5) 로컬 푸드 주간 실천

한 주 동안 로컬 푸드만으로 식단을 구성하는 로컬 푸드 주간을 실천해보세요. 지역 농산물을 소비함으로써 탄소 배출을 줄이고, 건강에도 좋은 영향을 미칠 수 있습니다.

4) 일상 속에서 환경 실천을 실천한 사례

사례 1: 일회용품 줄이기를 실천한 영미

영미는 일주일 동안 일회용 플라스틱 사용을 금지하는 챌린지에 참여했습니다. 매일 텀블러를 사용하고, 식료품 구매 시 에코백을 사용한 영미는 쓰레기 발생량을 줄였고, 환경 보호에 기여했다는 만족감을 느꼈습니다.

사례 2: 재활용 DIY 프로젝트를 시작한 영석

영석은 사용하지 않는 유리병을 모아 재활용 DIY 프로젝트를 시작했습니다. 그는 빈 병을 꾸며 꽃병으로 재탄생시켰고, 그 과정에서 창의적인 만족감과 환경 보호의 중요성을 깨달았습니다.

사례 3: 로컬 푸드 주간을 실천한 서하

서하는 로컬 푸드 주간을 실천하며 한 주 동안 지역에서 생산된 유기농 식품만을 사용해 식사를 준비했습니다. 그녀는 신선한 음식을 즐기면서도 지역 농업을 지원하는 기쁨을 경험했습니다.

5) 일상 속에서 환경 실천의 이점

(1) 환경 보호

일상 속에서 환경을 실천하면 지구 환경을 보호하고, 자원 절약과 탄소 배출 감소에 기여할 수 있습니다.

(2) 심리적 만족감

환경 보호를 실천하는 행동은 우리에게 책임감과 만족감을 주며, 목적 있는 삶을 살고 있다는 자부심을 느끼게 합니다.

(3) 건강한 생활

에너지 절약, 걷기, 로컬 푸드 소비와 같은 활동은 건강한 생활을 유지하는 데 도움이 됩니다.

(4) 경제적 절약

물과 에너지를 절약하고, 불필요한 소비를 줄임으로써 경제적인 이득을 얻을 수 있습니다.

(5) 삶의 질 향상

환경을 생각하며 생활하면 더 의식적인 삶을 살 수 있으며, 이는 궁극적으로 우리의 삶의 질을 높이는 데 기여합니다.

6) 일상 속 환경 실천으로 행복한 삶 만들기

일상 속에서 환경을 실천하는 것은 작은 변화에서 시작되지만, 지구와 우리 모두에게 큰 영향을 미칩니다. 물을 아끼고, 에너지를 절약하며, 재사용과 재활용을 실천함으로써 우리는 더 지속 가능한 미래를 만들 수 있습니다.

작은 행동에서부터 시작하세요. 텀블러를 사용하고, 불필요한 전기를 끄고, 일회용품을 줄이는 것만으로도 환경 보호에 기여할 수 있습니다. 이러한 실천은 더 행복하고 건강한 삶으로 이어질 것입니다. 환경을 보호하는 삶이 결국 우리의 행복을 위한 길임을 기억하세요.

80. 미래 세대에게 남기는 행복의 유산

1) 개념과 배경: 행복의 유산이란?

행복의 유산은 우리가 다음 세대에게 지속 가능한 삶의 가치와 행복한 삶의 방식을 물려주는 것을 의미합니다. 이는 단순히 물질적 자산을 물려주는 것을 넘어서, 정신적, 사회적, 환경적 가치를 전달하는 것을 포함합니다. 우리가 살아가면서 실천하는 행동과 가르침은 미래 세대가 더 나은 삶을 살 수 있도록 돕는 중요한 유산이 됩니다.

심리학적으로, 행복의 유산을 남긴다는 것은 우리가 목적 있는 삶을 살고 있음을 의미합니다. 이는 자아 성취감과 삶의 의미를 더해주며, 자신뿐만 아니라 미래 세대의 행복을 증진시키는 데 기여합니다. 우리는 지속 가능한 방식으로 자연을 보존하고, 사회적 유대를 형성하며, 개인의 성장과 번영을 위한 도덕적 가치와 행복의 비결을 물려줄 수 있습니다.

행복의 유산은 환경적인 것뿐만 아니라 가치, 지혜, 정신적 자산을 포함하여, 미래 세대가 균형 잡힌 삶을 영위할 수 있도록 돕는 지속 가능한 삶의 철학을 전수하는 것입니다.

2) 행복의 유산을 남기기 위한 실천 방법

(1) 환경 보호와 지속 가능한 삶의 가치 전수

미래 세대를 위한 가장 중요한 유산 중 하나는 깨끗한 자연 환경과 지속 가능한 삶의 방식입니다. 우리가 현재 살아가는 방식이 지구에 미치는 영향을 줄이고, 다음 세대가 지속 가능한 환경에서 살아갈 수 있도록 돕는 것이 중요합니다.

- 환경 보호 실천하기: 일상에서 물과 에너지 절약, 재활용, 재사용을 실천하여 자원을 아끼고 환경을 보호하는 습관을 기르세요. 이러한 습관을 자녀나 주변 사람들에게 모범적으로 보여주는 것이 중요합니다. 미래 세대는 우리를 보고 배우며, 환경 보호의 중요성을 깨달을 수 있습니다.
- 친환경 교육 제공: 어린아이들이 환경 보호와 지속 가능한 생활을 자연스럽게

배우도록 가르치세요. 함께 나무를 심거나, 쓰레기 줍기 활동에 참여하는 등 환경 교육을 통해 자연과 조화를 이루는 삶을 배울 수 있습니다.

(2) 사회적 유대와 공동체 가치 전달

사회적 유대와 공동체 정신은 더 나은 사회를 만들기 위한 중요한 가치입니다. 다른 사람들과 협력하고, 이웃을 돕는 정신을 통해 공동체를 형성하고 발전시키는 방법을 미래 세대에게 전수하는 것은 행복의 유산을 남기는 핵심 요소 중 하나입니다.

- 공동체 활동에 참여: 지역 사회의 행사나 자원봉사에 참여하고, 타인과 협력하는 법을 배우게 하세요. 이를 통해 자녀들은 사회에서 다양한 사람들과 소통하고, 서로를 돕는 가치를 배울 수 있습니다.
- 다양한 사회적 관계 맺기: 미래 세대가 다양한 배경을 가진 사람들과 소통할 수 있도록 장려하세요. 이를 통해 다양성을 존중하고, 공동체 내에서 공감과 배려의 정신을 실천할 수 있습니다.

(3) 자아 성찰과 개인 성장의 중요성 전수

미래 세대가 더 나은 삶을 살기 위해서는 자신의 내면을 이해하고, 성장하는 능력을 키우는 것이 중요합니다. 자아 성찰과 개인 성장의 가치를 전수함으로써 그들이 삶의 어려움을 극복하고, 스스로의 행복을 찾는 능력을 갖추게 도와줄 수 있습니다.

- 명상과 마음 챙김 교육: 미래 세대가 자신을 돌아보고, 감정을 관리하는 방법을 배울 수 있도록 명상이나 마음 챙김을 가르쳐보세요. 이러한 기술은 스트레스를 줄이고, 내면의 평화를 찾는 데 도움을 줍니다.
- 목표 설정과 도전 장려: 미래 세대에게 목표 설정의 중요성을 가르치고, 스스로 도전하는 법을 알려주세요. 이를 통해 그들은 인생에서 성취감을 느끼고, 자아 성장을 통해 더 행복한 삶을 살 수 있습니다.

(4) 긍정적인 사고와 감사의 마음 가르치기

긍정적 사고와 감사의 마음을 전수하는 것은 삶의 어려움을 극복하고, 더 행복하게 살아가는 데 필수적인 요소입니다. 긍정적인 사고방식은 어려움 속에서도 희망을 찾을 수 있게 하며, 감사는 삶의 작은 것들에서 행복을 발견하게 합니다.

- 감사 일기 쓰기: 미래 세대에게 매일 감사한 일을 기록하는 감사 일기를 쓰는 습관을 기르게 하세요. 이 습관은 그들이 일상에서 긍정적인 측면에 집중하고, 감사를 통해 행복을 느낄 수 있도록 도와줍니다.
- 긍정적 마인드셋 형성: 삶에서 부정적인 사건이 발생했을 때, 그 안에서 배울 점을 찾고, 긍정적인 태도로 대응하는 방법을 가르쳐주세요. 어려움 속에서도 긍정적으로 사고하는 습관은 미래 세대가 삶의 문제를 더 쉽게 극복할 수 있게 도와줍니다.

(5) 교육과 지식의 가치 전수

교육은 미래 세대가 더 나은 삶을 살아가게 만드는 가장 강력한 도구 중 하나입니다. 지식의 중요성을 강조하고, 끊임없이 배우고 성장하는 자세를 전수하는 것이 중요합니다.

- 책 읽기 습관 길러주기: 독서 습관을 길러 미래 세대가 지식을 확장하고, 창의력을 키울 수 있도록 도와주세요. 다양한 분야의 책을 읽고 토론하며 비판적 사고를 기르는 과정이 필요합니다.
- 새로운 기술 배우기: 미래 사회에 대비해 새로운 기술을 배우는 습관을 가르쳐주세요. 이를 통해 미래 세대는 변화하는 사회에서도 유연성과 문제 해결 능력을 갖출 수 있게 됩니다.

3) 미래 세대에게 행복의 유산을 남기기 위한 실천 아이디어

(1) 가족과 함께 나무 심기 행사 참여

가족 단위로 나무 심기 행사에 참여해 자연을 보호하고, 지속 가능한 삶의 가치를 공유하세요. 자연을 보존하는 경험은 미래 세대에게 큰 의미를 남깁니다.

(2) 감사 일기 쓰기 챌린지 시작

가족 모두가 매일 감사한 일을 기록하는 감사 일기 쓰기 챌린지를 시작해보세요. 이 활동은 긍정적인 사고를 형성하고, 일상 속에서 행복을 찾는 법을 배우게 해줍니다.

(3) 지역 봉사 활동 정기적으로 참여

가족이나 친구들과 함께 지역 사회 봉사 활동에 정기적으로 참여해보세요. 서로 돕고 협력하는 경험을 통해 사회적 유대와 공동체 정신을 배울 수 있습니다.

(4) 친환경 소비 습관 만들기

함께 로컬 푸드를 구매하거나, 친환경 제품을 사용하면서 지속 가능한 소비 습관을 길러보세요. 일상에서 실천하는 작은 행동이 미래 세대에게 환경 보호의 중요성을 각인시킬 수 있습니다.

(5) 독서와 토론의 장 마련하기

가족 간에 한 달에 한 번씩 책을 읽고 토론하는 시간을 마련해보세요. 이는 지식과 지혜를 나누는 좋은 방법이며, 비판적 사고와 창의력을 키우는 데 도움을 줍니다.

4) 행복의 유산을 남긴 사례

사례 1: 환경 보호와 교육을 통해 유산은 남긴 영미

영미는 자녀들과 함께 매달 나무 심기 활동에 참여하며, 환경 보호의 중요성을 가르쳤습니다. 또한, 자녀들이 환경 관련 서적을 읽고, 미래의 지구를 위해 어떻게 행동해야 하는지 함께 토론하며 지속 가능한 삶을 실천했습니다.

사례 2: 긍정적인 사고와 감사의 힘을 전한 영석

영석은 자녀들에게 매일 감사 일기를 쓰는 습관을 들이게 했고, 일상에서 긍정적으로 생각하는 방법을 가르쳤습니다. 어려운 상황에서도 긍정적인 마음가짐을 통해 문제를 해결하는 법을 배운 자녀들은 더 나은 삶을 살 수 있었습니다.

사례 3: 공동체 정신을 길러준 서하

서하는 자녀들과 함께 지역 봉사 활동에 정기적으로 참여하며 타인과 협력하는 법을 가르쳤습니다. 자녀들은 이 경험을 통해 사회적 유대와 배려의 가치를 배우고, 공동체의 일원으로서 책임을 다하는 성숙한 시민으로 성장했습니다.

5) 미래 세대에게 남기는 행복의 유산의 이점

(1) 정신적 안정감

행복의 유산을 전수하는 것은 다음 세대가 정서적 안정감을 가지고, 더 행복하고 균형 잡힌 삶을 살 수 있도록 도와줍니다.

(2) 사회적 책임 의식

환경 보호와 공동체 가치를 전달함으로써 미래 세대가 책임 있는 시민으로 성장하게 할 수 있습니다.

(3) 개인적 성장

자아 성찰과 성장을 통해 미래 세대는 자기주도적인 삶을 살며, 자아 성취감을 느끼는 성인이 될 수 있습니다.

(4) 긍정적인 삶의 태도

긍정적인 사고와 감사의 마음을 통해 어려운 상황에서도 희망을 잃지 않고, 더 나은 선택을 할 수 있는 능력을 길러줍니다.

(5) 지속 가능한 미래 구축

지속 가능한 삶의 방식과 자연 보호의 가치를 전수하면 미래 세대는 지구와 조화롭게 살아가는 법을 배우고, 더 나은 환경을 만들어갈 수 있습니다.

제9부 행복으로 가는 길: 삶의 실천 방안 개관

행복으로 가는 길

삶의 실천 방안은 독자가 행복한 삶을 살아가기 위해 구체적으로 실천할 수 있는 방법을 제시하는 부분입니다. 이 장에서는 행복을 이론적으로 이해하는 것에서 나아가, 일상에서 실제로 행복을 느끼고 실현하는 구체적인 행동을 중심으로 다룹니다. 행복은 단순한 추상적 개념이 아닌, 삶의 습관과 의도적인 실천을 통해 성취할 수 있는 목표임을 강조합니다.

이 부는 독자가 개인적으로 행복을 증진시키는 데 필요한 다양한 전략과 행동 지침을 제공하며, 심리적 행복, 사회적 행복, 신체적 행복, 정신적 행복의 조화를 이루기 위한 실천적인 접근법을 다룹니다. 각 실천 방안은 과학적 연구와 심리학적 이론에 근거해 있으며, 모든 사람의 일상에서 적용할 수 있는 구체적인 방법들을 제안합니다.

심리적 행복을 위한 실천 방안

이 섹션에서는 내면의 평화를 찾고 정신적 안정감을 유지하기 위한 실천적 방법들이 소개됩니다. 감정 관리, 스트레스 해소, 긍정적 사고, 명상, 마음 챙김 등의 구체적인 실천법을 통해 개인이 더 깊은 정서적 안정을 얻을 수 있도록 돕습니다.

마음 챙김과 명상

하루 10분이라도 마음 챙김 명상을 통해 현재의 순간에 집중하며, 내면의 평화를 찾는 방법을 실천합니다.

사회적 행복을 위한 실천 방안

이 섹션에서는 인간관계를 통한 행복을 증진시키기 위한 구체적인 방법이 다루어집니다. 진정성 있는 대화, 타인과의 연결, 사회적 유대 강화, 봉사활동 참여 등을 통해 사회적 유대감을 키우고 소속감을 강화하는 것이 중요합니다.

신체적 행복을 위한 실천 방안

신체적 행복은 우리의 건강과 직접적으로 연결되어 있으며, 건강한 몸은 행복한 마음을 이루는 중요한 요소입니다. 이 섹션에서는 규칙적인 운동, 건강한 식습관, 수면 관리 등의 신체적 건강을 위한 실천 방법을 다룹니다.

정신적 행복을 위한 실천 방안

정신적 성장과 삶의 의미 찾기는 행복한 삶을 위한 중요한 부분입니다. 이 섹션에서는 자신의 삶의 철학을 구축하고, 정신적 성장을 도모할 수 있는 방법들이 다루어집니다.

제9부는 행복으로 가는 길은 독자가 스스로의 행복을 실천할 수 있도록 구체적이고 실행 가능한 방법들을 제시합니다. 이 부는 삶의 여러 영역에서 행동 변화를 통해 더 행복한 삶을 만들 수 있다는 믿음을 바탕으로 하고 있으며, 독자에게 행복을 위한 구체적인 도구와 지침을 제공합니다.

81. 작은 변화부터 시작하기

1) 개념과 배경: 작은 변화가 중요한 이유

작은 변화는 우리의 일상 속에서 시작되는 작은 실천을 통해 더 큰 변화를 만들어내는 과정을 의미합니다. 우리의 삶에서 큰 변화를 이루기 위해서는 작은 습관과 행동에서부터 시작해야 하며, 이러한 작은 변화들이 모여 장기적인 성공과 행복을 가져다줍니다.

심리학적으로도 작은 변화는 지속 가능성이 높습니다. 급격한 변화나 과도한 목표 설정은 실패로 이어지기 쉽지만, 작고 꾸준한 변화는 심리적으로 부담을 덜 주고 성취감을 쉽게 얻을 수 있어 동기 부여가 더 잘 유지됩니다. 작은 변화가 축적되면 점차 생활 습관이 되어 자연스럽게 삶의 질이 향상됩니다. 중요한 것은 작은 변화라도 의식적으로 선택하고, 이를 일상에 통합하는 것입니다.

2) 작은 변화를 실천하는 방법

(1) 하루 5분 명상 시작하기

명상은 내면의 평화와 정신적 인정감을 가져다주는 강력한 도구입니다. 명상은 긴 시간을 요구하지 않으며, 하루 5분만이라도 실천하는 작은 변화가 큰 정신적 성숙으로 이어질 수 있습니다.

- 실천 방법: 매일 아침이나 저녁에 5분씩 편안한 자세로 앉아 눈을 감고 호흡에 집중해보세요. 짧은 시간이라도 마음을 가라앉히는 시간이 쌓이면, 스트레스 해소와 집중력 향상에 도움을 줄 수 있습니다.

(2) 하루 10분 걷기 실천하기

운동은 신체 건강뿐만 아니라 정신 건강에도 중요한 영향을 미칩니다. 하루 10분의 걷기는 작은 변화지만, 장기적으로 신체 에너지를 높이고, 기분을 전환하는 데 큰 효과를 줍니다.

- 실천 방법: 출근길이나 점심시간에 10분 정도 걷기를 실천해보세요. 걷는 동안

자연에 집중하거나 음악을 듣는 것도 좋습니다. 신체의 활력이 정신에까지 긍정적인 영향을 미치는 것을 경험할 수 있습니다.

(3) 하루 한 가지 감사한 일 기록하기

감사는 우리의 긍정적 감정을 증진시키고, 더 큰 행복감을 느끼게 합니다. 매일 감사한 일을 기록하는 작은 변화는 하루의 마음가짐을 변화시키고, 삶에서 긍정적인 요소를 발견하는 능력을 키웁니다.

- 실천 방법: 매일 저녁 자기 전에 감사한 일 한 가지를 기록하세요. 이 습관은 긍정적인 사고를 강화하고, 작은 것에서 행복을 찾는 능력을 키워줍니다.

(4) 하루 10분 독서 습관 들이기

독서는 새로운 지식을 얻고, 창의력과 사고력을 키우는 데 중요한 역할을 합니다. 하루 10분만이라도 꾸준히 독서를 하는 작은 변화가 큰 성장을 가져올 수 있습니다.

- 실천 방법: 하루에 10분만이라도 책을 읽는 시간을 확보하세요. 시간을 정해 매일 꾸준히 실천하면 독서가 습관이 되고, 점차 더 많은 시간을 독서에 할애하게 될 것입니다.

(5) 스마트폰 사용 시간 줄이기

스마트폰 사용 시간이 많아지면 우리는 집중력을 잃고, 소셜 미디어나 인터넷에 빠져 스트레스를 더 많이 느낄 수 있습니다. 하루에 10분이라도 디지털 디톡스 시간을 가지면, 마음의 여유와 심리적 안정감을 찾을 수 있습니다.

- 실천 방법: 하루에 10분씩 스마트폰을 멀리 두고, 아날로그 활동을 즐겨보세요. 산책을 하거나, 손으로 무언가를 만드는 활동을 통해 마음의 여유를 찾을 수 있습니다.

3) 작은 변화를 위한 실천 아이디어

(1) 하루에 한 번 깊은 호흡

스트레스를 느낄 때마다 잠시 멈추고 깊은 호흡을 하세요. 숨을 들이쉬고 내쉬는 것만으로도 즉각적인 안정감을 느낄 수 있습니다.

(2) 하루에 한 가지 환경 보호 실천

일회용품 대신 텀블러나 에코백을 사용하는 작은 행동을 실천해보세요. 환경 보호는 작은 실천에서부터 시작됩니다.

(3) 주간 목표 설정

매주 작은 목표를 설정해보세요. 예를 들어, 이번 주에는 물을 더 많이 마시기, 걷는 시간 늘리기 등의 간단한 목표를 설정하고 이를 실천해 나가는 과정에서 성취감을 느낄 수 있습니다.

(4) 휴식 시간에 스트레칭 하기

업무나 공부 중간에 잠시 쉬면서 간단한 스트레칭을 해보세요. 몸의 긴장을 풀고, 더 좋은 집중력과 창의력을 발휘할 수 있습니다.

(5) 간식 바꾸기

건강한 생활 습관을 위해 작은 변화를 시작해보세요. 간식을 먹을 때 과일이나 견과류로 바꾸는 작은 선택이 장기적으로 건강에 큰 영향을 미칠 수 있습니다.

4) 작은 변화를 실천한 사례

사례 1: 하루 5분 명상으로 마음의 평화를 찾은 영미

영미는 아침에 5분간 명상을 시작한 이후로 일상에서 더 많은 정신적 안정감을 느끼기 시작했습니다. 그녀는 명상이 짧은 시간이었지만 마음의 여유를 찾는 데 큰 도움을 주었다고 말합니다.

사례 2: 하루 10분 걷기로 활력을 되찾은 영석

영석은 바쁜 일정 속에서도 하루 10분씩 산책을 실천하기 시작했습니다. 이 작은 변화는 그의 신체에 활력을 불어넣었고, 스트레스를 줄이며 기분을 전환하는 데 큰 도움이 되었습니다.

사례 3: 감사 일기를 통해 긍정적인 삶을 살게 된 서하

서하는 매일 저녁 감사 일기를 쓰기 시작하면서 자신이 더 행복한 삶을 살고 있음을 깨달았습니다. 작은 변화였지만, 매일 감사한 일을 떠올리는 습관은 그녀에게 긍정적인 사고와 행복감을 가져다주었습니다.

5) 작은 변화의 이점

(1) 지속 가능성

작은 변화는 지속하기 쉬워서 장기적으로 실천할 가능성이 높습니다. 꾸준한 실천은 큰 변화를 가져옵니다.

(2) 심리적 부담 감소

급격한 변화보다 작은 변화는 심리적 부담을 줄여주며, 실천 과정에서 성취감을 얻기 쉽습니다.

(3) 행복감 증진

작은 변화는 우리의 일상에 작은 성취와 기쁨을 주며, 이로 인해 삶에서 더 큰 행복감을 느낄 수 있습니다.

(4) 건강 증진

신체적, 정신적, 감정적 건강을 위해 작은 변화를 시작하면, 장기적으로 삶의 질이 향상됩니다.

(5) 자아 성장

작은 변화는 자아 성장의 과정이 됩니다. 매일 조금씩 더 나은 자신을 만들어가는 것이 결국 더 큰 성공과 성장으로 이어집니다.

6) 작은 변화부터 시작하는 행복한 삶

작은 변화는 일상 속에서 시작할 수 있는 가장 쉬운 방법이며, 궁극적으로 더 큰 행복과 성공으로 이끄는 첫걸음입니다. 작은 행동 하나라도 꾸준히 실천하면, 우리는 더 건강하고, 행복하며, 균형 잡힌 삶을 살 수 있습니다.

오늘부터 시작하세요. 하루 5분 명상, 10분 걷기, 감사 일기 등 작은 실천이 모여 우리의 삶을 변화시키고, 더 큰 행복을 가져다줄 것입니다. 작은 변화가 큰 변화를 만들어내는 힘을 믿고, 꾸준히 실천하며 행복한 삶을 만들어보세요.

82. 매일 감사하기 연습

1) 개념과 배경: 매일 감사하기의 중요성

감사는 우리가 일상 속에서 느낄 수 있는 작은 기쁨과 행복을 더 자주 인식하게 해주는 강력한 도구입니다. 감사하기 연습은 삶에서 긍정적인 부분에 집중하고, 작은 것에도 만족과 행복을 느끼는 방법을 훈련하는 과정입니다. 이는 단순히 좋은 일이 있을 때만 감사를 표하는 것이 아니라, 매일의 작은 순간들 속에서도 감사할 수 있는 이유를 찾아내는 습관을 말합니다.

심리학적으로 감사는 긍정적 정서를 강화하고, 삶에 대한 만족도를 높이며, 스트레스를 줄여주는 효과가 있습니다. 연구에 따르면 감사를 자주 실천하는 사람들은 더 행복하고, 긍정적인 사고방식을 가지며, 대인관계에서도 긍정적인 상호작용을 경험한다고 합니다. 감사를 표현하는 습관은 또한 정서적 회복력을 높여 어려운 상황에서도 더 잘 회복할 수 있게 돕습니다.

2) 매일 감사하기를 실천하는 방법

(1) 감사 일기 쓰기

감사 일기는 매일 감사한 일을 기록하는 습관입니다. 이는 감사를 시각적으로 표현할 수 있는 방법으로, 매일 하루를 마무리할 때 감사한 일을 적어보는 간단한 실천입니다.

- 실천 방법: 매일 밤 자기 전에 오늘 있었던 감사한 일을 세 가지 적어보세요. 감사한 일이 크지 않아도 괜찮습니다. 작은 것, 예를 들어 오늘 맛있는 커피를 마셨다거나, 친구와 좋은 대화를 나눴다는 것도 충분한 감사의 이유가 될 수 있습니다.
- 효과: 감사 일기를 꾸준히 쓰면 긍정적 사고가 강화되고, 작은 것에서 행복을 찾는 능력이 발달합니다. 또한 감사를 기록함으로써 자신이 얼마나 많은 축복을 받고 있는지를 인식하게 됩니다.

(2) 감사 명상 실천하기

감사 명상은 마음을 고요히 하고 감사한 것들을 떠올리며 그 감정을 깊이 느끼는 연습입니다. 이를 통해 우리는 더 깊은 감사의 마음을 체험할 수 있고, 마음을 안정시키며 행복감을 증진시킬 수 있습니다.

- 실천 방법: 하루 중 짧은 시간을 내어 조용한 곳에 앉아 눈을 감고 감사한 사람, 경험, 순간을 떠올려보세요. 각 감사한 순간에 집중하며 그 순간을 더 생생하게 상상하고, 감정이 깊어지도록 시간을 충분히 가져보세요.
- 효과: 감사 명상을 통해 일상 속에서 감사할 요소를 더 잘 발견하게 되고, 긍정적인 에너지를 더 깊이 느낄 수 있습니다.

(3) 감사 편지 쓰기

감사 편지는 특별히 고마운 사람에게 감사의 마음을 표현하는 방법입니다. 감사는 우리가 타인과의 관계를 더 깊고 풍요롭게 만들 수 있는 중요한 요소입니다. 직접 감사를 표현하면 그 자체로 따뜻한 유대감을 형성할 수 있습니다.

- 실천 방법: 평소에 고마웠던 사람을 떠올려 그들에게 감사 편지를 써보세요. 편지를 꼭 길게 쓰지 않아도 됩니다. 그 사람과의 소중한 순간을 짧게 떠올리며 진심 어린 감사를 전해보세요.
- 효과: 감사 편지를 쓰는 것만으로도 긍정적인 감정이 증가하고, 상대방과의 관계가 더 돈독해집니다. 또한, 감사를 표현하는 과정에서 자신도 정서적 만족을 느끼게 됩니다.

(4) 감사 대화 나누기

감사 대화는 가족이나 친구와 함께 감사한 일을 나누는 시간입니다. 감사는 함께 나누면 그 효과가 더욱 큽니다. 서로의 감사를 듣고, 공감하며 긍정적인 분위기를 형성할 수 있습니다.

- 실천 방법: 매주 가족 식사 시간이나 친구들과의 모임에서 감사한 일을 하나씩 나누는 시간을 만들어보세요. 각자가 감사한 일을 말하고, 서로 격려와 공감을 주고받는 시간이 되도록 하세요.
- 효과: 감사 대화를 통해 가족 및 친구들과의 유대감이 깊어지고, 긍정적인 에너

지가 그룹 안에 확산됩니다. 이는 공동체의 행복감을 증대시킵니다.

(5) 하루에 한 번 감사 표현하기

감사는 마음속에만 간직하는 것이 아니라, 직접 표현할 때 더 큰 힘을 가집니다. 하루에 한 번씩 누군가에게 감사 표현을 실천해보세요. 그것이 친구, 동료, 가족일 수 있으며, 때로는 낯선 사람에게도 감사의 인사를 건넬 수 있습니다.

- 실천 방법: 하루에 한 번은 주변 사람들에게 감사를 표현해보세요. 직접 대면하거나, 짧은 메시지로도 충분합니다. 오늘 있었던 일 중 고마운 사람에게 짧은 감사 인사를 보내보세요.
- 효과: 감사의 표현은 상대방에게도 긍정적인 영향을 미치고, 본인도 더 행복감을 느끼게 해줍니다. 이를 통해 일상 속에서 감사를 생활화할 수 있습니다.

3) 감사하기 연습을 위한 실천 아이디어

(1) 감사 알람 설정하기

하루에 한 번씩 휴대전화에 감사 알람을 설정해보세요. 알람이 울릴 때마다 잠시 멈추고 그 순간 감사한 것을 떠올리는 시간을 가지세요.

(2) 감사 벽 만들기

집에서 감사 벽을 만들어보세요. 가족이나 친구와 함께 매일 감사한 일을 (3)직은 메모지에 적어 벽에 붙이는 습관을 들이면, 시간이 지나 감사의 목록이 쌓이는 것을 시각적으로 확인할 수 있습니다.

(3) 감사 문구 포스트잇 붙이기

자주 사용하는 물건이나 장소에 감사 문구가 적힌 포스트잇을 붙여보세요. 이를 통해 일상에서 자주 감사하는 마음을 떠올리게 할 수 있습니다.

(4) 감사 나눔 이벤트

특별한 날이나 주말에 가족이나 친구들과 감사 나눔 이벤트를 열어보세요. 각자가 감사한 일들을 나누고, 그 감사가 어떻게 자신에게 긍정적인 영향을 주었는지 이야기하는 시간을 가지세요.

(5) 감사 카운트다운

하루 일과를 마치기 전, 하루 동안 있었던 일 중 감사한 순간 3가지를 카운트다운 하듯 떠올리며 마무리하는 습관을 만들어보세요.

4) 감사하기를 실천한 사례

사례 1: 감사 일기를 통해 긍정적인 변화를 경험한 영미

영미는 매일 밤 감사 일기를 쓰기 시작한 이후로 삶에 대한 긍정적인 시각을 갖게 되었습니다. 감사 일기를 통해 자신이 얼마나 많은 것에 감사할 수 있는지를 깨닫고, 그 과정에서 삶의 만족도가 크게 높아졌습니다.

사례 2: 감사 편지를 통해 가족 관계를 회복한 영석

영석은 부모님께 감사 편지를 썼습니다. 오랫동안 표현하지 못했던 감사의 마음을 편지로 전하며, 부모님과의 관계가 더 돈독해졌고 서로에 대한 사랑을 다시 확인할 수 있었습니다. 그 이후로 영석은 가족 간의 소통이 더 깊어졌습니다.

사례 3: 감사 대화를 통해 팀워크를 강화한 서하

서하는 직장에서 동료들과 함께 감사 대화를 나누는 시간을 만들었습니다. 서로의 노고에 대한 감사를 주고받으며 팀의 협력과 신뢰가 강화되었고, 직장에서 더 긍정적인 분위기를 만들어갔습니다.

5) 매일 감사하기 연습의 이점

(1) 행복감 증진

감사를 실천하면 긍정적인 감정이 증가하고, 일상에서 더 많은 행복을 느낄 수 있습니다.

(2) 정서적 안정감

감사는 스트레스를 줄여주고 정서적 안정을 높여주며, 더 차분한 마음가짐을 유지하게 돕습니다.

(3) 인간관계 강화

감사를 표현하면 사람들과의 관계가 더 돈독해지며, 사회적 유대감이 강해집니다.

(4) 자아 성장

작은 감사에서도 큰 의미를 찾는 습관은 자아 성장과 심리적 성숙을 촉진합니다.

(5) 삶에 대한 만족도 향상

감사를 꾸준히 실천하면 삶의 작은 것들에서도 기쁨을 발견하게 되어, 삶의 만족도가 높아집니다.

6) 매일 감사하기 연습으로 행복한 삶 만들기

감사는 우리 삶을 긍정적인 방향으로 이끌어주는 강력한 도구입니다. 매일 감사하기를 실천하면, 우리는 더 행복하고 건강한 마음을 가질 수 있으며, 작은 일에도 만족을 느끼게 됩니다.

오늘부터 시작하세요. 감사 일기, 감사 명상, 그리고 감사 편지 등 다양한 방법을 통해 감사를 실천해보세요. 작은 변화가 쌓이면, 더 큰 행복이 찾아올 것입니다. 감사하는 마음이 곧 행복으로 가는 지름길입니다.

83. 목표를 세우고 달성하기

1) 개념과 배경: 목표 설정의 중요성

목표 설정은 개인이 삶에서 원하는 바를 명확하게 정하고 이를 이루기 위해 계획하고 실행하는 과정입니다. 목표는 우리가 더 나은 삶을 살기 위한 지향점이자 동기 부여의 원천입니다. 목표가 있으면 우리는 더 목적 있는 삶을 살며, 이를 통해 성취감과 자아 성장을 경험할 수 있습니다.

심리학적으로 목표를 설정하고 이를 달성하는 과정은 우리의 자존감을 높이고, 자기 효능감을 강화하는 데 매우 중요합니다. 목표를 이루기 위한 과정에서 우리는 도전과 성취를 경험하며, 삶의 의미를 찾게 됩니다. 또한, 목표를 이루면 그에 따른 행복감과 만족감이 더욱 커집니다. 그러나 중요한 것은 목표를 현실적이고 달성 가능하게 설정하고, 이를 꾸준히 실천하는 방법입니다.

2) 목표를 세우고 달성하는 방법

(1) SMART 목표 설정

SMART는 Specific(구체적), Measurable(측정 가능), Achievable(달성 가능), Relevant(관련성), Time-bound(시간 제약)의 약자로, 성공적인 목표를 설정하기 위한 원칙을 나타냅니다. 이러한 방식으로 목표를 설정하면 더 명확하고 실현 가능한 계획을 세울 수 있습니다.

- 실천 방법: 예를 들어, '운동하기'라는 목표는 너무 막연합니다. 대신 SMART 목표로 바꾸면 '주 3회, 하루 30분씩 아침에 조깅하기'처럼 구체적이고 달성 가능한 목표가 됩니다.
- 효과: SMART 목표 설정을 통해 목표가 명확해지고, 이를 이루기 위한 구체적인 단계를 이해할 수 있습니다. 이는 동기 부여와 실천 가능성을 높여줍니다.

(2) 목표를 작은 단계로 나누기

큰 목표는 작은 단계로 나누면 더 실천 가능성이 높아집니다. 작은 목표들을 이루어 가는 과정에서 점차 자신감을 얻고, 목표 달성의 기쁨을 누릴 수 있습니다.

- 실천 방법: 예를 들어 '책 한 권 쓰기'라는 목표가 있다면, 이 목표를 '매일 500자 쓰기'와 같은 작은 단계로 나누세요. 이렇게 하면 큰 목표도 작고 달성 가능한 단계로 바뀌어 더 쉽게 실천할 수 있습니다.
- 효과: 큰 목표를 작은 단계로 나누면 압박감이 줄고, 매일 조금씩 성취하는 기쁨을 느낄 수 있어 꾸준히 진행할 수 있습니다.

(3) 진척 상황 기록하기

목표를 달성하려면 진척 상황을 기록하고 피드백을 주는 것이 중요합니다. 기록을 통해 자신의 진행 상황을 점검할 수 있으며, 목표에 가까워지는 과정에서 성취감을 느낄 수 있습니다.

- 실천 방법: 매일 목표를 실천한 내용을 일지나 앱에 기록하세요. 작은 진전이라도 기록하고, 한 달에 한 번씩 그 결과를 검토하며 자기 피드백을 남기는 것도 좋습니다.
- 효과: 목표 달성의 과정을 기록하면 자신이 얼마만큼 진전을 이루었는지 시각적으로 확인할 수 있어, 더 큰 동기 부여를 얻을 수 있습니다.

(4) 목표 달성의 동기를 지속적으로 유지하기

목표를 달성하기 위해서는 지속적인 동기 부여가 필요합니다. 목표가 멀게 느껴질 때, 작은 보상을 주거나 목표와 관련된 영감을 꾸준히 얻는 것이 도움이 됩니다.

- 실천 방법: 목표를 달성한 중간 지점에서 자신에게 보상을 주거나, 영감을 얻을 수 있는 책이나 강연을 시청해보세요. 또한, 목표를 나눌 수 있는 파트너나 멘토를 찾아 함께 달성하는 것도 동기 부여에 큰 도움이 됩니다.
- 효과: 목표를 이루는 과정에서 지속적인 동기 부여는 중도 포기하는 것을 방지하고, 더 나은 성과를 이루게 합니다.

(5) 목표 성취 후 보상하기

목표를 달성하면 자신에게 보상을 주는 것이 중요합니다. 이는 단순한 보상이 아닌, 자신의 성취를 기념하는 의미 있는 행동이 되어 다음 목표에 대한 동기를 강화시킵니다.

- 실천 방법: 목표를 달성했을 때, 작은 보상으로 여행을 가거나 친구와의 외식을 계획하세요. 성취한 자신에게 주는 의미 있는 보상은 동기를 지속시키는 데 큰 역할을 합니다.
- 효과: 보상을 통해 성취에 대한 긍정적인 피드백을 자신에게 줄 수 있으며, 이를 통해 다음 목표를 설정할 때 더 높은 동기를 유지할 수 있습니다.

3) 목표 설정과 달성을 위한 실천 아이디어

(1) 하루 목표 설정

매일 작은 목표 하나를 설정하고 이를 달성하는 습관을 길러보세요. 작은 목표가 쌓이면 더 큰 목표를 이루는 데 도움이 됩니다.

(2) 주간 리뷰 시간 가지기

매주 자신의 목표 달성 상황을 검토하는 시간을 가지세요. 이를 통해 잘한 점과 개선할 점을 파악하고, 다음 주에 더 나은 성과를 기대할 수 있습니다.

(3) 비전 보드 만들기

자신이 이루고 싶은 목표와 관련된 사진이나 문구를 비전 보드에 모아두고 매일 시각적으로 확인해보세요. 이를 통해 목표가 더 구체적으로 다가오고, 동기 부여가 됩니다.

(4) 파트너와 목표 공유하기

가까운 친구나 가족과 자신의 목표를 공유하고, 서로의 진척 상황을 격려하는 파트너를 만들어보세요. 이는 목표 달성의 책임감을 높이고, 서로에게 긍정적인 자극을 줄 수 있습니다.

(5) 작은 성공 축하하기

작은 목표를 달성했을 때도 작게나마 축하하는 시간을 가지세요. 이는 성취감을 느끼는 과정에서 긍정적인 경험을 쌓아, 다음 목표에도 긍정적인 영향을 줍니다.

4) 목표를 세우고 달성한 사례

사례 1: 운동 목표를 달성한 영미

영미는 '건강하게 살기'라는 목표를 세웠습니다. 처음에는 너무 막연해서 SMART 목표 설정법을 사용해 '주 3회, 하루 30분씩 아침에 조깅하기'로 목표를 세웠습니다. 영미는 매일 달성한 내용을 기록하고, 3개월 후 자신에게 새로운 운동복을 선물하며 성취를 축하했습니다. 작은 성공이 계속되면서 영미는 운동을 꾸준히 실천하는 건강한 습관을 형성할 수 있었습니다.

사례 2: 목표 달성으로 자아 성취를 경험한 영석

영석은 '한 달에 한 권의 책을 읽고 독후감을 쓰기'라는 목표를 세웠습니다. 이 목표를 매주 독서 시간을 확보하고, 독후감을 친구와 공유하는 방식으로 실천했습니다. 6개월 후 영석은 6권의 책을 읽었고, 이를 통해 지식의 확장뿐만 아니라, 꾸준한 실천으로 자신감과 성취감을 얻게 되었습니다.

사례 3: 직업 목표를 성취한 서하

서하는 1년 내에 새로운 자격증 취득이라는 목표를 세웠습니다. 그녀는 목표를 구체적으로 '매일 1시간씩 공부하고, 매주 진도 체크하기'로 나누어 실천했습니다. 작은 목표를 꾸준히 이루어 나가며 서하는 1년 후 자격증을 취득했고, 이를 통해 직업적 성장을 이루며 자신의 커리어 목표에 더 가까워졌습니다.

5) 목표 설정과 달성의 이점

(1) 동기 부여와 성취감

목표를 설정하고 달성하면, 자신이 무엇을 성취했는지 명확히 알 수 있어 동기 부여가 지속되고, 성취감을 느낄 수 있습니다.

(2) 삶의 방향성 제공

목표를 설정하면 삶에서 목적 의식을 가지고 행동할 수 있으며, 더 구체적인 방향성을 갖출 수 있습니다.

(3) 자아 성장과 자신감 증가

작은 목표부터 큰 목표까지 하나씩 이루는 과정에서 자신은 성장하고, 스스로에 대한 자신감이 증가합니다.

(4) 효율적 시간 관리

목표를 설정하고 계획을 세우면 더 효율적인 시간 관리가 가능해지며, 불필요한 시간 낭비를 줄이고 중요한 것에 집중할 수 있습니다.

(5) 행복감 증진

목표를 달성하면서 느끼는 성취감은 우리에게 더 큰 행복감을 가져다주며, 삶의 질을 향상시킵니다.

6) 목표를 세우고 달성하는 행복한 삶

목표 설정은 단순한 계획 이상의 의미를 가지고 있습니다. 목표는 우리가 더 목적 있는 삶을 살도록 도와주며, 작은 목표부터 시작해 성취할 때마다 더 큰 성장과 행복을 경험하게 합니다.

SMART 목표 설정법, 단계별 계획, 그리고 꾸준한 실천을 통해 목표 달성의 길을 걸어가세요. 작은 성공이 쌓이면, 더 큰 목표를 이루는 동력이 됩니다. 목표를 달성하는 과정 자체가 행복을 위한 중요한 여정임을 기억하며, 오늘부터 작은 목표를 설정해보세요. 성취하는 기쁨이 곧 행복으로 이어지는 길입니다.

84. 일상 속에서 기쁨 찾기

1) 개념과 배경: 일상 속에서 기쁨을 찾는 이유

일상 속에서 기쁨을 찾는 것은 우리가 작고 사소한 순간들에서 행복을 발견하고, 그것을 느끼며 삶의 만족도를 높이는 것을 의미합니다. 행복은 특별한 날이나 특별한 사건에서만 오는 것이 아니라, 매일의 작은 순간에서 비롯될 수 있습니다. 일상적인 일들 속에서 기쁨을 느끼는 능력은 지속적인 행복을 가능하게 하고, 우리의 정서적 안정과 삶의 질을 높이는 중요한 요소입니다.

심리학적으로 긍정적 심리학에서는 기쁨을 느끼는 능력이 우리의 감정적 회복력을 증진시키고, 스트레스를 줄이는 데 큰 역할을 한다고 봅니다. 또한 작은 순간에서 기쁨을 느낄 때 긍정적인 감정이 강화되며, 삶에 대한 만족감과 자기 효능감이 높아집니다. 중요한 것은 이러한 기쁨을 의도적으로 찾고 인식하는 습관을 기르는 것입니다.

2) 일상 속에서 기쁨을 찾는 방법

(1) 작은 순간에 감사하기

일상 속에서 기쁨을 찾는 가장 기본적인 방법은 감사를 느끼는 것입니다. 작은 것에도 감사할 줄 아는 마음을 가질 때, 우리는 더 많은 기쁨을 느끼게 됩니다.

- 실천 방법: 매일 일상 속에서 감사할 만한 작은 순간을 찾아보세요. 아침에 눈을 떴을 때 느끼는 따뜻한 햇볕, 맛있는 식사를 할 수 있다는 것, 또는 누군가의 작은 친절에 감사해보세요.
- 효과: 작은 순간들에서 감사할 줄 알게 되면 긍정적인 시각이 확장되고, 더 많은 기쁨을 경험하게 됩니다.

(2) 소소한 즐거움 찾기

소소한 즐거움을 발견하고 그것을 즐기는 것이 중요합니다. 일상에서 매일 반복되는 일들 속에서도 소소한 기쁨을 찾아내면 삶의 단조로움 속에서도 행복을 누릴 수 있습니다.

- 실천 방법: 매일 아침 마시는 커피 한 잔, 좋아하는 음악을 듣는 순간, 산책하며 느끼는 바람의 감촉 등 소소한 즐거움을 찾아보세요. 이 순간들을 의도적으로 인식하고, 그 기쁨을 충분히 느껴보세요.
- 효과: 소소한 즐거움을 자주 찾고 느끼면 일상 속에서 행복의 빈도가 높아지며, 삶의 질도 크게 향상됩니다.

(3) 마음 챙김을 통한 기쁨 느끼기

마음 챙김(Mindfulness)은 현재 순간에 완전히 집중하고, 그 순간을 있는 그대로 받아들이는 것을 의미합니다. 마음 챙김을 통해 현재의 순간을 더 깊이 느끼고, 작은 것에서도 기쁨을 발견할 수 있습니다.

- 실천 방법: 하루 중 몇 분 동안 자신이 하고 있는 일에 완전히 집중해보세요. 음식을 먹을 때 그 맛을 천천히 음미하고, 산책을 할 때 바람과 공기의 느낌에 주의를 기울이는 등 현재 순간에 온전히 몰입하는 시간을 가져보세요.
- 효과: 마음 챙김을 통해 우리는 작은 순간 속에서도 더 큰 기쁨을 느낄 수 있으며, 스트레스도 줄어듭니다.

(4) 새로운 경험과 배움을 통해 기쁨 찾기

일상에서 새로운 경험을 시도하거나 배움을 추구하는 것은 기쁨을 찾는 좋은 방법입니다. 새로운 것을 배우고 도전하는 과정에서 자기 성장을 느끼며 더 큰 기쁨을 얻을 수 있습니다.

- 실천 방법: 매일 또는 매주 새로운 활동을 하나씩 시도해보세요. 예를 들어, 새로운 요리법을 배우거나 새로운 취미를 시작하는 것, 또는 새로운 사람과 대화를 나누는 것이 좋은 시작이 될 수 있습니다.
- 효과: 새로운 경험은 삶에 활력을 불어넣고, 성취감과 함께 기쁨을 가져다줍니다. 학습과 성장을 통해 스스로에게 더 긍정적인 변화를 느낄 수 있습니다.

(5) 타인과의 긍정적인 상호작용

타인과의 관계에서 기쁨을 찾는 것도 매우 중요합니다. 다른 사람과의 따뜻한 대화나 배려를 통해 서로가 기쁨을 주고받으며 행복을 느낄 수 있습니다.

- 실천 방법: 하루에 한 번 누군가에게 친절한 말을 건네거나, 감사의 인사를 전해보세요. 작은 친절이나 관심이 상대방에게 기쁨을 주고, 나 또한 그로 인해 긍정적인 감정을 경험할 수 있습니다.
- 효과: 긍정적인 상호작용을 통해 우리는 사회적 유대감을 강화하고, 그 과정에서 더 큰 행복감을 느낄 수 있습니다.

3) 일상 속에서 기쁨을 찾는 실천 아이디어

(1) 일상에서 기쁨의 순간 기록하기

매일 하루의 끝에서 기쁨을 느낀 순간을 적어보세요. 작은 일이더라도 그 순간들을 기록하면서 기쁨의 빈도가 어떻게 늘어나는지 확인해보세요.

(2) 자연 속에서 기쁨 찾기

매일 10분 동안 자연 속에서 산책을 하거나, 창밖을 보며 자연의 아름다움을 즐겨보세요. 자연의 소소한 변화 속에서도 기쁨을 발견할 수 있습니다.

(3) 나만의 소소한 기쁨 시간 갖기

하루 중 특정한 시간을 나만의 기쁨 시간으로 정해두고, 그 시간에 좋아하는 활동을 하며 기쁨을 만끽해보세요. 차 한 잔을 마시며 독시를 하거나, 짧은 산책을 하는 것도 좋습니다.

(4) 긍정적 감정 나누기

하루에 한 번 가까운 사람과 긍정적인 감정을 나누세요. 좋은 일, 감사한 일, 행복한 순간을 함께 공유하면 그 기쁨이 배가됩니다.

(5) 기쁨 알림 설정하기

스마트폰에 매일 알람을 설정하여 그 순간 기쁨을 느낀 순간을 떠올리거나, 작은 감사한 일을 떠올리도록 해보세요. 이는 하루 중 기쁨을 인식할 수 있는 좋은 방법이 됩니다.

4) 일상 속에서 기쁨을 찾은 사례

사례 1: 마음 챙김을 통해 일상의 기쁨을 발견한 영미

영미는 하루 중 마음 챙김을 실천하면서 작은 순간에 집중하는 법을 배웠습니다. 커피 한 잔을 마시는 순간, 산책 중 느끼는 바람, 아이와 함께 보내는 시간에서 작은 기쁨을 찾으며 일상이 더 풍요롭고 의미 있게 느껴졌습니다.

사례 2: 감사 연습으로 더 행복한 삶을 사는 영석

영석은 매일 아침 감사 일기를 쓰기 시작하면서 더 많은 기쁨을 발견하게 되었습니다. 작은 것에도 감사하는 법을 배우면서 그의 삶은 더 밝고 긍정적으로 변하였고, 주변 사람들과의 관계도 더 풍요로워졌습니다.

사례 3: 새로운 취미로 삶의 활력을 얻은 서하

서하는 매주 새로운 활동을 시도하며 삶의 기쁨을 찾았습니다. 새로운 요리법을 배우고, 사진 촬영을 시작하면서 그녀는 자신의 일상에서 새로운 성취감과 기쁨을 경험했습니다.

5) 일상 속에서 기쁨을 찾는 이점

(1) 행복감 증진

일상 속에서 기쁨을 자주 찾으면 행복감이 자연스럽게 증가하고, 삶에 대한 만족도가 높아집니다.

(2) 정서적 안정

작은 것에서 기쁨을 찾는 능력은 감정적 안정을 제공하며, 스트레스와 불안감을 줄여줍니다.

(3) 삶의 질 향상

일상 속에서 기쁨을 발견하는 사람은 삶의 질이 높아지며, 더 건강하고 만족스러운 생활을 영위할 수 있습니다.

(4) 감사와 긍정적 사고 강화

감사하는 마음과 긍정적 사고를 통해 우리는 더 많은 기쁨을 경험하게 되고, 더 나은 관계와 풍요로운 삶을 만들어갑니다.

(5) 스트레스 해소

기쁨을 자주 찾는 사람들은 스트레스에 더 잘 대처할 수 있으며, 긍정적인 감정을 통해 어려움 속에서도 더 회복력을 발휘합니다.

6) 일상 속에서 기쁨을 찾는 행복한 삶

기쁨은 우리의 일상 속에서 끊임없이 발견할 수 있는 작은 행복의 순간들입니다. 중요한 것은 그 순간들을 인식하고, 즐기며 그 안에서 행복을 찾는 것입니다.

오늘부터 시작하세요. 작은 순간에서도 기쁨을 찾고, 그 기쁨을 기록하고, 공유하며 삶을 더 풍요롭게 만들어보세요. 일상 속에서 기쁨을 자주 느낄수록, 당신의 삶은 더 밝고 행복으로 가득 찰 것입니다. 기쁨을 느끼는 능력이 바로 행복으로 가는 열쇠입니다.

85. 스트레스를 관리하는 방법

1) 개념과 배경: 스트레스 관리의 중요성

스트레스는 우리의 일상에서 피할 수 없는 감정입니다. 하지만 이를 잘 관리하지 않으면, 신체적・정신적 건강에 부정적인 영향을 미칠 수 있습니다. 스트레스는 직장, 가정, 대인관계 등 다양한 영역에서 발생할 수 있으며, 이를 효과적으로 다루는 능력은 행복한 삶을 유지하는 데 중요한 요소입니다.

스트레스 관리는 스트레스의 원인을 파악하고, 이에 대한 대처 방법을 개발하여 신체와 정신에 미치는 부정적인 영향을 최소화하는 과정을 의미합니다. 심리학적으로 인지 행동 치료(CBT)와 같은 방법은 스트레스에 대한 반응을 조절하고, 긍정적인 사고로 전환하는 데 유용합니다. 스트레스를 관리하면 신체적 건강을 유지할 수 있을 뿐만 아니라, 정서적 안정감을 유지하고, 더 나은 대처 능력을 기를 수 있습니다.

2) 스트레스를 관리하는 방법

(1) 심호흡과 이완 기법

심호흡은 스트레스를 빠르게 관리할 수 있는 가장 기본적이고 효과적인 방법 중 하나입니다. 심호흡을 통해 신경계를 진정시키고, 몸과 마음을 동시에 이완시킬 수 있습니다.

- 실천 방법: 눈을 감고 편안한 자세로 앉아 깊고 천천히 숨을 들이마신 후, 천천히 내쉬는 심호흡을 반복하세요. 숨을 들이쉴 때 4초 동안 숨을 들이마시고, 4초 동안 참았다가, 4초 동안 천천히 내쉬는 것을 5~10회 반복합니다.
- 효과: 심호흡은 자율 신경계를 안정시키고, 긴장을 풀어주며, 즉각적인 안정감을 가져다줍니다. 이는 특히 스트레스를 느낄 때 빠르게 사용할 수 있는 방법입니다.

(2) 규칙적인 운동

운동은 스트레스를 관리하는 데 매우 효과적인 방법입니다. 신체 활동을 통해 엔도르핀이라는 긍정적인 감정을 촉진하는 호르몬이 분비되며, 스트레스로 인한 긴장을 풀어줍니다.

실천 방법: 일주일에 최소 3번, 30분씩 규칙적으로 걷기, 달리기, 자전거 타기 등 심장 강화 운동을 하세요. 또한, 요가나 필라테스 같은 신체 이완 운동도 스트레스 관리에 큰 도움이 됩니다.

- 효과: 운동은 신체에 쌓인 긴장을 풀어주고, 뇌의 화학적 균형을 맞춰주어 정신적 스트레스 해소에 효과적입니다. 운동 후의 기분 전환 효과도 스트레스를 완화하는 중요한 요소입니다.

(3) 마음 챙김과 명상

마음 챙김(Mindfulness)과 명상은 현재 순간에 집중하고, 스트레스를 일으키는 생각과 감정을 객관적으로 바라보는 연습입니다. 이를 통해 우리는 스트레스의 원인을 정확히 파악하고, 더 침착하게 대처할 수 있습니다.

- 실천 방법: 매일 아침 또는 저녁에 10분간 명상을 실천해보세요. 편안한 자세로 앉아 눈을 감고 호흡에 집중하거나, 생각과 감정을 있는 그대로 관찰하면서 흐르게 놔두는 연습을 합니다. 마치 구름이 하늘을 떠다니는 것처럼 스트레스를 바라보세요.
- 효과: 명상과 마음 챙김은 스트레스에 대한 반응을 조절하고, 그로 인해 발생하는 부정적인 감정을 완화시켜줍니다. 이는 스트레스를 장기적으로 효과적으로 관리하는 능력을 길러줍니다.

(4) 시간 관리 기술

스트레스의 주요 원인 중 하나는 시간 부족이나 과도한 업무에서 발생합니다. 시간을 더 효율적으로 관리하면 과부하를 줄이고 스트레스를 덜 느낄 수 있습니다.

- 실천 방법: 하루 일정을 우선순위에 따라 나누고, 꼭 해야 할 일부터 시간을 할당하세요. 시간 블록 기법을 사용해 하루 일정 중 특정한 시간대에만 중요한 작업을 집중적으로 하세요. 쉬는 시간도 계획에 포함해 휴식을 잊지 마세요.

- 효과: 시간을 체계적으로 관리하면 작업 효율성이 높아지고, 스트레스를 덜 느끼게 됩니다. 시간에 대한 통제감을 가질 수 있어 더욱 자신감 있는 일상 생활이 가능합니다.

(5) 긍정적 사고 연습

스트레스를 유발하는 상황에서 긍정적인 시각을 유지하는 것은 매우 중요합니다. 스트레스를 받는 상황에서도 긍정적인 요소를 발견하고 대처 능력을 강화하면 스트레스를 더 쉽게 다룰 수 있습니다.

- 실천 방법: 스트레스를 느낄 때, 그 상황에서 배울 점이나 긍정적인 측면을 찾아보세요. "이 상황에서 내가 얻을 수 있는 교훈은 무엇인가?"라고 질문하며 스트레스 상황을 재해석해보는 연습을 하세요.
- 효과: 긍정적인 사고는 스트레스 상황을 더 잘 극복할 수 있는 힘을 줍니다. 또한, 이러한 사고 방식은 자신감과 정신적 회복력을 길러줍니다.

3) 스트레스 관리를 위한 실천 아이디어

(1) 스트레스 일지 작성

매일 느끼는 스트레스를 기록하는 스트레스 일지를 만들어보세요. 어떤 상황에서 스트레스를 많이 받는지, 어떻게 대처했는지 기록하면서 자신의 스트레스 패턴을 분석할 수 있습니다.

(2) 짧은 명상 실천

하루 3분이라도 짧은 명상을 실천해보세요. 스트레스가 쌓일 때 잠시 멈추고, 호흡에 집중하면서 마음을 진정시키는 시간을 가집니다.

(3) 스트레칭 루틴 만들기

업무 중간에 5분씩 스트레칭을 하며 몸의 긴장을 풀어보세요. 긴장된 근육을 이완시키는 것은 신체적으로도 스트레스를 해소하는 좋은 방법입니다.

(4) 감사 일기 쓰기

하루 끝에 감사한 일을 적어보는 습관을 들이세요. 감사하는 마음은 부정적인 스트레스를 긍정적인 감정으로 전환해줍니다.

(5) 디지털 디톡스

하루에 한 번은 스마트폰과 컴퓨터에서 벗어나 디지털 디톡스를 실천해보세요. 디지털 세계에서 잠시 벗어나면 마음의 여유와 평화를 찾을 수 있습니다.

4) 스트레스를 관리한 사례

사례 1: 심호흡과 명상으로 스트레스를 다스린 영미

영미는 직장에서의 과도한 업무로 스트레스를 많이 받았습니다. 그녀는 매일 아침 10분씩 심호흡과 명상을 시작했고, 스트레스를 더 쉽게 관리할 수 있게 되었습니다. 일상의 작은 스트레스에도 마음의 여유를 찾을 수 있었습니다.

사례 2: 시간 관리를 통해 스트레스를 극복한 영석

영석은 업무와 가정에서 동시에 많은 일을 처리해야 했습니다. 그는 시간 관리 기술을 배워 하루를 더 효율적으로 계획했고, 그 결과 스트레스가 크게 줄었습니다. 우선순위를 명확히 설정하고 시간을 관리하자 영석은 스트레스에서 벗어나 더 집중된 생활을 할 수 있게 되었습니다.

사례 3: 긍정적 사고로 어려움을 극복한 서하

서하는 학업과 직장 생활의 스트레스로 지쳐 있었지만, 긍정적인 사고를 연습하기 시작했습니다. 스트레스 상황을 기회로 해석하고, 그 안에서 배울 점을 찾으면서 더 회복력이 강해졌고, 스트레스를 이전보다 훨씬 덜 느끼게 되었습니다.

5) 스트레스 관리의 이점

(1) 정신적 안정감

스트레스를 효과적으로 관리하면 정신적 안정감이 증가하고, 스트레스로 인한 부정적인 감정을 덜 느끼게 됩니다.

(2) 신체 건강 향상

스트레스를 관리하면 신체적으로 면역력이 강화되고, 스트레스성 질병(고혈압, 심장질환 등)의 위험이 줄어듭니다.

(3) 감정 조절 능력 향상

스트레스를 관리하는 과정에서 감정을 더 효과적으로 조절할 수 있는 능력이 길러집니다.

(4) 삶의 질 향상

스트레스를 잘 다룰 수 있는 사람은 더 행복하고 만족스러운 삶을 살 수 있으며, 전반적인 삶의 질이 높아집니다.

(5) 자기 효능감 증가

스트레스 상황을 극복하면 자신의 능력에 대한 신뢰가 높아지고, 미래의 어려움에도 더 자신감 있게 대처할 수 있게 됩니다.

6) 스트레스 관리로 행복한 삶 찾기

스트레스는 누구나 경험하는 일상적인 문제이지만, 이를 잘 관리할 때 우리는 더 건강하고 행복한 삶을 살 수 있습니다. 심호흡, 운동, 명상, 긍정적 사고 등 다양한 방법을 통해 스트레스를 효과적으로 관리하고, 매일 조금씩 실천해보세요.

오늘부터 시작하세요. 작은 스트레스 관리 실천이 쌓이면, 우리는 더 평온하고 만족스러운 삶을 살 수 있습니다. 스트레스를 극복하는 능력이 곧 행복으로 가는 길입니다.

86. 균형 잡힌 시간 관리

1) 개념과 배경: 균형 잡힌 시간 관리의 중요성

균형 잡힌 시간 관리란, 개인의 삶에서 중요한 여러 역할과 활동(일, 가족, 자기 돌봄, 사회적 관계 등)에 균형 있게 시간을 할애하는 것을 의미합니다. 이는 효율적인 시간 사용뿐만 아니라, 삶의 다양한 측면에서 균형을 유지하는 데 중점을 둡니다. 시간 관리가 제대로 이루어지지 않으면 과도한 스트레스와 불균형한 삶으로 이어질 수 있으며, 이는 정신적, 신체적 건강에 부정적인 영향을 미칠 수 있습니다.

심리학적으로, 시간 관리는 자기 통제력과 관련이 깊으며, 시간을 잘 관리하면 스트레스와 불안감을 줄일 수 있습니다. 또한, 균형 잡힌 시간 관리는 자아 성취감과 행복감을 증가시킵니다. 중요한 것은 개인의 우선순위에 맞게 시간을 배분하고, 과중한 부담을 피하면서도 효율적인 일처리를 가능하게 하는 것입니다.

2) 균형 잡힌 시간 관리를 실천하는 방법

(1) 우선순위 설정하기

시간을 효과적으로 관리하기 위해서는 먼저 우선순위를 명확히 설정해야 합니다. 모든 활동이 동일하게 중요한 것은 아니므로, 각각의 활동에 우선순위를 정하고 그에 맞춰 시간을 배분해야 합니다.

- 실천 방법: 매일 아침 할 일 목록을 작성하고, 이를 중요도에 따라 분류해보세요. 중요한 일, 긴급한 일, 중요하지만 긴급하지 않은 일, 덜 중요한 일을 구분한 후 중요한 일에 더 많은 시간을 할애합니다.
- 효과: 우선순위를 설정하면 중요한 일에 집중할 수 있고, 비효율적인 작업을 줄여 시간을 절약할 수 있습니다.

(2) 시간 블록 기법 활용하기

시간 블록 기법(Time Blocking)은 일정한 시간을 특정 활동에만 할애하는 방법입니다. 이 방법을 사용하면 한 가지 일에 완전히 몰입할 수 있으며, 집중력을 유지하는 데 도움이 됩니다.

- 실천 방법: 하루 중 각 활동에 필요한 시간 블록을 설정하고, 그 시간 동안에는 한 가지 일에만 집중하세요. 예를 들어, 오전 9시부터 11시까지는 업무에, 11시부터 12시까지는 휴식이나 운동에 할애하는 식입니다. 시간 블록 사이에는 짧은 휴식 시간을 넣어 효율성을 유지하세요.
- 효과: 시간 블록 기법을 사용하면 집중력이 향상되고, 여러 일을 동시에 처리하는 데서 오는 혼란을 줄일 수 있습니다. 이 방법은 중요한 일에 몰입할 수 있게 해줍니다.

(3) 80/20 법칙(파레토 법칙) 적용하기

80/20 법칙은 결과의 80%가 원인의 20%에서 나온다는 이론입니다. 이는 시간이 한정된 상황에서 가장 큰 효과를 낼 수 있는 활동에 집중하는 전략입니다.

- 실천 방법: 자신의 업무나 활동 중에서 가장 중요한 20%를 찾아내고, 그것이 가져오는 80%의 결과에 집중하세요. 예를 들어, 업무에서 가장 중요한 프로젝트에 시간을 집중 투자하고, 덜 중요한 일들은 우선순위를 낮추거나 위임할 수 있습니다.
- 효과: 80/20 법칙을 적용하면 더 적은 시간과 노력으로 더 큰 결과를 얻을 수 있습니다. 이는 시간이 부족할 때 효율적인 시간 배분을 돕습니다.

(4) 휴식과 재충전 시간을 계획하기

효율적인 시간 관리에는 휴식과 재충전도 반드시 포함되어야 합니다. 지속적인 업무는 피로와 스트레스를 불러일으킬 수 있으므로, 휴식 시간을 통해 에너지를 회복하는 것이 중요합니다.

- 실천 방법: 하루 일정에 짧은 휴식 시간을 계획하고, 일주일에 최소 하루는 완전한 휴식을 취하세요. 업무 중간에는 5분 스트레칭을 하거나, 점심 시간에 산책을 하면서 마음을 진정시킵니다. 주말에는 자신을 돌보는 활동을 계획해 정신적, 신체적 에너지를 충전하세요.
- 효과: 휴식과 재충전 시간을 가질 때, 집중력이 다시 높아지고, 더 효과적으로 일할 수 있습니다. 이는 번아웃을 예방하고 장기적으로 일의 질을 높여줍니다.

(5) 시간 낭비 요인 최소화하기

균형 잡힌 시간 관리를 위해서는 시간을 낭비하는 요인을 줄이는 것이 중요합니다. 주의 산만함이나 비효율적인 일 처리로 인한 시간 낭비를 줄이기 위한 노력이 필요합니다.

- 실천 방법: 스마트폰 알림을 최소화하거나, 하루 중 소셜 미디어 사용 시간을 제한해보세요. 또한, 집중이 잘 되는 시간대를 파악하고 그 시간대에 가장 중요한 일을 처리하세요. 작업 중간에 작업 전환이 자주 일어나지 않도록 계획적인 일정을 세우는 것도 도움이 됩니다.
- 효과: 시간 낭비 요인을 줄이면 더 효율적으로 시간을 활용할 수 있으며, 목표를 달성하는 데 있어 더 나은 성과를 얻을 수 있습니다.

3) 균형 잡힌 시간 관리를 위한 실천 아이디어

(1) 하루 일과 계획 세우기

아침에 일어나면 하루를 구체적으로 계획하고, 그 계획에 맞춰 시간을 관리하세요. 시간을 배분할 때 업무, 휴식, 자기 돌봄이 모두 포함되도록 합니다.

(2) 디지털 디톡스 실천하기

하루 중 일정 시간 동안 디지털 기기와 떨어져 시간을 보내며, 그 시간을 명상, 독서, 산책 같은 활동에 할애하세요.

(3) 집중 시간 알람 설정

일정한 시간을 한 가지 일에 집중하기 위해 알람을 설정하고, 그 시간 동안 다른 일에 방해받지 않도록 하세요. 이 방식은 집중력을 높이고 더 효율적인 작업을 할 수 있게 해줍니다.

(4) 실행 가능한 작은 목표 설정

큰 목표를 작은 단계로 나누어 일일 목표를 설정하고, 그 목표를 달성하는 습관을 기르세요. 하루에 한 가지라도 달성하면 성취감을 느끼고 동기 부여가 지속됩니다.

(5) 하루 끝에 검토 시간 가지기

하루의 일정을 마친 후 하루를 되돌아보며 잘한 점과 개선할 점을 기록하세요. 이를 통해 시간 관리를 더 효율적으로 개선할 수 있습니다.

4) 균형 잡힌 시간 관리를 실천한 사례

사례 1: 우선순위 설정으로 효율성을 높인 영미

영미는 직장에서의 과도한 업무로 인해 스트레스를 받았지만, 우선순위 설정과 시간 블록 기법을 적용해 하루를 더 체계적으로 관리하기 시작했습니다. 그녀는 매일 가장 중요한 일에 시간을 집중 투자하면서 스트레스를 줄이고, 더 효율적으로 일할 수 있었습니다.

사례 2: 80/20 법칙으로 성과를 낸 영석

영석은 업무 중 일부가 많은 시간과 에너지를 소모한다는 것을 깨달았고, 80/20 법칙을 적용했습니다. 그는 가장 중요한 업무에 집중하고 덜 중요한 일을 위임하면서 더 적은 시간에 더 큰 성과를 얻을 수 있었습니다. 이는 그의 일과 삶의 균형을 맞추는 데 큰 도움이 되었습니다.

사례 3: 디지털 디톡스로 마음의 여유를 찾은 서하

서하는 스마트폰과 컴퓨터 사용 시간이 많아 생산성이 떨어졌습니다. 그녀는 하루에 2시간씩 디지털 디톡스 시간을 가지며 그 시간 동안 산책과 명상을 실천했습니다. 이로 인해 서하는 정신적으로 여유를 찾고, 더 건강한 생활을 할 수 있게 되었습니다.

5) 균형 잡힌 시간 관리의 이점

(1) 생산성 향상

시간을 효율적으로 관리하면 더 적은 시간에 더 많은 일을 성취할 수 있어 생산성이 증가합니다.

(2) 스트레스 감소

시간이 잘 관리될 때, 과부하를 덜 느끼고 스트레스가 줄어들어 정신적 안정감을 느낄 수 있습니다.

(3) 삶의 질 향상

균형 잡힌 시간 관리는 일과 개인 생활 사이에서 균형을 이루게 해주어 삶의 질을 높이는 데 기여합니다.

(4) 자기 효능감 증가

스스로 시간을 잘 관리할 수 있다는 자신감을 얻게 되며, 이는 더 많은 성취와 자기 효능감으로 이어집니다.

(5) 행복감 증진

스트레스가 줄고 시간이 균형 있게 관리될 때, 우리는 더 많은 행복을 느끼며 더 만족스러운 삶을 살 수 있습니다.

6) 균형 잡힌 시간 관리로 행복한 삶 만들기

균형 잡힌 시간 관리는 우리의 삶을 더 효율적이고 행복하게 만들 수 있는 중요한 열쇠입니다. 시간 관리 기술을 적용하면 일과 삶의 균형을 유지하고, 더 나은 생산성과 스트레스 관리를 이룰 수 있습니다.

87. 명상과 자기 수양

1) 개념과 배경: 명상과 자기 수양의 중요성

명상과 자기 수양은 마음과 몸을 다스리고, 내면의 평화와 정신적 성장을 추구하는 과정입니다. 명상은 우리가 현재 순간에 집중하고, 생각과 감정을 객관적으로 관찰하는 훈련을 통해 자기 인식을 높이는 것을 의미합니다. 자기 수양은 이를 더 넓은 범위에서 이해하며, 일관된 노력과 자기 통제를 통해 자신을 개선하고, 내면의 힘을 기르는 것을 목표로 합니다.

심리학적으로 명상은 스트레스 관리, 정서적 안정, 그리고 심리적 회복력을 증진시키는 효과가 있습니다. 또한 자기 수양은 개인이 목표 지향적인 생활을 유지하고, 삶에서 의미와 목적을 찾도록 도와줍니다. 일관성 있는 자기 관리와 명상은 우리가 내적 평화를 유지하고, 더 나은 삶을 영위할 수 있도록 돕는 핵심적인 도구입니다.

2) 명상과 자기 수양을 실천하는 방법

(1) 매일 명상 습관 들이기

명상을 통해 우리는 자신의 마음을 고요하게 만들고, 내면을 관찰하는 능력을 기를 수 있습니다. 매일 짧은 시간이라도 명상을 실천하면 내면의 안정감을 지속적으로 유지할 수 있습니다.

- 실천 방법: 하루 중 아침이나 저녁 시간을 정해 5~10분씩 명상하는 습관을 들이세요. 편안한 자세로 앉아 호흡에 집중하며, 떠오르는 생각이나 감정을 억누르지 말고 자연스럽게 흘려보내세요. 명상의 목표는 생각을 비우는 것이 아니라, 생각에 휘말리지 않고 객관적으로 바라보는 것입니다.
- 효과: 명상을 통해 우리는 스트레스를 줄이고, 더 차분하게 일상에서의 감정을 다룰 수 있습니다. 정기적인 명상은 우리의 정신적, 정서적 회복력을 높여줍니다.

(2) 마음 챙김 훈련

마음 챙김(Mindfulness)은 명상의 연장선에서, 현재 순간에 온전히 집중하고 그 순간을 있는 그대로 받아들이는 연습입니다. 이를 통해 우리는 일상적인 활동 속에서도 더 깊은 의미와 평온을 찾을 수 있습니다.

- 실천 방법: 하루 중 식사 시간, 걷는 시간, 샤워 시간 등 일상적인 순간에 마음 챙김을 실천해보세요. 예를 들어, 식사할 때는 음식의 맛과 향, 식감을 천천히 느끼고, 그 경험에 집중하세요. 또한, 걸을 때는 발바닥이 땅을 딛는 감각, 주변의 소리와 바람의 느낌에 주의를 기울이며 그 순간을 완전히 경험하세요.
- 효과: 마음 챙김은 우리의 감각을 통해 현재 순간에 몰입하게 하고, 스트레스를 완화하며, 매 순간을 더 의미 있게 느끼게 합니다.

(3) 목표 설정과 자기 수양 실천

자기 수양은 우리의 목표를 설정하고, 그 목표를 향해 일관되게 노력하는 과정을 포함합니다. 이는 단순한 자기 통제가 아니라, 지속적으로 자신을 개선하고 성장하는 방식입니다.

- 실천 방법: 명상 중에 자신의 목표를 생각하고, 그 목표를 이루기 위해 어떤 노력이 필요한지 구체적으로 계획해보세요. 예를 들어, "더 차분한 사람이 되겠다"는 목표를 세웠다면, 매일 짧은 명상과 감정 조절 훈련을 통해 목표를 향한 작은 습관을 형성하세요. 중요한 것은 작고 실천 가능한 목표를 설정하고, 이를 꾸준히 반복하는 것입니다.
- 효과: 명상을 통해 목표 설정에 대한 명확한 인식과 자기 통제력을 높일 수 있으며, 이를 꾸준히 실천하면서 자기 수양의 과정을 경험할 수 있습니다.

(4) 자아 성찰의 시간 가지기

자아 성찰은 자기 수양의 핵심입니다. 자신의 행동, 생각, 감정을 돌아보며 객관적으로 평가하고, 더 나은 방향으로 수정할 수 있는 기회를 제공합니다. 자아 성찰은 내면의 깊은 이해를 통해 자신을 성장시키는 중요한 도구입니다.

- 실천 방법: 매일 저녁, 하루를 돌아보며 오늘 있었던 일들에 대해 자아 성찰하는 시간을 가져보세요. "오늘 내가 했던 일 중에 개선할 수 있는 점은 무엇일

까?", "내가 더 성장하기 위해 필요한 것은 무엇일까?"라는 질문을 스스로에게 던져보세요. 일기를 쓰면서 하루를 반추하는 것도 좋은 방법입니다.
- 효과: 자아 성찰은 자기 인식을 높이고, 스스로를 더 깊이 이해하는 기회를 제공하며, 더 나은 선택을 하도록 도와줍니다. 이를 통해 우리는 지속적인 자기 발전을 이룰 수 있습니다.

(5) 규칙적인 생활과 일관된 노력

자기 수양은 한 번에 이루어지는 것이 아니라, 꾸준한 실천과 규칙적인 생활을 통해 이루어집니다. 이는 자신을 일관성 있게 관리하는 과정을 포함하며, 이를 통해 더 강한 자기 통제력을 기를 수 있습니다.

- 실천 방법: 하루의 일과를 규칙적으로 계획하고, 그 계획에 따라 일관성 있게 행동하세요. 예를 들어, 매일 같은 시간에 일어나고, 명상, 운동, 학습 시간을 정해 꾸준히 실천하는 것이 중요합니다. 작은 습관이라도 매일 반복함으로써 자기 수양의 과정이 강화됩니다.
- 효과: 규칙적인 생활과 일관된 노력을 통해 우리는 자신의 삶을 통제하는 능력을 키우고, 더 큰 자기 성취를 이룰 수 있습니다. 이는 자기 수양의 필수적인 과정입니다.

3) 명상과 자기 수양을 위한 실천 아이디어

(1) 5분 명상 시작하기

하루에 단 5분이라도 명상 시간을 정해보세요. 아침에 일어나기 전이나 저녁에 잠들기 전에 간단한 호흡 명상으로 시작하는 것이 좋습니다.

(2) 자아 성찰 일기 쓰기

매일 저녁 자신을 돌아보는 일기를 써보세요. 하루 동안 느낀 감정, 한 일들을 기록하며 스스로를 성찰하는 시간을 가집니다.

(3) 일상 속 마음 챙김 실천하기

하루의 일상적인 활동 속에서 마음 챙김을 실천하세요. 예를 들어, 설거지를 하거나 차를 마실 때 그 순간에 집중하고, 그 경험을 깊이 느끼는 연습을 합니다.

(4) 작은 목표 세우기

자기 수양을 위해 작은 목표부터 시작해보세요. 예를 들어, "하루에 10분 운동하기", "매일 감사한 일 세 가지 적기" 같은 작은 목표를 설정하고 꾸준히 실천합니다.

(5) 명상 그룹 참여

혼자 명상하는 것이 어려울 때는 명상 그룹에 참여해보세요. 다른 사람들과 함께 명상을 하면 더 쉽게 집중할 수 있으며, 서로의 동기 부여가 됩니다.

4) 명상과 자기 수양을 실천한 사례

사례 1: 명상으로 내면의 평화를 찾은 영미

영미는 스트레스로 인해 불안감이 높아졌지만, 매일 아침 10분씩 명상을 시작하면서 더 차분한 마음을 유지할 수 있게 되었습니다. 그녀는 명상을 통해 감정의 흐름을 관찰하고, 스트레스를 다스리는 법을 배웠습니다.

사례 2: 자아 성찰로 성장한 영석

영석은 매일 저녁 자아 성찰 일기를 쓰기 시작했습니다. 그는 하루를 돌아보며 자신이 어떤 감정을 느꼈는지, 더 나은 선택을 할 수 있는 부분이 무엇인지 기록했습니다. 이 과정에서 그는 더 자신을 이해하게 되었고, 점차 더 성숙한 사람이 되어갔습니다.

사례 3: 자기 수양으로 목표를 이룬 서하

서하는 "하루에 30분씩 운동하기"라는 작은 목표를 세웠습니다. 처음에는 어렵게 느껴졌지만, 매일 일관되게 실천하면서 점차 체력이 향상되고 자신감도 높아졌습니다. 이를 통해 자기 수양의 중요성을 깨닫고 더 큰 목표를 설정하게 되었습니다.

5) 명상과 자기 수양의 이점

(1) 정신적 안정감

명상은 우리의 정신을 고요하게 만들고, 정서적 안정을 유지하게 도와줍니다.

(2) 자기 인식 향상

명상과 자아 성찰을 통해 우리는 자신의 감정과 생각을 더 잘 이해하게 되며, 더 나은 선택을 할 수 있습니다.

(3) 감정 조절 능력

명상과 자기 수양은 우리의 감정 조절 능력을 향상시키고, 스트레스와 불안을 더 잘 다룰 수 있게 해줍니다.

(4) 집중력 향상

명상은 집중력을 높여 일상생활에서 더 효율적으로 일할 수 있게 합니다.

(5) 자기 성취감 증대

자기 수양을 통해 우리는 더 큰 자기 성취감을 느끼고, 자신에 대한 자신감이 높아집니다.

6) 명상과 자기 수양으로 행복한 삶 찾기

명상과 자기 수양은 우리의 삶을 더 평화롭고 풍요롭게 만들 수 있는 강력한 도구입니다. 작은 명상 습관부터 시작해, 매일 조금씩 자신을 돌아보고 성장할 수 있는 습관을 기르세요.

오늘부터 시작해보세요. 매일 5분의 명상과 작은 목표 설정을 통해 당신의 삶을 더 균형 있고 행복하게 만들어보세요. 명상과 자기 수양이 곧 행복으로 가는 길입니다.

88. 자아 성찰과 성장

1) 개념과 배경: 자아 성찰과 성장의 중요성

자아 성찰(Self-reflection)은 자신의 생각, 감정, 행동을 돌아보고 평가하며 깊이 이해하는 과정입니다. 자아 성찰은 자기 자신을 객관적으로 인식하고, 더 나은 방향으로 나아가도록 돕는 중요한 도구입니다. 이 과정에서 우리는 자신의 강점과 약점을 발견하고, 성장을 위한 구체적인 계획을 세울 수 있습니다. 자아 성장(Self-growth)은 이러한 자아 성찰을 통해 도출된 배움과 교훈을 바탕으로 스스로를 개선하고, 삶의 질을 높이는 과정입니다.

심리학적으로 자아 성찰은 자기 인식을 강화시키고, 감정과 행동을 더 효과적으로 조절할 수 있게 도와줍니다. 성찰을 통해 우리는 더 성숙한 사고를 갖게 되고, 성취감과 자아 효능감을 높여줄 수 있습니다. 자아 성장은 일회성의 경험이 아니라, 일상적인 실천을 통해 꾸준히 이루어지는 과정입니다.

2) 자아 성찰과 성장을 실천하는 방법

(1) 하루의 끝에서 자아 성찰 일기 쓰기

자아 성찰 일기는 하루 동안의 경험과 감정, 생각을 기록하며 스스로를 돌아보는 좋은 방법입니다. 일기를 쓰면서 우리는 자신을 더 깊이 이해하고, 개선할 부분을 찾게 됩니다.

- 실천 방법: 매일 저녁 10분 동안 자아 성찰 일기를 써보세요. 오늘 하루 동안 어떤 경험을 했는지, 그 경험에서 무엇을 배웠는지, 기뻤던 순간과 어려웠던 순간이 무엇이었는지 구체적으로 기록합니다. 스스로에게 "무엇이 잘됐고, 무엇을 개선할 수 있을까?"라는 질문을 던져보세요.
- 효과: 자아 성찰 일기를 통해 우리는 감정과 행동을 더 명확히 이해할 수 있으며, 이를 바탕으로 다음 날 더 나은 선택을 할 수 있습니다. 또한, 일기 쓰기는 자기 인식과 사기 통제를 강화해줍니다.

(2) 명상과 마음 챙김으로 내면 관찰하기

명상과 마음 챙김(Mindfulness)은 현재 순간에 집중하며 자신의 생각과 감정을 관찰하는 강력한 도구입니다. 명상을 통해 우리는 외부 자극에서 벗어나 내면의 소리를 듣고, 더 깊은 자아 성찰을 할 수 있습니다.

- 실천 방법: 매일 아침이나 저녁, 10분의 명상 시간을 가지세요. 편안한 자세로 앉아 호흡에 집중하며, 떠오르는 생각이나 감정을 판단하지 말고 그저 관찰하세요. 마음이 어지럽더라도, 이를 있는 그대로 받아들이고 흐름에 맡기세요. 명상을 통해 자신의 감정과 생각을 명확히 이해할 수 있습니다.
- 효과: 명상과 마음 챙김은 내면의 평화를 제공하며, 더 객관적인 자아 성찰을 가능하게 합니다. 이는 감정을 더 잘 조절하고, 자신을 개선할 방향을 찾는 데 큰 도움이 됩니다.

(3) 정기적으로 자기 평가하기

자아 성찰을 통해 얻은 교훈은 정기적인 자기 평가를 통해 성장으로 이어질 수 있습니다. 스스로의 발전 상태를 평가하며, 다음 단계로 나아가기 위한 계획을 세우는 것이 중요합니다.

- 실천 방법: 매달 또는 분기마다 스스로의 목표 달성도와 성장 과정을 평가하세요. "나는 어떤 부분에서 성장했는가?", "더 나아지기 위해 무엇을 해야 할까?" 등의 질문을 통해 자신을 점검하고, 새로운 성장 목표를 설정하세요.
- 효과: 정기적인 자기 평가는 목표 달성에 대한 동기 부여를 제공하며, 더 나은 선택을 할 수 있는 기회를 만들어줍니다. 이는 자아 성장을 더 구체적으로 이끄는 중요한 과정입니다.

(4) 피드백을 통해 성장하기

자아 성찰은 자기 내부에서만 이루어지는 것이 아니라, 외부로부터 피드백을 받아 더 객관적으로 자신을 평가하는 데 도움이 됩니다. 피드백은 성찰을 통해 스스로 알아차리지 못한 부분을 발견하게 해줍니다.

- 실천 방법: 가까운 친구, 가족, 동료에게 건설적인 피드백을 요청하세요. 그들이 당신의 행동이나 사고 방식에서 긍정적이거나 개선할 점을 알려줄 수 있도

록 솔직한 대화를 나누세요. 이러한 피드백을 통해 성장 계획을 세워보세요.
- 효과: 외부의 피드백은 자신의 강점과 약점을 더 명확히 인식하게 하고, 자기 성장에 필요한 방향성을 제공합니다. 이는 스스로를 더 잘 개선하는 데 유용한 자료가 됩니다.

(5) 작은 목표부터 실천하기

성장 과정은 작은 변화에서부터 시작됩니다. 자아 성찰을 통해 얻은 교훈을 바탕으로 작고 실천 가능한 목표를 설정하고 이를 꾸준히 실천하는 것이 중요합니다.
- 실천 방법: "하루 30분 운동하기", "매일 감사한 일 3가지 적기", "한 달에 한 권 책 읽기" 등 작고 구체적인 목표를 설정하고 이를 실천하세요. 작은 목표들이 쌓이면 점점 더 큰 성장을 이룰 수 있습니다.
- 효과: 작은 목표를 지속적으로 실천하면 성취감을 쌓을 수 있으며, 이는 더 큰 목표를 향한 자신감을 줍니다. 꾸준한 실천이 자아 성장을 가속화시킵니다.

3) 자아 성찰과 성장을 위한 실천 아이디어

(1) 주간 성찰 시간 가지기

매주 일요일 저녁 30분 동안 일주일 동안의 경험을 돌아보며 자아 성찰의 시간을 가져보세요. 이를 통해 앞으로 나아갈 방향을 설정할 수 있습니다.

(2) 명상 일상화하기

하루 5분이라도 명상 시간을 만들어보세요. 이를 통해 내면을 차분히 바라보고, 자아 성찰을 깊게 할 수 있습니다.

(3) 피드백 일기 쓰기

주변 사람들에게 받은 피드백을 바탕으로 자신의 강점과 개선할 점을 기록하는 피드백 일기를 써보세요. 이는 더 명확한 성장 방향을 설정하는 데 도움이 됩니다.

(4) 자기 성찰 파트너 만들기

친구나 가족과 함께 서로의 자아 성찰을 돕는 성찰 파트너를 만들어보세요. 서로 피드백을 주고받으며 성장하는 과정에서 동기 부여를 얻을 수 있습니다.

(5) 성장 목표 포스터 만들기

자신이 이루고 싶은 성장을 시각적으로 표현한 성장 목표 포스터를 만들어 집에 붙여보세요. 매일 목표를 확인하며 동기 부여를 얻고, 성장을 더 구체적으로 계획할 수 있습니다.

4) 자아 성찰과 성장을 실천한 사례

사례 1: 자아 성찰 일기를 통해 자신을 개선한 영미

영미는 매일 저녁 자아 성찰 일기를 쓰기 시작했습니다. 그날 있었던 일을 돌아보고 자신이 잘한 점과 개선할 점을 기록하며, 점차 자신의 감정 조절 능력과 스트레스 관리 기술을 향상시킬 수 있었습니다.

사례 2: 피드백을 통해 성장한 영석

영석은 직장에서 동료들과 함께 자신의 업무 스타일에 대해 피드백을 받았습니다. 동료들은 그의 강점과 개선할 부분을 솔직하게 알려주었고, 영석은 이를 바탕으로 더 효율적으로 일을 처리하는 법을 배웠습니다. 피드백을 통해 그는 자기 인식을 높이고 성장할 수 있었습니다.

사례 3: 작은 목표 달성으로 자신감을 얻은 서하

서하는 매일 20분씩 책을 읽고 일주일에 한 권씩 책을 끝내기로 한 작은 목표를 설정했습니다. 이를 꾸준히 실천하면서 자신감을 얻게 되었고, 더 큰 목표를 세우고 도전하는 자기 성장의 과정에 들어설 수 있었습니다.

5) 자아 성찰과 성장의 이점

(1) 자기 인식 향상

자아 성찰을 통해 자신을 더 깊이 이해할 수 있으며, 더 나은 선택을 할 수 있는 능력을 갖추게 됩니다.

(2) 감정 조절 능력 증가

자아 성찰은 감정과 생각을 객관적으로 바라보게 하며, 스트레스와 불안에 더 차분하게 대처할 수 있도록 도와줍니다.

(3) 성취감과 자신감 증대

자아 성찰을 통해 작은 목표를 이루면 성취감과 자신감이 쌓이게 되며, 이는 더 큰 성장을 가능하게 합니다.

(4) 더 나은 대인관계

피드백을 통해 자아 성찰을 하면 대인관계에서도 자신을 더 잘 이해하고 긍정적인 상호작용을 만들어낼 수 있습니다.

(5) 지속적인 자기 성장

자아 성찰과 자기 평가는 지속적인 성장을 가능하게 하며, 삶의 목적 의식과 자기 효능감을 증진시킵니다.

6) 자아 성찰과 성장으로 행복한 삶 찾기

자아 성찰은 자신을 돌이보고 깊이 이해하는 과정이며, 이는 자기 성장으로 이어집니다. 매일 작은 성찰을 실천하고, 이를 바탕으로 꾸준한 성장을 이루어가는 것이 중요합니다.

89. 자신을 사랑하는 방법

1) 개념과 배경: 자신을 사랑하는 것의 중요성

자기 사랑(Self-love)은 자신에 대한 긍정적이고 존중하는 태도를 가지며, 자신의 가치와 가능성을 인정하고 존중하는 것입니다. 이는 단순히 자신의 장점을 자랑하는 것이 아니라, 자신의 단점과 약점까지도 받아들이고 긍정적인 변화를 추구하는 것을 포함합니다. 자신을 사랑하는 것은 심리적 건강과 행복감에 매우 중요한 영향을 미치며, 이는 자기 존중과 자기 효능감을 높이는 데 기여합니다.

심리학적으로 자기 사랑은 자아 존중감(self-esteem)과 밀접하게 연결됩니다. 자기 존중감이 높은 사람은 삶의 도전에 더 긍정적으로 대응하고, 정서적 회복력이 높아 스트레스와 어려움 속에서도 자기 자신을 보호할 수 있습니다. 자신을 사랑하지 않는다면 외부로부터 인정과 사랑을 받는 것에 의존하게 되며, 이는 불안과 자기 비난으로 이어질 수 있습니다.

2) 자신을 사랑하는 방법

(1) 자기 비판을 줄이고 자비를 실천하기

자기 비판은 우리의 자기 존중감을 약화시키는 가장 큰 요소 중 하나입니다. 우리는 자주 스스로를 너무 가혹하게 대하고, 실패나 실수를 과도하게 비판합니다. 자신을 사랑하는 첫걸음은 자비로운 마음을 실천하며, 스스로에게 더 관대하게 대하는 것입니다.

- 실천 방법: 자신이 실수를 했거나, 원하는 결과를 얻지 못했을 때 자비로운 마음으로 자신에게 "괜찮아, 너는 최선을 다했어." 또는 "이것도 배움의 과정이야."라고 말해보세요. 자신에게 친구에게 하듯 따뜻한 말을 건네고, 자책하지 말고 포용하는 자세를 가지세요.
- 효과: 자기 비판을 줄이고 자비로운 태도를 가지면 자존감이 높아지며, 더 나은 정서적 안정을 유지할 수 있습니다.

(2) 자기 돌봄 실천하기

자기 돌봄(Self-care)은 자신의 신체적, 정서적, 정신적 필요를 충족시키는 행위로, 자신을 사랑하는 중요한 방법입니다. 자신의 건강과 행복을 우선시하며, 스스로를 돌보는 시간이 필요합니다.

- 실천 방법: 매일 자기 돌봄의 시간을 계획하세요. 예를 들어, 충분한 수면을 취하고, 규칙적으로 운동하며, 건강한 음식을 섭취하는 것이 신체적 돌봄입니다. 또한, 명상, 독서, 취미 활동을 통해 정신적으로 스스로를 돌보는 시간을 가지세요. 감정적인 면에서는 감사 일기를 쓰거나, 사랑하는 사람들과 시간을 보내며 정서적 돌봄을 실천하세요.
- 효과: 자기 돌봄을 통해 우리는 신체적, 정신적으로 에너지를 회복하며, 스스로를 존중하는 마음을 키울 수 있습니다.

(3) 긍정적인 자기 대화 연습하기

우리는 종종 무의식적으로 부정적인 자기 대화를 하며 자신을 깎아내립니다. 이러한 부정적인 사고방식은 자신을 사랑하는 데 걸림돌이 될 수 있습니다. 자신에 대한 긍정적인 대화를 연습하면서 자기 사랑을 실천할 수 있습니다.

- 실천 방법: 자신에게 부정적인 말을 하려고 할 때마다 이를 긍정적인 표현으로 바꿔보세요. 예를 들어, "나는 이 일을 못해." 대신, "나는 노력 중이야. 더 나아질 거야."라고 말해보세요. 하루 중 적어도 세 번 자신에게 칭찬이나 긍정적인 말을 건네는 습관을 길러보세요.
- 효과: 긍정적인 자기 대화는 자신의 가능성을 인정하게 하고, 자신에 대한 신뢰를 강화시켜 줍니다.

(4) 자신에게 상을 주고 성취를 축하하기

작은 성취라도 스스로를 칭찬하고 기념하는 것은 자신을 사랑하는 중요한 부분입니다. 우리는 종종 외부로부터 인정받기를 원하지만, 자신이 이루어낸 성과에 대해 스스로 축하할 필요가 있습니다.

- 실천 방법: 하루의 끝에 자신이 이루어낸 작은 성취를 돌아보며 스스로를 칭찬해보세요. 또한, 큰 목표를 달성했을 때에는 스스로에게 작은 선물이나 보상을

주는 시간을 가지세요. 좋아하는 음식을 먹거나, 스파를 가는 등 자신에게 기쁨을 주는 시간을 선물하세요.

- 효과: 자신에게 상을 주고 성취를 축하하면 자기 효능감이 높아지고, 더 많은 동기부여와 자신감으로 이어집니다.

(5) 나 자신을 있는 그대로 받아들이기

자신을 사랑하기 위해서는 자기 수용(Self-acceptance)이 필요합니다. 우리는 완벽하지 않으며, 실수나 결점을 가진 존재라는 것을 받아들여야 합니다. 이를 통해 우리는 더 온전한 자기 사랑을 실천할 수 있습니다.

- 실천 방법: 거울 앞에 서서 자신의 외모, 성격, 능력에 대해 긍정적인 점과 수용해야 할 부분을 인식하세요. 완벽해지려고 하지 말고, 있는 그대로의 자신을 받아들이는 연습을 해보세요. 자신이 부족하다고 느낄 때에도 그것을 발전의 기회로 생각하며 스스로를 존중하세요.
- 효과: 자신을 있는 그대로 받아들이면 더 큰 내적 평화와 정서적 안정을 느끼게 되며, 자기 사랑의 실천이 쉬워집니다.

3) 자신을 사랑하는 실천 아이디어

(1) 매일 자기 칭찬하기

하루에 한 번 자신이 잘한 일이나 자신에게 칭찬할 만한 부분을 적어보세요. 작은 것이라도 자신을 긍정적으로 바라보는 연습을 하세요.

(2) 자신에게 보내는 편지

한 달에 한 번 자신에게 편지를 써보세요. 그동안의 노고를 인정하고, 감사하는 내용으로 채워보세요. 자신에게 따뜻한 말을 전하는 습관은 자기 사랑을 키워줍니다.

(3) 주기적으로 휴식 계획하기

자신을 위해 충전할 시간을 만들어보세요. 주말마다 하루 1시간씩 자신만을 위한 시간을 정해, 책을 읽거나, 산책하거나, 좋아하는 활동을 하며 재충전하세요.

(4) 부정적 생각 멈추기

부정적인 생각이 들 때마다 "멈춰!"라고 스스로에게 말하며 긍정적인 대화로 바꿔보세요. 이를 통해 부정적인 사고 습관을 차츰 바꿀 수 있습니다.

(5) 자기 수용 선언문 작성하기

"나는 나를 있는 그대로 사랑하고, 결점을 포용하며, 내가 성장할 수 있음을 믿는다."라는 자기 수용 선언문을 작성하고 매일 아침 읽어보세요. 이는 자기 사랑을 실천하는 데 강력한 동기부여가 될 수 있습니다.

4) 자신을 사랑하는 것을 실천한 사례

사례 1: 자비를 통해 자신을 더 사랑하게 된 영미

영미는 늘 자신을 비판하던 습관을 바꾸기 위해 자비로운 말을 스스로에게 하기로 결심했습니다. 그녀는 실수를 하거나 부족함을 느낄 때마다 "괜찮아, 이것도 배움의 과정이야."라고 말하며 스스로를 포용하는 연습을 했습니다. 이를 통해 영미는 정서적 안정과 자기 사랑을 되찾았습니다.

사례 2: 자기 돌봄을 통해 자신을 사랑한 영석

영석은 일에만 몰두하며 자신을 돌보지 못했던 시절이 있었습니다. 그는 자신을 사랑하는 법을 배우기 위해 매일 운동하고, 건강한 식사를 하며, 취미 활동에 시간을 할애하기 시작했습니다. 이를 통해 영석은 신체적, 정신적으로 더 건강해졌으며, 자신에 대한 존중감을 회복하게 되었습니다.

사례 3: 긍정적 자기 대화를 통해 자신감을 얻은 서하

서하는 매일 부정적인 생각에 빠지곤 했습니다. 하지만 자신을 사랑하는 방법을 배우면서 긍정적 자기 대화를 실천하기 시작했습니다. 부정적인 말을 떠올릴 때마다 "나는 할 수 있어, 나는 노력하고 있어."라고 말하며 자신을 격려했습니다. 이는 서하의 자존감을 높이고, 더 큰 자신감을 얻게 했습니다.

5) 자신을 사랑하는 것의 이점

(1) 자존감 향상

자신을 사랑하게 되면 자기 자중감이 높아지고, 더 큰 자신감을 가질 수 있습니다.

(2) 정서적 안정감

자기 사랑은 감정을 더 잘 조절하게 해주며, 정서적 평화를 가져다줍니다.

(3) 대인관계 개선

자신을 사랑하면 더 건강한 대인관계를 형성할 수 있으며, 타인과의 관계에서도 더 자신감 있게 행동할 수 있습니다.

(4) 심리적 회복력 증가

자신을 사랑하는 사람은 정서적 회복력이 강해지고, 스트레스나 어려움 속에서도 더 긍정적으로 대응할 수 있습니다.

(5) 행복감 증진

자신을 사랑할 때 우리는 내면의 행복을 느끼게 되며, 외부의 조건에 덜 의존하게 됩니다.

6) 자신을 사랑하는 삶을 살기

자기 사랑은 건강하고 행복한 삶의 기초입니다. 자신을 존중하고 사랑할 때, 우리는 더 강하고 행복한 사람이 될 수 있습니다. 자기 비판을 줄이고 자비로운 태도를 가지며, 자신에게 긍정적인 대화를 건네는 연습을 해보세요. 자기 돌봄과 자기 수용을 통해 더 큰 내면의 평화와 행복을 경험할 수 있습니다. 자신을 사랑하는 법을 배운다는 것은 삶의 모든 영역에서 더 큰 기쁨과 만족을 느끼게 해줄 것입니다.

90. 오늘을 살아가는 힘

1) 개념과 배경: 오늘을 살아가는 힘이란?

오늘을 살아가는 힘은 현재의 순간에 집중하고, 하루하루를 의미 있게 보내며 삶의 기쁨과 목적을 찾는 능력입니다. 이는 과거의 후회나 미래의 불안에 휘둘리지 않고, 지금 이 순간에 충실하게 살아가는 것을 의미합니다. 심리학적으로는 마음 챙김(Mindfulness)의 개념과 밀접하게 연결되며, 현재의 순간을 있는 그대로 받아들이고 그 안에서 행복과 평온을 찾는 것이 핵심입니다.

오늘을 살아가는 힘은 단순히 하루를 보내는 것이 아니라, 매 순간을 의도적으로 선택하고 의미를 부여하며 살아가는 과정입니다. 이를 통해 우리는 심리적 안정감을 유지하고, 정신적 건강을 증진시킬 수 있습니다. 카를로스 카스타네다는 "인생은 지금 여기에 있다. 매 순간이 우리의 삶이다."라는 말을 남기며, 현재의 순간을 충실하게 사는 것의 중요성을 강조했습니다.

2) 오늘을 살아가는 방법

(1) 마음 챙김으로 현재에 집중하기

현재의 순간에 완전히 집중하는 것은 오늘을 살아가는 힘의 핵심입니다. 마음 챙김을 통해 우리는 생각의 소용돌이에서 벗어나, 지금 이 순간에 깨어있는 마음으로 살아갈 수 있습니다.

- 실천 방법: 하루 중 5분씩 마음 챙김 명상을 실천하세요. 눈을 감고 호흡에 집중하며, 그 순간에 떠오르는 생각과 감정을 판단하지 말고 그저 있는 그대로 느껴보세요. 또한, 식사나 걷기 등 일상 활동 속에서도 마음 챙김을 실천하며 감각에 집중해보세요. 음식의 맛과 향, 발걸음의 느낌을 온전히 느끼는 연습을 하세요.
- 효과: 마음 챙김은 정신적 안정감을 주고, 매 순간을 더 깊이 경험하게 하며, 불안과 스트레스를 줄여줍니다.

(2) 작은 기쁨을 발견하고 즐기기

하루를 살아가며 우리는 크고 작은 기쁨을 경험할 수 있습니다. 중요한 것은 작은 기쁨도 의도적으로 인식하고, 그 순간을 충분히 느끼는 것입니다. 오늘을 살아가는 힘은 소소한 행복에서 비롯됩니다.

- 실천 방법: 매일 하루 동안 기쁨을 느낀 순간을 기록해보세요. 예를 들어, 따뜻한 햇볕을 느낄 때, 친구와의 대화에서 즐거움을 느낄 때, 맛있는 음식을 먹을 때 등 그 순간을 의식적으로 느끼고, 감사하는 마음을 가져보세요. 매일 밤 세 가지 감사한 일을 적어보는 것도 좋은 방법입니다.
- 효과: 작은 기쁨을 인식하고 즐기면 하루가 더 풍성해지고 의미 있게 느껴지며, 행복감이 증가합니다.

(3) 하루를 목표로 시작하고 마무리하기

오늘을 충실히 살아가기 위해서는 목표 의식을 가지고 하루를 계획하는 것이 중요합니다. 목표를 세우면 하루를 의미 있게 보낼 수 있으며, 성취감을 통해 자신감이 생깁니다.

- 실천 방법: 매일 아침에 오늘의 작은 목표를 세우세요. 예를 들어, "오늘은 책 10페이지 읽기", "30분 산책하기", "일터에서 친절하게 대하기" 같은 실현 가능한 목표를 설정합니다. 그리고 밤에는 그 목표를 성취했는지 돌아보고, 자신에게 칭찬의 말을 건네세요.
- 효과: 하루를 목표로 시작하고 성취하는 습관은 자기 효능감을 높이고, 하루를 더 보람차고 의미 있게 만들어줍니다.

(4) 과거와 미래에서 벗어나기

많은 사람들이 과거의 후회나 미래에 대한 불안에 사로잡혀 현재를 소홀히 합니다. 오늘을 살아가는 힘은 과거와 미래에 얽매이지 않고, 현재에 머무는 것입니다.

- 실천 방법: 과거의 후회나 미래의 걱정이 떠오를 때, "지금 이 순간 나는 무엇을 할 수 있을까?"라는 질문을 스스로에게 던져보세요. 과거에 얽매이거나 미래를 너무 걱정하기보다는 현재의 상황에 집중하고, 지금 할 수 있는 구체적인 행동에 주목하세요. 현재에 집중하는 연습을 하다 보면 불안감이 줄어들고 평

정신을 유지할 수 있습니다.

- 효과: 과거와 미래에서 벗어나 현재에 집중하면 정신적 평화를 얻을 수 있고, 더 나은 선택을 하게 됩니다.

(5) 하루를 긍정적으로 마무리하기

하루를 잘 마무리하는 것도 오늘을 충실히 살아가는 방법입니다. 하루를 돌아보며 긍정적인 면을 발견하고, 스스로를 격려하는 시간을 가지면, 더 나은 내일을 준비할 수 있습니다.

- 실천 방법: 매일 밤 자기 전, 하루를 감사하는 마음으로 돌아보세요. 오늘 있었던 일 중 잘한 점과 배울 점을 생각하고, 내일을 위한 긍정적인 계획을 세워보세요. 스스로에게 "오늘도 잘 해냈어, 내일은 더 나아질 거야"라고 말하며 하루를 긍정적인 에너지로 마무리하세요.
- 효과: 하루를 긍정적으로 마무리하면 자기 효능감이 강화되고, 더 나은 내일을 준비할 수 있는 에너지를 얻게 됩니다.

3) 오늘을 살아가는 실천 아이디어

(1) 5분 아침 명상

매일 아침 5분 동안 호흡 명상을 하며 하루를 차분하게 시작하세요. 이 시간을 통해 오늘의 목표와 마음가짐을 다짐할 수 있습니다.

(2) 소소한 기쁨 발견하기

하루 동안 느낀 작은 기쁨을 일기나 메모에 적어보세요. 이를 통해 하루가 더 풍요롭게 느껴집니다.

(3) 오늘의 목표 적기

아침에 오늘 이루고 싶은 작은 목표를 적고, 저녁에 그 목표를 이루었는지 확인하는 습관을 들이세요.

(4) 감사하는 마음 기르기

하루의 끝에 감사한 일 세 가지를 적어보세요. 이는 긍정적인 마음가짐을 강화하고, 더 행복한 하루를 만드는 데 도움이 됩니다.

(5) 현재에 머물기 연습

과거의 후회나 미래의 걱정이 떠오를 때, 현재 할 수 있는 작은 행동을 선택하고 실천하세요. 이를 통해 더 집중적으로 오늘을 살아갈 수 있습니다.

4) 오늘을 살아가는 힘을 실천한 사례

사례 1: 작은 기쁨을 발견하며 삶의 활력을 찾은 영미

영미는 매일 바쁜 일상 속에서 작은 기쁨을 발견하는 연습을 시작했습니다. 따뜻한 커피 한 잔, 창밖을 보며 느끼는 바람, 사랑하는 사람과의 대화 속에서 기쁨을 느끼며, 그녀의 하루는 더 밝고 의미 있게 변했습니다.

사례 2: 오늘을 충실히 살아가는 목표를 설정한 영석

영석은 매일 아침 "오늘 할 일"을 적고 하루를 시작했습니다. "오늘 30분 운동하기", "하루에 감사한 일 3가지 적기" 같은 작은 목표를 설정하고 성취하면서 성취감을 느꼈습니다. 이를 통해 그는 하루하루를 더 충실히 살아갈 수 있었습니다.

사례 3: 마음 챙김 명상으로 스트레스를 관리한 서하

서하는 업무 중 스트레스를 많이 받았지만, 매일 아침과 저녁 5분씩 마음 챙김 명상을 하며 현재에 집중하는 연습을 시작했습니다. 그 결과, 그녀는 더 차분하게 일을 처리할 수 있었고, 과거의 실수나 미래의 불안을 덜어내고 지금 이 순간에 충실할 수 있었습니다.

5) 오늘을 살아가는 힘의 이점

(1) 정신적 안정감

현재에 집중하면 불안감이 줄어들고, 더 차분하게 하루를 살아갈 수 있습니다.

(2) 행복감 증진

하루하루를 충실히 살면 작은 기쁨에서 행복을 더 자주 느끼며, 삶이 더 풍요롭게 느껴집니다.

(3) 자기 효능감 증가

하루의 목표를 설정하고 성취하는 경험은 자기 효능감을 높이고, 더 큰 성취를 향해 나아가게 만듭니다.

(4) 스트레스 감소

과거에 얽매이거나 미래를 지나치게 걱정하지 않으면 스트레스가 줄어들고, 더 효율적으로 문제에 대응할 수 있습니다.

(5) 삶의 질 향상

오늘을 의미 있게 살아가는 습관을 기르면, 삶 전체의 질이 높아지고, 매일 더 큰 만족감을 얻게 됩니다.

6) 오늘을 충실히 살아가는 삶의 힘

오늘을 살아가는 힘은 과거와 미래에 대한 걱정을 내려놓고, 지금 이 순간을 의미 있게 보내는 능력입니다. 하루하루를 작은 기쁨으로 채우고, 의도적으로 삶의 방향을 설정하며, 현재에 충실할 때 우리는 더 행복하고 만족스러운 삶을 살 수 있습니다.

오늘부터 시작해보세요. 매일의 작은 목표를 설정하고, 현재 순간에 완전히 집중하며 하루를 살아가세요. 오늘을 충실히 살아가는 힘이 곧 행복으로 가는 길입니다.

제10부 지속 가능한 행복

제10부는 지속 가능한 행복을 통해 나와 세상 모두를 위한 행복의 레시피를 제시하는 부분입니다. 이 장에서는 개인의 삶에서 지속 가능한 행복을 창출할 수 있는 다양한 방법들을 소개하고, 이를 통해 더 나은 세상을 만드는 데 기여할 수 있는 실천적 아이디어들을 다룹니다.

핵심 내용

지속 가능한 개인적 행복

지속 가능한 행복을 위해서는 일상 속에서 균형을 찾고, 정서적, 신체적 건강을 유지하는 것이 중요합니다. 자기 돌봄을 실천하고, 자신의 내면과 끊임없이 소통하는 과정이 강조됩니다.

개인의 행복은 내면의 성찰과 의식적인 생활 습관을 통해 유지될 수 있으며, 이를 실천하기 위한 마음 챙김, 명상, 감사와 같은 구체적인 방법들이 소개됩니다.

사회적 관계와 행복

인간관계에서 지속 가능한 행복을 유지하려면 건강한 대인관계가 필수적입니다. 공감, 경청, 신뢰를 기반으로 관계를 형성하며, 타인과 연결되어 있다는 느낌이 개인의 행복을 증대시킨다는 점을 강조합니다.

또한, 사회 속에서의 연대감을 강화하고 협력을 통해 더 큰 공동체 행복을 창출하는 실천 방안들이 제시됩니다.

환경과 행복

환경과 조화로운 삶을 추구하는 것이 지속 가능한 행복의 핵심 요소입니다. 자연과의 교감을 통해 행복감을 증대시키는 방법들이 다루어지며, 이를 위한 환경 보호, 에너지 절약, 자연 친화적 활동의 중요성을 강조합니다.
자연 속에서의 힐링과 자연 자원의 절약을 통해, 더 많은 사람들이 환경적 행복을 느낄 수 있도록 돕습니다.

사회적 기여를 통한 행복
나만의 행복이 아니라 세상과 함께하는 행복이 지속 가능하다는 개념이 중요합니다. 사회적 봉사나 자선 활동을 통해 개인의 행복과 만족감이 증진된다는 점을 다루며, 타인에게 긍정적인 영향을 주는 행동을 실천하는 방법들이 소개됩니다. 이를 통해 더 나은 세상을 만들기 위한 개인의 역할을 강조하고, 작은 실천들이 더 큰 변화를 이끌어낼 수 있음을 보여줍니다.

제10부는 개인이 일상 속에서 지속 가능한 행복을 추구하고, 타인과 세상을 위한 작은 실천을 통해 더 큰 행복을 만들어가는 방법을 제시합니다. 지속 가능한 행복은 개인의 이익만을 넘어서, 공동체와 미래 세대 모두를 위한 선택이 될 때 완성됩니다.

91. 자기를 돌보는 방법

1) 개념과 배경: 자기를 돌보는 것의 중요성

자기를 돌보는 것(Self-care)은 신체적, 정신적, 정서적 건강을 유지하고 증진하기 위해 의식적으로 노력하는 행동입니다. 자기를 돌본다는 것은 단순히 휴식을 취하는 것이 아니라, 자신의 내면과 외면을 모두 돌보며 삶의 균형을 유지하는 데 중점을 둡니다. 자기 돌봄은 현대 사회에서 점점 더 중요해지고 있으며, 이는 개인의 행복, 정서적 안정, 그리고 자기 존중을 강화하는 데 기여합니다.

심리학적으로 자기 돌봄은 정서적 회복력(resilience)을 높이고, 스트레스를 관리하는 데 중요한 역할을 합니다. 자기를 돌보지 않으면 소진(burnout)과 불안, 우울증 등의 문제가 발생할 수 있습니다. 따라서 자기를 돌보는 것은 단순한 사치가 아니라, 더 건강하고 행복한 삶을 위해 필수적인 요소입니다.

2) 자기를 돌보는 방법

(1) 신체적 자기 돌봄

신체적 자기 돌봄은 건강한 몸을 유지하기 위한 일련의 활동을 의미합니다. 건강한 신체는 정신적, 정서적 행복의 기초가 됩니다.

- 실천 방법
  - 규칙적인 운동: 매일 20-30분 정도 걷기, 스트레칭, 요가, 또는 가벼운 운동을 실천하세요.
  - 건강한 식사: 영양소가 균형 잡힌 식사를 통해 신체에 에너지를 공급하세요. 가공식품과 당분을 줄이고, 신선한 채소와 과일을 더 많이 섭취하세요.
  - 충분한 수면: 하루에 7-8시간의 충분한 수면을 취하는 것이 중요합니다. 수면은 신체를 재충전하고 정신적 회복을 돕습니다.
- 효과: 신체적 돌봄을 통해 에너지가 회복되고, 더 큰 집중력과 정신적 안정을 유지할 수 있습니다. 또한 규칙적인 운동과 건강한 식사는 스트레스 감소에도 긍정적인 영향을 줍니다.

(2) 정신적 자기 돌봄

정신적 자기 돌봄은 정신을 자극하고 성장시킬 수 있는 활동을 통해 정신적 건강을 증진시키는 것입니다. 이는 새로운 것을 배우거나, 자신의 생각을 정리하고 명확하게 하는 데 중요한 역할을 합니다.

- 실천 방법:
  - 독서: 하루에 10분이라도 독서를 통해 지적 자극을 받으세요. 자신이 흥미를 느끼는 주제에 관한 책을 읽는 것이 좋습니다.
  - 명상: 매일 5-10분간 명상을 통해 마음을 차분히 가라앉히고, 자신의 생각을 관찰해보세요.
  - 배움의 기회 찾기: 새로운 기술이나 지식을 배울 수 있는 강좌나 취미 활동을 시도해보세요. 이는 정신을 자극하고 활력을 주는 좋은 방법입니다.
- 효과: 정신적 자기 돌봄은 집중력을 높이고, 더 명확한 사고를 하게 하며 스트레스 관리에 도움을 줍니다. 또한, 정신적 성장은 자신감을 높여줍니다.

(3) 정서적 자기 돌봄

정서적 자기 돌봄은 자신의 감정을 인식하고, 이를 건강하게 표현하고 관리하는 과정입니다. 정서적 돌봄은 감정을 억누르기보다 긍정적으로 다루는 방법을 배우는 것을 의미합니다.

- 실천 방법:
  - 감정 일기 쓰기: 매일 자신의 감정을 일기로 기록해보세요. 이를 통해 감정을 더 잘 이해하고, 감정을 표현하는 습관을 기를 수 있습니다.
  - 감정적으로 안전한 사람들과 교류하기: 자신이 편하게 느끼는 친구나 가족과 대화하며 정서적 지지를 받으세요. 다른 사람과 감정을 나누는 것은 정서적 돌봄의 중요한 부분입니다.
  - 긍정적인 자기 대화: 부정적인 감정이 떠오를 때, 스스로에게 긍정적인 말을 건네세요. “괜찮아, 너는 잘하고 있어”라는 식의 자기 위로는 정서적 안정을 가져다줍니다.
- 효과: 정서적 자기 돌봄은 감정 조절 능력을 향상시키고, 감정적으로 더 안정적

인 상태를 유지할 수 있게 해줍니다. 이는 스트레스 상황에서도 더 차분하게 대응할 수 있는 능력을 길러줍니다.

(4) 사회적 자기 돌봄

사회적 자기 돌봄은 건강한 인간관계를 유지하고, 사회적 지지를 얻는 것을 의미합니다. 타인과의 관계는 우리에게 정서적 안정감과 행복감을 제공합니다.

- 실천 방법:
  - 사회적 관계 유지: 일주일에 한 번씩 가까운 친구나 가족과 시간을 보내며 정서적 연결을 유지하세요. 커피 한 잔을 하거나 간단한 산책을 함께 하며 대화하는 것도 좋은 방법입니다.
  - 경청과 소통: 인간관계에서 서로의 감정을 이해하고 소통하는 것이 중요합니다. 대화를 나눌 때 상대방의 말을 진심으로 경청하고, 자신의 감정도 솔직하게 표현하세요.
  - 공동체 참여: 봉사 활동이나 지역 모임에 참여하여 사회적 관계를 확장하고, 새로운 사람들과의 교류를 통해 사회적 지지를 얻으세요.
- 효과: 건강한 인간관계는 정서적 안정을 제공하고, 사회적 지지를 통해 자신감과 행복감을 증진시킵니다. 또한 타인과의 관계는 더 깊은 소속감을 느끼게 해줍니다.

3) 자기를 돌보는 실천 아이디어

(1) 매일 아침 스트레칭

하루를 시작할 때 5분간 스트레칭을 해보세요. 이는 신체적 에너지를 높이고, 하루의 시작을 활기차게 만들어 줍니다.

(2) 감정 일기 쓰기

매일 저녁에 자신의 감정을 돌아보고 감정 일기를 쓰는 시간을 가지세요. 감정을 기록하는 것은 감정 인식과 정서적 해소에 도움이 됩니다.

(3) 명상 시간 가지기

매일 5분간 명상을 실천하세요. 명상은 마음을 차분하게 하고 스트레스를 줄이며, 정신적으로 리프레시하는 데 도움이 됩니다.

(4) 사회적 교류

일주일에 한 번씩 친구나 가족과 만남의 시간을 정해보세요. 인간관계에서 오는 정서적 지지가 중요한 돌봄의 요소입니다.

(5) 건강한 식사 계획 세우기

매주 자신이 먹을 건강한 식단을 계획하고 준비하세요. 신체적 건강을 유지하기 위해 영양가 있는 음식을 섭취하는 것은 필수적입니다.

4) 자기를 돌보는 방법을 실천한 사례

사례 1: 정서적 돌봄을 통해 감정적으로 안정된 영미

영미는 일상에서 스트레스를 자주 느꼈지만, 감정 일기를 쓰기 시작하면서 감정적으로 더 안정을 찾게 되었습니다. 일기를 통해 자신의 감정을 객관적으로 관찰하고, 더 나은 선택을 하게 되었으며, 점차 스트레스 관리 능력이 향상되었습니다.

사례 2: 신체적 자기 돌봄으로 에너지를 얻은 영석

영석은 매일 아침 10분씩 스트레칭을 하며 몸을 돌보기 시작했습니다. 처음에는 시간이 부족하게 느껴졌지만, 이를 꾸준히 실천하면서 신체적 에너지가 더 좋아졌고, 하루를 더 활기차게 보내게 되었습니다.

사례 3: 사회적 돌봄을 통해 지지받은 서하

서하는 일상에서 외로움을 많이 느꼈지만, 친구들과 정기적인 만남을 가지면서 사회적 관계에서 정서적 지지를 받기 시작했습니다. 이를 통해 그녀는 더 행복감을 느끼고, 정서적으로도 안정되었습니다.

5) 자기를 돌보는 것의 이점

(1) 정서적 안정감

자기를 돌보면 감정적으로 더 안정적이고, 스트레스를 효과적으로 관리할 수 있습니다.

(2) 신체적 건강 유지

규칙적인 운동과 건강한 식사를 통해 신체적 에너지와 건강을 유지할 수 있습니다.

(3) 정신적 성장

새로운 것을 배우고, 정신적으로 자극을 주는 활동을 통해 지속적인 정신적 성장을 이룰 수 있습니다.

(4) 사회적 지지 강화

건강한 인간관계를 유지하면 사회적 지지를 통해 더 큰 행복감을 느낄 수 있습니다.

(5) 자기 존중감 증대

스스로를 돌보는 과정은 자기 존중을 높이고, 더 자신감 있는 삶을 살게 도와줍니다.

6) 자기를 돌보는 것의 중요성

자기 돌봄은 행복하고 건강한 삶을 유지하는 데 필수적입니다. 신체적, 정신적, 정서적 돌봄을 통해 우리는 자신을 존중하고 사랑하는 방법을 배울 수 있습니다. 오늘부터 실천해보세요. 매일 작은 실천으로 시작하면, 삶의 질이 놀랍게 변화할 것입니다. 자기를 돌보는 방법이 곧 행복으로 가는 길입니다.

92. 타인을 돕는 기쁨

1) 개념과 배경: 타인을 돕는 기쁨이란?

타인을 돕는 기쁨은 이타적 행동을 통해 타인에게 긍정적인 영향을 주고, 이를 통해 내면의 만족감과 행복감을 느끼는 것을 말합니다. 타인을 돕는 것은 단순한 행위 이상의 의미를 지니며, 우리가 더 큰 공동체의 일원임을 느끼게 하고, 자신의 행동이 의미있다는 것을 깨닫게 해줍니다.

심리학적으로 이타적 행동은 인간의 내면에 깊이 뿌리 박혀 있으며, 타인을 돕는 순간 행복 호르몬인 옥시토신이 분비되어 정서적 만족감을 증진시킵니다.

행복 연구에 따르면, 타인을 돕는 행위는 자신의 삶에 대한 만족감을 증가시키고, 사회적 연결감과 의미 있는 관계를 강화하는 데 중요한 역할을 합니다. 또한, 타인을 돕는 것은 자아 존중감을 높이고, 더 나은 삶의 목적을 부여해줍니다.

2) 타인을 돕는 방법

(1) 작은 행동으로 타인을 돕기

타인을 돕는 일은 크고 대단한 것만이 아니라, 일상 속에서 작은 행동으로도 충분히 실천할 수 있습니다. 작은 도움도 타인에게는 큰 위로와 기쁨이 될 수 있습니다.

- 실천 방법
  - 친절한 말 한마디: 주변 사람들에게 따뜻한 인사를 건네거나 격려의 말을 전하세요. 작은 말 한마디가 상대방에게 큰 긍정적 영향을 줄 수 있습니다.
  - 작은 도움 실천: 문을 열어주기, 무거운 물건을 들어주기, 길을 물어보는 사람에게 도움을 주는 등의 작은 행동을 통해 타인을 도울 수 있습니다.
  - 관심 표현하기: 주위 사람들의 감정 상태나 필요를 관심 있게 지켜보고, 필요한 도움을 즉시 제공하세요. 타인의 고충을 경청하고 위로의 말을 전하는 것도 큰 도움이 될 수 있습니다.
- 효과: 작은 행동은 우리에게 즉각적인 기쁨을 선사하며, 타인과의 관계를 더욱 깊게 만들어 줍니다. 또한, 이러한 행위가 반복되면 자신감과 만족감이 커집니다.

(2) 시간과 재능으로 타인을 돕기

타인을 돕기 위해 반드시 금전적인 지원이 필요한 것은 아닙니다. 시간과 재능을 활용하여 도움을 줄 수 있는 다양한 방법이 있습니다. 자신이 가진 것을 타인과 나누는 경험은 더욱 큰 기쁨을 줍니다.

- 실천 방법
  - 봉사 활동 참여: 지역 사회에서 필요한 봉사 활동에 참여해보세요. 예를 들어, 노인 요양원에서의 자원봉사, 아동 복지 센터에서 아이들과 함께 시간을 보내는 등 자신의 시간을 투자하여 타인을 돕는 것이 가능합니다.
  - 재능 기부: 자신의 특별한 재능을 활용해 타인을 도울 수 있습니다. 예를 들어, 음악에 능한 사람은 음악 레슨을 제공하거나, 기술을 가진 사람은 무료로 서비스를 제공할 수 있습니다.
- 효과: 시간을 투자하여 타인을 돕는 것은 정서적 충만감을 더 깊이 느끼게 해주며, 다른 사람에게 긍정적인 변화를 가져다줄 수 있습니다. 또한, 자신의 재능을 공유함으로써 더 의미 있는 관계를 형성하게 됩니다.

(3) 사회적 기여와 봉사를 통해 타인 돕기

지역 사회나 더 넓은 공동체에서 사회적 기여를 통해 타인을 도울 수 있습니다. 이러한 활동은 우리가 사회의 일원으로서 책임을 다하고, 세상에 긍정적인 변화를 이끄는 중요한 방법입니다.

- 실천 방법:
  - 기부 활동: 경제적으로 여유가 있다면 기부를 통해 도움이 필요한 사람들에게 지원을 제공할 수 있습니다. 작은 금액이라도 꾸준히 기부하는 것이 타인에게 큰 희망을 줄 수 있습니다.
  - 지역사회 프로젝트 참여: 지역사회에서 진행되는 환경 보호나 자선 프로젝트에 참여하세요. 이를 통해 더 많은 사람들과 함께 사회적 책임을 다할 수 있습니다.
- 효과: 사회적 기여는 더 큰 의미 있는 변화를 이끌어낼 수 있으며, 이를 통해 자신이 세상의 일부라는 연결감을 느낄 수 있습니다. 이는 정신적 행복을 증진

시키고 자아실현을 이끌어냅니다.

(4) 타인을 경청하고 지지하기

때로는 경청하고 타인의 감정에 공감해주는 것만으로도 큰 도움이 될 수 있습니다. 사람들이 위로나 지지가 필요할 때, 진심으로 그들의 이야기를 듣고 함께 공감하는 것은 중요한 도움입니다.

- 실천 방법
  - 진심으로 경청하기: 타인이 이야기할 때 방해하지 않고 끝까지 경청하며, 그들의 감정에 공감을 표현하세요. "네가 겪는 일이 정말 힘들어 보이네"라는 말 한마디가 상대방에게 큰 위로가 될 수 있습니다.
  - 지지와 격려: 누군가 어려운 시기를 겪고 있을 때 그들을 지지하고 격려하세요. 그들의 선택과 결정을 존중하고, 그들이 희망을 잃지 않도록 옆에서 힘이 되어주세요.
- 효과: 타인의 감정을 이해하고 공감함으로써 더 깊은 신뢰 관계를 형성할 수 있습니다. 또한, 타인에게 감정적 지원을 제공하면서 자신의 감정적 충족도 경험하게 됩니다.

3) 타인을 돕는 기쁨을 실천하는 아이디어

(1) 주변의 작은 도움 실천하기

일상 속에서 문 열어주기, 물건 들어주기 같은 작은 도움을 실천해보세요. 작은 행동도 큰 기쁨을 줄 수 있습니다.

(2) 시간 기부

한 달에 한 번 지역 봉사 활동에 참여하거나, 필요한 곳에서 자신의 시간을 기부하세요.

(3) 재능 나누기

자신의 전문 기술이나 취미를 타인과 무료로 나누는 활동을 해보세요. 예를 들어, 아이들에게 학습 지원을 해주거나, 필요한 사람들에게 기술을 가르치는 시간을 만들어보세요.

(4) 감정적으로 지지하기

친구나 가족 중 힘든 시간을 보내는 사람이 있다면, 그들의 이야기를 경청하고 감정적 지지를 보내보세요. 그들에게 격려의 말을 전하는 것도 큰 도움이 될 수 있습니다.

(5) 꾸준한 기부 실천

경제적 여유가 있다면 소액 기부를 실천해보세요. 작은 금액이라도 정기적으로 기부하는 것이 세상에 큰 변화를 가져올 수 있습니다.

4) 타인을 돕는 기쁨을 실천한 사례

사례 1: 작은 도움으로 더 큰 기쁨을 느낀 영미

영미는 매일 출근길에 자주 만나는 할머니의 무거운 장바구니를 들어드리는 작은 도움을 주었습니다. 처음에는 사소한 일이었지만, 할머니의 감사한 미소를 보며 영미는 더 큰 만족감과 기쁨을 느끼게 되었습니다. 영미는 타인을 돕는 일이 자신에게도 큰 행복을 준다는 것을 깨닫게 되었습니다.

사례 2: 재능 기부로 타인에게 희망을 준 영석

영석은 음악에 재능이 있었고, 지역의 아동 복지 시설에서 음악 레슨을 무료로 제공하기 시작했습니다. 아이들에게 음악을 가르치면서 그는 아이들이 음악을 통해 자신감을 얻는 것을 보고 큰 보람을 느꼈습니다. 그의 작은 재능 기부는 아이들에게 희망을 주었고, 자신에게는 행복감을 주었습니다.

사례 3: 경청을 통해 힘이 되어준 서하

서하의 친구는 개인적으로 어려운 시간을 보내고 있었고, 서하는 그 친구에게 경청과 감정적 지지를 제공했습니다. 친구의 이야기를 들어주고 공감해주면서, 서하는 친구가 더 긍정적인 마음을 되찾는 모습을 보며 기쁨을 느꼈습니다. 이는 타인을 돕는 것이 단순한 행동이 아닌 감정적 연결을 강화하는 일이라는 것을 깨닫게 해주었습니다.

5) 타인을 돕는 것의 이점

(1) 행복감 증대

타인을 도울 때 옥시토신이 분비되어 내면의 행복감을 느끼게 됩니다.

(2) 사회적 연결감

타인을 돕는 행위는 사회와의 연결을 강화하고, 더 깊은 인간관계를 형성하게 해줍니다.

(3) 정서적 만족

타인을 도울 때 우리는 정서적으로 충만해지며, 자신의 삶이 더 의미 있다고 느끼게 됩니다.

(4) 자아 존중감 향상

다른 사람에게 긍정적인 영향을 주는 것은 자신의 자아 존중감을 높이고, 더 자신감 있는 삶을 살게 해줍니다.

(5) 긍정적 변화 촉진

타인을 돕는 것은 세상에 긍정적인 변화를 이끌어내며, 더 나은 사회를 만드는데 기여할 수 있습니다.

6) 타인을 돕는 기쁨으로 더 행복한 삶 살기

타인을 돕는 것은 단순한 이타적 행동을 넘어, 우리 자신에게도 큰 행복과 만족감을 줍니다. 작은 도움에서 시작해, 타인과의 연결을 강화하고, 사회를 위한 기여를 실천할 수 있습니다.

오늘부터 타인을 돕는 작은 행동을 실천해보세요. 그 작은 행동이 세상에 큰 긍정적 변화를 만들고, 당신에게 깊은 기쁨을 선사할 것입니다.

93. 자연과 조화롭게 살아가기

1) 개념과 배경: 자연과 조화롭게 살아가는 것이란?

자연과 조화롭게 살아가기는 우리의 삶을 자연과 동반자로 인식하고, 자연의 법칙과 리듬에 따라 상호존중하며 살아가는 것을 의미합니다. 이는 단순한 환경 보호를 넘어서, 자연과 연결되고 조화를 이루며 생활하는 방식입니다. 우리가 자연의 일부분임을 깨닫고 자연의 자원과 에너지를 지속 가능하게 사용하면서, 삶에서 균형과 평화를 찾는 것을 목표로 합니다.

심리학적으로도 자연과의 연결은 정신적 안정과 감정적 회복에 긍정적인 영향을 미칩니다. 연구에 따르면 자연 속에서 시간을 보내는 것은 스트레스를 줄이고, 더 큰 행복감과 집중력을 제공합니다. 자연과의 조화는 우리의 신체적, 정신적 건강에 필수적이며, 이는 우리가 삶을 더 의미 있게 살도록 도와줍니다.

2) 자연과 조화롭게 살아가는 방법

(1) 자연 속에서 시간을 보내기

자연과의 조화로운 삶의 첫 번째 단계는 자연 속에서 시간을 보내는 것입니다. 자연은 우리의 정신적 피로를 해소하고, 감정을 치유할 수 있는 강력한 도구입니다. 자연 속에서 우리는 더 큰 평온함을 느끼고, 자연과 연결되는 경험을 하게 됩니다.

- 실천 방법
  - 정기적인 자연 산책: 매주 한 번씩 공원이나 산, 강변 같은 자연 속에서 산책하는 시간을 가져보세요. 스마트폰을 멀리하고, 자연의 소리와 냄새에 집중하며 마음 챙김 상태로 걸어보세요.
  - 숲속 명상: 자연 속에서 명상하는 것도 좋습니다. 나무 아래나 바람이 부는 곳에서 깊은 호흡을 하며, 자연과 함께 있는 평온함을 느껴보세요.
- 효과: 자연 속에서 시간을 보내면 스트레스가 감소하고, 마음이 평온해지며 더 행복한 감정을 느끼게 됩니다. 또한 자연은 우리의 창의성과 집중력을 높여줍니다.

(2) 지속 가능한 생활습관 실천하기

자연과 조화롭게 살기 위해서는 지속 가능한 생활습관을 실천하는 것이 중요합니다. 이는 자연의 자원을 효율적으로 사용하고, 환경에 미치는 영향을 최소화하는 생활 방식을 채택하는 것을 의미합니다.

- 실천 방법
  - 에너지 절약: 집에서 전기와 물을 절약하는 습관을 들이세요. 불필요한 전등을 끄고, 물 사용을 줄이는 작은 변화들이 자연에 큰 도움이 됩니다.
  - 친환경 제품 사용: 재사용 가능한 물병이나 에코백을 사용하고, 플라스틱 사용을 줄여보세요. 친환경 제품을 선택함으로써 자연을 보호할 수 있습니다.
  - 재활용: 종이, 플라스틱, 유리 등의 재활용을 생활화하세요. 재활용을 통해 자원을 더 오래 사용할 수 있으며, 환경에 대한 부담을 줄일 수 있습니다.
- 효과: 지속 가능한 생활 습관은 자연 자원의 보존을 돕고, 더 환경친화적인 삶을 영위할 수 있도록 합니다. 이는 우리가 자연과 조화로운 관계를 유지하도록 도와줍니다.

(3) 자연과 연결된 취미 활동 즐기기

자연과 더 가까워질 수 있는 취미 활동을 즐기는 것도 자연과 조화롭게 살아가는 좋은 방법입니다. 자연 속에서 창의적인 활동을 하면, 자연의 아름다움 속에서 새로운 에너지를 얻을 수 있습니다.

- 실천 방법
  - 가드닝: 집에서 작은 정원을 가꾸거나, 화분에 식물을 키워보세요. 식물이 자라는 모습을 보며 자연과의 연결을 느낄 수 있습니다.
  - 자연 예술 활동: 자연에서 스케치, 사진 촬영 같은 예술 활동을 해보세요. 자연의 풍경과 생명력을 담아내는 활동은 우리의 감각을 깨우고, 자연의 조화로움을 느끼게 해줍니다.
  - 캠핑과 트레킹: 자연에서 야영하거나 트레킹을 하며 자연 속에서 휴식을 취해보세요. 자연의 소리와 공기를 느끼며, 삶의 균형을 찾을 수 있습니다.
- 효과: 자연과 연결된 취미 활동은 우리의 삶에 창의성과 균형을 더해주며, 더

큰 행복감을 느끼게 합니다. 또한 자연의 주기적인 변화를 직접 경험하며 자연의 리듬을 느낄 수 있습니다.

(4) 자연을 보호하는 활동에 참여하기

자연과 조화롭게 살아가기 위해서는 자연을 보호하는 실천이 필수적입니다. 우리가 살아가는 세상을 더 지속 가능하게 만들기 위한 환경 보호 활동은 자연과의 관계를 깊게 이해하고, 자연에 책임을 다하는 것입니다.

- 실천 방법
  - 환경 보호 운동 참여: 지역 사회에서 진행되는 환경 보호 캠페인에 참여하거나, 환경에 대한 의식을 높이는 활동에 동참해보세요. 예를 들어, 쓰레기 줍기 활동에 참여하거나, 환경 보호를 위한 모임에서 활동할 수 있습니다.
  - 나무 심기: 지역에서 진행하는 나무 심기 프로젝트에 참여해보세요. 나무는 탄소를 흡수하고 산소를 생성하며, 자연 생태계를 건강하게 유지하는 데 중요한 역할을 합니다.
  - 자원 절약 캠페인 참여: 물이나 에너지를 절약하는 캠페인에 참여하거나, 그 실천 방법을 주변에 전파하는 것도 자연 보호의 중요한 방법입니다.
- 효과: 자연을 보호하는 활동에 참여하면 자연과의 연결감을 더욱 깊이 느끼게 되고, 자연에 대한 책임감을 갖게 됩니다. 또한 환경 보호 활동은 사회적 기여로 이어져 더 큰 만족감을 줍니다.

3) 자연과 조화롭게 살아가기 위한 실천 아이디어

(1) 주말마다 자연 속에서 산책하기

주말마다 가까운 공원이나 숲에서 산책하는 시간을 가져보세요. 스마트폰을 끄고 자연에 몰입하는 연습을 해보세요.

(2) 가정에서 에너지 절약 실천하기

가정에서 불필요한 전등을 끄기, 물 절약 같은 작은 행동부터 시작하세요. 환경 보호를 위한 작은 실천이 자연과의 조화로운 삶으로 이어집니다.

(3) 가드닝 취미 시작하기

집에서 작은 화분이나 정원을 가꾸며 식물의 성장을 지켜보세요. 자연과의 연결을 느끼고, 자연이 주는 기쁨을 경험할 수 있습니다.

(4) 환경 보호 봉사 활동 참여

지역 사회에서 진행하는 환경 보호 봉사 활동에 참여하세요. 쓰레기 줍기나 나무 심기 등 자연 보호를 위한 작은 행동이 큰 변화를 만들 수 있습니다.

4) 자연과 조화롭게 살아간 사례

사례 1: 자연 산책을 통해 평온을 찾은 영미

영미는 도시의 바쁜 생활 속에서 스트레스를 많이 느꼈지만, 매주 자연 산책을 실천하면서 점차 마음의 평온을 찾았습니다. 숲속에서 걷는 동안, 그녀는 자연의 소리와 향기를 느끼며 정신적 안식을 경험했습니다. 이제 영미는 자연과의 연결 속에서 더 큰 행복감을 느끼고 있습니다.

사례 2: 가드닝을 통해 자연과 연결된 영석

영석은 집에서 작은 가드닝을 시작했습니다. 식물을 돌보면서 그는 자연의 성장 과정을 지켜보는 즐거움을 느꼈고, 매일 아침마다 물을 주고 식물이 자라는 모습을 관찰하며 자연과의 연결을 깊이 경험했습니다. 가드닝을 통해 그는 자연의 리듬을 이해하게 되었고, 자연이 주는 기쁨과 평온을 느낄 수 있었습니다. 영석은 작은 식물 하나가 주는 치유의 힘을 경험하며 삶의 균형을 찾았습니다.

사례 3: 환경 보호 활동에 참여한 서하

서하는 지역 사회에서 진행하는 환경 보호 캠페인에 자주 참여하게 되었습니다. 그녀는 친구들과 함께 쓰레기 줍기 활동에 동참하고, 자연을 보호하는 여러 활동에 참여하며 자연에 대한 책임감과 연결감을 느꼈습니다. 서하는 자연 보호 활동을 통해 자신의 삶이 더 의미 있는 방향으로 변화하는 것을 느끼며, 자연과 함께 살아가는 것이 얼마나 중요한지 깨닫게 되었습니다.

5) 자연과 조화롭게 살아가는 것의 이점

(1) 정신적 안정감

자연과 함께 시간을 보내면 정신적 평화와 안정감을 느끼게 되며, 스트레스가 줄어들고 마음의 평온을 찾을 수 있습니다.

(2) 행복감 증대

자연과 조화롭게 살아가는 삶은 더 큰 행복감을 가져다주며, 삶의 질을 높이는 데 기여합니다.

(3) 신체적 건강 증진

자연에서 보내는 시간은 신체적으로도 건강을 유지하게 도와주며, 자연과의 접촉은 면역력을 강화시키고 스트레스 호르몬을 낮춰줍니다.

(4) 자연과의 연결감 강화

자연과 더 깊이 연결되면 우리는 자연의 일부분임을 깨닫게 되며, 자연을 보호하고 지속 가능한 삶을 실천하게 됩니다.

(5) 지속 가능한 환경 보호

자연과의 조화로운 삶을 통해 우리는 자연을 보호하고 보존할 수 있으며, 환경을 위한 책임감 있는 선택을 하게 됩니다.

94. 내면의 평화를 유지하는 법

1) 개념과 배경: 내면의 평화란?

내면의 평화(Inner Peace)란 외부의 스트레스나 혼란에 흔들리지 않고, 마음의 고요함과 안정감을 유지하는 상태를 말합니다. 내면의 평화는 감정적, 정신적 균형을 이루는 데 중요한 요소로, 외부 상황이 아무리 복잡하고 혼란스러워도 자신을 지탱할 수 있는 정신적 중심을 갖는 것을 의미합니다. 내면의 평화는 개인의 심리적 안정과 행복의 기초가 되며, 스트레스 관리와 정서적 회복력을 높이는 데 중요한 역할을 합니다.

심리학적으로 마음 챙김(Mindfulness), 명상, 감정 조절과 같은 기술들은 내면의 평화를 유지하는 데 필수적입니다. 내면의 평화는 단순히 외부 자극을 피하는 것이 아니라, 스스로 감정과 생각을 인식하고 이를 긍정적이고 차분하게 받아들이는 과정에서 얻어집니다. 불안과 스트레스가 가득한 현대 사회에서 내면의 평화를 유지하는 법을 배우는 것은 행복하고 건강한 삶을 위한 중요한 스킬입니다.

2) 내면의 평화를 유지하는 방법

(1) 마음 챙김 명상 실천하기

마음 챙김 명상(Mindfulness Meditation)은 현재 순간에 완전히 집중하고, 지나친 판단이나 해석 없이 자신의 생각과 감정을 받아들이는 방법입니다. 마음 챙김 명상은 정신적 혼란을 정리하고, 내면의 고요함을 회복하는 데 큰 도움이 됩니다.

- 실천 방법
  - 하루 5분에서 시작하여 매일 아침이나 저녁에 조용한 장소에서 명상을 실천하세요. 편안하게 앉거나 누워서 눈을 감고, 자신의 호흡에 집중합니다. 숨을 들이마시고 내쉴 때마다 몸의 긴장을 풀고, 마음속에 떠오르는 생각들을 판단하지 않고 바라보기만 하세요.
  - 일상에서 마음 챙김: 걷거나 식사할 때도 마음 챙김을 실천할 수 있습니다. 걷는 동안 발걸음 하나하나에 집중하거나, 음식을 먹을 때 맛과 향을 완전히

느끼는 연습을 해보세요.

- 효과: 마음 챙김 명상은 스트레스를 줄이고, 마음을 차분하게 만들며, 현재 순간에 집중하는 법을 가르쳐 줍니다. 이는 내면의 평화를 유지하는 데 큰 역할을 합니다.

(2) 감정 조절과 수용

내면의 평화를 유지하기 위해서는 자신의 감정을 잘 조절하는 법을 배우는 것이 중요합니다. 감정을 억누르지 않고 건강하게 표현하고, 부정적인 감정이 떠오를 때 이를 수용하는 법을 배우는 것이 필요합니다.

- 실천 방법
  - 감정 인식: 화나 슬픔과 같은 감정이 떠오를 때 이를 무시하거나 억누르지 말고 인식하세요. “지금 내가 화가 났구나”, “나는 지금 슬프구나”라고 스스로에게 말하며 감정을 받아들입니다.
  - 감정 표현: 감정을 억누르지 않고 적절한 방식으로 표현하는 것이 중요합니다. 일기를 쓰거나 친구와 대화를 나누며 감정을 해소하세요. 너무 감정적으로 반응하기보다는, 한 발 물러서서 감정을 관찰하는 태도를 유지하는 것이 도움이 됩니다.
- 효과: 감정을 억누르기보다는 수용하고 건강하게 표현하면, 내면의 갈등이 줄어들고 감정적 평온을 유지할 수 있습니다. 이는 내면의 평화를 얻는 중요한 방법입니다.

(3) 긍정적인 자기 대화

긍정적인 자기 대화는 내면의 평화를 유지하는 데 중요한 도구입니다. 우리는 종종 스스로에게 지나치게 비판적이거나 부정적인 말을 걸곤 합니다. 이러한 자기 비판은 내면의 평화를 방해하고, 스트레스와 불안을 유발할 수 있습니다. 긍정적인 자기 대화를 통해 자신을 지지하는 방법을 배워야 합니다.

- 실천 방법
  - 부정적인 생각이 떠오를 때 이를 인식하고, “나는 할 수 있어”, “지금 충분히 잘하고 있어”와 같은 긍정적인 말로 스스로를 격려하세요.

  - 하루에 한 번 자신에게 칭찬을 해보세요. 작은 성취라도 자신에게 긍정적인 피드백을 주는 것이 중요합니다.
- 효과: 긍정적인 자기 대화는 자신감을 높이고, 스트레스 상황에서도 내면의 안정을 유지할 수 있도록 도와줍니다.

(4) 일상에서 균형 찾기

내면의 평화를 유지하기 위해서는 삶의 균형을 찾는 것이 필수적입니다. 일과 삶, 휴식과 활동의 균형을 적절하게 조절하는 것이 중요하며, 지나친 일이나 스트레스는 내면의 평화를 깨뜨릴 수 있습니다.

- 실천 방법
  - 스케줄 조정: 지나치게 바쁘거나 과중한 일정을 줄이고, 충분한 휴식 시간을 확보하세요. 하루에 일정 시간을 정해 완전한 휴식을 취하는 것도 좋습니다.
  - 건강한 생활 습관: 규칙적인 운동, 건강한 식습관, 충분한 수면을 유지하세요. 이는 신체적, 정신적 에너지를 충전하고, 내면의 평화를 유지하는 데 도움을 줍니다.
- 효과: 일상 속에서 균형을 찾으면 더 큰 안정감을 느끼게 되고, 스트레스와 혼란에서 벗어나 내면의 고요함을 유지할 수 있습니다.

(5) 감사와 긍정적 사고

감사하는 마음은 내면의 평화를 유지하는 데 강력한 도구입니다. 우리가 가진 것에 대해 감사할 때, 우리는 불만이나 불안에서 벗어나 긍정적인 에너지를 얻게 됩니다.

- 실천 방법
  - 매일 밤 감사 일기를 쓰는 습관을 들여보세요. 그날 있었던 작은 일이라도 감사할 만한 것을 찾아 기록하세요. 예를 들어, "오늘 날씨가 좋아서 감사하다", "친구와 좋은 대화를 나눠서 기쁘다"와 같이 구체적으로 적어보세요.
  - 긍정적 사고를 실천하세요. 문제나 도전이 닥쳤을 때, 이를 배움의 기회로 받아들이고 긍정적인 면을 찾으려고 노력하세요.
- 효과: 감사와 긍정적 사고는 내면의 불안을 줄이고, 마음을 긍정적으로 유지하

며, 행복감을 높입니다. 이는 내면의 평화를 지속적으로 유지하는 데 큰 도움이 됩니다.

3) 내면의 평화를 유지하는 실천 아이디어

(1) 아침 5분 명상

하루를 시작할 때 5분의 명상으로 마음을 차분히 가라앉히세요. 이를 통해 하루의 정신적 안정을 찾을 수 있습니다.

(2) 감정 일기 쓰기

자신의 감정을 억누르지 않고 일기에 기록하며 감정을 건강하게 표현하는 연습을 하세요.

(3) 긍정적인 자기 대화

하루에 한 번 자신에게 긍정적인 말을 건네며 자신을 격려하는 습관을 들여보세요.

(4) 감사 일기 작성

매일 저녁 감사 일기를 쓰며 하루 동안 감사했던 일을 세 가지씩 적어보세요.

(5) 균형 잡힌 생활 실천

일과 휴식의 균형을 찾기 위해 스케줄 조정을 해보세요. 충분한 휴식 시간을 확보하고 건강한 생활 습관을 실천하세요.

4) 내면의 평화를 유지한 사례

사례 1: 마음 챙김 명상을 통해 평온을 찾은 영미

영미는 일상 속에서 스트레스와 혼란을 많이 느꼈지만, 매일 아침 5분 명상을 시작하면서 마음의 안정을 찾았습니다. 명상을 통해 영미는 순간에 집중하며 불안과 걱정을 내려놓는 법을 배웠고, 이제 그녀는 더 큰 내면의 평화를 유지하고 있습니다.

사례 2: 감사의 힘을 경험한 영석

영석은 항상 불만과 불안 속에서 살았지만, 매일 밤 감사 일기를 쓰기 시작하면서 마음이 가벼워지고 긍정적인 에너지를 느끼게 되었습니다. 작은 일에도 감사하는 마음을 가지며, 영석은 내면의 불안을 줄이고 평온한 마음을 유지하게 되었습니다.

사례 3: 감정 조절로 평화를 얻은 서하

서하는 감정을 억누르거나 급격하게 표현하는 경향이 있었지만, 감정 일기를 쓰며 감정을 건강하게 표현하는 연습을 했습니다. 이로 인해 그녀는 자신의 감정을 더 잘 인식하고, 감정적으로 안정된 상태를 유지하게 되었습니다.

5) 내면의 평화를 유지하는 것의 이점

(1) 정신적 안정

내면의 평화를 유지하면 외부의 혼란 속에서도 정신적 안정감을 느끼고, 더 차분한 삶을 살 수 있습니다.

(2) 감정적 회복력 증대

내면의 평화는 감정적 회복력을 높여 스트레스와 어려움 속에서도 평온을 유지할 수 있도록 돕습니다.

(3) 행복감 증대

마음이 고요하고 안정되면, 행복감이 자연스럽게 증가하고 삶에서 더 큰 만족감을 느끼게 됩니다.

(4) 스트레스 관리 능력 향상

내면의 평화는 스트레스 상황에서도 효과적으로 대처하고, 스트레스에서 벗어나 차분함을 유지하게 해줍니다.

(5) 삶의 질 향상

내면의 평화를 유지하면 삶에서 더 큰 균형을 이루고, 일상에서 더 많은 만족과 행복을 누릴 수 있습니다.

95. 삶에서 지속적인 성장을 추구하기

1) 개념과 배경: 지속적인 성장의 중요성

지속적인 성장(Continuous Growth)은 삶에서 멈추지 않고 발전하며, 스스로를 끊임없이 향상시키는 과정을 말합니다. 성장은 개인의 능력, 지식, 태도, 감정적 성숙에서 이뤄질 수 있으며, 이는 단순한 성공의 개념을 넘어서 삶의 질 향상과 자기실현으로 이어집니다.

심리학자 아브라함 매슬로우는 자기 실현(Self-Actualization)을 인간의 가장 높은 욕구로 설명하며, 개인이 자신의 잠재력을 실현하고 끊임없이 자신을 발전시키는 것이 인간의 기본적인 본능이라고 말했습니다. 지속적인 성장은 이를 바탕으로, 삶의 목표를 설정하고 그것을 실현하기 위해 끊임없이 노력하는 과정을 의미합니다.

성장 마인드셋(Growth Mindset)을 가진 사람들은 도전과 실패를 기회로 여기며, 이를 통해 자신을 발전시키고 성취감을 느낍니다. 지속적인 성장은 성공뿐만 아니라 자기 효능감(self-efficacy)과 삶의 의미를 찾는 데 중요한 역할을 합니다.

2) 지속적인 성장을 추구하는 방법

(1) 성장 마인드셋 기르기

성장 마인드셋(Growth Mindset)은 자신이 가진 능력이나 성격이 고정된 것이 아니라, 노력과 학습을 통해 계속해서 발전할 수 있다는 신념을 가지는 것을 말합니다. 이는 실패를 두려워하지 않고 도전하며, 실패를 배움의 기회로 삼는 태도입니다.

- 실천 방법
  - 실패를 긍정적으로 바라보기: 실패는 성공의 일부분이라는 것을 받아들이세요. 실패할 때마다 그것을 비판하지 않고, "이 경험을 통해 무엇을 배울 수 있을까?"라고 스스로에게 질문해보세요.
  - 자신의 발전 과정에 주목하기: 결과보다는 과정에 집중하세요. 오늘보다 조금 더 나아진 나를 목표로 삼고, 매일 작은 진전을 이뤄나가는 것을 중요하게 생각하세요.

- 효과: 성장 마인드셋을 가지면 도전에 대한 두려움이 줄어들고, 더 많은 기회를 받아들일 수 있게 됩니다. 이는 삶에서 지속적인 성장을 추구하는 데 필수적입니다.

(2) 명확한 목표 설정과 계획 세우기

성장에는 명확한 목표가 필요합니다. 목표는 우리에게 방향을 제시하고, 동기부여를 강화해 줍니다. 목표를 달성하기 위한 구체적인 계획을 세우고, 그것을 실천하는 것이 중요합니다.

- 실천 방법
  - SMART 목표 설정: 목표는 구체적(Specific), 측정 가능(Measurable), 달성 가능(Achievable), 관련성 있는(Relevant), 시간 제한이 있는(Time-bound) 것이어야 합니다. 예를 들어, "1년 안에 프랑스어를 유창하게 할 수 있다"는 목표보다는 "매일 30분씩 프랑스어 공부하기" 같은 구체적인 목표를 세우세요.
  - 목표 달성 계획 세우기: 목표를 이루기 위한 세부 계획을 세우고, 작은 단계를 하나하나 실행해나가세요. 예를 들어, 주간 목표나 월간 목표를 설정하고 그것을 실천하는 데 집중하세요.
- 효과: 명확한 목표와 계획은 동기부여를 강화하고, 체계적으로 성장할 수 있도록 도와줍니다. 목표를 달성하면서 성취감도 경험할 수 있습니다.

(3) 지속적인 배움과 자기 개발

지속적인 성장은 배움에서 시작됩니다. 새로운 지식과 기술을 습득하는 것은 우리의 삶을 더욱 풍요롭게 만들고, 자기 발전을 지속할 수 있게 합니다. 책 읽기, 강좌 수강, 경험을 통한 학습 등 여러 방법으로 자신을 계속해서 발전시키는 것이 중요합니다.

- 실천 방법
  - 독서: 매달 한 권씩 책을 읽거나, 매일 30분씩 자신이 관심 있는 주제에 대해 독서를 실천해보세요.
  - 새로운 기술 배우기: 자신이 흥미를 느끼는 새로운 기술을 배워보세요. 예를 들어, 요리, 악기 연주, 코딩 등 다양한 분야에서 배움을 통해 자신을 발전시킬 수 있습니다.

- 강좌와 세미나 참여: 온라인 강좌나 세미나에 참여하여 전문적인 지식을 쌓아보세요. 지속적인 배움이 우리의 성장에 큰 자산이 됩니다.
- 효과: 끊임없는 배움은 창의성을 자극하고, 지적 호기심을 충족시키며, 새로운 도전에 대한 자신감을 심어줍니다.

(4) 자기 성찰과 피드백 수용

성장을 추구하는 과정에서는 자기 성찰(Self-Reflection)이 필수적입니다. 자신의 행동과 선택을 돌아보며, 무엇이 잘 되었고 무엇이 개선이 필요한지 평가하는 것이 중요합니다. 또한 타인으로부터 피드백을 수용하고 이를 통해 발전하는 자세를 유지하는 것이 필요합니다.

- 실천 방법
  - 일기 쓰기: 매일 자기 성찰을 할 수 있는 시간을 가지고 일기를 써보세요. 자신의 하루를 돌아보며 무엇을 배웠는지, 어떤 점을 개선해야 할지 기록하는 것이 좋습니다.
  - 피드백 수용: 타인으로부터 받는 피드백을 긍정적으로 받아들이세요. 특히 직장이나 개인 프로젝트에서의 피드백을 통해 자신의 약점을 인식하고, 이를 개선할 기회로 삼으세요.
- 효과: 자기 성찰과 피드백을 수용하면 성장 과정에서 발생하는 오류를 더 빠르게 개선할 수 있고, 더 나은 방향으로 자신을 발전시킬 수 있습니다.

(5) 작은 성취를 축하하고 계속 나아가기

지속적인 성장은 한 번에 큰 성공을 이루는 것이 아니라, 작은 성취들을 쌓아나가는 과정입니다. 작은 성취를 인정하고 축하하면서, 그 성취가 모여 더 큰 목표로 이어질 수 있습니다.

- 실천 방법
  - 작은 성취 기록하기: 매일 또는 매주 자신이 이루어낸 작은 성취를 기록하세요. 이는 성취감을 유지하며, 더 큰 목표를 향해 나아가게 하는 동기부여가 됩니다.
  - 자신을 칭찬하기: 작은 성취를 이룬 자신에게 칭찬을 해보세요. 스스로에게

보상을 주는 것도 좋습니다. 작은 보상은 성취감을 강화하고, 더 나아갈 수 있는 에너지를 제공합니다.

- 효과: 작은 성취를 축하하면 자기 효능감이 높아지고, 자신감을 가지고 더 큰 도전에 나설 수 있습니다. 이는 지속적인 성장을 위한 중요한 요소입니다.

3) 지속적인 성장을 추구하는 실천 아이디어

(1) 매일 30분 독서

매일 30분씩 새로운 책을 읽으며 지적 성장을 추구하세요.

(2) 주간 목표 설정

매주 달성하고자 하는 작은 목표를 세우고, 그 목표를 달성할 수 있도록 계획을 세워보세요.

(3) 자기 성찰 일기 쓰기

매일 밤 자신의 하루를 돌아보며, 무엇을 배웠고 어떤 점을 개선할지 자기 성찰 일기를 작성해보세요.

(4) 새로운 기술 배우기

매달 하나씩 새로운 기술을 배우는 목표를 설정하고, 이를 꾸준히 실천해보세요. 예를 들어, 새로운 언어를 배우거나, 요리 기술을 연습하는 것도 좋은 방법입니다.

(5) 피드백 수용

주변 사람들로부터 피드백을 적극적으로 수용하고, 그 피드백을 바탕으로 자신을 발전시킬 기회를 찾으세요.

4) 지속적인 성장을 실천한 사례

사례 1: 독서를 통해 성장한 영미

영미는 매일 30분 독서를 실천하며 새로운 지식을 꾸준히 쌓아왔습니다. 다양한 분야의 책을 읽으며 영미는 자신의 사고방식을 넓힐 수 있었고, 그 과정에서 더 큰 성장을 경험했습니다.

사례 2: 피드백을 통해 자신을 발전시킨 영석

영석은 직장에서 상사로부터 받은 피드백을 통해 자신의 약점을 개선하는 데 힘썼습니다. 그 결과 영석은 더 효율적으로 업무를 처리하게 되었고, 팀 내에서도 인정받는 리더로 성장할 수 있었습니다.

사례 3: 실패를 기회로 삼은 서하

서하는 새로운 프로젝트에서 큰 실패를 경험했지만, 이를 통해 배울 점을 찾았습니다. 성장 마인드셋을 적용하여 서하는 실패를 두려워하지 않고 더 큰 도전에 나섰고, 결국 성공을 이루어냈습니다.

5) 지속적인 성장을 추구하는 것의 이점

(1) 자신감 증대

지속적인 성장은 자기 효능감을 높이고, 더 많은 도전에 대한 자신감을 심어줍니다.

(2) 지적 호기심 충족

끊임없는 배움과 경험을 통해 지적 호기심을 충족할 수 있습니다.

(3) 자기 실현

지속적인 성장은 자신이 가지고 있는 잠재력을 발견하고, 이를 최대한 발휘할 수 있도록 도와줍니다.

(4) 삶의 만족감 향상

성장을 추구하는 과정에서 얻는 성취감과 자기 발전은 삶의 질을 높이고, 더 큰 만족감을 줍니다.

(5) 정서적 회복력 강화

실패와 도전을 성장의 기회로 삼으면 정서적 회복력이 높아지고, 스트레스와 불안에 덜 흔들리게 됩니다.

96. 자기만의 삶의 철학 만들기

1) 개념과 배경: 자기만의 삶의 철학이란?

자기만의 삶의 철학이란 개인이 삶을 어떻게 살아가고, 무엇을 중요하게 여길지에 대해 명확한 가치관과 원칙을 세우는 것을 의미합니다. 삶의 철학은 단순히 이론적인 지식이 아니라, 실제 삶에서 지향하는 방향과 선택의 기준을 제시해주는 역할을 합니다. 각자의 철학은 개인의 가치관, 경험, 믿음을 바탕으로 형성되며, 이는 삶의 의미를 부여하고, 어려움이나 혼란 속에서 안정적인 중심을 유지하는 데 도움을 줍니다.

심리학적으로, 개인의 삶의 철학은 내적 동기를 강화하고, 삶에서의 목적 의식을 심어줍니다. 철학이 있는 삶은 일관성을 유지하며, 의사결정과 행동의 기준을 명확하게 만들어줍니다. 이는 더 나은 선택을 가능하게 하며, 자기 실현의 중요한 도구로 작용합니다. 삶의 방향이 분명하면 더 큰 행복과 만족감을 느낄 수 있습니다.

2) 자기만의 삶의 철학을 만드는 방법

(1) 자신이 중요하게 여기는 가치를 명확히 하기

삶의 철학은 개인적인 가치에 기반을 둡니다. 자신이 가장 중요하게 여기는 가치가 무엇인지 명확히 하는 것이 첫 번째 단계입니다. 이는 삶에서 어떤 것이 가장 중요하며, 그에 따라 어떤 행동을 해야 할지 결정하는 데 필요한 기준을 제시해줍니다.

- 실천 방법
  - 자신에게 질문하기: "내가 정말로 중요하게 생각하는 것은 무엇인가?" "나는 어떤 사람이 되고 싶은가?" 같은 질문을 스스로에게 던져보세요. 예를 들어, 정직, 사랑, 배움, 자유, 행복 등이 될 수 있습니다.
  - 가치관 리스트 작성하기: 자신이 중요하게 여기는 가치관 리스트를 작성해보세요. 이 리스트는 삶에서 최우선으로 두어야 할 원칙들이 무엇인지를 분명히 해줄 것입니다.
- 효과: 자신의 가치를 명확히 하면, 삶의 방향이 더욱 선명해지고, 선택의 순간에

기준을 가질 수 있습니다. 이는 삶을 더 일관성 있게 살 수 있도록 도와줍니다.

(2) 경험과 교훈을 바탕으로 철학 세우기

삶의 철학은 경험에서 비롯된 배움을 통해 형성됩니다. 과거의 경험에서 얻은 교훈을 바탕으로, 자신의 삶에 적용할 수 있는 지침을 세우는 것이 중요합니다. 실패와 성공 모두 배움의 자원으로 삼아 철학을 정립할 수 있습니다.

- 실천 방법
  - 과거의 경험 돌아보기: 자신의 과거 경험을 돌아보며, 그 과정에서 얻은 교훈이 무엇인지 기록해보세요. 예를 들어, 어려운 상황에서 배운 인내심, 실패를 통해 얻은 교훈 등은 삶의 철학을 세우는 데 큰 자원이 될 수 있습니다.
  - 경험에서 배운 것을 철학으로 전환: 배운 교훈을 철학적인 지침으로 바꾸어 보세요. 예를 들어, "실패는 피해야 할 것이 아니라 배움의 기회다" 같은 철학을 세울 수 있습니다.
- 효과: 과거의 경험을 통해 얻은 교훈을 바탕으로 철학을 세우면, 미래의 어려움 속에서도 안정적인 기준을 가지고 행동할 수 있게 됩니다.

(3) 삶의 목적과 비전 설정하기

삶의 철학은 삶의 목적과 비전을 명확히 설정하는 데 중요한 역할을 합니다. 삶에서 궁극적으로 추구하는 목표가 무엇인지 분명히 함으로써, 매일의 행동과 선택이 목적과 일치하도록 이끌어주는 역할을 합니다.

- 실천 방법
  - 장기적 비전 설정하기: "나는 10년 후에 어떤 사람이 되고 싶은가?", "나의 삶이 궁극적으로 지향하는 목표는 무엇인가?" 같은 질문을 통해 장기적 비전을 세워보세요. 이는 개인의 직업, 인간관계, 자기 발전 등 다양한 측면에서 고려될 수 있습니다.
  - 목적에 맞는 구체적 계획 세우기: 삶의 목적에 맞는 단기 목표와 실천 계획을 세워보세요. 예를 들어, "나는 사람들에게 긍정적인 영향을 미치는 사람이 되고 싶다"는 목적이 있다면, 매일 작은 친절을 실천하는 목표를 세울 수 있습니다.

- 효과: 삶의 목적과 비전이 분명해지면, 매일의 선택이 더 일관성을 가지게 되고, 그 과정에서 의미 있는 삶을 살아갈 수 있습니다.

(4) 철학을 일상에 적용하고 실천하기

철학은 머릿속의 생각에 그치는 것이 아니라, 실제 생활에서 실천할 때 진정한 의미를 갖게 됩니다. 자신의 삶의 철학을 일상에서 구체적으로 어떻게 실천할지 고민하고 행동에 옮기는 것이 중요합니다.

- 실천 방법
  - 매일의 행동에 철학 반영하기: 자신의 철학이 일상 속에서 구체적으로 어떻게 반영될지 생각해보세요. 예를 들어, "정직이 중요하다"는 철학을 세웠다면, 모든 대화나 행동에서 정직하게 말하고 행동하는 습관을 들이세요.
  - 자기 점검하기: 매일 하루를 마치고 자신이 철학에 맞게 행동했는지를 돌아보세요. 자신에게 질문을 던지며 철학과 일치하는 행동을 했는지 점검하고, 개선할 부분이 있다면 수정해나가세요.
- 효과: 철학을 일상에서 실천하면 일관된 삶을 살 수 있고, 그 과정에서 자신감과 자기 존중감이 높아집니다.

(5) 철학은 끊임없이 발전하는 것

삶의 철학은 고정된 것이 아니라, 시간과 경험에 따라 발전해 나가는 것입니다. 끊임없이 자신을 돌아보고, 새로운 경험을 통해 철학을 더 깊이 발전시킬 수 있는 기회를 가져야 합니다.

- 실천 방법:
  - 주기적으로 철학 점검하기: 6개월이나 1년에 한 번씩 자신의 삶의 철학을 점검하세요. 그동안의 경험을 바탕으로 철학에 변화를 줄 필요가 있는지 고민해보세요.
  - 새로운 지식과 경험 반영하기: 새롭게 배운 지식이나 경험을 철학에 반영하세요. 철학은 끊임없이 진화하고, 이를 통해 더 나은 삶의 방향을 설정할 수 있습니다.
- 효과: 철학을 끊임없이 발전시키면 자기 성장의 과정을 경험하게 되며, 삶의 의

미를 더욱 깊이 이해할 수 있습니다.

3) 자기만의 삶의 철학을 만드는 실천 아이디어

(1) 가치관 탐색하기

자신이 중요하게 여기는 가치가 무엇인지 고민하고, 이를 적어보세요. 이를 통해 자신만의 삶의 철학을 형성하는 첫걸음을 뗄 수 있습니다.

(2) 경험에서 배운 교훈 정리하기

과거의 경험에서 얻은 교훈을 기록하고, 이를 바탕으로 자신의 철학을 구체화해 보세요.

(3) 철학 일기 쓰기

매일 자신의 행동이 철학에 부합하는지 돌아보는 철학 일기를 써보세요.

(4) 삶의 목적 설정하기

자신의 삶의 목적과 비전을 명확히 설정하고, 이를 이루기 위한 구체적 계획을 세워보세요.

(5) 끊임없는 자기 성찰

6개월마다 자신의 철학을 점검하고, 이를 바탕으로 발전시킬 방법을 모색하세요.

4) 자기만의 삶의 철학을 실천한 사례

사례 1: 가치관에 맞는 삶을 산 영미

영미는 "정직과 배려"를 자신의 삶의 철학으로 삼았습니다. 매일 정직하게 말하고, 타인에게 배려심을 가지고 행동하는 것을 실천하면서 그녀는 더 큰 자기 존중감을 느끼게 되었습니다.

사례 2: 실패에서 배운 철학을 적용한 영석

영석은 과거에 많은 실패를 경험했지만, 그 경험을 통해 "실패는 배움의 기회"라는 철학을 세웠습니다. 이후 실패를 두려워하지 않고 도전하는 태도를 가지게 되며, 더 많은 성장을 경험하게 되었습니다.

사례 3: 삶의 목적을 찾아 실천한 서하
서하는 "다른 사람들에게 긍정적인 영향을 주는 것"을 삶의 목적으로 삼고, 매일 작은 친절을 실천했습니다. 이 과정에서 그녀는 삶의 의미를 더욱 깊이 이해하게 되었고, 더 큰 행복감을 느끼게 되었습니다.

5) 자기만의 삶의 철학을 만드는 것의 이점

(1) 일관된 삶

삶의 철학이 있으면 중요한 선택의 순간에 일관된 기준을 가지고 행동할 수 있습니다.

(2) 정신적 안정

철학이 삶의 중심을 잡아주면, 혼란 속에서도 정신적 안정을 유지할 수 있습니다.

(3) 삶의 의미 발견

자기만의 철학은 삶에 의미를 부여하고, 더 나은 방향으로 이끌어줍니다.

(4) 자기 성장

철학을 실천하면서 자기 성장을 경험하고, 더 큰 만족감을 느낄 수 있습니다.

(5) 삶의 목적 강화

삶의 철학이 분명하면, 매일의 행동이 삶의 목적과 일치하여 더 의미 있는 삶을 살아갈 수 있습니다.

6) 자기만의 삶의 철학을 통해 의미 있는 삶 살기

자기만의 삶의 철학은 삶을 더 의미 있게 살 수 있도록 돕는 지침이자 동력입니다. 자신의 가치와 경험을 바탕으로 삶의 철학을 세우고, 이를 일상에서 실천하면, 우리는 더 일관성 있는 삶을 살 수 있으며, 어려움 속에서도 정신적 안정을 유지할 수 있습니다.

97. 긍정적인 에너지를 주변에 전파하기

1) 개념과 배경: 긍정적인 에너지란?

긍정적인 에너지(Positive Energy)는 낙관적인 태도, 따뜻한 마음, 행복감 등을 통해 자신과 타인에게 긍정적인 영향을 주는 에너지입니다. 이는 단순한 기분 좋은 감정이 아닌, 사고방식과 행동을 통해 주변 사람들에게 긍정적인 변화를 일으킬 수 있는 힘입니다. 긍정적인 에너지를 전파하는 사람은 주위 사람들에게 희망, 용기, 행복을 전달하며, 사회적 관계와 심리적 안정감을 높이는 데 중요한 역할을 합니다.

심리학적 관점에서는, 긍정적인 에너지는 정서적 전염을 통해 전파될 수 있습니다. 이는 우리가 다른 사람의 감정이나 에너지를 흡수하고 공유하는 심리적 메커니즘입니다. 긍정적 사고와 행동은 스트레스를 줄이고, 사회적 유대를 강화하며, 더 나은 신체적 건강과 정서적 안정을 가져다줍니다. 이러한 이유로, 긍정적인 에너지를 주변에 전파하는 것은 개인과 사회 모두에게 중요한 영향을 미칩니다.

2) 긍정적인 에너지를 전파하는 방법

(1) 자신의 긍정적인 태도 유지하기

긍정적인 에너지를 주변에 전파하려면, 먼저 자신의 마음 상태가 긍정적이어야 합니다. 긍정적인 태도는 단순한 기분이 아니라, 삶을 바라보는 근본적인 시각입니다. 어려움 속에서도 긍정적인 면을 보고, 낙관적으로 행동하는 것이 중요합니다.

- 실천 방법
  - 긍정적인 자기 대화: 스스로에게 긍정적인 말을 건네는 습관을 기르세요. “나는 할 수 있어”, “오늘 하루도 잘 해냈어” 같은 말을 통해 자신을 격려하는 것은 자신감과 긍정적인 에너지를 유지하는 데 도움이 됩니다.
  - 감사하는 마음 유지하기: 매일 자신이 감사할 수 있는 작은 일들을 찾아보세요. 감사하는 마음은 긍정적인 사고를 강화하며, 자신과 주변에 긍정적인 에너지를 퍼뜨립니다.

- 효과: 긍정적인 태도를 유지하면 자신감이 높아지고, 주변 사람들에게도 더 긍정적인 영향을 끼칠 수 있습니다. 이는 에너지의 정서적 전염을 통해 다른 사람들에게도 전파됩니다.

(2) 따뜻한 말과 행동 실천하기

긍정적인 에너지는 우리의 언어와 행동을 통해 전파됩니다. 상대방에게 따뜻한 말과 긍정적인 행동을 통해 에너지를 전하는 것이 중요합니다. 작은 친절한 행동 하나가 다른 사람에게 큰 행복을 줄 수 있습니다.

- 실천 방법
  - 칭찬하기: 주위 사람들의 좋은 점이나 노력을 발견하고, 그들에게 진심으로 칭찬을 건네보세요. 칭찬은 긍정적인 에너지를 전파하는 가장 간단하면서도 강력한 도구입니다.
  - 미소 짓기: 다른 사람과 대화할 때 따뜻한 미소를 짓는 습관을 들여보세요. 미소는 주변 사람들의 마음을 편안하게 하고, 더 긍정적인 분위기를 만들어 줍니다.
  - 작은 친절 베풀기: 문을 열어주거나, 길을 안내해주거나, 작은 도움을 주는 등의 작은 친절을 실천하세요. 이는 상대방에게 긍정적인 에너지를 전달하고, 그들이 더 기분 좋은 하루를 보내게 해줄 수 있습니다.
- 효과: 따뜻한 말과 행동은 다른 사람에게 행복감과 안정감을 주며, 더 나은 관계를 형성할 수 있도록 도와줍니다.

(3) 어려운 상황에서도 긍정적인 메시지 전달하기

긍정적인 에너지는 어려운 상황에서 더욱 큰 힘을 발휘합니다. 스트레스나 갈등이 있는 상황에서도 희망적이고 용기를 주는 메시지를 전달함으로써, 주변 사람들에게 긍정적인 변화를 일으킬 수 있습니다.

- 실천 방법
  - 격려의 말 전하기: 누군가 힘든 시간을 보내고 있다면 그들에게 격려의 말을 전하세요. "네가 잘 해낼 거야", "지금은 어려워도 곧 나아질 거야" 같은 말을 통해 용기를 줄 수 있습니다.

   - 긍정적인 해결책 제시: 갈등이나 문제가 생길 때, 비판하기보다 긍정적인 해결책을 제시해보세요. "이 문제를 이렇게 해결하면 어떨까?"와 같은 말을 통해 건설적인 대화를 유도하세요.
- 효과: 어려운 상황에서 긍정적인 에너지를 전파하면, 주변 사람들에게 희망과 동기를 줄 수 있으며, 상황을 더 효과적으로 해결할 수 있는 분위기를 조성하게 됩니다.

(4) 타인의 감정을 공감하고 지원하기

긍정적인 에너지는 다른 사람의 감정을 공감하고, 그들에게 정서적 지원을 제공할 때 더욱 강력해집니다. 공감은 상대방의 감정을 이해하고, 그들이 느끼는 어려움을 지지하는 과정입니다.

- 실천 방법
   - 경청하기: 상대방이 이야기할 때 진심으로 들어주고, 그들의 감정에 공감하는 시간을 가지세요. "네가 얼마나 힘들었는지 알 것 같아"와 같은 말은 상대방에게 큰 위로를 줄 수 있습니다.
   - 정서적 지지 제공하기: 타인이 어려움을 겪을 때 지지와 응원의 메시지를 보내세요. 그들이 혼자가 아니라는 것을 느끼게 해주는 것만으로도 큰 힘이 될 수 있습니다.
- 효과: 공감과 정서적 지원을 통해 긍정적인 에너지를 전달하면, 상대방은 더 큰 인정감과 행복감을 느끼게 됩니다. 이는 신뢰와 유대감을 강화하고, 더 깊은 관계를 형성하는 데 도움을 줍니다.

(5) 긍정적인 에너지를 지속적으로 퍼뜨리기

긍정적인 에너지를 전파하는 것은 일회성이 아니라, 지속적인 실천이 중요합니다. 매일 작은 행동을 통해 지속적으로 긍정적인 에너지를 전파하는 습관을 들이는 것이 필요합니다.

- 실천 방법
   - 매일 칭찬 실천하기: 하루에 한 번씩 주위 사람들에게 칭찬을 건네는 습관을 들여보세요.

– 긍정적인 목표 세우기: 매일 긍정적인 에너지를 전파하는 목표를 세우고, 그 목표를 실천하는 데 집중하세요. 예를 들어, 매일 한 명에게 따뜻한 말을 건네거나, 한 가지 친절을 베푸는 등의 목표를 세워보세요.

• 효과: 지속적으로 긍정적인 에너지를 퍼뜨리면, 주변 사람들의 삶에도 긍정적인 변화를 가져올 수 있으며, 스스로도 더 큰 행복감을 느끼게 됩니다.

3) 긍정적인 에너지를 전파하는 실천 아이디어

(1) 매일 아침 긍정적인 메시지 전하기

하루에 한 번, 가까운 친구나 가족에게 긍정적인 메시지를 보내며 그들의 하루를 응원하세요.

(2) 작은 친절 실천하기

하루에 한 가지씩 작은 친절을 베푸는 것을 목표로 해보세요. 예를 들어, 이웃에게 따뜻한 인사를 건네거나, 동료의 도움을 요청 받았을 때 적극적으로 응답해보세요.

(3) 긍정적인 말하기 습관

비판적인 말을 하기보다는 상대방의 좋은 점을 발견하고 칭찬을 건네는 습관을 길러보세요.

(4) 감사 표현하기

하루에 한 번씩 감사한 사람에게 감사 메시지를 보내거나, 직접 말로 고마움을 표현하세요.

(5) 에너지 전파 일기 쓰기

매일 저녁, 자신이 그날 긍정적인 에너지를 전파한 경험을 기록하는 일기를 써보세요. 이 기록은 당신의 긍정적인 에너지가 주변에 어떤 영향을 주었는지 돌아볼 수 있는 좋은 방법입니다.

4) 긍정적인 에너지를 전파한 사례

사례 1: 매일 작은 친절을 실천한 영미

영미는 매일 한 가지 작은 친절을 실천하기로 결심했습니다. 매일 아침 동료에게 따뜻한 인사를 건네거나, 커피 한 잔을 대접하면서 영미는 주위 사람들에게 긍정적인 에너지를 퍼뜨렸습니다. 그 결과 동료들 사이에서 더 큰 유대감과 행복감이 형성되었습니다.

사례 2: 긍정적인 말로 격려한 영석

영석은 친구가 어려운 상황에 있을 때 긍정적인 말로 그 친구를 격려했습니다. “너는 할 수 있어”, “곧 상황이 나아질 거야” 같은 말은 친구에게 큰 위로가 되었고, 영석의 긍정적인 에너지가 그 친구에게도 희망을 불어넣어 주었습니다.

사례 3: 공감을 통해 관계를 발전시킨 서하

서하는 주변 사람들이 어려움을 겪을 때마다 진심으로 경청하고, 그들의 감정을 공감하는 시간을 가졌습니다. 서하의 공감과 정서적 지원은 주위 사람들에게 신뢰를 형성하고, 그녀와의 관계가 더욱 깊어졌습니다.

5) 긍정적인 에너지를 전파하는 것의 이점

(1) 행복감 증대

긍정적인 에너지를 전파할 때 자신도 행복감을 느끼며, 주위 사람들과 더 좋은 관계를 유지할 수 있습니다.

(2) 사회적 유대 강화

긍정적인 에너지는 사회적 관계를 강화하고, 더 깊고 의미 있는 인간관계를 형성하는 데 도움이 됩니다.

(3) 정서적 안정 제공

주위 사람들에게 정서적 지지를 제공함으로써, 그들의 불안감을 줄이고, 안정감을 높여줍니다.

(4) 긍정적 피드백

긍정적인 에너지를 전파할수록 주위 사람들도 더 긍정적인 반응을 보이며, 이러한 피드백이 다시 긍정적인 순환을 일으킵니다.

(5) 스트레스 감소

긍정적인 에너지를 주고받는 과정에서 스트레스가 줄어들며, 더 나은 정신적 건강을 유지할 수 있습니다.

98. 자신을 존중하고 사랑하는 방법

1) 개념과 배경: 자신을 존중하고 사랑하는 것이란?

자신을 존중하고 사랑하는 것은 스스로에 대해 긍정적인 태도를 가지고, 자신의 가치와 존엄성을 인정하는 것을 의미합니다. 이는 단순히 자신을 좋아하는 것이 아니라, 자기 존중(Self-respect)과 자기 사랑(Self-love)을 통해 정신적, 정서적 안정을 유지하고, 건강한 자아상을 형성하는 중요한 과정입니다. 자신을 존중하고 사랑하는 것은 자신의 감정, 필요, 한계를 존중하며, 건강한 자기 관리를 실천하는 것을 포함합니다.

심리학적 관점에서는 자기 존중과 사랑은 자존감(Self-esteem)을 높이는 데 필수적입니다. 자존감은 개인이 자신에 대해 느끼는 가치와 자부심을 말하며, 높은 자존감은 스트레스 대처 능력과 정신 건강을 강화합니다. 자기 비판에서 벗어나 스스로를 인정하고 받아들이는 태도는 개인의 행복과 정서적 회복력을 높이는 중요한 요소입니다.

2) 자신을 존중하고 사랑하는 방법

(1) 자신을 있는 그대로 받아들이기

자신을 존중하고 사랑하는 첫걸음은 있는 그대로의 자신을 받아들이는 것입니다. 자신의 완벽하지 않은 모습도 인정하고, 부족한 부분에 대해서도 긍정적인 시각을 가지는 것이 중요합니다.

- 실천 방법
  - 자기 수용 연습: 거울을 보면서 자신에게 “나는 있는 그대로의 나를 존중하고 사랑해”라는 말을 반복해보세요. 자신의 단점이든 장점이든 모두 인정하는 연습을 통해 스스로를 더 넓은 마음으로 수용할 수 있습니다.
  - 완벽주의에서 벗어나기: 자신에게 완벽함을 요구하지 말고, 인간은 누구나 실수할 수 있다는 점을 받아들이세요. 완벽하지 않아도 충분히 가치 있는 존재라는 것을 스스로에게 상기시키세요.

- 효과: 자신을 있는 그대로 받아들이면 자기 비판에서 벗어나 더 큰 자유와 정서적 안정감을 얻을 수 있습니다.

(2) 자기 돌봄(Self-care) 실천하기

자신을 사랑하는 것은 자신의 필요와 한계를 인식하고, 이를 건강하게 관리하는 데서 시작됩니다. 신체적, 정신적 건강을 유지하는 자기 돌봄은 자기 사랑의 중요한 표현입니다.

- 실천 방법
  - 신체적 자기 돌봄: 규칙적인 운동을 하고, 충분한 수면과 영양가 있는 식사를 통해 몸을 돌보세요. 신체적 건강은 정신적 안정의 기초가 됩니다.
  - 정신적 자기 돌봄: 하루에 5-10분씩 명상하거나, 감정 일기를 쓰면서 자신의 감정을 정리하고 해소하세요. 마음이 지쳤을 때는 휴식을 취하고, 스스로를 과도하게 몰아붙이지 않도록 주의하세요.
- 효과: 자기 돌봄을 실천하면 정신적, 신체적 건강이 향상되고, 자신의 가치에 대해 더 큰 존중을 느끼게 됩니다.

(3) 긍정적인 자기 대화 실천하기

긍정적인 자기 대화는 자신을 존중하고 사랑하는 데 매우 중요한 역할을 합니다. 우리는 자주 자기 비판에 빠지기 쉽지만, 긍정적인 자기 대화를 통해 스스로를 지지하고 격려할 수 있습니다.

- 실천 방법
  - 부정적인 생각 인식하기: 자신을 비판하는 부정적인 생각이 떠오를 때 이를 인식하고, 그 생각을 긍정적인 말로 전환해보세요. 예를 들어, "나는 왜 이렇게 부족할까"라는 생각이 떠오를 때 "나는 지금 충분히 노력하고 있고, 조금씩 더 나아지고 있어"라는 긍정적인 대화로 바꿔보세요.
  - 자기 격려 연습: 매일 스스로에게 칭찬을 건네는 습관을 들여보세요. "오늘 정말 잘했어", "난 나를 존중하고 사랑해" 같은 말로 자신을 격려하고 지지하세요.
- 효과: 긍정적인 자기 대화를 실천하면 자신감이 높아지고, 스스로를 더 존중하게 됩니다. 이는 자존감을 강화하는 중요한 방법입니다.

(4) 자신의 감정과 필요를 존중하기

자신을 존중하고 사랑하는 것은 자신의 감정과 필요를 무시하지 않는 것입니다. 감정이 불편하거나 스트레스를 받았을 때, 그것을 억누르지 말고 건강하게 표현하는 것이 중요합니다.

- 실천 방법
  - 감정 인식과 표현: 자신의 감정이 무엇인지 인식하고, 그 감정을 솔직하게 표현하세요. 감정을 억누르는 것이 아니라, 건강하게 풀어내는 방법을 배우세요. 일기를 쓰거나 가까운 사람과 대화를 나누며 감정을 해소하세요.
  - 자신의 한계 존중하기: 피곤하거나 스트레스를 받을 때는 스스로에게 휴식을 허락하세요. 과도하게 자신을 몰아붙이지 말고, 자신의 에너지를 소중히 여기는 법을 배우는 것이 중요합니다.
- 효과: 자신의 감정과 필요를 존중하면 스트레스가 줄어들고, 정서적 안정감을 유지할 수 있습니다. 이는 자신에 대한 사랑을 더 깊이 실천하는 방법입니다.

(5) 자기 성장에 집중하기

자신을 존중하고 사랑하는 사람은 자기 성장에도 관심을 기울입니다. 이는 자신을 더 나은 방향으로 발전시키고, 잠재력을 실현하는 과정입니다. 자기 성장은 스스로에게 동기부여를 주고, 자신을 더 깊이 사랑하게 하는 중요한 요소입니다.

- 실천 방법
  - 새로운 도전 시도하기: 자신에게 새로운 목표를 설정하고, 그 목표를 달성하기 위한 계획을 세워보세요. 새로운 기술을 배우거나, 자신이 발전할 수 있는 도전을 해보는 것도 좋습니다.
  - 성취 기록하기: 작은 성취라도 기록하고, 자신이 성장하고 있음을 인식하세요. 이를 통해 스스로를 칭찬하고, 더 큰 목표를 향해 나아갈 수 있습니다.
- 효과: 자기 성장은 자신에 대한 긍정적인 감정을 강화하며, 스스로를 더 자랑스러워 할 수 있게 만듭니다.

3) 자신을 존중하고 사랑하는 실천 아이디어

(1) 감사 일기 쓰기

매일 저녁 자신에게 감사한 점을 세 가지씩 적어보세요. 자신이 이룬 작은 성취나, 스스로의 좋은 점을 찾아 기록하는 것이 좋습니다.

(2) 하루 5분 자기 격려 시간

하루에 5분씩 스스로에게 칭찬과 격려를 하는 시간을 가져보세요. 거울을 보며 자신에게 "넌 충분히 잘하고 있어"라고 말하는 것도 효과적입니다.

(3) 자기 돌봄을 위한 계획 세우기

한 주에 한 번, 자신을 위한 돌봄 계획을 세우세요. 예를 들어, 편안한 목욕 시간을 가지거나, 좋아하는 취미를 즐기는 시간을 마련해보세요.

(4) 정서적 휴식 시간 가지기

감정적으로 지쳤을 때는 정서적 휴식을 가지세요. 명상, 일기 쓰기, 음악 감상 등을 통해 감정을 해소하고 회복할 시간을 마련하세요.

(5) 긍정적인 자기 대화 실천

부정적인 생각이 들 때마다 그 생각을 긍정적인 말로 바꾸는 연습을 해보세요. 자신에게 따뜻한 말을 건네는 습관을 기르는 것이 중요합니다.

4) 자신을 존중하고 사랑한 사례

사례 1: 자기 수용을 통해 행복을 찾은 영미

영미는 항상 자신의 부족한 점을 비판하곤 했지만, 자기 수용을 연습하며 점차 자신을 있는 그대로 사랑할 수 있게 되었습니다. 이제 영미는 스스로를 존중하며, 자신의 가치를 인정하고 행복한 삶을 살고 있습니다.

사례 2: 긍정적인 자기 대화를 실천한 영석

영석은 자신을 자주 비판하는 경향이 있었지만, 긍정적인 자기 대화를 실천하면서 스스로를 더 지지하고 격려하는 법을 배웠습니다. 이제 영석은 더 큰 자신감을 가지고, 자신을 사랑하는 방법을 실천하고 있습니다.

사례 3: 자기 돌봄으로 균형을 찾은 서하

서하는 바쁜 일상 속에서 자기 돌봄을 소홀히 했지만, 자신의 건강을 챙기고 정신적 휴식을 취하는 시간을 가지면서 더 큰 정신적 안정감을 얻었습니다. 이제 서하는 스스로를 돌보는 것이 자기 사랑의 중요한 부분이라는 것을 깨닫고, 이를 지속적으로 실천하고 있습니다.

5) 자신을 존중하고 사랑하는 것의 이점

(1) 정서적 안정

자신을 존중하고 사랑할 때, 더 큰 정서적 안정을 유지할 수 있습니다. 이는 스트레스를 줄이고 행복감을 높이는 데 도움을 줍니다.

(2) 자신감 증대

스스로를 사랑하고 존중하면 자신감이 높아지고, 더 많은 도전과 기회를 받아들이게 됩니다.

(3) 건강한 관계 형성

자신을 존중하는 사람은 건강한 대인관계를 형성할 수 있으며, 타인에게도 더 긍정적인 에너지를 전달할 수 있습니나.

(4) 성신적, 신체적 건강 증진

자기 돌봄을 통해 정신적, 신체적 건강을 증진시킬 수 있으며, 더 나은 삶의 질을 유지할 수 있습니다.

99. 행복을 나누는 실천

1) 개념과 배경: 행복을 나누는 것이란?

행복을 나누는 것은 자신의 행복을 타인과 공유하고, 주변 사람들에게 긍정적인 감정과 에너지를 전파하는 것을 의미합니다. 이것은 단순히 자신의 감정을 전하는 것이 아니라, 작은 친절, 배려, 공감 등을 통해 주위 사람들에게 행복감을 주는 것입니다. 행복을 나누는 것은 사회적 관계를 강화하고, 공동체의 유대감을 깊게 만들며, 궁극적으로 사회적 행복을 증진시킵니다.

심리학에서는 행복의 전염성을 설명하는 개념이 있습니다. 사람의 감정은 정서적 전염을 통해 타인에게 전달될 수 있으며, 행복한 사람은 주위 사람들에게도 긍정적인 영향을 미칩니다. 또한, 연구에 따르면 이타적인 행동이나 친절을 실천하는 것이 개인의 행복감을 증대시키는 중요한 요인임이 밝혀졌습니다. 행복을 나누는 것은 결국 자신의 행복감도 높이는 이중적인 효과를 가져옵니다.

2) 행복을 나누는 방법

(1) 작은 친절 실천하기

작은 친절은 행복을 나누는 가장 쉬운 방법입니다. 작은 친절은 타인에게 긍정적인 영향을 주는 행동으로, 그들이 더 나은 하루를 보낼 수 있도록 돕습니다. 작은 행동이지만, 상대방에게 큰 감동과 행복을 줄 수 있습니다.

- 실천 방법
  - 따뜻한 인사 건네기: 아침에 만나는 사람들에게 따뜻한 인사를 건네세요. "좋은 하루 보내세요"라는 말 한마디가 상대방에게 긍정적인 에너지를 전달할 수 있습니다.
  - 작은 도움 제공하기: 문을 열어주거나, 물건을 들어주는 등 작은 도움을 주는 행동을 실천하세요. 이러한 작은 친절은 상대방에게 행복한 기분을 선사할 수 있습니다.
- 효과: 작은 친절을 통해 상대방은 기분 좋은 하루를 보낼 수 있으며, 자신도

행복감과 만족감을 얻게 됩니다. 이로 인해 사회적 유대가 강화되고, 공동체 내에서 긍정적인 분위기가 조성됩니다.

(2) 칭찬과 격려로 행복 전하기

칭찬과 격려는 상대방에게 자신감과 행복감을 줄 수 있는 강력한 도구입니다. 진심 어린 칭찬과 격려는 타인의 마음을 따뜻하게 만들고, 그들이 자신을 더 긍정적으로 인식하게 도와줍니다.

- 실천 방법
  - 칭찬하기: 상대방의 장점이나 노력을 찾아 진심으로 칭찬해보세요. 예를 들어, "오늘 정말 멋진 프레젠테이션이었어", "너의 성실함을 항상 존경해"라는 말을 통해 그들의 가치를 인정해주세요.
  - 격려하기: 어려움을 겪는 사람이 있다면, 그들을 격려하는 말로 용기를 주세요. "넌 충분히 잘하고 있어", "난 네가 성공할 것이라 믿어"라는 말은 상대방에게 힘을 주고, 긍정적인 변화를 이끌어낼 수 있습니다.
- 효과: 칭찬과 격려를 받은 사람은 자존감이 높아지고, 더 큰 자신감을 갖게 됩니다. 이는 그들에게 행복감을 제공하며, 서로 간의 긍정적인 관계를 강화할 수 있습니다.

(3) 시간과 관심 나누기

시간과 관심을 나누는 것은 타인에게 진정한 소속감과 관심을 받는 느낌을 줄 수 있는 중요한 방법입니다. 타인과의 대화나 활동에 시간을 투자하고, 그들의 말을 경청하며 관심을 표현하는 것은 큰 행복을 나누는 방법입니다.

- 실천 방법
  - 경청하기: 상대방의 말을 진심으로 경청하고, 그들의 감정에 공감하세요. 대화를 나눌 때 스마트폰을 내려놓고, 온전히 상대방에게 집중하는 시간을 가지세요.
  - 시간 함께 보내기: 친구나 가족과 함께 시간을 보내며, 그들의 이야기를 들어주고 함께 즐거운 활동을 해보세요. 예를 들어, 커피를 함께 마시거나, 산책을 하며 대화를 나누는 것이 좋습니다.

- 효과: 시간을 나누고 관심을 표현하면 상대방은 소중하게 여겨짐을 느끼며, 이는 더 깊은 유대감과 행복감을 가져다줍니다. 또한, 서로에게 긍정적인 감정을 공유할 수 있는 기회를 제공합니다.

(4) 나눔과 봉사 실천하기

나눔과 봉사는 자신의 시간, 에너지, 자원을 통해 타인에게 긍정적인 영향을 미치는 것입니다. 봉사활동이나 나눔을 실천할 때 우리는 타인과 행복을 공유하며, 그들을 돕는 과정에서 자기 효능감과 만족감을 느낄 수 있습니다.

- 실천 방법
  - 자원봉사 참여: 지역 사회에서 진행되는 자원봉사에 참여하거나, 도움이 필요한 이웃에게 작은 도움을 제공하세요. 예를 들어, 노인 돌봄 봉사, 무료 급식 활동, 환경 정화 활동 등에 참여할 수 있습니다.
  - 기부 실천: 자신이 가진 자원을 기부하는 것도 큰 나눔의 실천입니다. 기부는 금전적인 것뿐만 아니라, 자신의 시간이나 기술을 나누는 것도 포함됩니다.
- 효과: 봉사와 나눔은 사회적 유대를 강화하고, 타인에게 긍정적인 영향을 미치는 행동으로 자기 효능감을 높일 수 있습니다. 이를 통해 자신의 행복감 또한 증대됩니다.

(5) 긍정적인 분위기 만들기

긍정적인 분위기는 사람들이 함께 모일 때 에너지를 나누고, 행복한 감정을 전파하는 중요한 요소입니다. 주위 사람들과 함께 긍정적인 대화를 나누고, 긍정적인 행동을 주도함으로써 행복을 나누는 분위기를 만들 수 있습니다.

- 실천 방법
  - 긍정적인 대화 주도하기: 모임이나 회의에서 긍정적인 주제를 꺼내고, 대화를 이끌어보세요. 예를 들어, 최근 경험한 행복한 순간을 공유하거나, 서로 칭찬할 수 있는 기회를 제공하세요.
  - 감정 전파하기: 미소를 자주 짓고, 긍정적인 말을 주고받으며 행복한 감정을 나누는 습관을 기르세요. 또한, 주변 사람들의 좋은 점을 찾아 칭찬하는 것을 주도적으로 실천해보세요.

- 효과: 긍정적인 분위기는 주변 사람들에게 행복감을 증대시키며, 그룹 내에서 협력과 신뢰를 강화하는 데 도움을 줍니다. 이는 모두가 더 긍정적인 환경에서 즐거운 시간을 보낼 수 있게 만듭니다.

3) 행복을 나누는 실천 아이디어

(1) 행복 나눔 일기 쓰기

매일 자신이 나눈 행복한 순간이나 친절한 행동을 기록하는 일기를 작성해보세요. 이는 자신이 실천한 작은 친절을 돌아보고, 더 많은 행복을 나누는 데 도움을 줄 수 있습니다.

(2) 하루 한 번 친절 실천하기

하루에 한 번씩 주위 사람들에게 작은 친절을 베푸는 것을 목표로 삼으세요. 예를 들어, 직장에서 동료에게 커피를 대접하거나, 길을 안내해주는 작은 행동을 실천할 수 있습니다.

(3) 시간 나눔 실천하기

주기적으로 가족이나 친구에게 시간을 내어 함께 보내는 시간을 가지세요. 그들의 이야기를 들어주고, 진심으로 관심을 표현하는 시간을 마련해보세요.

(4) 기부나 봉사활동 참여

월별로 기부를 하거나, 지역 사회에서 진행되는 봉사활동에 정기적으로 참여해보세요. 나눔과 봉사를 통해 자신과 타인 모두에게 행복을 전파할 수 있습니다.

(5) 긍정적인 주제 대화 나누기

모임이나 대화 중 긍정적인 주제를 이끌어내고, 모두가 행복한 경험을 공유할 수 있는 기회를 제공해보세요.

4) 행복을 나눈 사례

사례 1: 작은 친절로 행복을 전한 영미

영미는 매일 아침 동료들에게 따뜻한 인사를 건네고, 자주 작은 친절을 베풀었습니다. 영미의 긍정적인 행동은 동료들에게 행복감을 전파했고, 그들 모두가 더 협력적인 관계를 형성하게 되었습니다.

사례 2: 봉사로 행복을 나눈 영석

영석은 지역 사회에서 자주 봉사활동에 참여했습니다. 그는 노인 돌봄 봉사에 참여하면서 많은 노인들에게 따뜻한 마음과 시간을 나누었고, 그 과정에서 스스로도 큰 만족감과 행복감을 느꼈습니다.

사례 3: 긍정적인 분위기를 만든 서하

서하는 매일 직장에서 긍정적인 대화를 주도하며, 동료들에게 행복한 경험을 공유할 수 있는 기회를 제공했습니다. 그녀의 긍정적인 에너지는 팀 전체의 분위기를 더 긍정적으로 만들었고, 모두가 더 즐겁게 일할 수 있었습니다.

5) 행복을 나누는 것의 이점

(1) 행복감 증대

행복을 나누면 주위 사람들과 더 강한 유대를 형성할 수 있고, 스스로도 더 큰 행복감을 느낄 수 있습니다.

(2) 사회적 관계 강화

친절과 나눔은 사회적 유대를 강화하며, 타인과의 신뢰와 긍정적인 관계를 형성하는 데 중요한 역할을 합니다.

(3) 정서적 안정

행복을 나누는 행동은 자신뿐만 아니라 타인에게도 정서적 안정을 제공합니다. 이는 더 나은 정신적 건강으로 이어집니다.

(4) 사회적 기여

나눔과 봉사는 더 큰 사회적 차원에서 긍정적인 변화를 일으키며, 사회적 기여를 통해 자신이 사회에 긍정적인 영향을 미치고 있다는 것을 느낄 수 있습니다.

(5) 행복의 확산

행복은 전염성이 있기 때문에, 나눔을 통해 더 많은 사람들이 행복해질 수 있습니다. 이는 모두가 더 행복한 환경에서 생활할 수 있도록 도와줍니다.

6) 행복을 나누며 더 큰 행복 찾기

행복을 나누는 것은 자신만의 행복을 타인과 공유하며, 더 큰 행복을 만들어가는 과정입니다. 작은 친절에서부터 나눔과 봉사까지, 우리는 일상에서 쉽게 행복을 나누는 실천을 할 수 있습니다.

오늘부터 시작해보세요. 작은 친절을 실천하고, 주위 사람들과 행복한 순간을 나누며, 당신의 행복을 더 넓은 곳으로 확산시키세요. 행복을 나누는 것이 곧 더 큰 행복으로 가는 길입니다.

100. 세상에 선한 영향력 전하기

1) 개념과 배경: 선한 영향력이란?

선한 영향력(Positive Influence)이란 개인이 자신의 행동이나 말로 타인과 사회에 긍정적인 변화를 일으키는 것을 의미합니다. 선한 영향력을 미치는 사람은 친절함, 배려심, 공감 능력을 바탕으로 주변 사람들에게 행복과 긍정적인 에너지를 전파하며, 궁극적으로 더 나은 세상을 만드는 데 기여합니다. 선한 영향력은 작은 행동에서부터 사회적 기여에 이르기까지 다양한 방식으로 나타날 수 있으며, 이는 개인의 가치관과 도덕적 신념에 근거해 이루어집니다.

심리학적 관점에서 선한 영향력은 이타주의(Altruism), 사회적 학습 이론(Social Learning Theory), 그리고 정서적 전염(Emotional Contagion)과 관련이 있습니다. 이타적인 행동은 타인에게 도움을 줄 뿐만 아니라, 자신에게도 행복감과 만족감을 제공합니다. 또한, 사회적 학습 이론에 따르면 우리는 타인의 행동을 보고 배웁니다. 따라서 선한 행동은 전염성이 있어, 더 많은 사람들이 이를 통해 배울 수 있습니다. 정서적 전염을 통해 긍정적인 행동은 사회 전체에 확산되어 더 나은 사회를 만듭니다.

2) 세상에 선한 영향력을 전하는 방법

(1) 일상 속 작은 친절 실천하기

선한 영향력은 거창한 행동에서만 나오는 것이 아닙니다. 작은 친절에서 시작됩니다. 우리의 작은 행동이 다른 사람에게 행복을 전파하고, 더 나아가 그들이 또 다른 선한 행동을 실천하게 하는 도미노 효과를 만들 수 있습니다.

- 실천 방법
  - 누군가의 하루를 밝게 만들기: 주변 사람들에게 따뜻한 미소나 인사를 건네 보세요. 특히, 힘들어 보이는 사람에게 작은 친절을 베푸는 것이 중요합니다. 예를 들어, 지하철에서 자리를 양보하거나, 카페에서 줄을 설 때 양보하는 작은 행동이 상대방에게 큰 감동을 줄 수 있습니다.

  - 의도적인 칭찬과 감사 표현하기: 동료나 친구의 노력을 알아보고, 그것을 칭찬하거나 감사의 표현을 해보세요. "네가 해준 일이 큰 도움이 됐어"와 같은 말은 그들의 하루를 더욱 행복하게 만들고, 그들도 다른 사람들에게 긍정적인 영향을 미칠 수 있도록 격려하게 됩니다.
- 효과: 작은 친절은 주위 사람들에게 긍정적인 감정을 불러일으키고, 그들 역시 더 나은 행동을 할 수 있는 동기를 제공합니다. 이는 선한 영향력이 확산되는 중요한 방법입니다.

(2) 자신의 재능과 자원을 나누기

재능이나 자원을 다른 사람과 나누는 것은 세상에 큰 선한 영향력을 미치는 방법입니다. 자신이 가진 것을 타인과 공유하고, 그들의 삶에 도움을 줄 수 있는 기회를 찾는 것이 중요합니다.

- 실천 방법
  - 재능 기부하기: 자신의 전문성이나 특기를 활용하여 사회에 기여하세요. 예를 들어, 학습이 어려운 학생들에게 무료로 멘토링을 하거나, 기술적인 지식을 나누어 교육 활동을 진행할 수 있습니다.
  - 기부와 자원봉사: 자신이 가진 자원을 기부하거나, 시간이 허락할 때 자원봉사를 실천해보세요. 지역 사회에서 진행되는 봉사 활동에 참여하거나, 필요할 때 금전적, 물적 지원을 통해 도움을 줄 수 있습니다.
- 효과: 자신의 재능과 자원을 나누면, 그것을 필요로 하는 사람들에게 직접적인 도움을 줄 수 있고, 그들은 다시 선한 영향을 주는 선순환을 만들어낼 수 있습니다. 이를 통해 세상에 더 많은 긍정적인 변화를 일으킬 수 있습니다.

(3) 사회적 책임을 실천하기

개인은 자신뿐만 아니라 사회 전체에 기여할 수 있는 방법을 찾는 것이 중요합니다. 이를 위해 사회적 책임을 인식하고, 공동체와 지구를 위한 실천을 이어가는 것이 필요합니다.

- 실천 방법
  - 환경 보호 실천: 일상에서 환경 보호를 위한 작은 행동을 실천하세요. 플라

스틱 사용을 줄이고, 재활용을 생활화하며, 불필요한 자원을 절약하는 행동을 통해 지속 가능한 미래를 만들어갈 수 있습니다.
- 공정 소비: 자신이 구매하는 물건이 사회적, 환경적 책임을 지고 생산된 것인지를 확인하는 공정 소비를 실천해보세요. 공정 무역 제품을 선택하거나, 윤리적으로 생산된 제품을 구매함으로써 소비자 역시 선한 영향력을 행사할 수 있습니다.

- 효과: 사회적 책임을 실천하면, 우리는 더 나은 사회와 환경을 위해 기여하게 되고, 이러한 행동은 주위 사람들에게 영감을 주어 더 많은 선한 영향을 미치게 됩니다.

(4) 좋은 롤모델 되기

롤모델이 된다는 것은 자신의 행동을 통해 타인에게 본보기가 되는 것을 의미합니다. 선한 영향력을 전하는 사람은 말과 행동으로 타인에게 긍정적인 가치관을 전달하고, 그들을 올바른 방향으로 이끌어주는 역할을 할 수 있습니다.

- 실천 방법
  - 일관된 행동 실천하기: 자신의 가치관과 맞는 일관된 행동을 실천하세요. 예를 들어, 정직, 배려, 친절을 중요하게 여긴다면, 모든 상황에서 이러한 가치를 지키는 것이 중요합니다.
  - 타인을 돕는 자세 보여주기: 어려운 사람을 도와주는 모습을 보여주세요. 타인에게 본보기가 되는 행동은 그들이 직접적으로 영향을 받아 더 나은 선택을 할 수 있도록 돕습니다.
- 효과: 좋은 롤모델은 주변 사람들에게 긍정적인 가치를 전달하고, 그들로 하여금 비슷한 가치를 따르게 하는 영향력을 발휘할 수 있습니다. 이는 선한 행동이 전염되는 효과를 만들어냅니다.

(5) 긍정적인 대화와 언어 사용하기

언어는 사람들 간에 감정과 생각을 전달하는 중요한 도구입니다. 자신의 말이 타인에게 어떤 영향을 미칠지 인식하고, 긍정적인 대화와 언어를 사용해 타인에게 희망과 위로를 전하는 것이 필요합니다.

- 실천 방법
  - 긍정적인 언어 사용: 상대방에게 상처를 줄 수 있는 말 대신 긍정적이고 희망적인 언어를 사용하세요. 예를 들어, “넌 할 수 있어”, “잘 될 거야”와 같은 말은 상대방에게 용기를 줄 수 있습니다.
  - 건설적인 피드백 제공: 비판을 할 때는 상대방을 격려할 수 있는 방식으로 피드백을 제공하세요. 문제점만 지적하는 것이 아니라, “이 부분은 이렇게 하면 더 좋아질 거야”라는 건설적인 제안을 함께 해보세요.
- 효과: 긍정적인 대화와 언어는 타인에게 자신감을 주고, 그들이 스스로를 더 긍정적으로 바라보도록 도와줍니다. 이는 그들이 더 나은 선택을 하게 하고, 궁극적으로 사회에 선한 영향력을 미칠 수 있도록 이끌어줍니다.

3) 세상에 선한 영향력을 전하는 실천 아이디어

(1) 매일 작은 친절 실천하기

매일 아침 출근길에 만나는 사람에게 미소를 짓거나, 작은 친절을 베푸는 습관을 기르세요. 이러한 작은 행동이 선한 영향력을 퍼뜨리는 첫걸음이 됩니다.

(2) 재능 나누기

자신이 가진 특기나 지식을 통해 주변 사람들에게 도움을 줄 수 있는 방법을 찾아보세요. 예를 들어, 학생들을 위해 무료로 강의를 하거나, 필요한 사람에게 기술을 나눌 수 있습니다.

(3) 봉사와 기부 실천하기

주기적으로 자원봉사에 참여하거나, 자신이 가진 자원을 필요한 곳에 기부해보세요. 봉사활동을 통해 세상에 긍정적인 변화를 일으킬 수 있습니다.

(4) 긍정적인 대화 주도하기

대화할 때 긍정적인 주제를 꺼내고, 격려의 말을 자주 사용하세요. 비판적이기보다는 건설적인 피드백을 통해 타인에게 더 나은 길을 제시할 수 있습니다.

(5) 환경 보호 실천하기

일상 속에서 환경을 위한 작은 실천을 이어가세요. 재활용을 생활화하고, 에너지를 절약하며, 더 나은 환경을 위한 노력을 기울이세요.

4) 세상에 선한 영향력을 전한 사례

사례 1: 친절로 영향을 미친 영미

영미는 직장에서 항상 따뜻한 미소와 칭찬을 아끼지 않았습니다. 그녀의 작은 친절은 동료들에게 긍정적인 영향을 주었고, 결국 더 많은 사람들이 그녀처럼 친절을 실천하게 되어, 회사 분위기가 크게 개선되었습니다.

사례 2: 재능을 나눈 영석

영석은 자신의 코딩 기술을 이용해 어려운 가정의 아이들에게 무료 코딩 교육을 제공했습니다. 이 아이들은 영석의 교육 덕분에 새로운 기술을 배우고, 미래에 대한 희망을 가질 수 있었습니다.

사례 3: 사회적 책임을 실천한 서하

서하는 자신이 사용하는 제품을 공정 무역 제품으로 바꾸고, 환경 보호 활동에 자원봉사로 참여했습니다. 그녀의 실천은 주변 사람들에게도 영향을 미쳐, 더 많은 사람들이 환경 보호에 동참하게 되었습니다.

5) 세상에 선한 영향력을 전하는 것의 이점

(1) 개인적 행복 증대

선한 행동을 실천하면 자기 효능감과 행복감이 증대되며, 자신이 사회에 긍정적인 기여를 하고 있음을 느낄 수 있습니다.

(2) 사회적 관계 강화

선한 영향력은 타인과의 관계를 강화하고, 서로 간에 신뢰와 존경을 형성하는 데 중요한 역할을 합니다.

(3) 긍정적 변화 촉진

선한 행동은 사회 전반에 걸쳐 긍정적인 변화를 일으키며, 더 나은 공동체와 환경을 만드는 데 기여합니다.

(4) 행복의 확산

선한 영향력은 도미노 효과를 일으켜, 더 많은 사람들이 선한 행동을 실천하고, 결과적으로 더 행복한 사회를 만들 수 있습니다.

6) 선한 영향력을 통해 더 나은 세상 만들기

세상에 선한 영향력을 전하는 것은 우리의 작은 행동에서부터 시작됩니다. 작은 친절, 재능 나누기, 사회적 책임 실천, 긍정적인 언어 사용을 통해 우리는 타인과 사회에 긍정적인 변화를 이끌어낼 수 있습니다.

오늘부터 시작해보세요. 작은 친절을 베풀고, 주위 사람들에게 긍정적인 대화를 나누며, 당신의 선한 영향력을 세상에 퍼뜨리면, 당신의 행동이 더 나은 세상을 만드는 데 기여할 것입니다. 선한 영향력이 곧 행복으로 가는 길입니다.

결론

행복은 매일 만드는 것

행복은 특별한 순간에만 찾아오는 것이 아니라, 매일의 작은 실천을 통해 만들어지는 것입니다. 우리가 일상에서 실천하는 작은 행동들이 행복을 쌓아가는 기초가 되고, 그것들이 모여 더 나은 삶을 만들어냅니다.

이 책에서 제시된 100가지 행복의 비결은 심리적, 사회적, 신체적, 정신적, 문화적, 그리고 자연과의 조화 속에서 행복을 찾는 다양한 방법을 제시했습니다. 각각의 실천은 우리가 균형 잡힌 삶을 살아가고, 타인과 함께 행복을 나누는 과정을 통해 더 깊은 만족감을 느끼도록 돕습니다.

행복은 거창한 것이 아닙니다. 작은 친절, 감사하는 마음, 긍정적인 생각, 그리고 타인을 돕는 행동 등 사소해 보이는 일들이 하루하루 쌓여 커다란 행복으로 이어집니다. 그리고 그 과정에서 우리는 자신을 존중하고 사랑하며, 타인과 깊이 연결되어 진정한 행복을 느끼게 됩니다.

행복한 삶을 위한 작은 실천
오늘 하루에 집중하세요. 과거의 후회나 미래의 불안 대신, 지금 이 순간에서 행복을 찾아보세요.
작은 성취를 축하하고, 자신을 칭찬하세요. 매일 조금씩 성장하는 자신을 사랑하는 것이 행복의 첫걸음입니다.
타인에게 친절을 베풀고, 주변 사람들과 긍정적인 관계를 유지하세요. 함께 나누는 행복은 더 커집니다.
자연과 연결되고, 자신의 감정을 존중하세요. 마음의 평화를 찾을 수 있는 시간을 만들어 보세요.

행복은 나 자신에게서 시작되고, 세상으로 확산됩니다.
우리 모두는 스스로 행복의 주인이 될 수 있습니다. 행복은 우리가 선택하고 실천하는 매일의 작은 노력에서 시작됩니다. 그리고 그 행복이 나 자신을 넘어서 주위 사람들, 사회, 그리고 세상으로 퍼져나갈 때, 우리는 모두 더 나은 세상에서 함께 성장할 수 있습니다.
행복은 결코 멀리 있지 않습니다. 바로 지금, 여기서 우리가 만드는 작은 변화들이 모여 더 큰 행복을 이루어가는 행복의 여정이 될 것입니다.

행복은 매일 만드는 것입니다.
오늘부터 작은 실천을 통해 당신만의 행복을 만들어 보세요. 그리고 그 행복을 세상에 나누고 확산시키는 주체가 되기를 바랍니다.

행복한 삶은 당신의 손에 달려 있습니다.

참고문헌

서은국, 행복과 사회적 관계의 상관관계에 대한 연구, 한국심리학회, 2017.
김정운, 한국인의 행복지수와 삶의 만족도: 문화적 특성을 중심으로, 한국행동과학연구, 2018.
이영민, 마음챙김 명상이 스트레스와 감정조절에 미치는 영향, 한국상담심리학회, 2019.
박준형, 긍정심리학적 접근을 통한 한국인의 삶의 질 개선 방안, 한국사회복지학회, 2020.
김유진, 감사일기 쓰기가 자존감 향상에 미치는 효과, 한국교육심리학회, 2016.
최혜진, 사회적 유대감이 삶의 만족도에 미치는 영향, 한국심리학회, 2021.
김도영, 자기효능감과 행복감 간의 상관관계: 한국 대학생을 대상으로, 한국청소년학회, 2019.
이승우, 환경친화적 행동이 개인의 행복감에 미치는 영향, 한국환경사회학회, 2017.
윤정희, 자기 수용과 행복감: 한국 사회의 문화적 특성, 한국사회학회, 2020.
박성은, 감성적 리더십이 조직 내 구성원의 행복감에 미치는 영향, 한국경영학회, 2018.
김민수, 긍정적 사고와 자아존중감이 행복에 미치는 영향: 직장인을 중심으로, 한국인적자원관리학회, 2019.
이지훈, 마음챙김 기반 스트레스 감소 프로그램이 정신 건강에 미치는 효과, 한국상담학회, 2021.
정현주, 한국 노인의 행복감과 사회적 지지의 관계, 한국노년학회, 2020.
장서윤, 청소년의 자기존중감과 사회적 관계가 삶의 만족도에 미치는 영향, 한국청소년복지학회, 2017.
오현정, 긍정심리학적 관점에서 본 한국인의 행복 요인, 한국문화연구학회, 2019.
서은국, 행복의 기원, 21세기북스, 2014.
김정운, 나만의 히든카드를 꺼내라, 생각의길, 2016.
조벽, 긍정의 힘, 해냄출판사, 2017.
정유진, 행복을 선택하는 이유, 인플루엔셜, 2018.
강상중, 이키가이: 나는 무엇을 위해 살아가는가, 위즈덤하우스, 2019.
이지성, 리딩으로 리드하라, 차이정원, 2011.
김미경, 김미경의 리부트, 웅진지식하우스, 2020.
장하준, 나쁜 사마리아인들, 부키, 2007.
정혜신, 당신이 옳다, 해냄출판사, 2018.
박웅현, 여덟 단어, 북하우스, 2013.
김범준, 통계로 세상 읽기, 웅진지식하우스, 2019.
유시민, 어떻게 살 것인가, 생각의길, 2013.
이호선, 마음 챙김 심리학, 메이트북스, 2018.
유영만, 나무는 나무라지 않는다, 생각정원, 2016.
최인철, 프레임, 21세기북스, 2014.
Diener, E., “Subjective Well-Being: The Science of Happiness and a Proposal for a National Index,” American Psychologist, 2000.

Seligman, M. E. P., "Positive Psychology, Positive Prevention, and Positive Therapy," Handbook of Positive Psychology, 2002.

Csikszentmihalyi, M., "Flow and the Foundations of Positive Psychology: The Collected Works of Mihaly Csikszentmihalyi," Springer, 2014.

Fredrickson, B. L., "The Broaden-and-Build Theory of Positive Emotions," American Psychologist, 2004.

Lyubomirsky, S., "Pursuing Happiness: The Architecture of Sustainable Change," Review of General Psychology, 2005.

Ryan, R. M., & Deci, E. L., "Self-Determination Theory and the Facilitation of Intrinsic Motivation, Social Development, and Well-Being," American Psychologist, 2000.

Baumeister, R. F., & Leary, M. R., "The Need to Belong: Desire for Interpersonal Attachments as a Fundamental Human Motivation," Psychological Bulletin, 1995.

Kahneman, D., & Deaton, A., "High Income Improves Evaluation of Life but Not Emotional Well-Being," Proceedings of the National Academy of Sciences, 2010.

Sheldon, K. M., & King, L., "Why Positive Psychology Is Necessary," American Psychologist, 2001.

Peterson, C., & Seligman, M. E. P., "Character Strengths and Virtues: A Handbook and Classification," Oxford University Press, 2004.

Ryff, C. D., "Happiness Is Everything, or Is It? Explorations on the Meaning of Psychological Well-Being," Journal of Personality and Social Psychology, 1989.

Gilbert, D. T., "The Science of Happiness: What We Know and How We Can Find It," Psychological Science, 2006.

Huppert, F. A., "Psychological Well-Being: Evidence Regarding Its Causes and Consequences," Applied Psychology: Health and Well-Being, 2009.

Schueller, S. M., & Seligman, M. E. P., "Pursuing Eudaimonic and Hedonic Happiness: The Benefits of Both, but How Much of Each?" Journal of Positive Psychology, 2010.

Deci, E. L., & Ryan, R. M., "The 'What' and 'Why' of Goal Pursuits: Human Needs and the Self-Determination of Behavior," Psychological Inquiry, 2000.

Martin E. P. Seligman, _Authentic Happiness_, Free Press, 2002.

Mihaly Csikszentmihalyi, _Flow: The Psychology of Optimal Experience_, Harper Perennial Modern Classics, 2008.

Viktor E. Frankl, _Man's Search for Meaning_, Beacon Press, 2006.

Jon Kabat-Zinn, _Wherever You Go, There You Are: Mindfulness Meditation in Everyday Life_, Hyperion, 2005.

Thich Nhat Hanh, _The Miracle of Mindfulness: An Introduction to the Practice of Meditation_, Beacon Press, 1999.

Brené Brown, _The Gifts of Imperfection_, Hazelden Publishing, 2010.

Tim Lomas, _The Positive Power of Negative Emotions_, Piatkus, 2016.

참고문헌

Meik Wiking, _The Little Book of Hygge: Danish Secrets to Happy Living_, William Morrow, 2017.

Daniel Kahneman, _Thinking, Fast and Slow_, Farrar, Straus and Giroux, 2011.

Carol Dweck, _Mindset: The New Psychology of Success_, Random House, 2006.

Barbara Fredrickson, _Positivity: Top-Notch Research Reveals the 3 to 1 Ratio That Will Change Your Life_, Crown Archetype, 2009.

Tal Ben-Shahar, _Happier: Learn the Secrets to Daily Joy and Lasting Fulfillment_, McGraw-Hill, 2007.

Daniel Goleman, _Emotional Intelligence: Why It Can Matter More Than IQ_, Bantam Books, 1995.

Richard Davidson, _The Emotional Life of Your Brain_, Plume, 2013.

Kelly McGonigal, _The Upside of Stress: Why Stress Is Good for You, and How to Get Good at It_, Avery, 2015.

저자 소개

신 홍 규(shin hong kyu, E-Mail: esseme77@naver.com)

해병대 대령 예편
해군사관학교 전자공학 학사
수원대학교 행정대학원 정책학 석사
서울벤처대학원대학교 가족상담학 박사
브라질 육군지휘참모대 2년 유학

KPC 한국코치협회 프로코치
PCC ICF국제코치연맹 프로코치
ABNLP 트레이너: 신경, 언어, 프로그램
최면심리상담 1급
내면아이치료 전문가
인지, 정서, 행동상담 1급
TA교류분석 상담, 교육 전문가

전) 해병대리더십센터장 역임
전) 단국대학교 초빙교수
전) 동신대학교 초빙교수
현) 광신대학교 대학원 코칭심리학과 주임교수
현) 아시아코칭심리협회 대표
현) 한국코치협회 광주 지부장
현) 한국교류분석상담학회 이사 및 광신대 학회장
현) 사)한국청소년상담교육협회 호남지부장

박사학위 논문: NLP집단상담프로그램이 신세대 군복무 부적응 병사의 내적통제성, 대인관계, 군복무적응에 미치는 영향

주요 저서: 작은 상처, 큰 영향: 일상의 작은 트라우마가 우리 삶에 미치는 숨겨진 힘
하루 15분으로 이루는 내면의 변화: 최면 및 심리훈련 가이드
100일 멘탈 첼린지: 행복을 향한 멘탈훈련 실천가이드
멘탈트레이닝: 스트레스성 심인성 질환 극복을 위한 종합가이드북
멘탈매직: 마음의 힘을 극대화 하는 기술
마음의 혁신: 교류분석과 멘탈 트레이닝의 통합
꿈을 현실로: 멘탈트레이닝과 생애설계의 비밀
엘리트 스포츠 지도자와 선수를 위한 멘탈훈련코칭 매뉴얼

세계의 지혜를 담은 행복 레시피
100가지 행복 실천 워크북

2025년 1월 5일 1판 1쇄 인쇄
2025년 1월 10일 1판 1쇄 발행

저 자 : 신 홍 규
발행인 : 한 정 주
발행처 : 교 육 과 학 사

저자와의 협의하에 인지생략

경기도 파주시 광인사길 71
전화 (031)955-6956~8 / 팩스 (031)955-6037
Home-page: www.kyoyookbook.co.kr
E-mail: kyoyookbook@daum.net
등록: 1970년 5월 18일 제2-73호

낙장 · 파본은 교환해 드립니다.
정가 32,000원
Printed in Korea.
ISBN 978-89-254-2001-1